Changing Education

Leadership, Innovation and Development in a Globalizing Asia Pacific

ピーター・D・ハーショック　マーク・メイソン　ジョン・N・ホーキンス 編著
島川聖一郎　高橋貞雄　小原一仁 監訳

転換期の教育改革

グローバル時代のリーダーシップ

玉川大学出版部

Changing Education

Leadership, Innovation and Development
in a Globalizing Asia Pacific

Edited by

Peter D. Hershock

Mark Mason

John N. Hawkins

First Published by Comparative Education Research Centre,
the University of Hong Kong

本書の編纂者として本書を
グローバルな高邁さと稀有な情熱を持った
教育指導者のヴィクター・オルドネツ博士に献呈する
本企画の着想と寄稿に際し
博士に特段の御礼を申し上げる

転換期の教育改革

グローバル時代のリーダーシップ

まえがき

急速に変化する社会の要請を十分に受け止めるうえで、現行の教育システムやプログラムはその適切性を欠いているのではないか。教育者も教育者でないものも、そのことに等しく不安を感じている。本書は、そうした不安に対応するためのものである。

現行の教育システムやプログラムは、長い間に変容してきた社会のなかで進化し、また社会のために開発されたものではあるが、教育システムそのもののなかに、社会の変容とパラレルをなす変容は生じたことはないのである。過去二〇年余りの間に、社会の複数の部門——交通、コミュニケーション、銀行、健康サービス——では、その運営方法が過激なほどに変化したものがある。しかし、こと教育の世界は、本質的には、何も変わっていない。教育は変化しなければならない。そこに疑問を差しはさむ余地はあるまい。

変化を進んで受け入れることができる人にとって、本書は格好のガイド役となるだろう。といっても、本書は、役に立つ"how to"のマニュアル本ではない。変化の形は個々の環境の状況やニーズに応じて個別的で特有なものにならざるをえないからである。また、社会そのものも、急速に変化すると同時に、多様な姿をとるからである。それゆえ本書では、特定の方向を提供するというよりは、できれば変化の道案内役として、有益なロードマップを提供することにしたい。そのマップのなかで、それぞれが、個別の目的地に向かう旅程を策定すればよいのである。そのマップは、教育の基本的なゴール——個々人の全体的な調和のとれた発達と、それを通して達成できる社会の発達——を明らかにしている。そして、そのゴールを達成すべき社会は、従来にも増して相互依存を強めているグローバルな世界であるが、その主たる特徴、そこでの責務、その世界が要請してくるものなども叙述されている。

私自身これまで、教育上のさまざまなテーマに関して行われた多くの国際会議に出席し、世界各地のいくつかの教育系大学で仕事をした経験がある。教育システムやそのシステムに付随する各部門を改善するにはどうすればよいのか。そのための努力が欠如しているわけではないし、そのための文献がないわけでもない。確かに、普通、注意や関心が集中するのは、すぐれた転換である。既存のシステムや理論的枠組みを一層効率のよいものにできるか、という取り組みである——教員養成のすぐれた方法、データ・システムや財政システムの手法、教科書の制作と配本の改善法、学習プログラムへの特定のテーマ導入法などがそれに当たる。

本書は、そうした研究手法ではなく、換言すれば、既存のシステムを改善するためのアイデアや洞察を提供するのではなく、システムの変革に関するアイデアや洞察を提供するのである。物事をよりよくするためのものではなく、よりよいことを行うためのそれはアイデアであり、洞察力といってよい。

本書の関心は、物事を正すことにではなく、正しいことを実行することに向けられている。

本書は、ホノルルにあるハワイ・イースト・ウェスト・センター（East-West Center）が先導して実施した教育の成果を示している。この先導的な試みは、パラダイム変化に関心をもつ組織を連携させる事業も含んでいる。すなわち、上級専門職を対象にしたセミナーを毎年開催しており、本書の著者のなかには、そのセミナーに参加しているものもいる。また、リーダーシップ研修も実施している。古くからある問題や、繰り返し立ち現れる問題に対する新たな解決法を探る仕事に関わっているアメリカおよび多数のアジア各国からの参加者を対象にしたものである。

ハワイ・イースト・ウェスト・センターのチームの一員として、この先導的試みの背後にいられたことは、私にとって誇りでもあり、幸せなことである。

ヴィクター・オルドネツ
ハワイ・ホノルル・イースト・ウェスト・センター　上級研究員
元ＵＮＥＳＣＯ基礎教育（「全ての人に教育を」）担当部長

転換期の教育改革　＊　目次

第3部　教育変化の過程を変えるためのリーダーシップ

略語

APEC	アジア太平洋経済協力
BRAC	バングラデシュ農村向上委員会
FDI	海外直接投資
EU	ヨーロッパ連合
GATS	サービスの貿易に関する一般協定
GATT	関税および貿易に関する一般協定
GNP	国民総生産
ICT	情報通信技術
IFE2020	教育国際フォーラム 2020
IGO	政府間国際組織
LNR	地元・国家・地域
NE	国民教育
OECD	経済協力開発機構
PAP	シンガポール人民行動党
PISA	学習到達度調査
SAF	シンガポール国防軍
TIMMS	第三インターナショナル数学・科学調査
TNC	多国籍企業
TSLN	考える学校、学ぶ国民
UNDP	国際連合開発計画
UNFPA	国際連合人口基金
UNESCO	国際連合教育科学文化機関
UNICEF	国際連合児童基金
WTO	世界貿易機関

序論　グローバル化するアジア太平洋地域における革新の指導にみられる課題と教育の発展

ピーター・ハーショック
マーク・メイソン
ジョン・ホーキンス

教育は、非常に重要な公益として広く認識されている。グローバルで、ローカル、国家、地域における公共政策立案の中心的な存在として見なされるようになっており、個性や能力の発達だけではなく、発展の促進と維持という国家的展望にも直接関係していると考えられている。確かに、直接予算に計上されている教育支援は、先進国と発展途上国では差異があるものの、一般的には、教育への財政支出は国内総生産（ＧＤＰ）全体の一〇％から二〇％を占めている。しかし、この高い評価や投資にもかかわらず、親、教育者、政策立案者からは、既存の教育システムは不十分とする意見が出されている。

この均一的な評価は、間違いなく、力や状況の多様な集中を見えなくする。とはいえ、公益を実現しそれに役立つ手段である教育システムに関してグローバルに認識される欠陥は、公的領域そのものの形と意味で生じる崩壊（そして時には完全な恍惚状態）に端を発している。この点に関し、グローバル化した現代の形態と規模のさらなる影響と変容の動態（最も私的かつ最も国際的な言動と願望に影響を与えながら、私的領域と公的領域を貫くと同時に橋渡しをする動態のこと）において驚異的な促進を引き起こすことは、ありきたりな方法になってしまった。しかし、多くのありきたりな方法と同様に、時に、長年の制度や伝統的な基準に対して、文字どおり殺到する課題の嵐のようなグローバル化への説明的な働きかけの根底にある、重要な事実的根拠が存在する。公的領域そのものが変容するように、公益と良い教育の意味もまた変容するのである。

現代のグローバル化のシグナル効果は、個々の財貨サービス、そして、国民と彼らの文化的価値観と規範の、より広域かつ安定的な流通であった。初期の解説者たちの多くは、グローバル化と深化する社会的、経済的、政治的相互依存の潜在的な均質化効果を重視していた。実際に、質的変化を起こすグローバルな相互依存は、多くの社会に、皮肉にも、断片化をもたらした。多元主義が、明白な社会的、政治的価値観として受け入れられていないような社会において、いかなる状況でも、多元的な視点と関心の存在をこれ以上無視し続けることはできない。実際には、均質もしくは均一の空間、または、関連する動態と権限の構造について単独の秩序化を支持する空間という見解に対して、公的領域は抵抗する。このような状況下では、社会全体で共通の価値観を想定することは実行不可能となる。グローバル化は、無視されるもの——皆平等である、普遍主義への訴え——、賞賛されるもの——皆独特で類のないものである、特異性への主張——という相違を増強するに至った。

普遍性や独自なものをより重要視することは、とりわけ、多様性、多文化主義、そして言語についての教育に関する課題に至らせる働きをしている。「公益」に関する一つの意味をそう簡単には想定することができなくなったのと同様に、「良い教育」の意味について深く理解された意見の一致を想定することもできなくなった。二一世紀前半の現実として、あらゆる社会において、正規・非正規を問わず、多様な教育についての同時存在を認識することは必要であろう。必然的に、種々の教育的財貨サービスの提供を促進し、維持する方法に関する疑問が出された。ある回答では、教育的財貨サービスの民営化や、教育部門機関へのさらなる自治権の付与を含めている（しかし、——私的財のみならず、——公益を追求することへの中心的な教育的関与の弱体化についての深刻な懸案の誘因となる回答である）。この全てが、結果、教育アクセスと教育的公平についての課題との教育的対決の質的変化を、再帰的にもたらす（主要因、そして、グローバル化過程の結果として役立つ、市場主導型経済活動における動態と同様である）。

教育政策と実践に意味深い影響を与えた、現代のグローバル化の二つ目の特徴として、これらの過程において技術的、科学的、社会的、経済的、政治的、そして文化的変容の速度を加速させる様態が挙げられる。特に科学、社会科学、工学（それから芸術と人文）の分野で顕著であるが、有益な知識と成功事例の半減期が、劇的に短縮している。同時に、市場主導生産過程が、ローカルとグローバルといった、両方の状況における変化に、非常に強い責任を負うことになり、その結果、前代未聞の社会的流動性と、非常に不安定な発展の地理的分布が、生じることとなった。それに伴って、これら新興の動態は、今日の学生たちに、未来の雇用者や市場が求める知識と技術を体得させることが難しい（したがって、何度も聞かされた合い言葉だが、「生涯教育」が必要となる）状況をもたらしており、また、それらは、適切な知識と技術を備えた卒業生たちの多くが、相応の雇用機会がいまだ提供されていない、もしくは、最早提供されない場所に属していることに気付くという状況をもたらしている。脱工業生産体制の複雑な動態は予想に反し、即興とはいかないまでも、革新的能力をとても重視している。しかし、これは、特定の市場需要の技術および専門知識と、正規学校教育体制とのゆるぎない結び付きと矛盾する。さらなる革新的能力とは、現在においては、教育の望ましい結果というよりも、教育的必要性なのである。

これらは、グローバルな力と潮流による行動、そして、個々の学生やこれまで以上に多元的社会からの特別な要求を勘案するという職務にあたる、教育実践者と政策立案者たちにとって、明らかに、「興味深い時期」であった。我々は、非常に新しい教育手段と教育の意味を認識することに関連する現代の要素を批判的に考えるにあたり、本書が、非常にふさわしい内容であると考えている。主にこれは、教育国際フォーラム 2020（以下、「IFE 2020」）による活動の結果である（イースト・ウェスト・センターが率先し、アジア太平洋地域の協力のもと、世界の教育システムが、グローバルな相互依存の拡大、社会変化の加速、経済的格差の拡大、そして社会内もしくは社会間における政治的、文化的対立に見舞われていることを認め、政策立案者、学者、実践者たちに、アジア太平洋地域における教育の課題について理解させ、革新的な方法でそれらに取り組むための共同努力に携わせ、そして、リーダーシップ研修、上級職セミナー、地域別ワークショップ、そして、切迫した教育要求に対処するための多様な戦略の促進を目的とした出版物を通して、この使命を推進するといった構想のことである)。

簡潔に述べると、本書の第1部は、グローバルな相互依存における教育手法と教育の意味に関する基本前提に対して、問題提起する必要性を見るための明解な根拠と、そして、グローバルでの公平さにより、実質的かつ効果的に関与するだろう教育転換の機会を読者に与えることを、目的としている。第2部では、アジア太平洋地域における二国間の教育システムのグローバル化促進と、社会変化の加速という実態への反応の仕方に配慮して、グローバルでの支配的教育規範が示される状況についての概要を述べている。第3部は、文化的多様性そのものがグローバルな相互依存の方向への変化に関与し、それを生じさせる主たる源泉となっている、複合的(しかし、複雑ではない)で相互依存のある世界における教育的指導体制の形と機能に関する総合的見識を引き出すことを、目的としている。

これらの事例研究がアジア太平洋地域で行われた一つの理由には、IFE 2020を構成する地域の提携相手であることが挙げられるが、さらに、この地域が、過去四半世紀において目まぐるしく急速に加速する変化の現場であったからである。そして、この地域は、自らを、教育変化の推進における現状の指標と、そのような変化を開始し調整する革新的手法の場所として推薦している。本書が、変化、地元の実態、そして(規定的ではなく)規範的な見識にとって、グローバルでの不可避性を、持続的かつ革新的指導体制の意味にうまく関連付けられている点で、(完璧な視野という意味に裏付けられた)IFE 2020にふさわしい創立の申し出と、持続可能で公平であるグローバルな公益を達成するための手掛かりになる系列的な教育変化の展望として、非常に役立つ。

これより、各部と各章の紹介に移る。各部の指針とする議題は次のとおりである。

- 第1部　教育におけるグローバル化はどのような結果をもたらしているか。
- 第2部　グローバル化に応えて、いくつかの国や代替の教育提供者たちが、どのように教育的規範の普及に取り組んでいるか(もしくは取り組んでいないか)。

・第3部　複雑化したグローバルな相互依存の世界を鑑みて、教育変化における指導体制の課題としてどういったものがあるか。

第1部　系列的な教育変化の状況と不可避性

二一世紀は、「相互依存の世紀」と呼ばれることになるだろう。民主的な国家統治と自由市場に付随する歴史的過程の結果として、グローバルな相互接続が加速していることは広く認識されるようになった。しかし、グローバルな相互依存の高まりは、必ずしも、さらなる公平と持続可能性を意味するものではない。実際に、グローバルな相互依存の主な形態が、経済的、社会的不公平を招き、豊かな暮らしの解釈と認知の違いを際立たせるようになったという重要な証拠が、存在している。同時に、台頭するグローバルな実態の複雑性から、グローバルな変化の方向性が、無作為でも規定されたものでもないことが、同様に明らかになった。むしろ、グローバルな相互依存の複雑性により、グローバルな動態を形成し、適応する際の価値観と規範の重要度の高まりが、指摘されている。現代における相互依存の形態に伴った実態は、変化の意味と方向性に関する確実な共有義務を協議する、新たな責任に焦点を当てている。重要なことには、教育変化の強力な要因が、グローバル化の特徴であると同時に、教育のその他の特徴を、グローバルな相互依存の意味と方向性を見直す標準として、役立てることが可能である。

第1部では、教育の根本的手段と意味を、未変換のままにすることでよく知られる断片的な改革ではなく、系列的な教育変化を推測し、真から取り組む状況と不可避性について述べている。ここに含まれる章では、グローバルな相互依存における現代の形態についての事実に基づいた実態に関して、共通の展望を構築すること、公平の重大な局面と教育の重要な内容としての価値観と道徳を再現するという切実な必要性に、これらの実態が結び付く方法と範囲を追究すること、複雑であるグローバルな実態が、グローバルな多様性の公平な増進における共有価値観と規範を急造するための、より重要な役割を指揮する方法を検証すること、そして、教育変化の複雑な相互依存における含蓄を引き出すことを目的としている。

第1章「グローバル化と教育——特徴、動態、示唆」において、ディーン・ノイバウアーは、現代のグローバル化が、ほぼ間違いなく、産業革命と、その後に続いた政治経済転換に匹敵するほど広範囲に及ぶ一連の勢力を活発にしてきたと述べている。彼は、グローバル化が、人々の生活、仕事、伝達と関与の過程と、教育方法において、同規模の転換を実現した過程を説明している。また、国家そのものの性質、国家の相互作用の過程、超国家や非国家主体の人間行動を体系化し影響を与える役割において変化が起こっていることを説明している。現代のグローバル化の中心には、世界中の資本移動とそれが生産と消費に関連する過程、情報と知識の形成、伝達、保護の実際、労働の雇用と配置の形態、そして、価値の形成、分配、保全、崩壊の過程における変容がある。

幼児から大学院まで、公立と私立、世俗と宗教といった社会事業の一環として、変化における複雑な過程の真っただ中に教育は置かれている。変化の速度と範囲が大きい状況においては、新規性、発明、革新に見舞われてはいるが、社会活動として不可欠な知識伝達と管理という保守主義によって構成されているという理由から、教育を取り巻く緊張は高められている。新たな社会ニーズの不確実な構図と不十分な資源を携えた社会環境の変化への迅速な対応に、教育機関自体が頻繁に迫られていることに気付く。そのようなときに、それらを伝えている人たちと同様に、我々が新しい世代に伝えようとしていることへの確信が脅かされている。こういった状況下で、種々の知識、信条、価値の形態における紛争の正当性に関して、社会政治的衝突が噴出している。急速に変化する現代のグローバル化の文脈において、教育は論争の多い領域となった。

この章でノイバウアーは、並行する社会的、経済的、政治的ニーズと新しい教育との調整に向けた可能な限りのあらゆる方策へと、一連の観察、疑問、提案、あるいは洞察といった、この領域での舵取りの提案をいくつか提供している。グローバル化に付随する変化の速度が加速され、その結果が広範囲に及び大きいものであるのに対し、たとえ教育の過程は長引くという理由だけからにせよ、この課題は非常に困難である。彼が列記した課題のなかで、基礎教育ならびに高等教育にとって、学識者から学習者へという知識伝達における受動形態から、学習者という知識連動における能動形態へと転換することが求められている。世界のあり方に関する教育は、権力者が世界を動かす方法についての概念から、複雑かつ予測不可能な一連の作業の効果、もしくはその潜在的効果についての理解を獲得するよう探究することへと移り変わったことを、彼は示唆している。あらゆる教育は、新しい方法で理論化する活動、つまり、事柄の本質、道理、そして慣習についての、広範囲にわたる調査でなくてはならない。このことから、結果的に、我々が求める新しい教育的規範が、知識の創出、伝達、そして保護に関する概念に対して疑問を投げかけることになると、ノイバウアーは結論付けている。主題分野を形成する歴史的慣習は、世界に存在する過程と関係、つまり、生態学、情報、政治経済、そしてグローバル化そのものといった観点から世界を理解する義務によって、次第に取って代わられることになる。これこそが、我々が創り出した世界の示していることであるため、どちらも異なる次元の解決を要するのだが、問題とジレンマに関して教育することになろう。

第2章「グローバル化時代における教育目的の見直し」において、フェイザル・リズヴィは、グローバル化についての主要な解釈を念頭に、昨今のカリキュラム言説を手掛かりにして、どのように教育目的が問い直されているか論じている。彼は、人々の考え方が単一化され、一極化する傾向を指摘することで、こうした教育目的を問い直す諸々の方法がいかに深刻な問題を抱えていることか示唆している。そしてこのことは、社会的にも、政治的にも、経済的にも広く異なった伝統をもつ教育システムが、直面する問題に対し、教育改革が似通った解決法と計画しか提示していないことと関係している。それらの解決法と計画は新自由主義的政策の考え方への転換という意思表示であり、民営化の政策においてはっきりと示されている。そして、民営化政策は、国民国家や市民社会が直面するさまざまな挑戦の多くを解決するには、市場原理が有効であると踏んでいる。ある特定の社会的想像界を用いながら新自由主義政策は進められるが、民主主義と社会正義にとっては有害以外のなにものでもない。市場原理を持ち込むことは、グローバル化がもたらす新しい試練や脅威、そしてチャンスに取り組むことを目的とした教育の可能性の幅を狭めてしまうだろうと結論付けている。

教育目的が、どのように社会的関係と実践の幅広い文脈に絡み取られていくかを示すことで、リズヴィはテイラー（Taylor 2004）が「社会的想像界」と呼んだ、記述的でありながら規範的といった概念枠組みに事実上のっとっている。どのように教育実践が望ましい方向へと導かれているかと問いつつ、教育実践が基準値をもとに構成されるような二つの絡み合った見方が社会的想像界を成立させるその枠組みである。この意味において、複雑で非構造的かつ偶発的に経験的立場と共感的立場が絡み合ったテイラーの言う社会的想像界のなかに、教育目的は位置しているといえる。社会的想像界に関するリズヴィの考えは、ブルデューの「ハビトゥス」やレイモンド・ウイリアムズの「感情の構造」、もしくはウィトゲンシュタインの「背景」に似ている。社会的想像界は、社会におけるごく普通の人々の間で共有された考えそのものである。つまり、人々に意義や正統性を与えることよって、日常の振る舞いを可能にするような共通理解を意味している。

リズヴィが指摘するように、さまざまな方向からグローバル化の影響力について憶測を立てることはいくらでも可能だ。そもそも、グローバル化は非常に議論の多い用語である。しかし、グローバル化とは新自由主義的な社会的想像界そのものと理解され、そして、明らかに新自由主義の政策はこれまでのどの政策よりも一部の共同体に恩恵をもたらした。その論理は、もし国民国家が経済の規制緩和を行い、影響力をもつ組織を法人化し、自由貿易を進めるなどを行えば、国の発展は確かなものになる、といったものである。新自由主義的想像界のグローバル化とは、市場論理の曲解と市場関係の拡大に基づいた政治経済的統治といった新しい形とその概念が受容された領域を意味する、とリズヴィは論じている。この新しい想像界は、国家の役割とは財貨とサービスの取引を通じて国民の幸福を保証するというこれまでの想像界に取って代わるものである。教育は、国民の育成において重要な役割を果たすと考えられており、その理由として、台頭するグローバル経済は知識経済であり、不透明で変化の激しい市場のなかで働く能力をもった人材を求めているからである。ジョン・ホーキンスは、この考えを第5章において再び取り上げ、現在広がっている新自由主義的教育パラダイムはこれほどまでにも強い影響力をもっているのか、検討を行っている。

しかしながら、リズヴィは、新自由主義的な社会的想像界をグローバル化と同列に論じる必要性や必然性がない、と結論付けている。それはまったくそのとおりで、世界相互的な互換性や依存の仕方は根本的にその方法が異なっているという事実を知れば、経済的関心がその他の人類の関心事に優先していないという意味においても、グローバル化の進行状況とそれがもたらす結果をみながら教育目的を再考する余地がある。リズヴィは、それまでとは異なった姿のグローバル化を想定し、市場原理にまったく頼らず、市場原理の行き過ぎを抑制するような、より民主的な伝統に根付いた形式に取り組むことを提案している。こうしたグローバル化に対する見方は、教育問題を既成のやり方で解決しようとするのでなく、文化と国民を超えて開かれた対話に着目している。それは地元地域と世界の両方に根差した思考力と行動力を必要としている。このことは、子供たちに彼らの問題が、他の（文化圏や国にいる）子供たちの問題と密接に関連していることを伝える教育を示唆している。そして、子供たちは、人類全体を自らの未来として考えられる批判的精神と技能を伸ばすことを求められるだろう。また、教育を全ての人たちが享受できる公益として見なすことも求められる。世界がくまなく関係し合うなかで、教育はこれまでにないほど、共同体の一般的な福祉事業として見なされる必要がある。まとめると、リズヴィは教育を公的であり私的な価値として、また教育は社会的で経済的な役割を果たし、国民的な関心事でありながら世界的な関心事と見なすことが可能だと論じている。

この序論のなかで、現代のグローバルな相互依存の傾向を示す現実を具体的かつ明確にし、これらの現実と公正性の危機との関係における状況と範囲を調べることに加えて、価値観や倫理が教育にとって極めて重要であることを再度強調し、グローバルな多様性の公正な高まりのなか、複雑であるグローバルな現実が、共有される価値観や規範の発展の重要性を示す過程を検討し、そして、複雑な相互依存が、教育の変容に対して意味することを慎重に考察するという四つの目的に基づいて、第1部の問題点を説明した。最初の目的に関して、また、二つ目の目的の理由付けとして、第3章「多文化主義、共有化された価値、そしてグローバル化に対する倫理的対応」において、マーク・メイソンは、加速するグローバル化と密接に関連する今日の世界において、非常に重要な五つの特徴について考察するが、それぞれの特徴は、主に、公正性や持続可能性、社会的正義と関連する道徳的に困難な課題を内包している。富裕層と貧困層との間における指数関数的に拡大する格差、地球環境破壊、都市化現象、ＨＩＶ・エイズの蔓延、ますます多文化する社会に関連する異文化間の緊張といったものが、五つの現象である。三つ目の目的は、少なくとも文化を越えて共有される価値観や規範の広がりによって、それぞれの特徴が提起する道徳的問題に対して、我々が取り得る対応に関する疑問についてである。いかなる文化的背景であれ、（少なくとも多文化主義という道徳原則を受け入れる）全ての人々が称賛すべきで、全文化共通の規範的領域を有する道徳原則の核を確認することが、この問題に対するメイソンの答えである。彼は、我々には文化的に特有の理想や慣習を正当なものとして受け入れる必要も義務もないが、多文化主義そのものの原則と合致した価値観と倫理は尊重すべきであると結論付けている。また、彼は、これらの倫理は、文化を超えて共有され、グローバルな多様性の公正な高まりに貢献すると考えられる価値観と規範を構成することを提示している。教育に変化をもたらした複雑な相互依存の意味と関連するが、四つ目の目的に関し、価値観と規範の教育、国民教育というよりは世界市民教育、そして民主主義の原則と過程を忠実に再現し、それを伝える教育によって、よい滑り出しとなり得る過程を、結論としてメイソンは主張している。

第４章「教育と貧困の緩和――公平と多様性のための教育」では、ハーショックが、社会間および社会内で深刻さを増す貧困と不公平、教育改善の速度をはるかに越える慢性的な教育不足に起因する問題点、そして、二一世紀のグローバルな相互依存の構造および方向における関係を検討している。彼は、地域によっては慢性的な教育危機をもたらす教育が、同時にグローバルな相互依存を方向転換させ貧困を緩和する原動力にもなり得るが、これを成し遂げるには、教育はカリキュラム中心および能力傾向の教育を捨てなければならないことを説いている。

教育と貧困緩和の関連性は、貧困削減への政府、政府関連組織、そして政府間の取り組みの論旨である。しかし、ハーショックは、同等に魅力的である貧困の緩和と教育を関連付けたアマルティア・セン（Sen 2000）のような取り組みが、近代のグローバルな相互依存の形態が、顕著な経済発展を促進させ、選択肢の幅を広げ、教育の機会を急速に拡大させる一方で、同じ相互依存の形態が、全世界で格差の拡大や地域における教育危機の状態を生み出したという皮肉な事実に対して不十分な説明もしくは戦略となるものしかもたらさないことを指摘している。この皮肉な一連のつながりへの重大な手掛かりを得るため、ハーショックは、貧困の明確な相関的概念と変容動態の複合的理解を進める。

二一世紀の現実における特徴的本質が、より一層明白になってきたなかで、多くの人々は、関係的存在論へと向かうことを求めてきており、自身と国家における伝統的な個性偏重の概念が急速に腐食していること、そして、現代の実情が、相互依存、共通の構築的意味付け、相互作用、体系的過程といった相関的概念を通して、さらに取り組まれているであろうことを認識している（例えば、Gergen 2000, Harvey 1996）。関係的存在論の見地から、ハーショックは、貧困は、最も質的に停滞し劣化する関係動態という、より一層の抑制関係形態の持続性を示しているものとしてみられることを主張している。貧困とは、特定の個人または集団のみを悩ませるといった状況下での欠乏を示したものではない。少なからず関係者全員が加担している状況についての特有の意味、または、空間的ではなく質的な方向が、示唆される。ハーショックによると、貧困は、棄損または崩壊した多様性という機能として見なせるが、多様性は、意味深く共通される福利への相互関与における、自立かつ相違拡充の形態によって形成される。総じて悪化する状況の意味や動向への取り組みという意味では生態学的ではない貧困緩和戦略は、初めから失敗がわかっている。ただし、これが正に、グローバルに支配的な教育規範によって現在もたらされる貧困の緩和である。

ノイバウアーとリズヴィが提起する論題を使い、ホーキンスのグローバルに支配的な教育規範の形態の特徴分析に先行して、ハーショックは、一六、一七世紀における近代主義の到来と世界市場の興りとともに、正規教育のカリキュラム模範の共発生に注目する。これ以降、正規教育は、受渡供用品、つまり、既定の知識内容を移送する論理的に順序化された指導配列という定量化可能な製品と見なされてきた。支配、普遍性、自治、平等という現代的価値と基本的に一致した形で、系統的に構成された標準カリキュラムにおける学問領域の修了（または、消費）に主眼を置く教育の、今ではグローバルな支配的手段が生み出された。ハーショックによると、たとえ過去の有用性がいかなるものであっても、この教育模範は、グローバルな相互依存の複合的形態に陥っている人々や共同体の要求に適していない。複雑性理論からの主要概念を使い、問題解決と苦境解消における重大な区別を説明して、事実的知識と遂行的知識に限定される、あらゆる知識体系における今日の致命的不完全性と、事実と価値における複数領域、そして、部門や社会にわたって、共通目的と責任を巧みかつ賢明に即興でまっとうすることに適した教育への需要を、ハーショックは指摘する。市場定義の能力への教育的偏重は、教育の貧困への肯定的影響を制限することを主張し、彼は、転換として現れる明らかに多元的な教育精神が、カリキュラム商品の配信から離れ、教育技能への関与や能力の活性化へと向かって作られていること、つまり、教育実践と制度は、管理、競争、選択の価値ではなく、むしろ、関与、調整、義捐的な高度技術の価値に一致して構造化されることを構想する。ハーショックは、多様性を深慮しない教育は、最終的には、公平の高まりと相容れないものとなることを、結論で主張する。

第2部　変化への成果と機会——新しいアジアにおける教育

アジアは、世界で最も急速に発展している地域である。さまざまな知性の深度で全社会に影響を与えながら、グローバルで急速な変化が起こっているものの、特にアジアは、経済、政治、社会発展の強固な集合体である。また、ここは、二一〇〇の現用言語が存在する、最も文化的多様性に富んだ地域であり、また、人口の多くが主要な世界規模の宗教とも密接な関係を有している。これらの理由からだけでも、アジアが、いかに教育の変容と、非常に複雑な相互依存とが密接に関連するかということについての実証的研究の場としてふさわしいといえよう。ただし、教育危機の世界的分布を形成するように、アジア社会は、並外れて多くの問題や窮状も抱えている。例えば、アジアは、優秀な頭脳集団と、最低識字率が混在する場所である。二〇〇五年の国際連合教育科学文化機関（UNES

CO）万人のための教育指標におけるグローバルの学業成績で、韓国はトップ二％を占めていたが、世界の非識字成人人口の約半数をパキスタン、バングラデシュ、そしてインドが占めており、インド単独でも三四％を占めた。

ここに含まれる章では、現代アジアにおける教育の実態と要求に関する実証に基づく定性的観点と、これらの要求を満たすための課題が、教育の意味と実践における系列的転換に余地を設ける過程の洞察を提供することを目的としている。これらの地域的に多様な展望の統一的懸案は、実質的な教育の変容を義務付ける複雑な状況が、教育の変容が増大する相互依存を方向付け、形成することに寄与するための機会を与える過程を明確化することである。

まず、第5章「教育における解決困難な支配的規範」では、ホーキンスが、特にアジア太平洋地域に焦点を当てて、グローバルな支配的教育の規範の特徴分析を行った。ホーキンスによると、先進国と発展途上国の双方においても、グローバルで支配的な「学校教育原理」（Tyack & Cuban 1995）が偏在していることが明らかになった。この原理が西洋から端を発したとするのであれば、それに追従する後続者たちは、「彼らのように我々も発展することができる」と考えたと、ホーキンスは考える。メタ物語への疑念があった時代では、「グローバルな支配的教育の規範」に言及することもまた、間違いなく懐疑的に見られるだろう。世界の教育システムや環境を実際に見る限りでは、複数の教育の規範（地元・国家・地域に緊密かつ多様な形態で関連する、非常に多様な教育実践の形態）が相互的に存在していることは、ほぼ間違いないことを、我々は確認した。しかし、ホーキンスによると、これらの状況は自然と起こるものではなく、それよりも、規模の違いはあるものの、国際的な影響力、歴史の動態、国際社会間に生まれる相互依存といったものを反映した結果なのである。限定的な意味ではあるが、その水準までなら、グローバルな教育システムの独自性は確約されるのである。正規学校教育がたどった過程における、グローバルな傾向や形態をしっかりと識別するためにも、より客観的な見地から検証することの有用性を、本書における我々の視点とする。そのようなメタ観点によって、教育アクセスと質を向上させ、世界中から集められた教育における成功例に関する情報を、地元の成長性を秘めた活気ある制度的かつ教育的形式に落とし込む過程の洞察がもたらされるだろう。もし、教育的制度や実践が、複雑な相互依存や台頭するグローバルな動態の推移を反映する（この点については、他章でも取り上げている）のであれば、地元、国家、地域の発展の軌跡が、グローバルな歴史的、社会的、政治的、経済的、文化的、技術的、そして教育的過程と緊密であるという明確な理解に基づいている場合に限って、地元での教育改革も効果的といえよう。ホーキンスにより「グローバルな支配的教育の規範」と呼ばれるものは、とても特徴的な発展の軌跡間に見られる相互関係の一貫した形態なのである。

この（発展を可能にし、カリキュラムに基づいた正規学校教育を軸とした）規範のおおまかな歴史的大要をたどり、それが広範囲かつ根深く定着してしまっている理由に脚光を当てることが、ホーキンスの主たる目的である。そのためにも、教育における規範が実地経験主義的なものではなく、むしろ教育的関係を構築するための手段であるといった認識に、彼は立っている。支配的規範の実例の裏付けとなり得る学校や教育システムは、存在していない。タイアックとキューバンが「隠喩としての文法」で提唱したことは、教育の妄想を調査するといった非現実性から我々を遠ざけ、そのかわりに、まったく異なる状況下にいる人が、教育に対して同様な理解を示す理由の説明に対する見解が一致するに至った変遷を明示する、構造的な共通点の検証に着目する点において有効である。ホーキンスは、結論では、教育に関する「なぜ」、つまりは、（本章の冒頭部分でふれた）従来の方法で学校教育を実施する理由に関する理論的根拠と、「なぜ」から派生する教育手法という二つの課題について述べている。このシステムと実践されてきた手法、つまり、変化や改革に非常に不浸透であった手法や「原理」を推進してきたものを紹介したが、ホーキンスは、他の社会領域や職業に見られるものに適合すべく、規範が転換したところを目撃したことはない、と結論付けている。非常にグローバル化した世界におけるさらなる複雑化とは関係なく、正に教育についての考え方を考えることの大半がそうであったように、正規学校教育は、単線的に重い足取りで歩いてきた。支配的規範は君臨し続ける。しかし、逆説的に、急速に増大するグローバル化は、教育方法と意味の再解釈と規範における歴とした転換の実行を可能とする、より革新的な改革や改訂につながるかもしれない規範の、重要な特徴とその優位性に対する抵抗への関心を、高めてきた。

第6章「グローバル化と高等教育の枠組みの変化――中国の事例」では、マー・ワンファは、地域内で最も人口の多い中国を、高等教育の変化が社会の変化における中心的な役割をしている巨大で急速に成長する過渡期の国家の例として挙げている。筆者は中国が国家の経済開発の必要性によって最も支配的な教育の枠組みへの歩み寄りを余儀なくされていることを示したうえで、教育の革新を中国の開放および地球的な変化との統合政策の一環として位置付けている。マーはさらにグローバル化が中国の教育改革に拍車をかけたが、さらに中国の教育者や政策立案者たちが、中国が国際的地位および国内における教育の機会均等に関心をもっていることについて非常に慎重に関わってきたと強調している。筆者が扱っている多くの改革は中国独自のものではあるが、これら中国の事例から新たな教育の形態や実践を求めながら移り行く他の社会が得るものも多いだろう。

もちろん、グローバル化の影響はそれぞれの国がどの発達段階なのかということによって異なる。先進国にとっては、グローバル化はより多くの国際市場が開かれ、天然資源や人的資源へのアクセスを増すためのよい機会であろう。中国の場合、グローバル化は経済改革以上の意味をもつ。中国はまずグローバル化に経済改革で応えたと主張することも可能であるが、グローバル化は経済だけではなく政治、社会、文化、そして教育にも波及していった。中国の高等教育改革がたどってきた道は多くの面でユニークである。社会主義的工業化を目標としたソビエト式のシステムから文化大革命の空白期間を経たものの、最終的には「中国的要素」はあるもののホーキンスのいうグローバルで優勢な教育の枠組みへ段階的に同化してきた。中国におけるグローバル化とそれに伴う経済改革や教育の枠組みの変化は高等教育が経済成長や開発を助長するための戦略として利用されている現在進行中の過程を構成している。それは、いまだにグローバルで優勢な枠組みの、標準的な表れと言ってもよいだろう。高等教育にとっての挑戦、それは新たな教育の枠組みの出現と関わるものであり、学生の能力を向上させるだけではなく、道徳や社会的価値や問題、教育、社会、性の不平等、文化の多様性、そして環境保護などについても眼を向けるものである。これらは社会の持続可能な開発の基本的要素である。そしてこれらは地球的規模、そしていまだに発展段階である二一世紀の中国の高等教育の重要な課題を構成するものである。

第7章「グローバル化の渦中での団結——シンガポールの国民教育」では、地域のなかではより多文化な国家であるシンガポールを例として、タンは、多様性と教育に関するいくつかの仮説に挑戦をしている。シンガポールの大きな挑戦は、地球的市場のなかで競争ができる、そしてそれに創造的に関われる、さらに文化感性や市民としての技術、およびシンガポールの地元の価値観を表現しようという気質を備えた生徒を育てよという命令に応える教育プログラムを開発することであった。本章は一九九七年にシンガポール教育省により国内の全ての学校に対し出された、国民教育政策構想に焦点を当てている。この構想は児童、生徒のナショナル・アイデンティティ、シンガポールの近代史、そして国家の開発を行ううえでの挑戦およびそれに伴う制約についての感覚を養い、国家の将来に自信をもたせることを目的としている。タンは、国民教育政策構想が、シンガポール人のナショナル・アイデンティティを伝えることを望んだものであるという点では決して新しいものではなく、この構想は単に過去四〇～五〇年の間の長期的懸案であったトップダウン・アプローチ（演繹的アプローチ）により学校教育を通して社会の結束を促すことの別の表現に過ぎないと指摘している。タンによると、この構想の新しい部分とは、変化した社会の状況、すなわち、物質的に豊かな社会における収入格差の拡大、グローバル化による予想困難な経済、そして、9・11以降に高まった不安と緊張に象徴される、より脆弱な世界の社会政治的環境にある。彼は、国民教育政策構想は、シンガポールが自らを地球経済のなかに位置付けようとしていることを踏まえ、グローバル化により増大するプレッシャーへの直接的対応を想定したものであるべきだと提案している。シンガポール人たちがさらなる地域あるいは国際経済そして文化の交流を奨励されているのではあるが、タンは、彼らが逆説的にどのように地元に深く根付くことが求められているかに言及している。本章は、特にグローバル化によって社会にもたらされているさまざまな圧力に直面しながら、国民教育においてトップダウン・アプローチ（演繹的アプローチ）により社会の結束やナショナル・アイデンティティの形成を促すことの限界を論じている。

第8章「これからの教育——代替教育から学べること」では、ファレルが、複雑で相互依存的である世界における正規学校教育システムの有効性と完全性の限界に関する多くの証拠があることを、示唆している。彼は、これまでは解決困難と考えられていた状況において教育的成功が実現されている、正規学校教育システムの範囲を超える新興の教育の規範（いわゆる、非正規または非公式部門）を、我々が垣間見ている可能性を主張している。ファレルによる楽観的観察によると、特に非公式部門における教育革新は、主に、官僚機構の疲弊（現代の教育的必要性の、少なくともある部分を単純に満たせていない正規学校教育部門での受け入れ）の結果であるとしている。

ファレルは、急進的な代替学校のカリキュラムの大集団をしっかりと分別する努力を続けている学者、計画開発者、そして大学院生たちから成る、ある程度自由な国際的連立の「指導者」や「組織者」という視点に立って執筆している。これらの大半は、初等教育と前期中等教育水準であり、恵まれない若者たちのなかでは非常にすぐれた結果をもたらしており、そして、図らずも、「脳科学」と人（若者と年配者）にとって最適な学習方法に関する認知心理学から我々が知ることとなったものと、（標準の学校教育模範よりもはるかに良く）適合している。この章では、主に次の三つを行っている。まず、彼は、一般的には支配的教育の規範である学校についての問題点と、それらを変える困難さを簡単に説明し、次に、多くの成功例（「良い情報」）から学べることを確認・分析し、最後に、未来の学校教育を変える方法に関して、我々に希望をもたらすであろうこれらの成功例から、今後も学び続ける方法を示唆している。

ファレルの主要論点は、現在とそれ以降の若者たちのために、よりよい学習形式を提供するという我々の最大の期待が、一見すると、個々では小規模ではあるものの、国際規模で考えれば非常に大きい規模で、多くの人は失敗もしくはわずかな成功を手にするなかで、成功の島の創造を成し遂げた人から学ぼうと試みることである（したがって、「代替教育から学べること」という副題を付した）。長期研究における研究課題は、主に次の三つである。この研究課題のために、ファレルは、より大きな事例データベースから、アジア、ラテンアメリカ、そして中東の主要な三つの事例を選択し、それらに厳密な比較分析を行った。彼は、これら三つのカリキュラムにおける詳細な事例研究を利用している。

コロンビアにおける新しい学校

現存するカリキュラムのなかで、最古で、また、国際的に最も認知されたものであろう。一九七〇年代後半に小規模で開始され、継続的な経験からの実験と学習により慎重に増大し成長していき、一九八〇年代中頃までには、約八〇〇〇校へと広まっていった。コロンビア政府は、農村部の学校教育における標準模範とし、大半の農村部の学校へと広まっていった。現在では、都市部の学校にも、徐々にではあるが、広まりつつある。少なくともラテンアメリカにある一〇カ国でも導入され適応されている。

バングラデシュ農村向上委員会による非正規初等カリキュラム

一九八〇年代中頃に始まり、バングラデシュの農村部にある約三万五〇〇〇校が含まれるまでに成長し、都市部の学校教育や少数派民族の地区にまで広まりつつある。地元の非政府組織との普及計画を通してさらに広まっており、エチオピア、スーダン、アフガニスタンといった国でも導入されるようになった。

UNICEF-エジプトによる地域運営学校

このカリキュラムは、上記二つの先行事例を参考にしながら一九九〇年代前半に始まり、女子の教育機会が深刻な問題となっている上エジプトにある小村のような地域に導入された。現在では、約八〇〇〇ある政府管掌の一教室学校への、非正規教授法の（教育省との協力による）慎重に計画された普及とともに、二〇〇校以上のシステムにまで成長し、普通学校を含むより広範囲なシステムへと成長した。

長期研究におけるこれらの事例に基づき、ファレルの調査を構成する研究課題は、主に次の三つである。

1　教授法に関する研究課題：大抵は厳しい状況下で、若者たちはいかにして学ぼうとし、実際に学ぶのか。教室やその他の学びの場では、実際に何が起きているのか。

2　教員研修に関する研究課題：これらのカリキュラムにおける教員や活動支援者たちが、根本的に違う若手教員のいる学校での活動やあり方を、いかにして迅速かつしっかりと学ぶのか。

3　経営・運営に関する研究課題：どのようにしてこれらのシステムが起こり、多くがしたように、（大概は大規模である）事業の評価をしたのか。

ファレルは、標準的変化の模範（上意下達、政府主体、規制支配下の大々的改革基本構想）は、改善を試みている学校教育システムとほぼ同様に、非妥協的で役に立たないことが判明したと、結論付けている。彼が考える問題は、単に、世界中の多くの子供たちが学校に入学する機会がないこと（「万人のための教育」課題）ではない。富裕国ですら、学校への入学の機会を得ながらも大して学習していない子供たちがいることや、学校での体験からは多くを学べないことが問題なのである。一方、（ここで取り上げた三つの事例は模範である）多くの（大規模、いまだ小規模、または、発展の初期段階にある）成功例を我々は知っており、それらは根本的に異なる教授法を採用することで著しい学習の向上に成功し、そして、教員たちが、極めて新しい自身の役割に関する理解と、教室におけるよりよく新しい活動方法について、非常に迅速かつ容易に学習しているといった新たな取り組みの普及によって広まっていると、彼は述べている。

我々が前段で「標準的変化の模範（上意下達、政府主体、規制支配下の大々的改革基本構想）は、改善を試みている学校教育システムとほぼ同様に、非妥協的で役に立たないことが判明した」と示唆しているように、もしファレルの結論が正しいとすれば、教育の変容のための指導体制の、より効果的な模範をどのように考えるのだろうか。第3部では、この疑問を取り扱っている。

第3部　教育変化の過程を変えるためのリーダーシップ

二一世紀前半の急速に高度化し拡張したグローバルな相互依存の形態は、相互貢献への可能性として、違いを明確にしていると、ほぼ間違いなく見られる。つまり、グローバル化は、容赦なく標準化や均質化につながっているわけではない。それよりもむしろ、有益な相互関係に参加できる程度まで、地元や特有のものに存続する価値観を浮き彫りにしているとされる。そして、二一世紀の効果的な指導力に関する主要な課題には、（最終的には、多様性を生産的に保護し、独創的に増進するという課題であるが）変化と相互接続の高まりにおけるグローバルの形態と、地元の要求や価値観との混合を理解し、それに対処することが含まれる。指導者と政策立案者たちは、きめ細かく、しかし批判的に、大半の場合は本質的に異なる価値観、関心、多数のデータ、そして実践を、公平かつ維持できる関係に至らせるよう、比較考察できなくてはならない。これは、指導体制の形態と機能における、種々の現存資源の競合管理や協同管理から、新たな文脈上適切な義捐的発展性と革新の、導出と調整への実際的な転換を示す。

ここでは、実際的な変容の条件の明瞭化と管理を目指す指導体制の独特な外観の洞察を導出するために、第1部で取り上げたグローバルの動態と、第2部で紹介した実証に基づいた「草の根」の実態の、より概念的な考慮事項をまとめることを目的としている。ここに含まれる章では、急速な変化と複雑な相互依存という状況における適切な指導体制の養成に関するグローバルで関連性のある結論を出すことを目的としているなか、指導体制の革新のためのアジア文化財の特殊性について、特別に配慮している。また、制度的かつ観念的変容をもたらす必要性についても、留意している。

グローバルな相互依存の深化に伴って表面化したもののように、複雑なシステムにおける変容が、顕著に非線形で起こる傾向があるので、線形因果関係と変化についての理論における仮定が、制限的で潜在的に非生産的であると立証する可能性が高まっている。（系統的とまではいかないにせよ）体系的で複雑な変容要素として、教育指導者たちには、因果的動態における進行中の転換と、価値観と規範における変容の重要性の高まりを知らされている必要がある。同時に、価値観と規範の重要性の高まりは、地元と地域における変化の開始と維持という伝統文化の関連性の深化を示唆している。本書の地域的焦点を踏まえ、ここでは、現代のグローバル状況下での、アジア太平洋における指導体制の伝統の関連性を追究することに重点を置く。

ここで最初に来るのが、ピーター・ハーショックによる、第9章「複雑かつグローバルな相互依存を背景にしたリーダーシップ――台頭する教育改革の現実」である。ここでは第1部で取り上げた重要な問題の多くを再論している。とりわけ、国際化の複合的な結果と歴史的力学、複雑な相互依存と変革の意義、ポストモダンの事実と価値として増長する相違の際立ちへの懸念、といったことを取り上げている。しかしながらここで彼が関心を寄せているのは、こうした問題を通して、リーダーシップの変容する特性を洞察することである。当章は、現代の国際化のプロセスのなかで、等質性と収束、そして異質性と拡散という広く認知されているより大きな相反する傾向を繰り返し述べることから始める。前段階として、ハーショックは、リーダーシップを、一方では国際化とスケールという観点で、他方ではグローバルな相互依存の経路を形成するうえで重要な評価のプロセスという観点で、再考する必要があると考えている。

本章の第一節では、過去四世紀にわたる国際化のプロセスを通観し、市場の成長と公平な発展との間の深まる緊張と、スケールの問題に関する批判的懸念の出現とにつながる諸所の条件に光を当てることを強調している。ハーショックの主張は、技術発達の予期しない皮肉な結果、例えばグローバルな気候変動は最も顕著で厄介な問題であるが、そういったことの多くは、工業生産、輸送、伝達、情報処理などの技術がとりわけ過去二世紀にわたって可能にした、相互依存体系の複雑な歴史的特性を評価しなかったことの反映として見ることができるということである。このような極めて複雑な多元的なシステムにおいては、元来非常に小規模で穏やかに変化してきたものが、急速にかつ大きく増幅することができるような繰り返しの形態が数多く出現するのである。要するに、過去数世紀にわたる国際化のプロセスの範囲と深さにおける著しい量的変化の累積的な影響は、社会がそれ自体の継続性を構築し追求する関係システムの甚大な質的変容をもたらしたということである。社会、経済、政治、技術、科学、そして文化的な領域の内部で、また相互の間で生じてくる相互依存は、単に変化への対応の遺産ではなく、変化への対応を強めてきているということでもある。これは、ハーショックが、責任あるリーダーシップにとって非常に重要な意味をもっと考えている事実である。

台頭するグローバルな現実とは、価値観や目的や利害が、我々の高まる相互依存を実質的に構成する具体的な関係や慣習のなかに組み込まれるようになってきた、ということである。しかし、その後は安定した活性化の状況を続けるわけではなく、決まった速度、価値観、目的、利害などに生じる変化は、我々のグローバルな相互依存全体の、それゆえに我々が生きる環境の特性に、加速的あるいは減速的な影響を及ぼす可能性がある。このことの結果の一つは、次第に多元化する革新の構図と、広範囲に拡大した大きな変化の敷地と源地が生み出されることである。このようなシステムを背景にすると、事実と価値観を戦略的に分離することが重要な責務になる。手段と目的は全体状況のなかで相互に浸透しあう要素であり、それらを切り離して考える試みは優柔不断さや批判を増長してしまい、実際には問題を倍加するような「解決」に導くことになる。

このような複雑な状況力学において、リーダーシップを行使するには、協調的価値変化という継続的課題に対して、拡大的・進化的対応をするということと、批判的な関わりをもつということとは切り離すことができなくなる。第4章で導入した問題・苦境という区分を使って、ハーショックは、現代のリーダーシップの中心的責務は、明確な先例がない状況のなかで効果的に対応することが中心的な課題になるような世界では、問題解決ではなくむしろ苦境からの脱却である、と主張する。ハーショックは、多文化主義の恩恵についてのメイソンの直感のいくつかに呼応して、複雑なリーダーシップの手段と意味に関して多様性が重要な考慮すべき観点であるとみる。本章の最終節は、グローバルな相互依存の意味を見直す一つの力として教育が果たす可能性に言及し、そしてそれが教育リーダーシップと改革の権限にどのような影響をもたらすかを論じている。他についての学びを推進し、相違を寛容することを意図したカリキュラムを通して、相違を教育のなかに取り込むという現在の教育的流行に反して、ハーシヨックは、積極的に即席し、共有された価値観、目的、利害を追求して他から学び、他と共に学ぶことを重視し、そして相違というものを相互貢献の基本条件として維持し強化するような教育を求めている。

第10章「リーダーシップの役割の変化（あるいは、変化する世界に応えるための変化するリーダーシップ）」では、ヴィクター・オルドネツは、まず、グローバル化がもたらす一つの逆説を指摘する。すなわち、世界が一層相互に結び付くようになると、そこで結ばれる複数の集団は、物理的あるいは事実上同質集団というよりは、むしろ異種混成のものになるというのである。言語の使用とか科学技術を用いた会話システムという、グローバル化に共通の要素は、現在、世界的規模で一般化されつつあるが、これらの手段によって結び付く複数の個人は均一であるよりは、ますます多様な様相を帯びてくるのだ。こうした逆説的な状況では、相互の差異を強調すると分裂に至るに違いない。また、相互依存と協調への動きが従来にも増して高まっている今日の潮流から撤退し、偏狭な排外主義に走ることにもなる。あるいは、自分自身のものだと認められないものはことごとく拒否するという犠牲を犯してでも、個別のアイデンティティや文化を必死になって守り抜こうとする態度に閉じこもるだろう。とはいえ、肯定的な側面もある。健全な多様性は互いを認め合う気持ちを生むだろうし、違いを理解し合うことにもなるだろう。成長や調和への可能性もそこにはあるだろうし、豊かな相互関係から学ぶこともある。

リーダーシップの役割を進化させるためには、上述した今日の状況を踏まえなければならない。というのは、経営やリーダーシップは、これまで、比較的同質な集団と静的な組織機構を想定して、研究され論じられ実践されてきたからである。しかし、オルドネツの示唆するところによれば、今日の指導者が率いなければならない一団や集団を構成する個人は、はっきりと異なった多様な経歴や動機をもっており、文化的、民族的根源も異なっている。また、能力なども異なる個人によって構成されている集団を率いていくことが要求されるのである。さらにいえば、指導者が集団を導いていく際の、目的や目標は、変化の速い周囲の環境と共に変化するのだ。迅速に変化する周囲の状況のせいで、所期の到達目標が、定期的に修正あるいは調整されざるをえないのであれば、指導者は自分が率いる集団に、自信と確実性に裏付けられた到達目標を提示することは、もはやできないのである。多くの事例が示すところによると、従来の問題は従来の解決法では解決できなくなっているので、新たな解決策、すなわち、問題を理解し問題に対処するためのまったく新しい取り組み方が求められているのである。であるならば、こうした今日の現実の文脈のなかに置かれている今日の指導者にとって実際に有益な示唆とは何かと、とオルドネッツは問う。ますます混成の度を深める集団や、一層柔軟に設定しなければならない仕事上の目的に、指導者はどう対処すればいいのだろうか。

こうした問いに応えるべく、筆者オルドネッツは、リーダーシップを多様性と迅速な変化という二つの条件下に置く。この条件の特色は、対話様式の新しさと、グローバル化の過程に伴って出現する未開拓の領域にはまだ地図がないという点にある。三つの事例研究を叙述しつつ、オルドネッツは、先見性、カリスマ性、献身、熱意といったリーダーシップの質的重要性を検証する。事例研究では、中国吉林省における基礎教育改革プロジェクト、インドのラージャスタン州における正規外の教育を通して、少女の識字率を高めるプロジェクト、そして、UNESCOが実施した、非識字率の高い九カ国を対象にし、「全ての人に教育を」と呼ばれる運動のもと、さまざまな課題を用意し、それを克服するプロジェクトが紹介されている。オルドネッツは、彼自身これらのプロジェクト関係者と関わったことがあり、その豊富な経験を論文のなかで活かしている（三番目のプロジェクトでは、彼自身がUNESCO基礎教育の担当部長として、大いに関与し、世界的な規模での調整をこなした）。彼が突き止めようとするのは、迅速に変化する今日の世界で、教育のリーダーシップというとき、その特色の要となるのは何なのか、ということである。オルドネッツの結論はこうである。リーダーシップとは、実際には管理運営能力のことだが、教育という装置におけるそれは、既存の目的を明確に再提示するための手段を改善することに終始するのではない。改善の先にあるものを見通すことこそ、従来にもまして必要なのだ。現存する教育構造は、これまで発達することができたその環境の大半を既に失ってしまった。そのことを示す証拠は、ますます増えているのである。したがって、この部門の指導者は、予算とか施設の拡大と管理、あるいは教科書制作等々の面で、現状に終始するのではなく、その先にあるものを読まなくてはならない。海図のない将来に向き合っている学生にとって必要な学習とは何か、そのことによく応えるために、指導者たるものは、たえず、新たな手法と、新たな思考の枠組みを探求しなければならないのである。経営とその戦略的計画を構築するスキルは、あらゆる指導者にとって、一組の道具の一部である。しかし、将来の指導者は、経営者のところにとどまっていることはできない。それ以上の存在にならなくてはいけないのだ。多様性に満ちた現実に潜んでいる潜在力に対しては、ただ単にそれを容認するのではなく、それを最大限に利用していかなければならないのである。他と協力して見通しや戦略を作り上げなければならないのであって、作ったものをただ下におろしているだけではだめなのである。職場における、あるいは、一層広範囲にわたる生活環境におけるさまざまな状況やさまざまな変化に対応するためには、これまでとは異なった新しいやり方を示唆できるように準備しておく必要があるのだ。最後に、これからの指導者は、部下の成長、発展がないところに、仕事の目的達成はありえないことからも、仕事の目的達成よりも、部下が成長、発展することを認識していなければならない。

第11章「内と外における相互連結――創造的教育リーダーシップの二つの義務」では、ワン・ホンユィは、内的自然という重要な相互連結を経験することは、創造的教育変化をもたらすことを目的として、外部を今日の複雑な相互依存の世界へと導くことに不可欠であることを主旨としている。ワンにとって、グローバルな変容と自己変容は、密接に関係し合う必要があり、特に儒教や道教といった中国哲学のいくつかの面は、関係の複雑な形態に対する内面的かつ外面的な反応におけるひらめきを促してくれる。儒教における修身と道教における自立した人間性の美学と宇宙論は、社会、感情、精神、宇宙の相互連結における明らかに動的な形態と連動している。そのような伝統によって、創造的教育変化の開始と持続における現代の取り組みに関して有益な情報が提供されるといえよう。

初めに、ワンは、人間性とリーダーシップに関する儒教と道教の考えを分析したのち、こうした中国哲学の各側面と密接に関連する相互連結性と創造性との関係についての考えについて詳述している。次に、今日のグローバル化の形態に照らし、現代における修身の重要性について、二一世紀の中国の教育とグローバルな教育指導者に対して修身が意味するものを含めて、考察している。結論として、内と外における相互連結から創造性が生じる空間が、教育的リーダーシップには必要であることを述べている。ワンによると、そういった空間では、潜在的には建設的ということで、対立と不一致が重視されている。彼女の考えでは、相違に対する開放性は、関係と創造性における複雑、動的、公平なつながりを形成するために、必要なことである。空間は、自身の内および世界間の双方における有意義な相互連結を支える。そういった場に置かれている教育リーダーシップの新しい形態は、新たな教育の道筋を形成すると同時に、指導・学習の道を拡張しながら、あらゆる既定の過程を超えた運動の流動性を表している。創造的教育リーダーシップの二つの義務とは、将来の可能性へと「導く」ために、内と外における相互連結を養成することである。世界内で努力し、世界へと邁進することで、教育リーダーシップは、自己変容と世界的変容の両方を実現する可能性を有している。

個人とは、常に「共同体における人間」であることを、ワンは述べている。個人として、我々は他者と接し、その関係が修身には肝要となる。西洋哲学的伝統についての造詣がより深い読者は、内ならびに家族、村、国、そして究極的には世界との関係を通した修身についてのワンの議論に、自身の本質における共同体主義的視点との類似に気が付くだろう。共同体主義者らは、自身とは、共同体内での対話において形成されるものとして理解している。

自身を越えたものから生じる道徳的要求、そして、我々の生命における意味を生成できる能力に関する根拠となっている、テイラー（Taylor 1991）が唱えた「有意味性のさまざまな地平」によって、少なくとも部分的に我々のアイデンティティは構成されている。至高善は、自律的個人の自由という観点から理解される「組み込まれていない」自身という概念に対する自由主義的視点において、過度に分析的な焦点として認識することに応えて、共同体主義的著者らによって自身の理解はなされる。したがって、ワンにとって、指導者らは、自らが導く共同体に完全に陥り、組み込まれているのである。現代の教育リーダーシップ論にあり得るものとして、指導者らは、上に立つことや先導することはしない。この導かれる教育的共同体との連結やそこへ組み込まれることは、教育リーダーシップの完全な相関的視点を擁護する、ネル・ノディングスとチャンドラ・モハンティの研究に言及しているブリンダ・ダルミヤの著書のなかでみられる。

第12章「リーダーシップの解明――『関係的謙虚性』と無知の探究」では、ブリンダ・ダルミヤは、どのように（関係の重要性の前景となる）教育と教育的リーダーシップのフェミニスト分析が、我々を教育の目的を再考するように促すだけでなく、その再考された目的を達成するために、教育政策を策定するプロセスを再概念化するよう促しているのかを示している。言い換えれば、彼女は教育の本質と内容に起きた変化は、内省的にこれら変化に対する教育政策を「導く」こととは何であるか、という点に跳ね返ってくると議論している。したがって、教育を再考するということは、それらの変化の実行に関わる力関係を再構成することを意味している。ダルミヤの狙いは、教育的リーダーシップと政策立案の既に確立されてしまっている概念を「解明」すること、そして、それらの既存の教育構成を作り保っている、深く広範囲にわたるメタレベルのネットワークとの総体的なつながりを示すことである。

この目的のためにダルミヤは二人の現代の学者に言及することから始めている。その二人とは、介護倫理のフレームワークのなかで活動している教育哲学者のネル・ノディングスと、植民地独立後の南アジア出身で、有色人種のフェミニストとして執筆し、アメリカの学界で教鞭をとっているチャンドラ・タルペード・モハンティである。ノディングスは「相互主観性」という範囲で議論している。一方、モハンティは「相互史実性」に注目している。権力化と無力化の関係に関し、ダルミヤは初めにこれら二人の学者の違いを描いている。しかし、次にダルミヤは自分が「関係的謙虚性」と呼んでいるものに、二人の見識を統合させている。教育と教育的リーダーシップは、関係的謙虚性の育成の周りに構成されたとき、ダルミヤの言葉でいう「無知の探究」となる。自分自身の知識の限界を認められるまでに、十分に謙虚である教育の指導者たちは、周縁化された者の経験や知恵を、正義に向けた教育的・社会的変化のために、自身のリーダーシップに生かすことができるという。

ノディングスの相互主観性とモハンティの相互史実性の両方は、関係的謙虚性の育成から生ずる無知の自己帰属により可能になる、とダルミヤは議論している。しかしながら、ダルミヤにとって、この関係的謙虚性という概念は、マハーバーラタの物語にある教育の意味と方法論を含む、三部からなる会話を通してのみ明らかになるという。彼女は賢者カウシカの物語を用いて、「指導者」と「導かれる者」の間の――教育と世界全体の両方においての――伝統的な分離が解体されたときに初めて、我々は世界的特権のシステムの解明を目にすることができるのである、と示している。ダルミヤは、教育のゴールとは、三つの要素を持ち合わせた政治的行為者を形成することであるとしている。その三つとは、(カウシカが学んだ)主観的性向、(ノディングスにより主張されている)ケアすることの相互主観的スキル、そして、(モハンティが主張している)権力が異なって分配されている人種、階級、ジェンダーなどといった軸により構成されている、ある社会的グループの相互史実的理解である。これは、ダルミヤによると、「さまざまな民族、階級のバックグランドをもつ学生間の学力格差をなくすという、狭い意味での教育の義務からはほど遠い」ということになる。キャメロンマッケイブ&マッカーシー(Cameron-McCabe & McCarthy 2005, p. 202)が議論するように、「義務、スタンダード、質の言説は、人種、階級、ジェンダー、性的指向、体系的な不平等といった、議論を呼ぶ対立を避ける安全な言語であり」、それゆえに、狭い市場本位の観点からみた、現代の一般的な正義の構成になってしまう。ダルミヤは代わりに、教育とはより堅固に変革された、変革する力のある主体の形成を目標とするならば、必要とされることは、教室の内外両方で性差化、人種差化された人々の抵抗の位置を自覚することである、と結論付けている。そのような体系的な抑圧に代わるものを、取り戻そうという自覚と内省的プラクシスは、我々が個人的、社会的レベルの両方で、権力をうまく扱うことができるようにする関係的謙虚性の徳により駆り立てられる、という。

ダルミヤが提供するものは、リーダーシップの確立された概念の解体と、リーダーシップと政策立案において「関係転換」になり得る何かへ向けたステップである。これは、権力、責任、指導そのものの役割と本質の確立された概念の再考を包含する。もし、ノイバウアー、リズヴィ、メイソン、ハーショックが、さらにグローバル化する世界における教育での実際的な変化のために、状況と義務を打ち立てることに成功したならば、もし、ホーキンス、マー、タン、ファレルが、アジアにおいて歴史的にも経験的にも支配的で、グローバル化と潜在的に新しい教育規範の圧力に応じた、教育的変化の事例研究の熟考により、より広く遠く分離した教育規範を明らかにすることに成功したならば、もし、ハーショック、オルドネツ、ワン、ダルミヤが、よりグローバル化する世界という状況で、教育的リーダーシップの挑戦に向けて、新しい風を吹き込むことに成功したならば、本書は、グローバル化するアジア太平洋におけるリーダーシップ、革新、発展に関するこれらの視点を提供することにより、教育の変容に対する核心にふれることとなる。

第1部

系列的な教育変化の状況と不可避性

第1章　グローバル化と教育——特徴、動態、示唆

ディーン・ノイバウアー

現代において、「グローバル化」革命がいかに重要か。たとえ重要なものであっても、決してそうではなく、幾世紀をかけて世界が経済的に統合している過程の延長でしかないという見方がある（Bentley & Ziegler 2006）。逆に、意味深く、変化の集合体、急速かつ抜本的、世界の動き、相互認識、そして、社会の構築における過程を転換するものという見方もある（Johnston et al. 2002）。実をいうと、個人的には後者の学派を支持している。現代のグローバル化が、ほぼ間違いなく、産業革命と、その後に続いた政治経済転換に匹敵するほど広範囲に及ぶ一連の勢力を活発にしてきたと、私は考える。

グローバル化は、地域的、国家的、国際的、グローバル的に人々の生活、仕事、認識と集合、伝達と関与の過程と、教育方法において、同規模の転換を実現した。国家そのものの性質、国家の相互作用の過程、超国家や非国家主体の人間行動を体系化し影響を与える役割において変化が起こっている。現代のグローバル化の中心には、世界中の資本移動とそれが生産と消費に関連する過程、エネルギー利用と消費の過程、情報と知識の形成、伝達、保護の実際、労働の雇用と配置の形態、そして、価値の形成、分配、保全、崩壊の過程における変容がある。

幼児から大学院まで、公立と私立、世俗と宗教といった社会事業の一環として、変化における複雑な過程の真っただ中に教育は置かれている。その他の真意が何であれ、重要な方法で、教育とは常に、世界の動きとそのあるべ

き姿に関する概念を取り扱っている。カリキュラムを通して、我々は、特に若い世代の人たちに、集合的自己意識、我々が生活する世界、我々の強い願望、価値と知恵を整理し伝達しようとしている。変化の速度と範囲が大きい状況においては、新規性、発明、革新に見舞われてはいるが、社会活動として不可欠な知識伝達と管理という保守主義によって構成されているという理由から、教育を取り巻く緊張が高まっている。新たな社会ニーズの不確実な構図と不十分な資源を携えた社会環境の変化への迅速な対応に、教育機関自体が頻繁に迫られていることに気付く。そのようなときに、それらを伝えている人たちと同様に、我々が新しい世代に伝えようとしていることへの確信が脅かされている。こういった状況下で、種々の知識、信条、価値の形態における紛争の正当性に関して、社会政治的衝突が噴出している。急速に変化する現代のグローバル化の文脈において、教育は論争の多い領域となった。

本章は、並行する社会的、経済的、政治的ニーズと創発的教育との調整に向けた可能な限りのあらゆる方策へと、一連の観察、疑問、提案、あるいは洞察といった、この領域での舵取りの提案をいくつか提供している。グローバル化に付随する変化の速度が加速され、その結果が広範囲に及び大きいものであるのに対し、たとえ教育の過程は長引くという理由だけからにせよ、この課題は非常に困難である。時折、現代の教育が直面する課題は、世界で期待される成功のための世代に、我々も垣間見る程度の輪郭を準備することのように思える（Friedman 2005）。

解説者の数だけグローバル化の定義が存在するように思われる。デヴィッド・ヘルドの実用的な定義（Held 1991, p. 216）では、グローバル化とは、

> グローバル経済の出現、集合的意思決定の新しい形態を創出する経済統合間における多国籍連携の拡張、政府間機関や準超国家機関の発展、多国籍通信網の強化、そして新しい地域秩序や軍規の創製の産物

とある。グローバル化を「均質化および差別化された傾向を呈して、増大した経済的、文化的、環境的、社会的相互依存、また、資本、労働、情報の流動性から生じる新しい多国籍金融政治構造」（Blackmore 2000, p. 133）と見

ることで、ジル・ブラックモアは異なった側面を指摘している。グローバル経済、集合的意思決定の新しい形態を創出する経済統合間における多国籍連携の拡張、政府間機関や準超国家機関の発展、多国籍通信網の強化、新しい地域秩序や軍規の創製、増大した経済的、文化的、環境的、社会的相互依存、資本、労働、情報の流動性から生じる新しい多国籍金融政治構造、そして均質化と差別化の同時傾向といった、二つの定義から抽出されるいくつかの要素は、何らかの形で、文字どおり数百にのぼるグローバル化の定義を考慮に入れている(1)。これらの要素を規準系とすることは非常に役立つ。

グローバル化に言及する際に何を考えているとしても、商品と象徴の創出と取引、そして、これによってもたらされる社会的、文化的影響における経済的主体のより大きな相互関係を感じ取っているように思われる。日常において、マイケル・ジョーダンとナイキ製品、アメリカ中西部の町にあるアジア系雑貨品店、ニューデリーにある英語用の顧客電話窓口、現地語で表記されるコカ・コーラの宣伝、日本車や韓国車、多文化を起源とするアメリカ映画や連続ドラマといった特徴は、世界中で多数の「グローバル化」という抽象概念に具体的意味をもたせている。

グローバル化における複雑な動態は、教育の実施方法から教育の世界市場で取引される商品化まで、大いに作用する効果をもたらしている。

グローバル化に関する重要な要素

基本的に、グローバル化とは、現代世界における取引の動態に関するものである。グローバル化に関するデヴィッド・ハーヴィーの初期の研究である『最先端の条件』(*The Condition of Postmodernity*)は、偏在する変化をグローバル化の主眼点に置いている。発生する変化における種類の違いと速度の増加は、結果的に時間と空間のはめ込みと近似即時性の世界の創造をもたらす(Harvey 1989)。世界中で生活を銘記するために継続的に拡張しているとハーヴィーが考えている世界資本主義体制自体が、主要な動態を構成する取引速度の継続した加速によって特徴付けられている。これらの変化の中心には、グローバル経済システムにおける根本的な転換がある。

その後すぐに多国籍企業（以下、「ＴＮＣ」）と呼ばれる、近代の多国家企業は、グローバル化という歴史的な波にさらされている。一九世紀から二〇世紀初頭に興った巨大国際企業と系統的に関連して、世界中を取り込んだ経済力の発展に専念する強力な新しいタイプの経済的主体として、これらの企業は第二次世界大戦後に出現した（Barnet & Mueller 1974）。常時ではないが、頻繁に、出身国を表記する「ブランド」名を保持したまま、出身国（そこでの価値、文化、言語を含む）と徐々に関係をなくす方法でモノとサービスの生産と販売による利益を求めて、ＴＮＣはグローバル市場で活動を展開している。これらは、グローバル企業文化、または、グローバル文化、さらには、「マック文化」（Barber 1996）の考案に言及する著者たちを後押しする特性である。

一九六〇年代、ＴＮＣは、旧来の「主要」産業国から、投資収益を上げるために安い人件費で容易な労働力の確保と、資本の戦略的投資を結び付けることが可能だった発展途上国へと製造拠点を移した。一九九〇年代初頭に、最重要目的のために、ロバート・ライシュ（クリントン政権下の労働長官）は、世界の主要な製造業は、産業の空洞化と広まっている経済改革の動きに巻き込まれた社会を置き去りにして、旧来の産業国から離れたと書き記している（Reich 1991）。

グローバル経済改革へのカギは、他国にある企業の所有権獲得のために別の国から直接資本投資をする海外直接投資（以下、「ＦＤＩ」）である。新しいグローバル経済の主要な指標であるＦＤＩは、貧困国が富裕国から資本を調達することの相対的成功を示した相互依存の尺度の例として頻繁に引き合いに出される。(2) しかし、現代のグローバル相互依存の現実は、グローバル経済における全国家にとってＦＤＩはある程度重要なのである。最高度のＦＤＩは、最富裕国間である。現代のグローバル化における顕著な特徴は、資本を受け取る側の国の相対経済状況に関係なく、国境を超えた資本の世界的所有権であった。

これらの投資傾向は、新たなグローバル分業を作り出した。当初、会社は、主要産業国の比較的高価な（そして極めて労働組合化した）肉体労働者たちを第三世界のより安価な労働力へと切り替えようとした。一九八〇年代後半以降、電気通信力の向上により、サービス業の世界的分布にも同様の変化がもたらされた。肉体労働とは対照に、頭脳労働は伝統的に区別されてきた。情報技術機能を取り扱う情報センターでの圧倒的な女性の労働力を意味する「女性向き」労働が、重要なグローバル労働因子として出現した（Arndt & Kierzkowski 2001）。政治的問題として長い間ないがしろにされてきたが、二〇〇〇年以降、特に合法移住と不法移住の両問題に関連していることから、労働力の外注がいくつかの主要国において重大な選挙問題となった。

思い返すと、さまざまな新技術が、現代のグローバル化に付随する生産性や市場取引の変化を実現するために結集していた。特に一九六九年の「ジャンボ機」に見られる民間ジェット機製造の導入により空間は短縮され、結果的に、ヒトとモノの長距離間の移動がより迅速かつ相対的に低費用で実現された。同様に、コンテナ船と巨大タンカーの導入によって重量貨物の輸送料が大幅に削減され、その結果、より安価な労働力から生じた生産利益が生産と消費サイクルへ還元されることとなった。また、近代の通信衛星は、管理体制の発達をもたらした結果、「リアルタイム」で世界的生産と資源を管理することが可能となった。より複雑な金融メカニズムの発達を含む、他の技術革新により、世界中に資本の急速な普及がもたらされたことに伴い、一九七〇年からドルが事実上の世界通貨となった（Neubauer 2000）。

グローバル化の主要価値体系として新自由主義が台頭してきた(3)。アメリカの内政とアメリカによって認められた多国籍企業に関する新自由主義政策方針の関連性における強固な結び付きから、グローバル化は「アメリカ化」と同意語であると世界の大半は納得した。経済成長の創出と維持（経済の自由化）のため、市場メカニズムの進展の重要性を主たる焦点に置き、（特に、最初の提案者であったレーガン・アメリカ大統領やサッチャー・イギリス首相の下）新自由主義は、戦後の福祉国家における前提や支出形態をある程度否定することに集中していた。新自由主義は、自由貿易、「国の仕事」における貿易の優先、経済（そして経営）効率の促進における競争の役割、そして国の規制緩和からの利得という（一九世紀の自由主義に関連付けられている）古い概念と明確なつながりをもっている。国内での国家政策では、新自由主義は（民間企業からの投資をより促進するための）減税、（サービス効率をさらに向上させるための）国有資源の民営化、（競争的産業を一層奨励するための）規制撤廃、そして、国民国家のための使命に関する全体的な削減と関連している（Steger 2002）。

現代のグローバル化は、「グローバル・ガバナンス」という新しい概念の創出、つまり、世界的相互作用のあらゆる状況への「規制体制」を設立する超国家団体を生み出した。一九九四年に前身である関税および貿易に関する一般協定（GATT）とそれに続くサービスの貿易に関する一般協定から世界貿易機関（WTO）が設立されたことは、多くの人に、現代のグローバル・ガバナンス体制の系列事例と見られている。（グローバル経済の第二次世界大戦後の復興の副産物である）国際通貨基金や世界銀行といった他の多国籍機関は、新自由主義的な経済再建の促進における重要な役割を担っている。北米自由貿易協定法やヨーロッパ連合（EU）は、国際交流関係を国家自体が明示する役割を減らす方法で、多くの人から、自由貿易の制度化の一例として見られている。このような国際関係は、（自由化体制下における可動性から利益を得ている）資本に対して、（可動性に著しく欠如している）労働よりも特権を与え、（例えば、国家安全と環境基準に関する規制撤廃の影響といった）国家内における国民行動を定義する状況に影響を与えている。これらの経済関係や管理関係は、グローバル化という現象に対しての認識や反応の中心となっている。例えば、多くの人にとって、「シアトル」は、街頭暴動と、グローバル化を推進・促進している力として認識されているものや地域の政治的措置による影響や支配から大きく乖離されていることに対して組織された抗議団体とを即座に呼び起こすものである。

解説者のなかには、超国家機関の成長が、国家主権の直接経費と自分たちの案件を導くために国民国家が享受する自由度で生じると主張している者もいる。グローバル規模での相互依存の増加という側面は、「国家の縮小」という言葉でしばしば表現される。グローバル化が拡大している時代においては国民国家が弱体化するのか消失するのかという議論が継続して展開されるなか、グローバル経済動態が、支配における一国家の許容量をはるかに超越しているという結果を生じさせていることは明らかである（Neubauer 1998）。いくつかのアジア諸国の経済が急落し、いくつもの成熟した先進国による経済的介入の必要に迫られた一九九七年のアジア通貨危機は代表例である。

デヴィッド・ハーヴィーは、現代のグローバル化の注目すべき点は、時間と空間の縮小であると主張している。結果として生じる社会変化の度合いの高まりは、社会内および社会間での取引の頻度と即時性の増加を特徴とする。この観点から考えると、取引の結果、人は自身と他者の新しい知識を発展させ、自身と他者の新しい概念化の台頭と、特に重要であるが、社会が富を集合的に生産し配分する方法を含めた契約の新しい形態へと至った。資本主義が、社会内および社会間にて促進される経済取引の頻度と豊富さによって種々の形態に識別されることを事実と仮定して、脱近代状況に関するハーヴィーの概念は、世界で出現している新しい象徴的経済と人の生活や仕事、生産と消費、蓄積と浪費への影響を重点的に取り扱っている（Harvey 1989）。

現代のグローバル化によって、その多くが緊急情報技術をもとにした、まったく新しい機関が設立されている。株式取引が年中無休で行えるよう世界中各地の株式市場が発展したことは、インターネットと同様に、このような状況において頻繁に引き合いに出される。ほかにも、国際決済銀行によると、二〇〇四年（BIS 2005）には毎日約二〇〇万ドルの取引を計上したグローバル通貨市場といったものも挙げられる。グローバルな相互依存の新機関により、相互依存と、例えば、通貨危機や景気後退の圧力といった経済のマイナス成長のカスケード効果から自己を保護する能力を国家社会が有さないことに関連するジレンマが伴う世界的な富の劇的な増加からの同時利益がもたらされている（Friedman 2005）。同様に、グローバルな近代メディアも、新機関として機能するに至った。グローバル経済における新しい巨大メディア企業は、自身と他者に対する考え方、アイデンティティという概念の発達方法、消費への携わり方、そして、大切と思うものを変化させてきた。大規模メディアは、グローバルと国内という二階層で活動している。一流は、ＡＯＬタイム・ワーナー社、ディズニー社、ベルテルスマン社、バイアコム社、そしてニューズ・コーポレーション社という最大手五社によって形成され、その後に、ケーブルテレビ統括会社のテレコミュニケーションズ（ＴＣＩ）社、ジェネラル・エレクトリック社、ソニー社、そしてシーグラム社が続く。ロバート・マチェズニーは、これらの企業を「世界を牛耳る九企業」と呼んでいる。二流に属する約六〇にのぼる企業が、特定の国におけるメディアを独占している。規模で見た場合、AOLタイム・ワーナー社は、世界で五〇番目に大きいメディア企業の五〇倍になる。このような企業は、元来の発祥国が知られることを非常に嫌がる。世紀の変わり目に、AOLタイム・ワーナー社のある重役が、「我々はアメリカの企業と見なされることを望んでいない。我々は地球的視野で考えている」と述べたことがある（McChesney 2001）。こういった企業は、世界的組織として成長を続けている。一九九〇年に、ディズニー社とタイム・ワーナー社の収益の内、一五％が海外で稼ぎ出されたものであった。現在では、全体の三〇〜三五％を占めるまでに至った（McChesney 2003）。

アンソニー・ギデンスは、現代のグローバル化から興った重要な社会的慣行における変化を指摘している。例えば、家族構成は、グローバル化に付随する急激な変化、つまり、労働移住の蔓延により深刻化した状況によって軋みが生じている。また、習慣的な婚姻年齢、高齢者の社会的役割、そして典型としてよく引き合いに出される離婚における変化も指摘している。グローバル化から、特に家族構成との関連での女性の役割に関する論文（談話）が多く発表されたが、歴史的にも例を見ないものである。もっとも、それこそが、グローバル化を享受するか拒絶するかに対する態度に大きな関わりをもつ変化の本質と意義である（Giddens 1999）。

グローバル化による影響と教育への示唆

大変興味深いが釈然としないグローバル化の特徴の一つに、正にその本質であるが、地理的、社会的、政治的、または経済的境界をほとんど認めないということがある。一見すると、その影響は、世界中さまざまな形で、また、実質的には人間の努力におけるあらゆる局面で経験されている。ここでは、教育の構築と実践方法に多大な影響を与え、そして、将来の教育に対する我々の考えを形成するグローバル化の六つの特徴に焦点を当てる。

不平等

グローバル化の現体制が富を生み出していることには疑いの余地はなく、むしろ、驚異的な富を創出しているといっても過言ではない。しかし、現在展開されているグローバル化は、貧困の拡大をも生み出している。世界中で、収入と富における不平等の拡大が、グローバル化と結び付けられている。過去三〇年間を規準に据え、先進国ならびに発展途上国双方において、今まで以上にはるかに少ない一部が、これまで以上に国民所得の大半を占めることとなっている。先進国では、富裕層による関連資産占有率が継続して拡大しているなか、労働賃金が実質的には恒常的インフレ水準であることを表している動向によって、所得不平等は示されている。発展途上国では、八〇カ国が、二〇年前と比較してより貧困になっている。国連によると、世界には貧困生活を送っている人が二八億人いると推定されている。所得不平等は指標であり、所得における不平等が、相対的に、食べ物、水、住宅、公衆衛生、医療、治安確保、そして教育といった必需品を含むモノとサービスを利用する機会の獲得における不平等を示している（Mullrooney & Neubauer 2006）。

グローバル化によって、世界中の多くの人が、基本的な人間の安全を確保するための財に関する閾値を知るために有効な最低限の情報資源もなしに、現金経済つまり財の世界へと引き込まれた。例えば、サックスとマッカーサー（Sachs & McArthur 2005）は、極度の貧困によって毎日二万人（年間八〇〇万人）が命を落としていると推測している。アフリカＨＩＶ・エイズ国連特使であるスティーブン・ルイスは、「毎日五万人が飢餓に苦しんでいる」と指摘している（Peplinskie 2005）。現代のグローバル化における移住形態に起因する都市部の大規模な過密化に関する彼の見解によれば、都市部のスラムへの定住では、居住者たちは最低限確保すべき毎日のカロリー摂取量にすら至っていない、とマイク・デイビスは断定している（Davis 2004）。その規模を増やしている研究者たちは、現代のグローバル化旋風が、世界の大多数の地域における人間の安全を弱化させる結果を招いたと結論付けている。

不平等の高まりというこの状況は、将来の教育の発展に大きな悪影響を与えることになり、グローバル化の「前面」で起こる資本の推進力、科学、知識の創造、技術といったあらゆる変化は、二一世紀に向けて急進した人間性の一部分として、非常に大きなある別の部分は貧困から抜け出せぬままであり続けるという要件事実によって、挑戦的な方式で同調されることになろう。ほぼ全世界にとって、基本教育課題は、どのように定義付けられ運用されようとも、初等教育遂行のための土台造りであろう。この課題にとって、不平等の拡大と不変は大きな障害となる。(4) 二〇〇五年万人のための教育監視報告書には、学校に通っていない子供は一億人おり、UNESCOが先導する活動が成功を収めていても、教育補償範囲獲得の進展が停滞しているため、二〇一五年の到達目標年までに普遍的教育を確保できそうにない(Guttman 2005)。

仕事完了の過程における変化

現代のグローバル化は、世界中で労働のあり方に影響を与えている。社会が新しい労働力ニーズを満たすよう求めているものに関する認識は、これらのニーズをさらに満たすための教育の調整という需要をもたらす政策過程へと波及する。あるいは、グローバル的に労働に影響を与える最重要な革新の一つとして、フォード主義組立ライン生産様式から、「ジャストインタイム」もしくはフレキシブル生産への転換が挙げられる。採用された産業種によってフレキシブル生産技術は異なるが、基本的な特徴として、工業生産における万物同サイズの概念を、在庫削減と、相対的に世界的規模から、安い人件費による資本のさらなる有効利用を実現しつつ、迅速な製品変化を実現する設計、調達、生産のシステムへと変更することが挙げられる(Brecher & Costello 1998)(5)。

このシステムのバージョンは、世界的生産と消費に変革をもたらし、事実、経済的グローバル化という今の時代を築いている。一九七〇年代および八〇年代に、生産者たちは、複雑な製造技術と組立技術の発展途上国への導入方法を開発し、これらの技術と低賃金労働の組み合わせを、世界で製造される大半の商品の源泉へと変えることを実現した。新製造モデルの手掛かりの一つは、あまり洗練されていない労働者たちが、高効率かつ訓練や教育の負担が比較的ない状態で働けるようになった技術革新による、工業生産の複雑性の分解であった。頻繁に言及される一九七〇年代の事例として、多国籍企業が、複雑なコンピュータチップの工場で働かせるため、マレーシアにある村から直接若い女性を採用したことがある。管理者が訪問者に説明していたのは、このような製造の重要な要件は、教育を受けた労働者ではなく、良い視力と器用な手先である。このような努力にかかる主な教育費用は、機械革新を通した簡易化された製造課題を担当する技術的天才と、効率的かつ統合された製造設備の運用に必要な管理ルーチンへの投資とで分けられていた（Greider 1997）。この話のある見解は、世界のフレキシブル生産の延長線上でも繰り返されている。消費という側面では、即座かつ非常に効率的な通信と輸送の結合によって、生産と市場間の時間は根本的に短くなり、種々の消費者需要を満たしつつも在庫削減を実現した。この「器用な」システムでは、生産者たちは、生産のさらなる円滑化を実現し、その結果、一層の製品の多様化を図る時間を確保できるようになり、消費者たちは、結果的に定型と革新における一定の循環を経験する。約一〇年前には、比較的短期の待機期間を喜んで我慢した消費者たちが、工場で特別注文の自動車といった大規模製品を所有することができるようになったとき、境界が交差した。製造業者にとって大きな利益となり、これにより、既に売却の決まっている車を組み立てることが可能となった。この一〇年で最初の数年間におけるアメリカの過熱した不動産市場の特徴は、地元の市場で営業している多くの全国規模の住宅建設会社による、計画された製品が完全に事前売却されたときにだけ建築を引き受けるという決定であった。

サービス業の性質と流通においても、同じくらい画期的な変化が起こった。過去一五年間で、地元経済のための外部委託労働の相対的優位性に関する政治討論が激しさを増しているなか、この現象は、三〇年間の大半において発展してきた。一九八〇年代には、外部委託は、既に、アメリカ経済における製造業雇用者約二五〇〇〜三〇〇〇万人分の喪失の原因となっていた（Bluestone & Harrison 1982）。一九九〇年代初頭には、インドのソフトウェア企業とアメリカの工業会社による提携が一般的となった。アメリカの医療産業は、フィリピンや英語圏の低賃金国から来た事務要員を使って翌日会計を行っていた。また、（特に女性向け最高級製品を取り扱う）衣料会社では、通常は新興輸出加工区にあった設計から配送業務まで、全てを完全に統合した（IILS 1998）。ニューデリーとムンバイにある顧客電話窓口も、すぐに続いた。前に述べたように、「女性向き」労働が、女性用に特化した業務の再配置について言及するため、「肉体」労働と「頭脳」労働という工業の時代のカテゴリーに新たに加えられた。将来、医療や科学業務における外部委託を表すための「白衣」労働というような新しい言葉が追加されるかもしれない。アメリカの放射線科医は、実時間演習においてアメリカの医療センターと提携しているインドの専門家が国内の演習へ対抗馬として参入することについて、既に懸念を示している。アメリカの放射線科医の平均年収が三一万七〇〇〇ドルであるのに対し、インドの放射線科医の平均年収は二万五〇〇〇ドルである。どちらかを選ぶとすれば、アメリカの病院や医療保障制度は、より廉価なほうを喜んで選択するのである（Nautiyal 2006）。

仕事への知識経済における示唆

ロバート・ライシュが、『国家の役割』（*The Work of Nations*）において、一九九〇年代の世界的労働の再配置の論理について詳述している（Reich 1991）。その時の重要な違いは、労働が現場にあるか否かであったように考えられる。当時のグローバル化は、高まる外国からの直接投資と製造の再配置の上に成り立っていたものの、多くのサービス業やサービス活動は、特にサービス会社と顧客間に直接的接触があるような場合にのみ実施が可能であった。実際のところ、これらの制約ははるかに適応性に富んでいる。いまや、デジタル化できるものならば再配置や外部委託が可能であるように見える(6)。ライシュの研究では、例えば、弁護士、教授、技術者、作家、研究者といった知的、記号的、もしくは認識活動から市場価値が派生している記号解析者の仕事に関する職業に焦点を当てている。彼は、このカテゴリーに属する非常に幅広い事柄を過小評価すること、そして、可搬性という点での潜在能力を看過することに対して警告している。資本所有者や管理者たちが常時より廉価な労働コストを求めている事実に突き動かされて、可搬性と低賃金は、作業実施の場所と携帯に関する概念を再定義する。最近の出来事は、この想定された制約にさらなる疑問を投げかけている。デジタル化できるものならば再配置や外部委託が可能であるという前提に加えて、運搬の限界費用が離れた現場サービスを探すための限界費用利益を下回っているサービス活動にとって、受領者を提供者へと転換することで、個人的サービスの外部委託が物理的に存在することになる。例えば、バンコクは、他国と比較した場合、比較的質の高い医療とその相対費用の低さに世界中の消費者が魅力を感じるように、待機手術の世界的な中枢となっている。インドとシンガポールでも、同様のサービスの提供が拡大している（*Sydney Morning Herald* 2005）。

仕事の本質やその再配置における劇的な変化にもかかわらず、サービス労働者たちがグローバル的労働市場を独占していると結論付けるようでは、現代のグローバル化を相当に読み誤っているといえよう。世界の大半の人が、朝起きてから、過酷な労働、並外れた低賃金、そして多くの場合に求人がないという環境下で、必死に生計を立てているのが現実である。大半の労働者にとってのグローバル化した労働の世界は、常に、（搾取的な児童労働を含む）劣悪な労働条件、（超過勤務手当が支給されないままの）長時間で不安な労働条件、そして、危険な労働環境に対する闘いである（Bales 2004）。世界的に見て、人間労働の不法取引は、一九世紀以降、辛うじて目に留まる状況下で起こってきた。特に酷い例である性風俗で働く人たちは、男女問わず、その業界に引きずり込まれ、使われ、特にＨＩＶ・エイズといった病気にさらされ、そして最後には、ほとんど生産的労働時間への見返りがないままに捨てられている（Skrobanek et al. 1997; Farr & Ehrenreich 2005）。一八億人が貧困層という現実は、このようなことが無慈悲な規則性によって再生され続けるということである。グローバル労働の変容について注目する点は二つの要素から成る。まず、グローバル化した労働の現在の動態は、求職時に直面する環境と機会の決定における公共政策と個人政策に繰り返し影響を与え得る新自由主義的最大化という、究極的無慈悲とまではいかないものの、頑固な論理に追随しているという点に重点を置く。主に教育は就職準備のためであると考えれば、労働によって教育目的が構成され条件付けられていることに関する懸案事項である。次に、「労働の教育」の意味を構成する要素が、歴史的には初等教育主導の場であったものが、次第に地元から離れたところで確立されているという点を強調する。地方自治体、教育委員会、地元の社会的ネットワークの役割を定めている教育検討課題は、グローバル化の力によって侵害され、労働や教育が地元に束縛されることを撤回させられている。グローバルな相互依存が進むにつれ、また、グローバル資本主義の規範内で競争力を有する必要性を社会が受け入れるにつれ、競争に参入する行為によって、それぞれの責務を負わされることになる。一方は、広く知られている情報格差、そして他方は、世界共通語としての英語のさらなる普及である。このような競争的挑戦への対処に失敗した教育システムでは、製造業とサービス業資本を獲得し堅持しなければならない知識資本の基本構造を創出することは難しくなろう。

消費者主義と消費を通しての学習

現代のグローバル化とは、主に、比較的開かれた市場での商品取引の世界を創造することである。社会のさまざまな言語が、現状を明らかにし、富を得る機会とそれによってもたらされる報償への道筋を特定する複雑な基本および特別消費規準として次第に構築されている。消費中心の世界において、経済価値は他を席巻し、富の獲得と収入自体が主要な社会的目標となっている。富は、政治的、社会的、そして時に文化的権力を得る機会を実現させ、価格を設定されている市場の規範および才能と技能は、文化に集中的な他の価値を圧倒する。結果は、常に、地元で形成され促進された価値と実践が、「世界的外部」と関連する市場中心的価値に取って代わられ、名高いグローバルと地元間の軋轢によってグローバル化反対者が生み出されるという形で終わる。

いわば、現代の生活における ほとんど全ての側面に浸透する桁外れの領域であるメディアが、市場社会における命と血となる。少し前に、前文に「現代の都会生活のあらゆる側面」と記述したかもしれないが、メディアと、そのメディアによる製品、商品、サービスに関する情報は、携帯用発電機を備えた携帯電話、ビデオデッキ、ＤＶＤプレーヤーによって世界の中枢にあるメディアがその周辺にある遠くの端までもたらされるように、最も遠隔地にある町村までにすら伝わっていることが、世界中での生活現実である。このような機器とサービスの増加率は衝撃的である。中国では、二〇〇〇年に二二〇〇万人だったインターネット利用者数が、二〇〇五年には一億一一〇〇人にまで増加（五年間の増加率は四〇〇％を超える）したが、この数字は驚異的であるように思われても、一三億人という人口の僅か八・五％を占めるに過ぎない。相対的に人口基盤が大幅に小さいが初期普及率が高い北米では、同期間でのインターネット利用の増加は、一〇九％、もしくは三億三三〇〇万人中二億二六〇〇万人であった（Internet World Stats 2006）。フィリピン人は一日に約二億通の携帯電話メールを送り、マニラは世界の携帯電話メールの中心地となっている（Amojelar 2006）。二〇〇六年三月に、イギリス人は三二億通の携帯電話メールを送っており、毎月その量は増えている（同 2006）。

社会の至る所で偏在的に見られる市場規範は、消費原理が全生涯過程において進められている強力な教育システムを構成する。先進国において、子供たちは生まれる前から、主にテレビの普及によって、両親と、それに続いて社会意識における最初の段階にある子供たちを対象にした消費コマーシャルを通して、重要な「層」として見なされるようになっている。アメリカでは、一九六〇年代以降、アメリカの子供向けテレビ番組改善のための市民運動団体のような市民権利擁護団体が、特に、子供の幻想イメージへの強い興味を関連する実需に変える、娯楽と製品の関連付けにおける完全な融合に注目して、テレビコマーシャル主義の攻撃から子供たちを護る法律制定のためのロビー活動を展開してきた（Harmonay 1979）。教育システムとしての宣伝は、広く普及し、資金力も豊かであり、消費で識別される状況調節のなかに独自性や自我を位置付ける一連の社会的ツールの販売を促進させている（Henry 1965）。

正規教育は、多くの場合損害を被っているが、この非正規教育と競争しなくてはならない。正規教育における規範と価値観の多くは、メディアによる教育、規範、そして原理とは反対の行動を取っている。例えば、勤勉の重要性、丹念な知識の獲得と社会的、批判的論理展開能力の獲得、自分のためと責任ある市民という役割での断固とした意思決定における重要要素としての推論の過程における応用といった、長い間正規教育と関連付けられていた価値基準は、即座に得られる喜び、テレビドラマ（ゴールデンタイムのドラマを含んだ世界中で多文化形態を取っている華やかな連続ドラマの大半）での酷く省略され空想的な解決法、批判性の停止を促す大量の短く簡潔なメッセージに押されている。若者にとって、これらのメッセージは、暴力、即座に得られる喜び、社会的格差に価値を置く比喩（空想的戦争において、さまざまな形で征服するために、親しい「我々」と同様に親しい「他人」とを戦わせること）にあふれたゲームの世界と結び付けられている。二〇〇五年に、歴史上初めて、販売において世界のゲーム産業の製品が映画産業を上回った（Ulmer 2005; Castonova 2005）。

消費における別の教育システムの能力と説得力は、技術向上のために名門大学の最優秀な卒業生を採用する能力を有するという点で、正規教育とはこれまで以上に著しい対照を成している。潤沢な富と才能に対し、正規教育システムは、基本的必要性の確保と維持に奮闘している。公教育が普及しているところでは、参入先のシステムにおける赤字に関係なく希望者全員への提供が必要なとき、公的資金は常に（特に、新自由主義的財政政策下で）課題となる。私教育が公教育と競争しているところでは、（新自由主義的経済政策の効果をある程度追跡可能な）不平等の拡大によって公立から私立への移動が促進される。高所得者層における移動が最も顕在化しているなか、貧困層もまた、過密化し、資金力不足で、放置されたままの公立学校という現実から逃れるために私立学校へと逃げている。[7] 社会の最上特権階級にとって、私教育は、新しい消費の選択肢、つまり、職階や、職階維持の成功や上向きの社会的移動の獲得には必要と考えられる地位重視の消費戦略と一致したものとなった。中産階級が急速に増加している国（例えば、中国やインド）では、上向きの社会的移動のなかで獲得されたすぐれた資産は、（通常、生徒の試験準備のために学習塾を活用すること、または、より多くのすぐれた私立の高等教育機関への入学を獲得することにより）すぐれた国家支援学校や大学への上手な道を模索することに充てられている。[8] 市場価値（非正規教育システム）と私教育における地位重視価値は、頻繁に共起することがある。このなかで、当然注目されるのは、宗教的価値観が、自由主義的価値観や「不道徳な」価値観、そして世界市場に関連するイメージと対立するとき、なかには、反対の状況を示す私教育があることである。

過度の都市化とグローバル化

現代のグローバル化は、史上最大規模の移住を引き起こしている。合法的な移住もあるが、それよりも多いのはアメリカ南部の国境を越えてくるような非合法的な移住といった、一つの社会から別の社会へと移住するための越境も、なかにはある。しかし、職や市場主導型経済の拡大に伴った購買力を確保し得るだけの収入を求めて、地方から都市へという国内での移住が大半である。本書第6章で、マー・ワンファは、一九九〇年代の一〇年間で、中国における国内移住は一億五〇〇〇万人にも上ると推定されており、これは単独国家としては歴史的にも最大規模であったと述べている（Yardley 2004）。この結果、都市とその周辺にある都市景観の急成長が起きた。世界で最大の都市は、実際に大都市圏だが、その規模もまた巨大で、東京、ニューヨーク、ムンバイ（ボンベイ）、コルカタ（カルカッタ）、上海、フィラデルフィア－ニューヨーク回廊の人口は、三〇〇〇万人以上である。二五の都市で、一〇〇〇万人以上の人口を支えている。[9] 二〇〇〇年には、世界の四一一の都市が、一〇〇万人以上の居住者規模になったが、二〇二〇年には、その都市の数が六〇〇になると予想されている。人類史上で初めて、多くの人が地方より都市に住むという都市型惑星になったのである。特にアジア圏となる、かつての第三世界で、この成長は頻繁に起こっている。生活に与える急速な都市化の影響は、壮大ではあるものの、同時に破壊的でもある。一九世紀における産業主義の恐怖を描写したディケンズやエンゲルスによって思い出されるものにも劣らないくらい劣悪かつ粗野な生活環境の巨大不法占拠地に密接したところに、富の象徴である塔やゲーテッド・コミュニティが存在している（Bales 2004）。この急激な成長への対応に、政府は準備ができずにいた。急成長する都市における法制や政府構造は、このように多数の人口に対処するための、通信、公衆衛生、浄水供給、秩序と安全の確保を含む基盤設備要求に圧倒されてしまっている。

当然のことながら、こういった事柄は頻繁に頓挫するものであり、必要な基本サービスがないまま生活しており、また、基礎公衆衛生対策がなされていない場合、病気によって大被害がもたらされる。世界中でＨＩＶ・エイズといった病気が発生していることは、例えば、地方と都市間の境界を交差し、結果、多くは食品系への混入によって動物から人間たちへ病原菌が感染する形で、野生種と在来種が交配する農作業といったグローバル化の動態に付随する社会的慣行に関連付けられる（Garrett 2000）。空輪から国境をまたぐトラック輸送まで、世界貿易の新しい輸送経路により、例えば、西ナイルウイルス、エボラおよびデング熱、炭疽といった病気が急激に蔓延している。

この分野への不十分な資金による公衆衛生の欠損の結果、マラリア、結核、コレラといった古来の破壊的な病気も復活している。世界的大都市の混雑状況が、これらの病気の蔓延を助長している（Kim et al. 2000; Neubauer 2005）。

こういった大都市環境での教育の提供における課題は非常に大きなものである。重要なのは、野放し状態の成長によってもたらされる管理基盤の欠如である。習慣基盤創出における政府の機能不全が、法治と行政秩序に求められる重要な習慣を確立する能力の度重なる欠如によって悪化している。実効的な政府の権威が欠如している場合、腐敗がはびこり、政府の権威をさらに低下させることとなる。現金経済が発展し、貴重な税金が政府システムへと流れ込まないため、教育もその一つである「市民意向」の文化が発展する基礎はない（Overland 2006）。多くは政府公認である建築に参加していた出稼ぎ労働者への給料未払いが、労働一〇年分に相当する四三〇億ドルに上っている中国での成長が、経済勢力と政府による共謀によって促されているという事実が、ヤードリー（Yardley 2004）によって報告されている。

組織論者や政治理論学者らは、尺度が組織機能の複雑さを知るうえで重要となること、すなわち、組織が大きくなるにつれて、相互関係、問題となる変数の数、また、変形するものもあれば活動を強化するものもある循環的フィードバックループの予測不可能性がより複雑になることを長い間認識してきた。国家論者は、より小さな国家が最も成功した民主主義国と指摘、つまり、規模と業績は高い確実性で逆相関であることを示唆している。発展途上の社会にある大都市は、範囲における対極を明示する。つまり、特に公共部門活動での実際の規模と急速な拡大は、良い業績に反する動きを示す。

メディア

現代のグローバル化過程における資本の所有と運用は、一九世紀と二〇世紀のヨーロッパとイギリス系アメリカ人の世界における国家経済を形成したものと同じ傾向に倣っている。概して、地域市場が形成され次第に統合されるといった傾向、つまり、法律の法典化、（一つには、これらの経済関係を保護促進するための）国家政治力の集中化、地域市場の全国市場への統合、中央集権化の管理国家、資本所有の漸進的な集中といった特徴を有する過程であった。他の大口資本所有者との競争のなかで拡大した市場への商品を供給するより大きな資本機能をまとめる必要性が、国内的統合と世界的統合のための所有の集中に関する主たる根拠であった。その結果が、国家レベルでは、消費者を追求して市場部門で競争する大企業によって特徴付けられる経済であった。この傾向は、グローバルレベルでも同様に本格化している（Castells 1996）。

国内企業（その多くが当時既に国際化していた）が戦後のグローバル経済の形成を支援したように、同様な世界資本の集合も出現した。今日では、おそらく全ての基本経済部門が、例えば、銀行や金融、広告、メディア、電気製品、自動車、飛行機、交通機関といった最大手企業の存在と支配を特徴としている。資本の集合は、フレキシブル生産と組み合わさって、最大手企業のための市場支配を同時に実現しながら多くの活動領域（例えば、自動車）において相当の市場選択を占める。

これが、グローバルメディアと先述の九つの支配的企業における構造である。一〇年前なら、メディア所有は必ずしも内容管理と相関しないことの信憑性について議論することは可能だったかもしれない。しかし、我々は次第に、内容の公表・非公表をメディアが選び、政策を設定するような政治的に弱毒化した世界をグローバル化した世界として認識するようになった。政治的な役割は、特に国内党派対立に関して取る特定な立場に起因していない（とはいえ、その頻度は次第に増してきている）が、政策の設定、ニュースの選定、娯楽とニュースの融合、そして、最終的には国民社会の大規模なシンボルフロー能力において発生する。多くの例が、イラク戦争には見られる。ベトナム戦争の時とはまったく対照的に、遺体袋の映像がテレビでは放映されなかったことは、戦争に関する初期の国内問題を形成し、結果、被害者報告は削除された。侵略時の従軍報道記者たちは、改ざんの可能性をもたらした。アメリカとイギリス当局による情報操作の推進と大量破壊兵器の存在に関する政府見解を受け入れることをメディアが快諾したことは、今なお続く不祥事となった。世論調査によると、サダム・フセインの二〇〇一年九月一一日に起こった同時多発テロへの関与とイラク侵攻を合体させるため、アメリカテレビ局Fox Newsが行った巧みなキャンペーンが創り出した関連性は、いまだ、Foxの常連視聴者の大多数に受け入れられたままである（Lobe 2003）。戦争関連ニュースの構成および報道をめぐる論争は、実際の行為についての議論と競合する行為に関する衝突の種となった。

イラン革命到来以降、AV機器や、ひいてはインターネットといった非公式メディアが、国家メディア管理、そして少なくとも州メディア管理への対比や矯正手段として存在するという考え方が慣習化した。結果はさらに複雑なものとなった。一流のグローバルメディア企業と各国に基盤を置く二流のメディア企業が、象徴の生成、再生、流布という主要な形態を生み出す。競合する非国家メディア排斥を掲げていた以前の国家主導もしくは国家統制メディアと、これらのメディア企業は異なる。政治討論の論調を誘発し、社会的価値を操り、そしてとりわけ、政治経済的合法化の維持に役立つといった状況を作り出す機能を備えている。この状況下で、非正規（そして代替）メディアは一定の役割を担っている。ウェブログやブログといったインターネットの世界は、メディア密集社会において秘密を保持する難しさを十分に明示しており、一見すると政府が公にならぬよう政府活動をさらに機密扱いにする結果となった。そして、インターネットの爆発的な普及により、情報は、当然と考えられてきた真理価値に関する情報源における従来の判断基準が崩れた不確実という新しい状態を迎えた。実際には、あらゆるちょっとした情報の真理価値は、通常は良くても不確実、多くの場合は輸入可能、そして大抵は確立不可能である（McChesney 2001）。

結果、世界は、複雑にメディアで飽和した状態となった。世界的消費システムのますます拡散的な性質は、あらゆる価値と行動に影響を及ぼす。逆説的に、日常的象徴の指示対象の拡大を通して価値の均質化を促すため、さまざまな機能をメディアは果たし、メディアコンテンツを一般化することで、排他主義の同時不均一性は地域枠のなかで変形し変換される。これらは、本章の冒頭にあるグローバル化の定義において、ジル・ブラックモアが言及している均質化および差別化風潮である。反作用する風潮に巻き込まれて、「世界の真理」、もしくは大半の人が共通して慣習的に行っている事柄は、消滅する。一つの結果として、真実となるもの、評価されるべきもの、求められるものといった、何百万、もしくは何十億という人にとっての「世界の概念」が、一般化し合意された視点の維持は限界に達するに至るほど、特殊化されている。この視点から見た場合、グローバル化における重要な矛盾は、世界的統合の創造という活動を越え、主に一般的な消費者中心の文化創生の目的で、徹底的に世界的統合と競う世界の特殊化となり得ることである（Barber 1996）。

いくつかの論点

教育を効果的に「実践する」方法に関する根本的論点自体は十分に複雑ではないように、現代のグローバル化の本質に関するこれらの検討は、要求水準を上げているように思われる――急速かつ深遠な変化における広範囲にわたる影響に直面する世界で、どのように効果的な教育の提供を達成できるのか。この質問に答えるふりをせずに、より重要な論点への取り組みを形成し始めるいくつかの回答を示唆できよう。

最初の主要問題は、変化そのものである。グローバル化が根本的に変化に関することであるならば、どのように教育はそのような動態に適応すればよいのか。簡単にふれられているだけだが、知識の爆発それ自体の本質に関して少し考えるだけで、この問題の重要性について知ることができる。情報化社会や知識社会は、有効知識の繁栄期を継続的になし崩しにする種々の道理によって推し進められている。「どんな分野でも構わないから、分野を選び、そして知識の爆発についていける人を私に紹介しなさい」と、いわずにはいられない。「科学」の総合部門では、毎年約五〇万もの論文が書かれている（Heylin 2004）。グレシャムの法則においては、その分野に「精通」し、それを維持し続けようと努力すればするほど、普遍的概念を犠牲にして、特殊化はさらなる特殊化を生む。そして、内容的に学習するあらゆる事柄（「知っている」事柄）は、早期の陳腐化の危機にさらされている。コンピュータ、ブロードバンド、情報の作成、保存、操作を行う機器を予見していた人は、有力な説によると、少なくとも後二〇年間はそうであり続けるといわれている（データ密度は一八カ月ごとに倍になるという）ムーアの法則が成立するならば、知識の爆発を促してきた幾何級数的な力は続くだろうと指摘している。言葉を借りるならば、「本当の」情報や知識の爆発は起こっていない（Webopedia 2006）。

上述のとおり、急激な変化を推進する世界情勢によって、多大な損害が生み出されている。特に、そのような知識が多大な犠牲と努力によって獲得されるとき、推定される知識に基づいて、人は自分の地位やアイデンティティを確立している。非常に自然な傾向は、知っている事柄に執着し、そのことと変化に対する手段を提供してくれる地位を守ることである。教育において、これらの緊張は、よく教授陣や経営陣に帰属される官僚的保守主義、つまり、他者への伝達が可能だった「離散」知識体系を創生と保護に、動機が根差したままのシステムに起因する保守主義に、悪影響を及ぼすことになる。最も重要なことに、継続的変化という状況における教育には、自意識、教育の本質に関するメタ言語の容認、学習の意味、情報について批判的であることの意味、そして恒常的再起性という状況に学習者を置くことが求められる。各学習者が、社会的役割、社会階級、価値、そして真理は社会的に構成され、その結果、ある点においては可変的で論点の対象となっているという意識性と批判性をもってそれぞれの課題に取り組むからこそ、これを基にした教育の形成は、一般に容認された伝統に関して急進的になる。このような世界の見方は、変化と継続的特徴への期待を標準化する。それが、環境保護の考え方と特定のイデオロギーに固執しない歴史観を備え、現代物理と調和した世界観である（Green 2003）。しかし、「一般的に受け入れられた現実」とそれを構成する力関係に関する論議の姿勢を通して、学習者に力を与えることにその学習規範が努めているという理由でありさえすれば、この世界観は権力者たちに挑戦していることにもなる。本書では、これらの問題は、代替教育システムの査定をしたジョセフ・ファレルが言及している教育的規範のなかで重要な位置を占めている（第8章を参照のこと）。グローバル化、変化、そして新規範の前提におけるそれらの魅力は、権力、権限、国家の介入自体が社会的関係の変化によって問題化されている制度的状況において、これら代替手段が浮上していることである。

二つ目の問題は、世界的人口動態と変化する国家の本質という脈絡のなかで教育を考えることである。世界の人口密度がさらに高くなり、より多くの人が都市に住むようになり、富裕層と貧困層の間にある隔たりはさらに広がり、発展途上国では人口の若齢化と先進国では高齢化が進み、そして、国家資源が弱体化している。表面的には、これは、より裕福な人がほとんどの教育を受ける機会を消費し、それに満たない人は二流や三流のものを受けたり、もしくはまったく受けなかったりするような、徹底的に分割された教育機会の方策である。我々は既に、この筋書きの要素を世界中で見ている。

新自由主義的経済と政治方針の連携は、人口動態の変化が引き起こした問題を悪化させている。根本的に、新自由主義は、社会事業の負担を国家から個人へと移す政治的措置における「改革」を推進する。これらの措置の実行は、医療と教育に関する新自由主義的改革計画で顕著である。医療における改革主義の方向性は、教育におけるそれと著しく似ている。ある意味では、医療方程式のほうが理解しやすい。つまり、技術利用が堅調に拡大している社会体制においては、医療費用は政府が負担するには高過ぎであり、費用に関する政府負担の現状を維持しながら、地方消費、文化、イデオロギー的寛容性へと修正された政府の対応としては、現在の財政的支援構造下で提供されるものの削減、または、可能な限りの民営化が挙げられる（Anderson & Poullier 1999）。この「普遍主義からの撤退」は、ヨーロッパで特に顕著であるが、他の先進国でも同様の措置が取られている。多くの国で、教育（特に高等教育）への国庫負担削減、教育負担の個人消費への転嫁、国家責任から市場という概念の転換、そして、私立成長の促進のために取られた措置を真似たものである。

各システムでの資金の割り当てを調べると、医療と教育における共通点がさらに見られる。現代教育と健康論の双方が、予防と一次医療の重要性を強調している。健康においては、そのようなシステム維持のための財政支援と人的支援を確保しつつ、全人口に対する一次医療アクセスの提供（すなわち、普遍的アクセス）の重要性という解釈に置き換えられる。新自由主義の健康政策は、健康管理・医療制度に関する最も専門的な知識ノードが多大な報酬を得られるシステムを支援するなか、一次医療への普遍的アクセスのための支援を削減することで、この論理を歪曲している。したがって、専門治療や高価格な技術利用と比較して、公衆衛生と一次医療は、損害を被っている。さらなる知識の特殊化は、さらなる職業的特殊化とそれに付随する分化した報酬体系を生じさせる。加えて、公衆衛生面では、健康状態に影響を及ぼす行動選択の重要性に関する証拠がより一層蓄積されるほど、新自由主義的改革は個別の医療選択を個人責任にするよう仕向ける（Peterson & Lupton 1996）。共通点の反面として、初期学習期間の全子供の数が最重要な教育の「定量」であるという証拠が蓄積され続けている。ただし、幼児教育への財政支援は最も乏しく、高等教育レベルにおける基礎教育の予算に関しては苦闘している。より基礎レベルの教育では、教職員の給与はさらに安いものとなっているが、その反面もまた事実である。医療のように、教育も、肝心な供給者をはるかに凌ぐ報酬を第三次専門家に与えている。

普遍主義からの撤退と民間部門の特権化により、アメリカでよくいわれるように、「持つ者には与えられ、持たざる者には与えられない」というような、公益の不均等な分配が起きている。しかし、限られた国家予算や国家副次的予算を眼前に総費用が増加すれば、時として、政府は、独自の政策を通して、無視されてきた人への代替案を受け入れたり、寛容な姿勢を見せたりすることがある。ジョセフ・ファレルが書いていることを再度引用するが、官僚主義的自治体の撤退によって、不履行は、機会をもたらし、希少資源が労力の節約を強いるため、非生産的な行政方針、障壁、風習を省略することで、限られた資源は、それらを分別よく活用するための規範を生み、地方には現存状況に求められていることに関する強い意識があるため、地方主導は、（時に）革新をもたらし、不適切な費用は直接的かつ顕著であるから、地方統制権は、学習の関連性に対する関心を起こさせる（第8章を参照のこと。Cavallo 2004）。

不平等と公共の目的の正当化

現代における教育は、社会的格差に関しての主要な差別撤廃論者として見られてきた。工業世界において教育は、生産的な人材・資本資源を発展させる手段と大勢の中産階級創出のための経路であった。社会的移動と成功への正しい道への参入を実現させる技能と資格を獲得する機会を家族が得られる保証のためには、いかなる犠牲をも厭わないように、多くの移民社会において教育が担う役割は伝説的である。公立の高等教育を含む教育の拡大は、政治的民主主義への参政権の拡大と対になっていて、そして先述のとおり、現代においては、成熟経済と発展途上経済の両方にとっての国民経済発展に必要な条件として見なされていた。本書第5章でジョン・ホーキンスが指摘しているように、これが、今日の教育における支配的規範の最も重要な点である。

グローバル化によってもたらされているあらゆる不平等は存続するのだろうか。そしてもしそうならば、教育といった社会発展の国家計画への影響はどういったものになるのだろうか。

この疑問には、いくつかの異なる回答が考えられる。一方では、次のように置き換えられる――現在経験しているあらゆるグローバル化は今後も続くのだろうか。そしてもしそうならば、この不平等の傾向を引き継ぎ続けるのだろうか。確かに、有力な証拠から、その内いくつかは既述だが、グローバル化を推し進める力は存在し続けることが示唆されている。国家イデオロギーが拡大し続けるなかで、新自由主義は、程度の差はあるものの、全大陸を取り巻き、南アフリカ、中国、インド、ロシアといった種々の環境をもったまったく異なる国の事情に（時には普及するまで）合わせて変化した。自由化によって、資本発展や資本の現金化における新しい傾向が生じた。経済発展における総利益によって相殺された不幸な結果として、新自由主義支持者は、新自由主義的政策がこれら不平等の傾向をもたらしたことを認めた。分配に関する疑問は、総利益に関する疑問に従う[10]。

グローバル化の現在の軌道が、新自由主義が目指す方向を維持し続ける場合、一般的に、教育は予想可能な形で影響を受けることになる。第一に、公教育は、政策演説における美辞麗句の高価値を有し続けるだろうが、全般的にはその公約は均一化されるか衰退するだろう。第二に、市場自由化は、教育における私立のさらなる対応を促進するだろう。その結果は、混在したものとなろう。状況によっては、私立機関が、効果が上がらず変化を受け入れない国の教育システムの実用的な代わりとなりえよう。教育が高く評価されるところでは、人的資本への重要な投資として、比較的貧しい人ですら、私立で教育を受けるために充てる収入における割合が大きくなるだろう(Rodriguez 2006)。この現象は主に都市部で起きるものであり、より貧しい地方は、自由化による民営化の結果に追従して大きな損失を被るだろう。第三に、中国やインドのように急速に成長している環境では、教育における重要な規制撤廃によって、非常に混在したものではあるが、組織的許容量の飛躍的な増加を引き起こし、さらに、市場の調整が困難になるだろう(Altbach 2005)。その他の環境では、市場自由化は、知的労働におけるグローバル化をさらに進めることになるだろう。自国で潜在的可能性の発掘や品質保証に投資するよりも、世界市場から「頭脳を借りる」ほうが有益と考える社会は、これからも存在するだろう。多くの高度先進国に見られる現在の傾向として、一段と縮小している高度熟練かつ高賃金労働と、大半がサービス産業である低賃金労働のさらなる増加を創出している雇用市場を継続する可能性がある。高等教育では、退職によって終身雇用ポストが空いたときにのみ次期後任を選定するといった大学における現在傾向は今後も続くと見られ、結果、短期契約教員が増えることになろう。特に成人学習者を対象としている新しい形式の便利な機関では、特定の市場ニーズに焦点を当てた学位を提供し、より少数の専任教授陣でもって、既存の標準化カリキュラムに沿って授業を行うことになるだろう(Inayatullah & Gidley 2000)。

しかし、新自由主義によって進められるグローバル化と、それが目指す国家像は、9・11同時多発テロ以降の保安国家という大きな課題に直面している。二〇〇一年九月一一日以前では、新自由主義的グローバル化に対しての、それによってもたらされる負の副作用という視点からの議論は、経済の自由化、減税による社会予算の削減、規制撤廃を実施することで、新自由主義的政策に従わなかった国家は、それに従った社会に取って代わられるだろうといった主張によって受け流されていた。また、これらの改革は、先進国家よりも、ある程度では、強固な国家管理時期に台頭した発展途上国家にとって有益であった。新たに自由化した経済は、新しい資本を誘致し、低賃金労働力の動員を目指した。この世界的競争力論理という脈絡においては、より発展した社会にはほとんど選択する余地はなかったが、その競争力は堅持していた。

反対に、9・11同時多発テロ以降は、アメリカ、イギリス、オーストラリアを含む多くの政府が、本格的な新自由主義国家の造成路線を維持しつつも、同時に国内外テロの阻止を目的とする保安国家を追求するといった、二本柱の、しかし本質的には矛盾した計画に着手した。アメリカのブッシュ政権は、新自由主義派と新保守派の本拠地であり、それぞれの懐柔を目指してきた。税金の引き下げを続けながら、時間や空間の境界がない戦争と考えられる「対テロ世界戦争」に必要不可欠な措置と定義される、イラク戦争およびアフガニスタン侵攻、つまりは根強い連邦政府権限の拡大を支援するための、巨額の財政赤字を生じさせた。表面上は、減税と戦争出費の増加という二重苦は、せいぜい部分的戦略であり、そのうえ、ベトナム戦争ではアメリカにとって大きな犠牲となった「軍事と経済を両立させた」政策の再版であり、また、経済的に持続不可能に陥る可能性が非常に高いものである。他の主要な財政危機を後押しする、健康管理支援や高齢者年金といった社会的勢力と相まって、新自由主義国家と高度保安国家を同時に追求することの実現は難しいように思われる（Drucker 2005）。

しかし、不慮の事故がなければ、世界的新自由主義にとって単調な結果を予測していたかもしれない。近代選挙民主主義の遍歴は周期的で、新自由主義路線の舵取りをする政府と政界エリートへの現在の相対的国民の支持は減少する可能性があり、新自由主義によって約束された経済成長が、さらなる社会事業の削減や富の社会的分配の歪みをこれ以上は正当化できないことを、有権者は確信したはずである。しかし、転換期を迎えるまでは、経済的および社会的に要求されるより一層の教育的許容量を作り出すために、高度情報経済が私立に依存する可能性は高まることだろう。高度情報社会で個人が生涯において三～四回の転職を期待できることから、成人の終身雇用には十分とされる一つの教育的経験の模範は、多くの人にとっては既に過去のものとなった。拡大するこの教育ニーズを満足させる便利な機関の台頭は、過去二〇年間で、高等教育観を大きく変容させた。現段階では、これらの低価格で職業専門機関が与える全体的な影響に言及することは難しいが、高等教育における重要な側面を変える新しい基準を確立することは、現実に可能である。アメリカ最大の大学である営利目的のフェニックス大学によって、投資家と資格重視の学生双方にとって魅力的なビジネスモデルが示されている（*The Chronicle of Higher Education* 2006）。職業ニーズを満たすことにのみ固執した営利目的の私立機関で既にあふれ返っている中国やインドといった、経済が自由化しているところにとっても魅力的であろう。職業にのみ特化した機関が高等教育で圧倒的地位を確立したとしたら、従来の公立大学におけるより一層の高価格を負担し続ける公共部門の意欲は疑問視されることだろう。

最後に、結論として、次の疑問を考えよう——今まで類がないほどに複雑化している世界において、「世界のあり方」について教えるためにはどういった義務があるだろうか。誰が行うのか。そして、我々はそれをどうやって知り得るのか。

ある意味では、少なくとも過去五〇〇年間、もしくは、ヨーロッパで、ルネッサンス時代の知識が教会の独占に対して大きな意義のある挑戦を展開したとき、ヨーロッパ人による発見の旅がグローバル化における重大な第一波の契機となったとき、そして、印刷機の発明によって知識へのアクセスや所有権における民主化過程が始まったときに、これこそが教育への疑問であった。これらの出来事によって、「その辺の事情」を知っているという個人が有することができた見せかけと「知り得る世界」を形成するものの複雑性を大きく高められた。大きく高められた複雑さへの対応を準備することは、近代教育にとっての検討課題であった、つまり、「世界のあり方」という疑問に答えることは常に、もつ者ともたざる者、生じる結果、獲得方法とその維持方法、そして社会集団間での譲渡方法という観点から権力を読み解くために重要な手段であった。経済的、社会的、宗教的、もしくは政治的権力者は、権力を永続させることは、どのように決定されようとも、「最高の」教育を受ける結果に大きく拠ることを長い間理解してきた。上記の論点を繰り返すが、政治的民主主義の拡大した国（アメリカ、イギリス、フランス、北欧諸国）において大衆教育は台頭した。ほかは、集中的な国の経済的必要の不可欠部分であった（例えば、明治維新時期の日本、ソ連、等）。これらの強い衝動によって、作り上げられた教育システムには、強固なイデオロギー的要素が組み込まれた。明治時代の日本社会における権威主義、国粋主義と一体化したフランスの合理主義、イギリスの階級関係、ソ連における共同責任、そしてアメリカの民主的組織を伴う職業上の規律正しさ（就業規則の前提となる概念）における独特な組み合わせといったものとの関連がある価値は、関連のある正規教育システムを支え浸透した。正規教育において最も普及している「隠れたカリキュラム」だと思われる。

教育構造に組み込まれる力関係と教授法には、世界のあり方に関する複数の意味が含まれている。明らかなカリキュラムのレベルでは、読み、書き、ある程度複雑な認識操作、（その内容が何であろうとも）市民権についての明確な規範的要素における社会的成功に求められるパッケージ内容の記述的正確性が主旨となっている要求がある。これらの構造は、本当に厳守され、尊重され、追随されるべき人と義務、社会的経路配列のあり方、そして事柄の「本当の」あり方に関する、潜在的レベルでの複雑な意味を内包している。これらの暗示的意味は、主に、生徒の入学先、彼らが共に学ぶ人、そして教わる人を確定する事前の決断によってまとめられ、そして、全カリキュラムにおいて記載されている。その階級に属する人には普遍的と思われる、教育が置かれている社会的階級過程は、完全に受け入れられていないにせよ、ある程度は広く理解されている。一般人は、（マグネット・スクールや純粋に成績基準で資格が決められる学校のような平等主義の社会的推進力から出て来たときでさえ）エリート学校の存在について知っており、また、そこに入学することの意味も知っている。

現代のグローバル化によって生み出されたもののような急激な変化にあふれる世界では、世界のあり方、その本当の姿を知る能力自体が、根本的に問題となっていた。通常は理解すると主張している人、つまり、権力や特権という精選された社会の掟を内々に知っている人ですら、起こっている重要な変化との接触がこれ以上はないことを（手近な仕事へのひたむきな献身によってのみ）知るだろう。このような世界では、現在の状況に照らして実用的なものにするべく、変化の過程そのものの査定への特別な投資が必要とされる。このような世界では、変化の速度と範囲に対応するために、時として急進的な審理を採用する必要がある。このような状況下でも、「世界」に関する明確な知識の獲得は、社会に関するさらなる知識の確保とそれをより予測可能にすることという利益のために科学を駆使することを社会的に認められた「明確な知識を有する人」も最終的にはこの審理で失敗する可能性がある。社会がより複雑になるにつれ、取引の相場と量が増加するにつれ、予測可能性自体が犠牲になる。世界はより一層予測不可能となっており、より十分な線形外挿法の予測可能性というよりは、複雑性理論の予測不可能な論理の中で、社会変化は起こっているように見える。教育には、世界は継続して変化しているにもかかわらず、さらに複雑な世界について説明する試みといった、ほとんど不可能な課題が残されている（Lupton 1999）。

現代のグローバル化過程を理解することは、基礎教育ならびに高等教育にとって主要な課題であると考えている。学識者から学習者へという知識伝達における受動形態から、学習者から学習者へという知識連動における能動形態へと転換することが求められている。大半の教育機関の仕組みにとってより驚異的なものは想像できない。しかし、上述のとおり、現代のグローバル化で脈打つ変化は、要するに、広範囲にわたる反射性であり、それを推し進める力は非常に広大かつ複雑であるため、いかなる意味においても制御不能であり、これら一連の過程を認識すると判断している。世界のあり方に関する教育は、（おそらく、参加資格やそれらの支配を実現するために）権力者が世界を動かす方法についての概念から、複雑かつ予測不可能な一連の作業の効果、もしくはその潜在的効果についての理解を獲得するよう探究することへと移り変わった。あらゆる教育は、新しい方法で理論化する活動、つまり、事柄の本質、道理、そして慣習についての、広範囲にわたる調査でなくてはならない。

このことから、結果的に、我々が求める新しい教育的規範が、知識の創出、伝達、そして保護に関する概念に対して疑問を投げかけることになると考えている。主題分野（そして、そのなかに統合されている専門的職業）を形成する歴史的慣習は、世界に存在する過程と関係、つまり、生態学、情報、政治経済、そしてグローバル化そのものといった観点から世界を理解する義務によって、次第に取って代わられることになる。これこそが、我々が創り出した世界の示していることであるため、どちらも異なる次元の解決を要するのだが、問題とジレンマに関して教育することになろう。

注

（1）ジョセフ・スティグリッツは、グローバル化を「輸送コストと通信費用の大幅な削減によってもたらされた、世界中の国と人とのさらなる一体化と、また、商品、サービス、資本、知識、そして（それほどではないにせよ）越境する人には人為的な障壁の撤廃（2003, p.9）」と定義したことに対して、後に本章が議論を展開することを予期していた。

（2）二〇〇二年に、FDIの七〇・七％が、発展途上国へと流れた。内訳は、アフリカが一・七％、中南米およびメキシコが八・六％、アジアが一四・六％、そして中欧および東欧が四・四％となっているが、FDIの九二・七％が先進国から、そして、五・七％がアジアの発展途上国から拠出された。UNCTAD（国連貿易開発会議）は、FDIを「他の経済圏にある企業（FDI企業、関連企業、または外資系企業）に対して、長期関係を保ちつつ、ある経済圏における居住者（外国直接投資家、もしくは親企業）による統制と永続的権益を反映した投資（UNCTAD 2005, Chapter 2, p. 10）」と定義している。

（3）マルティネス&ガルシアによる新自由主義とは何ですか（*What is Neo-liberalism?*）を広範囲で引用している。主旨には、「市場規則とは、富の分配という通貨浸透概念を許容することを自主規制する市場における資本、商品とサービスの自由、（中略）保健や教育といった社会事業公費の政府による削減、（中略）自主管理構造として市場動向を機能させるための規制撤廃、（中略）公益事業（水道からインターネットといったものまで）の民営化、（中略）そして、公益および地域社会の益から個人主義および個人責任への認識の変化（Martinez & Garcia 1997, Shah 2005 より引用）」であることが含まれている。

（4）二〇〇五年ダボス会議で認められたように、貧困と教育は強固につながっている。国連編年史（UN Chronicle）は、「貧困克服の鍵としての認識をもって、財界首脳や政治指導者は、教育を世界的懸案事項のなかで最優先に取り扱うこととなった（Guttman 2005）」とあるように、経済問題に関連付けている。しかし、世界の最貧困地域では、貧困自体が教育を妨げる主要因となっており、結果、国際社会への対応における論理優先度を生み出している。栄養適性、治安、そして基礎教育実施を実現し得る支援社会構造に関する必要最低限要件の創出に、社会的閾値条件が達するまで、教育は貧困への「解決策」とはなりえないのである。

（5）トヨタ方式では、ジャストインタイム生産は、「あらゆる無駄の計画的廃絶と生産性の継続的向上に基づいた製造理念（NUMMI 2006）」と定義されている。また、最適な時に最適な場所で最適な部品を生産する（つまり、「ちょうど良く間に合う」）目的としての手段と説明されている。例えば、材料の不必要な移動、過剰在庫の蓄積、もしくは再加工の必要が発生する欠陥生産方法の採用といった、付加価値のない費用の増大を伴う活動の結果として無駄が生じる。ジャストインタイム生産（リーン生産や無在庫生産としても知られている）では、在庫レベルの削減（在庫回転率の増加）、変動性の削減、製品品質の向上、生産ならびに配送期間の短縮、（例えば、機械設置や機械故障に伴う）その他費用の削減などによって、利益や投資収益の増大を図らなくてはならない。ジャストインタイム生産システムにおいては、起こり得る問題を未然に回避するため、緩衝在庫の代わりに、十分に利用されていない（余剰）生産能力が利用されている（Ashland 2006）。

(6) 一例を挙げると、遠隔治療および遠隔医療活動は、世界中に広まっている。現在の到達水準の概説は、アメリカ国立医学図書館にある遠隔医療情報交換（Telemedicine Information Exchange）のウェブサイトを参照されたい（NLM 2006）。

(7) 情勢は急激に変化している。例えば、アメリカの高等教育編年史（Chronicle of Higher Education）に掲載された最近の報告では、主に社会人のための職業対象に絞られたプログラムを提供するフェニックス大学のような営利目的の「利便機関」で考案されたビジネス方法を検証している。このような機関は、大学よりもヘルスクラブにより綿密に近似したビジネスモデルを追求し、伝統的高等教育機関における教育内容と指導内容にかかる最終費用を犠牲にして、前金広告や学生募集に莫大な資金を投じていると、ゴールディー・ブルメンスタイクは書いている。このような機関では、研究や従来の教育業務の分離を行っておらず、したがって、授業講師はその機能しか果たしていない。学位を有する人間が豊富に供給できる社会では、このモデルはうまく機能し、通常の大学だと最大経費である教員給与を低く維持しながら運営することが可能である（Blumenstyk 2006）。

(8) 中国社会科学院は、二〇〇四年に、中国における中産階級が人口の一九％を占めるようになると予測した。中産階級を、「個人の家と車を購入でき、教育費用や休暇時の支出を賄えるだけの安定した収入のある人」と定義している。家計所得で見ると、一五万元（一万九五〇〇ドル）から三〇万元（三万九〇〇〇ドル）の資産を有する人が中産階級とされる。二〇一〇年までに、中産階級に属する人口は一億人に上ると予測されている（China Daily 2006）。

(9) 正規の境界によって規定される都市よりも、特に集積規模を推定するときに、計数方法が大きく異なる。しかし、東京、メキシコシティ、ソウル、ニューヨーク、サンパウロ、ムンバイ、ニューデリー、上海、ロサンジェルス、大阪、ジャカルタ、コルカタ（カルカッタ）、アルカーヒラ（カイロ）、マニラ、カラチ、そしてモスクワが、こういった一覧表の上位に入っている。その後には、ブエノスアイレス、ダッカ、リオデジャネイロ、北京、そしてロンドンが続く（City Population 2006を参照のこと）。

(10) 過去数年間、世界銀行と国際通貨基金は、貧困国への非政府機関の支援を伴った市場自由化もしくは「再構築」が行き過ぎ、意図せぬ悪影響を生じさせたことを認めた。両機関とも、現在は、より異なる手段を模索している。ここで留意すべきは、例えば、国際開発協会から融資を受けるために国が満たさねばならない要件として、「競争圧力と同時にグローバル化の機会への対応、ＨＩＶ・エイズの蔓延の阻止、そしてその影響との対立もしくは対処が、（中略）国に求められている（IDA 2006）」ことである。

第2章　グローバル化時代における教育目的の見直し

フェイザル・リズヴィ

グローバル化という言葉は、今の時代を表現するために最も頻繁に使われる用語である。グローバル化が意味するものは、世界中の考え方や商品、人間の目まぐるしい動きに関する一連の過程の発現であり、根本的に人々の間における結び付きや国境を越えた地域共同体のあり方に変化を迫るものである。主として情報伝達技術の発達の影響を背にして、グローバル化は国家間において相互関係や相互依存を生じさせてきた。そして、人々はこれまでと同様に地元の現実に顔を突き合わせる一方、そうした現実はますます地球規模のネットワークといったより広域のシステムへと組み込まれていく。ウェイター（Waters 1995）によれば、グローバル化は客観的および主観的様相を呈している。それは、経済的、政治的、文化的活動における地理的制約が失われていく客観的様相を意味する反面、主観的レベルでいえば、世界中の人々がその制約が失われていく事実と、それに従って生活を順応させていることに気が付いていることを示唆する。人々は日々、超国家的規模でとり行われる経済的取引やテクノロジーやメディア変革、世界規模で起きる文化的氾濫に直面し、これまで以上のスピードと緊張に追われることとなる。多くの人たちにとって、これらの発展は旅行や貿易に今までにない魅力的な機会を提供する一方、一部の人たちにとっては、グローバル化は何の変化をもたらさないばかりか、これまでの生活の安寧を奪い、コミュニティや文化的伝統の破壊を引き起こすことになった。

教育はこうした変化と深く絡み合っており、グローバル化の目まぐるしい超国家規模のダイナミクスに影響を受けている。情報伝達の技術における大きな進歩を通じて、今日、教育的概念やイデオロギーはこれまでよりも早いペースで世界を駆け巡り、地元における政治的影響力よりもしばしば大きい世界規模の教育政策のネットワークをもたらした。アジア太平洋経済協力（APEC）や経済協力開発機構（OECD）、そして世界銀行のような国際機関は、国内における教育政策作りや評価において、ますます重要な役割を果たしつつある。国際機関の役割は第三インターナショナル数学・科学調査（TIMMS）や学習到達度調査（PISA）のような成果と質に関わる世界的指標の開発を通じて、教育の国際協力を図りながら、国内制度を超えて政策行動の調整を確実なものにし、ワシントン・コンセンサスやボローニャ宣言のような合意と会議の調整を担っている（Rizvi 2004）。このような多国間主義の文脈において、発展途上国はいわゆるグローバル経済への参加を念頭に入れた貸付や交付金、財政援助の提供を受けることで、しばしば国際機関から無理を強いられている（Mundy 1998）。しかしながら、グローバル化は政策作成の領域において、教育だけに影響を与えているのではない。今日、グローバル化は、教育実践が行われる文化的領域に深く関わっている。今日の若者の生活と経験は、テクノロジーやメディア革新によって変わる新しい社会構成に大きな影響を受けている。グローバル化は、いかに遠隔地や島国であろうと、ほとんど全ての地域共同体に変化をもたらしている。これが事実であるなら、我々は教育の目的についての今日の考え方が十分か検討してみる必要がある。そして、十分でないならば、グローバル化の支配的概念に代わる他の選択肢について考えてみるべきではないだろうか。

この章では、グローバル化に関わるさまざまな解釈を念頭に、教育の目的が今日、再構築される現状のいくつかを検討してみたい。教育目的はほとんどが国家中心的で、超国家的な経済や政治、文化の相互的関係という新しい世界的な現実に対し十分取り組んでおらず、教育目的に対する伝統的なアプローチがもはやふさわしいとは言えない一方、国際機関によって奨励される新しいアプローチも、同様に不十分である。社会的、政治的にも、経済的伝統においても大きく異なった教育システムが、似たような問題の症状に直面している現状を鑑みると、教育目的は画一化する傾向を紛れなく示しており、理論上も収斂されている。つまり、教育改革では、その方法と計画が似通ってきている。こうした現状は、新自由主義的政策への変更を意味しており、民営化の政策、または国民国家や市民社会が直面する多様な危機の多くを解決するには市場原理が有効であるとする政策においてはっきりと表れている。ある特定の社会的想像界を用いながら新自由主義政策は進められるが、民主主義と社会正義にとっては有害以外のなにものでもない。結果的に、新しいアプローチは、子どもたちが物事を批判的に受けとめ、グローバル化がもたらす新しい試練や脅威、そしてチャンスに取り組むことを目的とした教育の可能性の幅を狭めてしまうだろう。

教育目的に関する伝統的な考え方

教育目的をどのようにして追い求めたらよいか、という課題は二〇世紀のほとんどを通じて論じられてきた。二〇世紀初頭において、ホワイトヘッド（Whitehead 1929）は、さまざまな哲学的課題を概説した著名な作品を著したが、そのなかではっきりと教育の目的について論じている。彼いわく、教育目的とは明確な言葉で表現される必要があり、それは知識の本質とその伝達、人間本性と学習における理論的仮説から引き出されたものであると主張する。続けて、教育とは、「教養と、特定な分野における専門的知識を兼ね備えた人間を育てるような限定された目的に子供を向かわせる知識と技術を用いた」積極的な行為である（p. 1）。そして、教育は「人間の生活にのみ関係する特定の知識体系だけでなく、諸々の観念がもつ力とその美しさ、またそれらの観念の構造に対する親近感を育む」べきであると論じられている（p. 10）。このように、ホワイトヘッドの教育目的に関する概念は、知の構造と直接関係付けられており、教育を受けたい者にとって誰にでも当てはまる本質的な価値をもち、また全ての社会で同じように必ずといってよいほど有効と理解された。

それから四十数年を経て、ハーストとピータース（Hirst & Peters 1970）は同様に教育目的に対する彼らの考えと、彼らが見てきた教育の「知の条件」を結び付け論じている。彼らは教育の諸目的とは一般的で形式的な何かを制約する概念的な事実で、「人々をゆとりある望ましい精神状態へと導く、家庭の役割を含んだ」教育概念をも包括すると言う（p. 26）。彼らは、こうした精神状態へと導くことを教育の主たる目的と見なしている。現在、教育の目的について考えるこうした分析的なアプローチの問題点は、それ自身が問題としない領域を生んでいるということである。例えば、望ましい精神状態とはどのような状態か、どのような家庭の役割が適当なのか、そして、どれくらい、このような分析的なアプローチが、ダイナミックで、民主的な、そしてどのような教育的価値に重きを置くべきかをめぐって論争の起こりやすい多文化社会において、教育の目的について考える一助となるか、といった事柄が問題意識として上ってこなかった領域である。こうしたアプローチは、教育の目的を考えるうえで、特定の社会的、歴史的形成といったものを考慮していない。むしろ、それはとても形式的な条件からしか問題を見ておらず、超越的な見地から正当性を与えており、経済的、政治的、社会的状況を考慮することを大方避けている。ましてや、彼らの姿勢は、教育の目的を拮抗する利益をめぐって交わされた政治的産物として取り扱っているわけでもない。結果として、教育の目的について考える分析的なアプローチの歴史は、ハーストとピータースに代表されるように、ともに非歴史的で非政治的と言える。

教育の目的について考える分析的アプローチは、社会学でいう機能主義者の立場とは際立って異なっている。機能主義の伝統は、若者たちが所属社会へと社会化される過程に主な焦点を当てている。機能主義の伝統の基礎を作ったデュルケーム（Durkheim 1972）は、教育の目的を社会における手段価値の高いものとして見なしている。教育の目的は社会の基礎となる過程を反映している、とデュルケームが考える根拠は、教育のシステムとは社会によって構築されるものであり、所属集団が保持する価値や、信念、規範、そして制約を制度を通じて再生産することを目指すのは自然なことであると彼は示唆する。それゆえに、教育システムはその社会の発展における過去の歩みをも含んでおり、それぞれの時代でも過去の歴史をその時代のイメージのなかで発展させることを模索してきた。デュルケームによれば、教育の主たる目的は、まず過去の歩みを分析し、理解した際、いかに社会が教育システムの再編成を通じて発展できるかを考えることにある、とした。それゆえに、デュルケームにとって、教育の目的とは、その時代、その場所における「社会的必要性」を意味する。社会は、その社会なりの教育システムを構築し、教育システムはいかに人間が生活し、社会的必要性に沿いながら人々が互いに関係し合っていくべきか、その理想を実践し、再生産する仕組みである。

さて、もしハーストとピータース（1970）の教育目的に関する分析的アプローチが普遍的すぎるとするならば、機能主義を標榜する社会学者のアプローチは極めて限定的で教育を手段と見なす社会観にのっとっている。機能主義の伝統は社会そのものに対する批判と根本的な変革という視点をもたず、大方、教育目的を職業や功利的な目的と結び付けている。さらに、機能主義の立場は社会の境界というものを明確に確定できるとしており、社会の相関的な性格といった問題を見過ごしている。さらに、「社会的必要性」とは何かをめぐる権力と政治の問題も関心の外にある。それゆえに、機能主義は民主主義や平等、社会的正義に関する立場に立った正当化される見方とは反対の、ヘゲモニックな見方に与している。

デューイの作品に代表されるプラグマティックな教育目的に関する立場は、形式と実際、普遍と特殊、道具と非道具といった対立や、同時に、教育に内在する目的と外在する目的の違いに取り組んでいる。デューイは、『民主主義と教育』（1916）において教育の目的について最も深く言及している。教育の目的は教育活動の外に見いだすことはできない、とデューイは論じる。つまり、教育の目的は教育活動そのものの範囲のなかに位置している。よって、ある目的は現状から自然的に派生し、目的自身が目指す過程において形作られるべきである。教育の目的は、人々が自分たちの教育を続けていくことができるようにすることである。この意味において、学習の目的とその成果は、成長し続ける可能性にこそある（p. 81）。

デューイは、秀でた教育目的における三つの条件について言及している。一つは、「教育目的は、これから教育を受けるであろう特定の個人がもっている活動力と要求（生得的本能と獲得された習慣とを含む）に基づいていなければならない。二つ目に、教育目的は、実際の授業を受けている生徒たちの活動に寄与する方法へと解釈可能であること。そして、最後に、教育者は、一般的で究極的なものだと主張されている目的に対して警戒しなければならない（p. 85）。これらの一般的条件を踏まえて、教育目的は教育可能な活動の文脈から育まれなければならない、とデューイは主張している。

教育目的に関するこうした説明は、具体性に欠けていると批判されてきた（例えば、サッペス（Suppes 1995）の指摘を参照）。しかし、こうした批判はサッペスが認めるように、故意的でもある。というのも、デューイは最も幸福で普遍的な教育を受けた人格を、想像しうるかぎりでその理想像をなんとかして描いているに過ぎないからだ。デューイにとって、「公平に分配された利益によってもたらされる人々の活力と、社会的慣習と制度の再構築のための条件が十分に保障されている限り」、教育目的は教育過程において初めて議論されることができる。「つまり、これが民主的な社会の意味である（Dewey 1916, p. 78）」。ノディングズ（Noddings 1995, p. 3）が示唆するように、デューイなら、主たる教育目的は「知性を理解し、価値を認め、使いこなせる人間を育むこと」にあると言ったかもしれない。しかしながら、この程度の端的な表現でさえも、教育の目的とはその人それぞれの生き方から見いだすべきとしたデューイの主張と矛盾していたととられるかもしれない。なぜなら、人間の生き様は多様で、多様な生き方は多様な教育的対応を要求する、とデューイ自身が記しているからだ。デューイが教育の目的について論じていた時代状況が、彼自身による社会と教育の関係分析に大きな影響を与えており、そのこと自体まったく驚くにあたらない。彼の生きた時代はナショナリズムの影響が強い時代であった。それゆえに、彼の関心事は、民主主義とそれが育む市民教育の使命に対する郷愁によって支えられた国民的想像界の産物である。

この章において、私の議論とデューイの主張が最も関係しているのは、教育の目的とは教育活動のなかにこそ存する、という点にある。このことは、教育目的はしばしば形式的に、法律や法令、政策文書においては明確に記される一方、実際には、さまざまな非公式的な取り決めのなかで行われる慣行のような暗黙的な場合もある。教育目的はこうした特定の文脈から切り取られ、明確化されるわけだ。この公式と非公式、顕示的と暗黙的の区別はわかりやすいが、デューイはさらに深い洞察を与えている。つまり、教育目的に関する公式的で顕示的な表明は、社会的関係と実践の広い文脈から創出されている。もしくは、どのようにしたら教育実践が望ましい方向へと導かれ、規範的に組織化されるかといった問いは、記述的でありながら規範的な枠組みから導かれ、そうした枠組みをテイラー（Taylor 2004）は「社会的想像界」と呼んでいる。この意味において、教育目的は社会的想像界のなかに制限されている。そして、教育目的の分析は目的自体のなかから引き出される具体的な政策とプログラムの検討を求めるだけでなく、教育目的に与える意味と正当性の文脈の検証をも要求する。

テイラーにとって、社会的想像界とは、複雑で非構造的かつ偶発的に経験的立場と共感的立場が絡み合った考えである。つまり、我々の住んでいる世界の形がはっきりとわかっていて、今ある状況が十分に把握されている立場とは異なる（Taylor 2004, p. 21）。この意味において、彼のいう社会的想像界とはブルデューの「ハビトゥス」やレイモンド・ウイリアムスの「感情の構造」、もしくはウィトゲンシュタインの言う「背景」と共通している。社会的想像界とは、社会におけるごく普通の人々の間で共有された考え方である。つまり、人々に意義や正統性を付与することで、日常の振る舞いを可能にするような共通理解を意味している。この考え方において、社会的想像界は、暗黙的でありながら規範的で、観念や実践、日常の出来事のなかに埋め込まれている。そして、それは、社会を構成する規範的な考えとイメージをその奥底に保持している。

何気なく社会的現実について向かい合う際、人々が心に抱く知的枠組みよりも幅広く、深い何かを社会的想像界は示唆している。つまり、人々が自身を社会的存在として理解するさまざまな場面を私は想定している。それは、人が他人と付き合っていく様子、人とそれらの仲間との間に起きている事柄、何気なく合致する仲間同士の期待、そしてそれらの期待を支えるより深い規範的な見方やイメージといったものだ（Taylor 2004, p. 23）。

社会的想像界は、イメージや独特な隠喩、神話や寓話に物語、そして言い伝えや語り草のほか、今日において最も忘れてならないのはマスメディアによって支えられている。社会的想像界を通じ、所属社会やその社会を超えて、見知らぬ同士が関係を築いたり、親交を深めることが可能となっている。

しかしながら、テイラーは社会的想像界が一般的概念やイメージのなかに埋め込まれているだけでなく、理論と実践においてや明確に論じられる教育目的における関係によっても成立すると主張する。彼は、それゆえ、社会理論と社会的想像界の区別を非常に重要なことと見なしている。理論は、人々にとって比較的に馴染みのないものである一方、かたや社会的想像界はより広く人々に受けいれられており、たとえ人々が共通の目的に向かって歩んでいくことがなくとも、幅広く人々の間に社会全体を実感させることができる。理論は、たとえ今日の出来事を新しい切り口で説明したとしても、それはある確立した社会的想像界から発現している。当初、理論は少人数の人たちに支持されることから出発すると考えられるが、理論がきちんと受け入れられるためには、新たな共感的想像界を築くことで、広く学会や社会へと浸透していくに違いない。理論が社会的想像界の一部を成すようになるためには、理論が我々日常の社会的実践を行うことを可能にする、ある種の共通理解へと変化していかなければならない。この方法において、社会的想像界は事実にも規範にもなり得る。「つまり、我々は物事の成り行きといったものを漠然と推測できるが、換言すれば、このことは不注意は失敗へとつながるという事実と、物事がどのように進むはずかという観念とが絡み合っていることを意味している」(Taylor 2004, p. 24)。社会的想像界は、日常の言説や社会的実践、そして制度のダイナミズムと関わっている。

社会的想像界とは、単に受け継がれたり、既に確定されているものではないことも強調しておく必要がある。それは、むしろ、常に流動的な状況において存在している(Goankar 2007)。社会的想像界は、決められた記号的マトリックスのなかで、世界を構成する集団的成員として人々が行動する方法を指示する実用的な概念であって、それは「事実的決定論」が果たす働きとは異なる(Castoriadis 1987)。社会―歴史的世界を構築するにおいて、社会的想像界は創造的な力をもっており、その力は「時の兆し」に忠実でなければならない。さらに、その力は日常生活を構成する全ての事細かい、より正確に言えば、一方的で熱のこもった出来事を演出する(Maffesoli 1993)。それゆえに、社会的想像界は集団的かつ社会的な力を意味し、その力は時間や空間に特有なだけでなく、また地域のなかや地域共同体を超えてさまざまな形で盛んに議論の対象とされる。この本の第7章で、ジェイソン・タンは、いかにシンガポール政府が、無駄にと私は言いたいのだが、いくつかの教育政策を通じて、国民中心的な社会的想像界の立法化を試みたか上手に描写している。結束とアイデンティティがあれば、地域共同体は（例えば、国家を単位とした集団という意味よりも）集団的想像力を通じて構築される。その反面、地域共同体は時に緩慢で、そして急激な社会変化にさらされる。こうして、共同体は各々異なって構築され、存続し、そして集団的な政治的主体性を行使することで、その形を変えていく。その後、各々の地域共同体は境界線の向こうにある他の地域共同体を認識し、関わりをもちつつも、常に自らの社会的想像界が生成される範囲内でしか他の地域共同体と関わることがない、と彼は論じる。

こうした理解は、教育目的が社会的想像界の範囲に極めて限定されていることを示唆している。つまり、教育目的とはそれぞれの地域共同体で集団的に想像される限りにおいて、教育目的が変わるためには集団的な政治的主体性の行使を必要とすることになる。重要なのは、社会的想像界は二重の意味において存在している点である。社会的想像界は表象や、言説実践および身体的実践に埋め込まれた暗黙的理解を通じてであり、しかしながら、それはまた個人や共同体が彼ら成員のアイデンティティや世界における彼ら成員の位置を理解する方法であったり、社会的秩序の広がりがさまざまに変化していくことを示唆する手段でもあったりする。社会的想像界が変容するのは極めて容易ではない。それが変容するには、人々が関わる教育実践とそれに関する一般的なイメージを変えていく形式的かつ非形式的な全体的戦略が求められる。教育実践は、明確にされている教育目的に示されている場合もあれば、そうでないときもある。

エペドゥレ（Appadurai 1996）は、我々が今日生きるグローバル化の文脈のなかで、社会的想像界が果たす主体性形成の役割について分析を行っている。我々が生きているグローバル化の文脈は、世界中の地域を超えて散逸する社会的イメージや観念、イデオロギーによって特徴付けられている。この広がりは、電子媒体や大規模な人々の移住、そして資本と労働の移動によって促され、世界中の多くの社会が文化的に多様で混成し合う条件を作り出している。そして、こうした拡散は根本的に避けて通ることができず、国を超えた社会的関係と関わり合うことになる。エペドゥレ（2001, p. 4）が「国民国家のシステムだけがもはや論点ではない」と指摘するように、国際的ガバナンスや超国家的な政治や経済の流れが関係するだけでなく、文化に及ぼす影響も大きいとしている。我々は観念やイデオロギー、人々や資本、イメージやメッセージが絶え間なく行き交うなかで生活し、そして同時に社会的想像界の質量も変化させる。一部の国民の声によって出来上がった支配的な社会的想像界に加えて、その他いくつもの社会的想像界の中に絡め取られながら我々は身を置いている。各々個人の出自は異なり、ゆえに所属集団も異なる。個々人は異なった人生を歩み、異なった地域や国家において制度的な仕組みに身を置くことで、人は性格付けされていく。グローバル化時代において、教育目的を再考しようとするいかなる試みも、いかにして社会的想像界がグローバルかつローカルな過程において形作られているのかをもはや軽視できないし、ヘゲモニー的な社会的想像界を相対化するためにも、我々はグローバルな動きとローカルな動きの両者に批判的な眼を向けることも重要である。

グローバル化という社会的想像界

このグローバル化時代において、これまで説明してきたように、複数の社会的想像界が絡み合うなか我々は生きている。しかし、エペドゥレ（2001, p. 15）が指摘しているように、グローバル化時代における集団的かつ社会的事実としての想像力は二つの異なった性格を有している。

国家や市場、そしてその他の強力な利害によって、近代市民は想像を通じ市民として訓育され、統制される。その一方で、集団的な様式としての意見の相違や共同生活のために斬新なアイデアが生まれるのは、個人の精神的、肉体的働きに起因する。

右記は、さまざまな社会的想像界が、不断の闘争的状況において同時に存在していることを意味する。世界的な相互関係や相互扶助の今日的状況を理解しようとする解釈の仕方は、それぞれ異なっていて、理解はさまざまであり、多義にわたった解釈から引き出された教育的示唆も多岐にわたる。しかしながら、こうした多様な想像界は互いに中立的なわけでなく、むしろ、ある想像界だけが支配的である点を指摘しておきたい。世界中の教育目的に関する最近の表現は、想像界の視点から述べられているようにみえる。教育目的の表現は威厳のある調子で語られ、そして権威を帯びる。人々が教育目的に正統性を認められるよう暗黙的に合意を求める言葉遣いでもある。政策が持ち出した解決方法に呼応する問題意識を暗黙的に共有できるよう工夫することで、政策における事実的側面と規範的側面を同時に表現しようとしたものである。政策という権威の仕組みは、無論繰り返し指摘しているように、政策が正統なものとして十分に支持されるための社会的想像界の共有にある。

政策の正統性を確保しようとする試みにおいて、政府間国際組織（ＩＧＯ）は、グローバル化と教育目的を再考へと導く関連性を説明しつつ、社会的想像界を形作り、大衆化しようとする点において近年、大きな役割を果たしていると私は考えている。ＯＥＣＤやＥＵ、ＡＰＥＣやＵＮＥＳＣＯ、世界銀行といった政府間国際組織は、教育に関する知の組織化の主たる場となっており、教育に対して「グローバル経済の要請」という説得力のある言説を生み出している。コミュニケーションと情報テクノロジーの発達によってアイデアやイメージ、イデオロギーが国境を越えて駆け巡ることを可能にしたことを踏まえると、そうした技術の発展がアイデアの探求や行き交いを可能にし、膨らみ、導かれるような空間を作り上げ、かえって独自の教育課題を選ぶ自由がどの国からもまったくなくなってしまう。国の努力は外国から政策を取り入れたり、持ち込んだり、または適応させたりし、考え方を真似たりすることに払われる。しかしながら、どの程度アイデアを自由に持ち込むか決めることはほとんど困難か、もしくは政策議論で用いられている用語が特定の想像界のなかでいまだ用いられていなかったかどうかを見極めるのは難しいほどだ。ある研究報告書で、ヘンリーとテイラー、リンガードそして私（2001）は、伝統的に教育的な考えを自由に交換し合う場所としてのＯＥＣＤがいかに当然のごとくに各国の政策に対し影響力を発揮し、グローバル化を所与のイデオロギーとして、教育のグローバル化をあおり、そして先導してきたかを指摘してきた。

無論、グローバル化の影響力は多様であることはわかる。グローバル化とは実に議論の多い用語の一つである。しかしながら、ＩＧＯによって強く推し進められる社会的想像界は、グローバル化であり、新自由主義である。その強力な社会的想像界は、世界における相互関係のつながりの深さを示すイメージや表現、そして一般論から構成されている。そして一連の社会的変化を生じさせ、こう暗示する。

市場と国民国家、そしてテクノロジーのこれまでに見たことのないほどの冷酷なる融合。個人と企業、そして国民国家がこれまで以上に世界へと手を伸ばし、より素早く、より深淵に、より安価に手に入れることを可能にするという意味において（Friedman 2000, p. 14)。

このような融合はもちろんいろいろと描き出すことができるし、三者の融合が全体的に完成していて、一貫しているとは言いがたい。ラーナー（Larner 2000）が指摘したように、グローバル化による新自由主義的想像界は同時に政策やイデオロギーとして、そしてまた統治性──「相反し、一致することのない状態で、制度と実践、そしてアイデンティティが構成する、ある意味の体系（p. 12)」──として解することができる。新自由主義的想像界が一般的によく知られた市場原理主義的な性格を有する一方、政策作成において、新自由主義の利用はむしろ歴史的に限定的で、理解もさまざまであるだけでなく、しばしば矛盾をも抱えている。

新自由主義的想像界がグローバル化し、政策に適用されることで、少なからずいくつかの地域に利益をもたらした。しかしながら、それは、例えば国民国家が経済の規制緩和を行い、民営化を導入し、自由貿易を行ったならば、国の発展はほとんど確かなものとなる、といった仮説に基づいた理論においてである。国々が発展していくなかで、教育は中心的役割を担うものと考えられた。なぜなら、発展するグローバル経済は知識基盤型の経済であって、人々は不透明で、常に変化し、拡大する労働市場において働き続ける能力を持ち続けなければならないからである。新自由主義的想像界は、輸送やコミュニケーション、データ処理の技術発展から起こるとされる地球規模の進行について、全体系的な理解が求められることとなる。これらの技術発展は、経済活動の性質そのものを変え、生産と消費の様式を変えていくと予想される。また、政治や文化的関係の本質にも影響を与え、人々の動きと考え方の変化に拍車をかけ、そして文化的実践の混交を導くこととなる。このことは、文化を超えて通用する技術の領域、すなわち「グローバル・コンピテンス」の能力開発の必要性を意味している。

グローバル化による新自由主義的想像界とは、それゆえ、市場的関係の拡大に基づいた政治=経済的ガバナンスの新しい形をめぐる考えが緩やかに交差する世界を意味する。このことは、これまでの財とサービスを念頭に置いた国家的規定指針こそ国民の社会的幸福を確かなものとする見方に取って代わるものである。対照的に、新自由主義的想像界は小さな政府を選択することを意味しており、競争や経済的効率、そして選択の自由という手段的価値を促進し、国の役割を撤廃したり、役割の私事化を進めていく。ペックやティックル（Peck & Tickell 2002, p. 394）が主張するように、新自由主義は「（経済）成長優先」政策を推し進め、自明視し、社会福祉を後回しにする。そして、市場論理の曲解に依拠し、効率や「公平さ」を根拠に市場論理を正当化している。新自由主義は、選択の自由や「無駄」のない政府というイデオロギーを広め、財政の配分を民営化や規制緩和、競争によって決める体制を推し進める。世界中に自由貿易の精神を説き、財とサービスにその精神を適用し、さらに、伝統的に国民的性格を強く帯びるとされた健康と教育のような分野にまでも及んでいる。

しかし、こうした見方は「世界中の地域社会において、文化的および社会的生活と並んで、階級的権力の均衡をめぐる政治=経済的実践に対し、混乱と崩壊を引き起こす」ことを含意している（Harvey 1989, p. 23）。グローバル化時代において、時間や空間が多国籍資本の影響によって再編成され、資本主義は次第に一様ではなくなっていく。コミュニケーション・システムが向上し、情報の伝わり方が合理化されることで、資本と商品がこれまで以上のスピードで世界市場を流通するようになる。同時に、ビジネス界や教育、健康分野のみならず、娯楽産業や生活スタイルに関連する商品においてでさえも、商品の輸出入からサービスへとその重心をシフトしつつある。下請けやアウトソーシング、垂直分解型の管理、ジャストインタイムの配送システムなどの考え方に代表されるフォーディズムの厳格さは、効率的な取引において、柔軟な運用をその基本的価値とする新しい組織論が取って代わろうとしている。こうした変化の主たる効果は、道徳的、社会的責任といった目的について考えるよりも、手段価値やスピードと即時的価値への偏重に表れている。

また、グローバル化する新自由主義的想像界は、国民を基本的単位とした政府の役割と責任に対して根源的な見方の修正を求め、市場に最大限の信服を置き、政府の介入の必要性を最小限にとどめるといった新しいガバナンスに関する考え方を規定している（Strange 1996）。政策作成において国家の役割の縮小は、近代的国民国家の中心的な原理のひとつ――主権と領土、正統性に独特の調和と対応関係を認めることであり、伝統的な方法によって論議された教育目的が本来具体化される、といった仮説――を捨て去ることを意味する。国民国家はその主権を懸命に守り続けようとする一方、グローバル化時代においては、領土と政権の間にある特別のつながりは失われかけているように見える。ヘルドとマクグルー（Held & McGrew 2000, p.9）が論じるように、国家の政策計画は一貫せず、国内機関や国内勢力、そして国家間を超えた（政府や非政府）ネットワークの影響を受けている。そして、近代国家はその権威の多くを保持しながらも、ますます国家自らの進路を決めることができない。そして、国際的組織や外国政府に限らず、多国籍資本といった思いのままにならない勢力と交渉しなければならない。

近代的国民国家が伝統的システムによって維持されると、文化が教育において国民育成の大切な役割を果たすとされた。教育システムは、国民の理念とそれにまつわる物語を伝えることを期待されていた。ゲルナー（Gellner 1983）が指摘するように、大衆教育のシステムは、国家的近代化のプロセスを推し進めるにあたって、構成員間に共通理解の枠組みを身に付けさせる重要な役割を果たした。理念や意味、寓話やしきたりが伝播するに従って、人々は自らを国民として想像し、他国を通して自国の意味を知ることが可能となった。グローバル化の状況下において、国民的文化は独自に成立するとした見方は、国民と民族的共同体を超えて、文化的接触の機会がこれまで以上に増えるに従い、もはや注目されることがない。以前より抵抗感なく、人々が自らのアイデンティティを特定の時代や土地、伝統から切り離して考えられるようになると、地球規模にわたる文化的コミュニケーションの力とスピード、そしてその途方もない容量が、国家的領土と社会的アイデンティティとの間に横たわる伝統的な線引きを次第に曖昧としてしまう。それゆえに、メディアのみならず、人々の大陸間移動のうねりは、アイデンティティの形成に「多元的」な影響を及ぼし、さまざまなハイフン付きの民族的で人種的アイデンティティを生み出し、アイデンティティはこれまでのように決まりきっていたり、統一されることは少なくなる（Hall 1996）。このことは、おそらく、ひとつの「グローバル的意識」の表出の始まりで、フォーク（Falk 1995）の言葉を借りれば、「市民社会の萌芽」となる文化的基礎を意味しているのかもしれない。

こうした議論が示すことは、ある特定の解釈がグローバル化の新たな社会的想像界として大きく台頭してきていることであり、ある特定の解釈とは、グローバル化を歴史的に避けて通ることのできない、ある一連の客観的な社会変化といった説明である。グローバル化をこうした想像界として性格付けすることが、人の主体的意識もしくは現象学的意識の固有な形成の発現と関係している。また、人々にグローバル経済や文化における最近の変化——地球規模の相互関連性と相互依存性という事実を理解する仕方——に関する書籍が売れるだけでなく、そのような書籍が訴える一連のそうした価値が奨励される。このような意味において、新自由主義的想像界は非常に規範的で、我々を世界という一つの集合意識へと追いやる。こうした世界が一つという見方は、日常の問題は相互関連的で、我々は一面的ではあるものの相互依存し合っているというコスモポリタニズム的な見方を迫る。コーヘンとケネディ（2000）は、こうした様相を「グローバル主義」と呼んでおり、グローバル化という用語と著しく異なる。彼らにとってグローバル化とは、「ある意味で我々の外部にある、一連の客観的な世界の変化を主に指す」。しかしながら、グローバル主義とは主体的に内在化された「変化であり、グローバル化と関係している。そして、こうした変化は我々の感情や日常生活に関する我々の考え方と重なり合っている」（Cohen & Kennedy 2000, p. 34）。

こうしたグローバル化における客観的な解釈と主体的な解釈の二つの区分けは示唆的だが、いささか単純かもしれない。というのも、この世界について考え、想像する仕方は、どのようにこの世界を記述するかと必然的に関係しているからである。それゆえ、客観的な解釈と主体的な解釈は区別して考えることはできない。グローバル化に関する最近の多くの理論の問題点の一つは、グローバル化をしばしば「考え方の問題ではなく、既存の問題」が独自に発展していくという見方を用いながら取り扱うことにある（Smith 2001, p. 21）。しかし、この分析の仕方では人間の主体性や、主体性がどのように形成され、いかに人々が世界規模の相互関連性や相互依存性を独特な方法で発展させてきたかについて考慮が足りない。スミス（2001, p. 27）が記しているように、「言説実践および身体的実践によって、人々の行動を可能にし、かつ拘束するような規則化された様式を自らが生み出している点に傾注することで、言説が、政治的主体性や、もしくはその他の主体性に関する言及を欠いてしまう」。もろもろの言説の視点は地球規模の変化を経済論理が求めるところの現象として見なしており、絶えず変わり続ける人間の行動の所産として見ていない。言説の視点は、市民や国民が生きている世の中が「埋め込まれた状況」であると見なす立場と折り合いをみない。

言説の視点が主体性を見落とすことで、こうした分析の方法は、グローバル化を人々が事実上従わなければならない絶対的な力として捉えるか、上手に折り合いをつけなければならない不可抗力と見なし、グローバル化のさまざまな表出を歴史的に不可避としてしまう。こうした言説分析は、意味の政治学を土台としている。それは、グローバル経済の機能を自明のものと見なし、文化や危機、財源や権力形成が普遍的なロジックへと浸透するありさまが当然のように市民や国民に受容されるよう指向する。それゆえ、意味の政治学は、市場原理の教訓が詰まった概念的プリズムを通して政策選択を検討できるグローバルな主体を作り出し、グローバルな市場原理を「事実化」してしまう。これらの教訓は、市場原理と利益の創出、小さな政府や労働市場の規制緩和、そして弾力的な統治の形に重きを置いている。この見方に立つと、社会的想像界として用いられる「グローバル化」の用語は、ある種の権力関係や実践、テクノロジーを指し示し、「世界についての意味の体系化と復号化において、ヘゲモニー的な役割を果たしている」（Schirato & Webb 2003, p. 1）。

新自由主義的教育のイメージ

本章では、新自由主義を経済理論や政治イデオロギーとして考察するのではなく、今日おける地球規模の変化に関した暗黙的で盲目的な理解を指し示す社会的想像界として論じたい。社会的想像界として捉えると、新自由主義はグローバル化時代のためにあらゆる点で教育目的のイメージのし直しを示唆し、グローバル経済の要求に見合うよう教育を再構築する必要性を示す。想像界は不変ではなく、全体的に首尾一貫しているわけではないため、新自由主義的想像界においてもまた、教育のグローバル化に関する特定の意味について過去の教訓が矛盾する可能性をもっている。しかし、その暗黙的な仮説と核となるイメージは問われることはなく、昨今の経済的、政治的、文化的変容に対する特定の姿勢のみを育てる必要性を示唆する。既にここで指摘したように、こうした姿勢は、形式や非形式な手法を用いて、IGOや多くの国の政府によって強力に推し進められる。結果として、教育システムが直面するさまざまなプレッシャーの対処においても、教育目的や、手順の改善と組織の改善計画について似通った見解をもつ点でも、政策が世界的に収斂していくといった傾向が明らかになってきている。シュグレンスキー（Schugurensky 1999）が指摘するように、こうした収斂する傾向は顕著になってきている。現在の教育改革の計画について最も目立つ傾向は、社会的、歴史的にも、経済的にも異なった性格をもつさまざまな国家間において起きている変化に類似性が見られることと、こうした変化がこれまでにない範囲と深みに及んでいることを、彼は言及している（p. 284）。実際の動向と変化の進度は、国家のシステムによってバラツキが見られるものの、変化の方向性は明らかに似通っており、同じ新自由主義的想像界のなかに位置しているように見える。

こうした想像界は社会民主主義から新自由主義的な方向へと転換が普遍的に進んでいることを表している。強力なプレッシャーは、今や若者に対する学校教育への就学を求めるシステムだけでなく、グローバル経済に必要とされる要件を盛り込んだ教育システムにまで至る。結果として、こうした要求に応えた政策がとられ、教育の産業化と市場化をもたらした。このことは、アカウンタビリティーや監視制度、また制度のさらなる官僚化がこれまで以上に新たに進められ、教師の負担がさらに増すようになる。ほとんどの西側諸国において、教育に対する公的財源が縮小するにつれて、民間の役割を増すことがますます強調されるようになってきている。しかし、こうした全ての変化のなかで、また世界中で――グローバル経済の多様な必要性に見合うように――教育システムへのプレッシャーが広がるにもかかわらず、教育システムは表面上互いに似通ってきており、それぞれの財政的、組織的問題に対しても共通した解決策を追い求めている。それどころか、各国の改革の要件に対し他国と似通った説明を行っている。

ごく日常のレベルにおいて、昨今の人的資源論は教育目的に関する議論にまで及んできている。ＯＥＣＤやＡＰＥＣ、世界銀行のような国際的機関によって知られるようになったこの理論は、以前の人的資源論と同様に（Becker 1964）、人材養成と教育に対する支出は損失が大きいゆえに、支出を投資として考えるべきと求めている。そのわけは、人的資源論は個人の収入が増加しているという認識によって支えられており、職業間収入格差の説明に用いられるからである。新しい人的資源論はこうした要求を、グローバル経済の要件から個人間、企業間そして多国籍的文脈における国家間の競争によってもたらされる利益へとさらに推し進めている。もちろん、新たな人的資源論は実際上複雑で、議論も多く、いくつもの要素から構成されている。しかし、その一般論において、人的資源論は、全ての人間の活動を自由競争の市場において働く人間の経済的自己利益に土台をおいている。それは、人的資源の活用において、投資のレベルに応じて効果が出る経済成長と、競争によってもたらされる利益を前提としている。グローバル経済において、効果はまた人々の知識の蓄積や技術のレベル、そして学習可能性や文化に対する受容可能性とますます関係を深めている。そのため、人的資源論は市場の規制緩和のみならず、教育と人材養成のシステムの改革を通じて柔軟性のある労働力を引き出す政策を必要とし、変化する経済活動の特質に合わせて政策を整備するよう求めている。

最も根源的な形において、新たな人的資源論は教育の管理システムの改革を必要とするだけでなく、教育目的の再概念化も求めている。こうした求めに従って、例えばＯＥＣＤ（1996a）はＩＣＴ（情報通信技術）の進歩が知の創出とその利用の仕方、仕事や労働の組織化、消費と商売の様式、文化交流の形態を大きく変えたと示唆している。そして、教育において今こそ、これまで以上に知識を用いつつクリエイティブに働くことができたり、柔軟で順応性と活動力があり、世界志向で異文化に置かれても臆することなく、生涯にわたって学べる、これまでとは異なった人間を育てる必要があるとしている。こうした見方が暗示するのは、学びのための学びではもはや十分とはいえず、教育はそれ自体に内なる目的を有しているわけでもまったくない。しかし、常に人的資源の向上と経済活動の可能性を広げるのに役立つ目標と関連していなければならない［ということである］。教育が倫理的で文化的な問題と、もはや関係なくなったことを意味するわけでは無論ない。けれども、これらの問題は教育における経済的目的の幅広い枠組みのなかでむしろ解釈されるべきものである。こうした方法において、新自由主義的想像界はジョージ・ソロス（Soros 1998）が呼ぶところの「経済原理主義」に基づいており、「経済原理主義」とはすなわち多様性や公平さといった道徳的な観念の再検討がなされる一種の概念枠組みである。

こうした想像界においては、知識経済の考えが際立ってクローズアップされる。この考えは、グローバル化が、根本的に知識の創出とその経済的適応の関係を変えていくことを意味している。つまり、知識集約的な活動の出現と情報テクノロジーの創出と普及が、作業組織の新しいモデルの発展へと導いている（Paul 2002）。ニュージーランドはこうした考えを取り入れた最初の国の一つであった。いわゆる「ニュージーランドの実験」では、「知識経済は知識の生成と利用が、富を生み出すにあたって重要な役割を占めることを想定していた。工業化時代では、人力に代わって機械を用いることで富が生み出されていた」（Peters 2001）。知識経済では、これまでとは対照的に、新しい仕事の質は遠距離通信技術や金融サービスのようなハイテク産業に集約される。経済と教育目的との間に関係を見いだす考え方は、ＯＥＣＤ諸国からシンガポールやインド、共産主義が政権の座にある中国やベトナムのようなアジアの産業新興国まで、今や世界中においてありふれたこととなっている。

例えば、昨今の仕事の賃金が安く、サービス産業が非常に略式化されているのであれば、あちらこちらで、いわば知識経済が仕事に熟練を要し、新たな技術力と変化に伴う価値観を能力として身に付けることを労働者に求めるようになることが考えられる。世界の移り変わりが激しいなかで、能力としては、順応性や組織への忠誠心、多文化で働ける能力、そしてリーダーシップが取れるといったある特定の能力を必要とするに違いない。教育におけるこうした見方は、個人の学歴よりも、慣れない職場や常に変化する職場環境のなかで効果的にかつ創造力を発揮できるような学習歴に基づく新たな人的資源論のアプローチを必要としている。また、コミュニケーション能力や問題解決能力、プレッシャーの下一人で働ける能力や決断に対して責任を負える能力、そして現場に対応できる知識を素早くそして確実に獲得できたり、商売の可能性を見抜く力など、一般的で広範囲にわたるこうした能力の向上が力説されるだろう。

知識経済において、事実について把握していたり、理論を知っていたりすることはさほど重要ではなく、知識を社会的関係やネットワークを通じて画期的な商売の対象として売れる製品に変換できる世界観を理解することが重要である。柔軟性とダイナミズムの原則は、関連情報を得る能力とそれを商売に使える技能を意味する。こうした力は、形式的で、成文化され構造化された誰にでも見てわかるような知識より重要だと見なされる。知識経済に関するこれまでの見方に反して、フォーレイとランドボールのような新進気鋭の学者たちは、国民が知識経済の強みを享受するか否かは、いかに迅速に「学習経済」を理解できるかにかかっているとしている。彼らによれば、学習とはいかに知識を利用して新しい技術を駆使するかのみならず、生産効率を向上する手段についていろいろな人々とコミュニケーションを図る力をもっているかをも意味している。フォーレイやランドボール（Foray & Lundvall 1996）は、知識経済において、個人や企業、そして国民は自らの学習能力と革新的能力に見合った富を手にするだろうと主張している。もしそうだとするなら、学習は継続的でなければならず、形式的な学校教育に縛られる必要もなくなる。

生涯学習という考えは、グローバル化に伴う新自由主義的想像界における重要な一部を占めている。生涯学習は、

ＯＥＣＤやＡＰＥＣといった国際組織によって熱心に推進されている。無論、ある意味において、生涯学習はとても理屈にあっているように思える。新しい知識の獲得や現状に沿った新しい技能の習得に対し、異論を唱える者がいるだろうか。しかしながら、国際組織によって推し進められる生涯学習の概念は幾分限定的であり、経済成長と競争の幅広い言説のなかに位置付けられている。この言説は、「情報コミュニケーション技術の急速な拡大、科学とテクノロジーの不断の応用、そして財とサービスの取引における」グローバル化といった成長が、主な経済的変化を背景にして登場した、とフィールドとレイセスター（Field & Leicester 2000, p. xvii）は指摘している。こうした見解は、「グローバル化の進むスピードや技術革新、仕事や労働市場の質の変化、高齢化問題が、人生を通じて仕事や生活技能の向上を継続的に行うことを必要としている」というＯＥＣＤ（1996b）の主張を反映している。そして、ＯＥＣＤが指摘するこうした変化が、個人と国家の両者にとって必要な教育に対する不断の投資を導いてきた。そして、教育の重点を「知ること」から「知り方」へと移し、学習の定義や学習の構成、そして学習の価値や応用、進め方に至る新たな見方を提示している。

最近の科学教育と数学教育の力説には、世界中に共通した論理が見られる。科学と数学教育は我々を取り巻く自然界に対するよりよい理解のためだけでなく、よりよく知識経済に携わるために推し進められる。さらに、教育実践に変化をもたらす情報コミュニケーション技術について、教育のもつその潜在力が、これまで以上に人々の間の距離を縮めるといった理由よりも、経済的成長と生産性を促すといった意味で強調されている。世界の共通語は英語、という世界中どこでもみられるこうした仮説は、新自由主義的想像界と関連しており、例えば、ＡＰＥＣは英語がグローバル社会においてコミュニケーションの最も共通した媒体となっていると指摘する（1996）。というのも、英語が外交における会議で多用されたり、ビジネスの交渉において用いられるように、就職のチャンスを増したり、高等教育や情報へのアクセスの増大とつながる言語だからである。また、英語は、科学とコミュニケーションにおける主たる媒介でもある。グローバル化は、英語という言語抜きでは考えられないように思える。

新自由主義的想像界による教育改革へのもう一つの要請は、教育の国際化にある。無論、教育の国際化そのものは新しい考えではない。それまで国内では得ることのできなかった新しい知識と訓練を求めて、これまでも学生や研究者は国際的にその場を求めてきた。国際理解と協力の水準を高める方法として、異文化の知識や外国語や外国研究のプログラムに対する興味は久しく存在してきた。過去において、留学生の技能や考え方、知識に磨きをかけるといった点で、「先進国」は彼らを歓迎してきた。というのも、留学生が帰国した際、留学先で学んだことを念頭に、自国の発展に力を尽くすと考えられたからだ。しかし、新自由主義的想像界は、そうした甘い期待を商売という経済的な言説へと変質させてしまい、教育組織は台頭するグローバル化からの要求に対して、対処方法の見直しを行っている（Rizvi 2005）。経済言説は、人と資本、そしてアイデアがますます行き交うことで生じるビジネス・チャンスに向けられている。経済言説は、国際関係に関わる新たな知識と、刻々と変化するグローバル経済の本質の一面だけを基にした知識基盤社会と、それに関わる異文化間技能を磨くプログラムを求める。そして、教育自身、物象化され、売買目的のために商品化されるように、国際協力と知識ネットワークの価値はもっぱら経済用語で表現されるようになる。

新自由主義的グローバル化への取り組みと反応

この章では、教育を考えるにあたって、強い影響力を及ぼしている新自由主義を社会的想像界として見なすことができると論じてきた。新自由主義の支配力は政治的戦略のレベルで確保されており、国際組織や国家によっても用いられている。ある国においては、新自由主義が好まれて採用されているし、もう一方では構造改革と位置付けて、強制的なやり方で押し付けられることがある。しかし、全ての国で、新自由主義が教育目的を変え、経済目的に対して役立つように差し向けられている。教育は現在、個別の消費者に寄与するものと考えられることで、公的な価値というよりますます私的な価値と見なされている。我々にとって重要なことは、共同体全体にもたらす可能性を教育において公的な価値として見いだすことである。市場原理を教育と関連付けていくことは、本来グローバル化による制約ではなく、グローバル化におけるある特定の新自由主義的想像界によるものであることを指摘しておくことが重要であろう。新自由主義的想像界は、社会において、教育の役割が概念化されるべき方法を再定義している。私的な価値としての教育の意味は商品としてであり、有利な立場にいる者ほどそれを得ることができる。そして、そのような教育は、経済的価値の点から人間を振り分けていく。

これまで指摘してきたように、もしグローバル化された新自由主義的想像界が支配的になったとするなら、我々は、その当たり前と思えてきたことを簡単に納得せずして、どのように教育目的について考えるべきなのだろうか。また、教育が公的にも、私的にも機能する、より進歩的な見方を発展させるにはどのような方法が考えられるだろうか。さらに、グローバル化において、他の想像界のあり方と、それに関連する教育について模索することは可能だろうか。多くの批評家たちが想定しているように、新自由主義的想像界のイデオロギー的支配は絶対的であるということから議論を始める必要がある。しかし、それは同時に、完璧に首尾一貫したイデオロギー的主張でもなく、矛盾を含んでいないわけではない。新自由主義的想像界は、他の想像界よりも物議を醸すある種の主張を含んでいるためだ。それゆえ、現代社会と経済の関係に関する多様な見方を全て即座に拒むのは賢いやり方でない。新自由主義的想像界が引き起こした教育改革のいくつかは、例えば遠隔地に教育機会を提供するなど、期待以上の結果を生み出している。新自由主義的想像界は、またグローバル化によってもたらされた人口統計上の変化や技術的進歩を考慮したカリキュラムの見直しの必要性を浮き彫りにしている。

これらの事柄は、教育のもつ可能性と特定の地域共同体に及ぼす破壊的効果の正負両面を指摘することで、グローバル化における新自由主義的想像界に対し、戦略的かつ現実的に対処する必要性を示唆している。もちろん、教育システムは、一貫した教育目的に沿って構成されるものでは滅多になく、むしろ、しばしば互いに相容れない個別の教育目的によって多面的に構成されていると見なすべきであろう。おそらく、これまで以上に我々は、教育目的や教育システムの組織化、システム統制をめぐる多様な考え方に特徴付けられ、時代を生きている。もしこのことが事実であるならば、新自由主義的な語彙から逃れることはできない。しかし、我々は新自由主義的想像界がもたらした根本的な変化を大きな功績として再認識しながらも、批判的かつ創造的なやり方で新自由主義的想像界を再び検討することができる。また、新自由主義的想像界の限界に挑みつつ、グローバル化の進行にのっとった新しい取り組みを示唆する他の方法を考え出すことも可能である。テクノロジーのさまざまな発展やグローバル経済と政治の新しい仕組みによって、グローバル化の進行を止めることはできない。そのため、民主的伝統により深く根付いた対話を通じて、教育目的をめぐって拮抗する考えに、いかに上手に取り組むかが課題となる。我々の課題は、グローバル化における新自由主義以外の形を創造し、それに取り組むことにある。そして、市場原理に全てを委ねることなく、行き過ぎは抑制することができるのである。

教育は、歴史的にいって三つの明瞭な、そしてそれら同士はしばしば拮抗し合う目的を保持してきた、とラベリーは指摘する（Labaree 2003）。その三つとは、民主的平等性と社会移動、そして社会的効率である。これらの教育目的は互いに相反するものではないが、しばしば三つの目的のうちのどれかが教育的イデオロギーによって残りの目的よりも重視されることがある。例えば、第二次大戦後、民主的平等性の考えは社会民主主義として世界の多くの場所で支持を得たし、オーストラリアやニュージーランドのようないくつかの国では自由主義の理念として解された。社会主義の国では、まったく異なった形で平等が推し進められた。また、別の国々では、社会移動と能力主義が社会における教育目標の実現において本質的な課題であると考えられていた。脱植民地の国々においては、たとえ実現されることがなくても、平等は教育思想において繰り返し叫ばれるスローガンであった。昨今、グローバル化する新自由主義的想像界では、多くの市民や大企業、そして多くの政府や政府間組織によって、これまでよりも非常に重んじられるようになったのが社会的効率である。

ラベリーに言わせれば、民主的平等性という概念は、長い間、批判的知識世界において、民主的共同体に参加する民主的市民の育成を促す教育の重要性を示唆してきた。それは、デューイの教育哲学の中心的な課題でもある。課題の中心は教育機会の平等や教育機会の保障であり、公的な価値としての教育についてである。このことは、もし地域共同体の全ての成員が各々の可能性を十全に発揮できるよう教育機会をもつのであれば、最大幸福が社会にもたらされることを意味している。そして、教育の主たる目標は必ずしも効率的な労働者を育成するのではなく、自己実現を目指し、活力ある市民を育成することにある。このことは、職業訓練の重要性を否定するのではなく、集団的結束力の高い民主的社会の発展において、そのような訓練は教育が果たす幅広い役割の一つとして位置付けられることを意味している。それゆえに、教育の目的は経済的な意味合いよりも、社会的かつ文化的意味合いが濃く、個人よりも地域共同体にその重心が置かれる。

もし民主的平等性を謳う立場が教育の役割を公的に価値あるものとするならば、社会移動の立場は教育の役割を個人に付与する私的に価値あるものと見なすだろう。そして、各々は労働市場において財と権力、そして権威をやり取りすることが可能となる。社会移動の立場は教育を本質的にも好ましい競争として見なし、個々に対して経済的恩恵と社会的地位を割り当てる機能を果たしている。この立場は、社会的報償が努力と知性に基づくべきとする。市場は勤勉で、すぐれた技能や才能をもった者に報償を与える。社会移動の立場は、教育の役割が社会正義や経済的再分配にあるという見方を否定し、市場が社会を構成する役割を担っているとしている。社会的公正を放棄しない限り、この立場は全ての人に学校教育を施す仕組みを後押しする。この場合、教育の主たる目的は、労働市場で生徒たちがふさわしい仕事を見つけ、彼らが垂直移動できる知識と技能を身に付けさせることにある。

検討課題である三つ目の教育目的は、教育の役割を社会的効率の向上に置いている。社会移動が主として個々人に焦点を当てているのに対し、社会的効率の立場は、国家と企業の経済的生産性の向上に貢献できる労働者を啓発する手段を最も重要な教育的役割として求めている。その立場の関心事は個々人のニーズと成長にあるというよりは、教育システムが運用される効率に向けられている。重要な点は、教育システムの働きが投資に見合った収益を上げることにあり、「知識経済」において、生産性を上げることができる知識と技能、そして態度を有した労働者育成の点から評価される。こうした意味において、教育は公的にも私的にも価値あるものと見なされる。つまり、公的価値とは経済的安寧と地域の社会的発展にあり、私的価値とは競争的な労働市場において個人の利益に適うことにある。しかし、社会的効率の立場が推し進める公的価値の概念は、社会民主主義から見た公的価値とは明らかに異なり、この点は念を押しておくことが大切だろう。社会民主主義の見方とは教育を本質的に良いものと考え、教育を組織的効率や経済的成果、生産性への手段と結び付けない。

およそ過去二〇年にわたって、社会的効率重視の姿勢は教育の主たる目的として、あちらこちらで見受けられるようになった。アジア太平洋やその他の地域のどこにおいても、これまで示唆してきたように、今日、教育改革として見なされている多くが社会的、経済的「進歩」というイデオロギー信仰に基づいており、こうした進歩は市場のニーズを満たす教育システムを通じてのみ達成されるとしている。教育システムは長い間、いろいろな点で非効率的でかつ非効果的であり、機能的な目的を遠ざけてきた。大衆メディアと企業はとりわけ、このような見方を宣伝してきたし、政府にさらなる社会経済的効率だけでなく、ますますグローバル化する世界において、知識経済という新たな「現実」を意識した教育改革を呼びかけてきた。このことは、教育目標が労働者育成の点から、読み書き能力と数学の知識を有し、柔軟で創造的かつ器用で、ICTに通じ、文化的に多様な環境で働くことのできるといった手段［価値］により置かれるよう求めている。

無論、教育目標のこうした説明は、社会的効率がまるっきり民主的平等性や社会移動に対する関心に取って代わることを意味するわけではない。実際、民主的公正さと社会移動は、社会的効率に関わる幅広い言説の中で重なり合っている。例えば、社会的効率に着目することで、事実上、社会移動においてより平等なチャンスへつながると、OECDは主張している（2004）。グローバルな労働市場において、効果的に仕事をこなせる労働者なしでは、社会移動の可能性が著しく縮小してしまうとも言われている。グローバル経済が資本蓄積と経済成長のために適切な社会的条件整備を必要としているために、公正さの問題は社会的効率に取り組む政策立案者にとって見過ごすことのできない課題となっている。OECD（1996a）は

「グローバルな情報経済」を実現する可能性を広げ、雇用と文化、民主主義といった社会的結束力に関わるこれら全てに寄与するような、教育と人材養成の政策に対し、新たな関心が向けられることが現在必要とされている。こうした政策は、全ての人々にチャンスが平等に与えられ、機会が開かれるとともに、全ての個人が生

涯学習や学校教育を通じて学習が奨励され、意欲がもてるような「学習社会」への移行を支えていく必要があるだろう。

と提案している。つまり、こうした牽強付会な言説は、社会的効率を「メタ的な価値」と見なし、社会的平等や社会移動、そして社会的結束といった教育目的はそのなかに織り込み済みとしてしまう。

このことは、正に生涯学習や社会資本としての教育といった俗受けする今日的な考えにおいて明らかである。生涯学習といった考えは、もちろんこれまでも存在してきたが、昨今では私が既に記してきたように、拡大解釈されている。UNESCOによれば、「教育は本質において、その役割を変えるだけでなく、全人格的な人間を形成する継続的なプロセスとなる必要がある。つまり、批判的能力や実行力のある、知識や才能をもった人間をである」(OECD 1996b, p. q17 から引用)。そのため、生涯学習は、就学前から就学後における幼児期から成人の全ての段階に至る「学習の小道」といったシステム全体に行きわたるネットワークを通じて奨励されるべきで、「個人や企業、組織やさらには社会全体に長期的利益をもたらすことで、社会的、経済的目標を同時に」達成するとしている(OECD 1996b)。OECDの説明では、社会移動は経済的効率がもたらした機能的な成果であり、その一方で平等に対する関心は薄れつつある。しかし、経済状況の変化や地域共同体の正統性の確保の必要性に照らしてみると、刻々と変化するグローバル経済への人材の育成という目的を覆すこと以外にも、これまでの平等に関する考え方を改め、そして新たな平等のあり方に取り組む決意もまた存在する。

社会資本の概念は、ある種の政治的論理であり、最近は高い関心を集めている。例えば、トムソン(Thomson 1999)は、社会資本への関心は三つの感情から生じていると言う。一つは、国民を競争へと駆り立てる目的で人的資本の開発を支えてきた個人主義の勢力に対する反応である。二つ目は、経済的成功には社会的結束や安定、そして社会的信頼を必要とするといった認識である。三つ目は、多くの人々が幸福と経済的成功を別々のものとして捉えつつあることだ。こうした意味で、社会資本は、社会の結束を高めるために、経済の脱中心化と社会的排除に対応し、そして社会におけるさまざまな文化的相違を際立たせる政策として登場してきた。しかし、こうした社会的結束の見解は、経済的自由主義と経済成長の社会効率パラダイムにおいて言い表されている。社会資本は社会的結束のために生まれたひとつの方策であり、それ自身良いものというより経済的生産性にとって重要なのである。そして、社会的排除が労働者の技能不足や不適格、もしくは効果的でないガバナンスによって生じ、したがってグローバル経済への取組に対して不十分だとされる限りにおいて、教育の目的は社会的変化に賢く対応できる人間を育成することだと思い込まされるのである。

結　論

この章では、グローバル化が新自由主義的想像界を通じて解される方法のいくつかを検討してきた。また、どのようにしてグローバル化が昨今、世界中のあちらこちらの国々で展開し、明示され、定められた教育政策の言説的地勢を再構成してきたかも考察してきた。私は、新自由主義的想像界が広い意味での経済用語で教育目的を再定義し、社会的効率という関心に結び付けられてきたか、論じてきた。新自由主義的想像界は、教育を私的に価値あるものとし、教育を構成するにあたり市場原理を持ち込む重要性を強調している。そして、教育目的をグローバル経済の要求と関連付けてきた。しかしながら、グローバル化を新自由主義に位置付けることは避けられないわけではないし、位置付けることは必然ではない。相互関連性と相互依存性という事実から、教育目的の再検討に含みをもたせて、世界を根本的で多様な方法で解釈することは可能なのである。そして、こうした事実は、単にどこかの想像界や空想化された過去へと立ち戻ることを呼びかけているわけでなく、ＩＣＴの発達によってもたらされた昨今の変容にさまざまな方法で取り組むことを我々に求めているのである。そして、このことは、経済的関心事よりも、それ以外の人間的な課題を優先させる。

新自由主義的想像界のグローバル化が衰える気配がない一方で、あちらこちらで新自由主義は矛盾を生じさせ、その矛盾は広がりつつあることがわかってきた。例えば、教師がアカウンタビリティーという非現実的な体制に従い、十分に資金や物資の供給を受けずに結果を出すことを期待されているその時に、ガバナンスのシステム分散の推進によって、多くの教師と教育システムが無力化されたままに置かれている。政府の多くやIGOが考えているよりも、さらにより文化的かつ経済的で、政治的にも複雑な文脈のなかで教師が効率的で実践的であることを求められるため、教師の専門性は本当の意味で活力を奪われている。同時に、私事化（民営化）への政策転換は機会平等の目的を妥協させてしまい、こうした転換は国民の間だけでなく、地域共同体のなかにおいても不平等を広げている。また、公正という目的を、ジェンダーと人種において実現するにはさらに困難である。実際、グローバル化の帰結はある国の国民と一部のグループに大きな恩恵をもたらしたが、それ以外の人たちに大きなツケを回した。大多数の人たちの経済的見通しは明るいとは言えず、文化的伝統は深刻なほど蝕まれている。

それゆえ、グローバル化は、我々が教育目的を見直すことを求めている。グローバル経済は多才で、サービス志向の新しいタイプの労働者を必要とするとされてきた。新しいタイプの労働者は、仕事の質や職場における変化に円滑に対応し、文化的に多様でグローバルな環境においても働ける人たちである。そして、ICTを駆使して働ける能力が重視される。しかし、世界におけるICTが学べるチャンスは均等でなく、デジタル・ディバイドと呼ばれる状況が生まれ、それによって社会、経済的不平等が拡大し、永続している。英語に対する注目度は増し、ICTと同じ結果をもたらしている。英語で会話できる能力は人々の間で、また地域共同体のなかで、差異化の主たる原因となっている。同じように、多くの国で、国際教育を享受したかは社会的地位を示す目安となっている。世界貿易の政策と実際が教育内容として登場してきたことから考えれば、それを学ぶか否かは、能力や成績というよりも、生徒の支払い能力にますます依存してきている。かつて、政治や文化の専門用語として使われた国際教育という言葉は、すっかり商業化され、階級構造を永続化し、世界市民的指標とは逆の方向へと向かう国民的なプライドをもたらした。

おわりに、さまざまな教育目的の間には、調和しえない緊張が常に存在している。少なからず、社会的効率を訴える人たちと、社会正義に専心する民主的な共同体を作るために教育の可能性を訴える人たちの間には存在している。これらの教育目的は、互いに背反しあっているわけでは無論ない。というのも、民主的な平等が推進されることと、教育が変化に対して効率的かつ効果的に組織化されることを保証することの両立は可能であるからだ。しかし、この章で論じてきたように、調和は社会的効率を立場とした教育目的へと明らかに突き進んでおり、社会的効率は世界中どこでも適用可能とされた新自由主義の仮説に基づいている。長い目でみれば、さまざまなグローバル化の現象によって増幅されたこの普遍主義は、世界規模の要求と地元レベルの要求を必然的に結び付けることで、教育を誤らせる。テクノロジーのさまざまな進歩の一部から波及したグローバル化に戻り道はない。しかし、グローバル化は必ずしも新自由主義の用語で説明する必要もないのだ。

グローバル化を民主的な伝統に根差したものとして想定し、市場原理にまったく頼らず、市場の行き過ぎを抑えるような、これまでとは異なった形のグローバル化に取り組むことは不可能ではない。グローバル化に対するこうした見方は、教育において、出来合いの問題解決を行うような専門家を求めていない。むしろ、文化や国を超えて対話を広げていく人を求めている。新たなグローバル化に対する見方は、地元地域と世界の両者に根差した思考力と行動力を必要としている。教育は、生徒たちに、自分たちの問題を他者と複雑に絡み合った問題として捉えることを教えなければならない。そして、生徒自身が人類全体を自らの未来と見なせるような、批判的技能と態度を身に付けることが求められる。再度繰り返すと、グローバル化を見直すことは、教育を、全ての人が享受できる公的に価値あるものとして捉えることを意味する。世界中が相互に関係を深めるなか、教育はこれまで以上に、共同体における公共の福祉を広げていくものとして見なされる必要がある。最後に、こうした議論が示唆することは、教育を、公的かつ私的価値として寄与するものとして、また、社会目的と経済目的の両者に役立つものとして、さらには教育を国民的かつ世界的関心への一助として捉えることが可能であるということだ。しかし、どのようにして地域共同体の内部の関係と世界との関係を構成したらよいのか、こうした試みは新たな想像力を必要としている。

第3章　多文化主義、共有化された価値、そしてグローバル化に対する倫理的対応

マーク・メイソン

本書の序論のなかで、編者たちは、世界的相互依存の現代の傾向を示す現実を具体的に明確にし、これらの現実と公正性の危機との関係における状況と範囲を調べることに加えて価値観や倫理が教育にとって極めて重要であることを再度強調した。また世界的な多様性の公正な高まりのなか、複雑である世界的な現実が、共有される価値観や規範の発展の重要性を示す過程を検討した。そして、複雑な相互依存が、教育の変化に対して意味することを慎重に考察するという四つの目的に基づいて、第1部の問題点を説明した。最初の目的に関して、また、二つ目の目的の理由付けとして、著者は、加速するグローバル化と密接に関連する今日の世界において、非常に重要な五つの特徴について考察するが、それぞれの特徴は、主に、公正性や持続可能性、社会的正義と関連する道徳的に困難な課題を内包している。本章で取り上げる五つの現象は、以下のとおりである。

- 富裕層と貧困層との間における指数関数的に拡大する格差、つまり、富裕層が圧倒的にグローバル化する経済の恩恵を享受している一方で、貧困、飢餓、栄養失調、安全な水の供給問題を抱え続ける発展途上国の人々が依然として多いこと
- 地球環境破壊と、差し迫った壊滅的な環境の不安定さとそのあとに起こり得る崩壊の可能性

・歴史上初めて、全人口の半数以上が都市環境に住み、国連の推測によれば、二〇三〇年までに全人口の四分の一が都市部のスラム街に居住することになるという事実
・HIV・エイズの蔓延と、それがある社会の経済だけではなく、そこでの社会構造そのものにもたらされる脅威
・グローバル化においてますます多文化する社会とより小規模で相互接続した世界に関連する異文化間そして国家間、時には文明間の緊張関係

三つ目の目的は、少なくとも文化を越えて共有される価値観や規範の広がりによって、それぞれの特徴が提起する道徳的問題に対して我々が取り得る対応に関する疑問についてである。いかなる文化的背景であれ、（少なくとも多文化主義という道徳原則を受け入れる）全ての人々が称賛すべきで、全文化共通の規範的領域を有する道徳原則の核を確認することが、この問題に対する答えと考える。これは、本章における最も困難で物議を醸す取り組みであり、本章の大部分における哲学的討論は、我々には文化的に特有の理想や慣習を正当なものとして受け入れる必要も義務もないが、多文化主義そのものの原則と合致した価値観と倫理は尊重すべきという結論を主張するためのものとなっている。これらの倫理は、文化を超えて共有されグローバルな多様性の公正な高まりに貢献すると考えられる価値観と規範を構成するであろう。

教育に変化をもたらした複雑な相互依存の意味と関連するが、四つ目の目的に関し、価値観と規範の教育、国民教育というよりは世界市民教育、そして民主主義の原則と過程に基づきそれらに取り組んでいる教育にとってはよい滑り出しとなり得ることを、本章では結論として考えている。

公正、持続可能性、社会的正義、そしてグローバル化の過程

グローバル化という現象については、第1章のディーン・ノイバウアーや第2章のフェイザル・リズヴィがそれぞれ適切に定義しており、また本書の全般にわたってふれられている。本章における主要な前提を提示し本章の構成の整合化を図るために、簡単な考察を紹介する。ギデンズは、「グローバル化は国際化とは異なる。国家間のより緊密なつながりのみならず、国境を越える世界的市民社会の台頭といった過程も含まれるものである」と主張している（Giddens 1998, p. 137）。ウォーターの定義では、「社会的・文化的取り決めにおける地理的制約が薄れ、人々がその薄れをより認識し始めている社会過程」とされる（Water 1995, p. 3）。デランティの定義では、経済的・政治的・社会的・文化的交流の本質を形成していた地理的制約の意味が薄れること、つまり、空間の変質、さらに具体的にいえば、「空間の崩壊」（Delanty 2000, p. 81）とされる。地理的制約が薄れる結果、世界的かつ普遍的と同等に、地域的かつ限定的な影響を伴い、文化と文明は一層相互に触れ合い、衝突、融合し、新しい混成もしくは普遍的な文化を発展させている。しかし、グローバル化によって（資本主義の越境によって生じた市場法則や世界的エリートに対する姿勢以外に）世界的社会、ましてや世界的文化が必ずしも創生されない点を強調しておかねばならない。大半の文献が、均一性の増加と同じくらいに、多様性の拡大と分裂を指摘している。この多様性と分裂がもたらす道徳的問題に本章は焦点を当てる。

世界的相互依存の範囲と度合いが拡大・深化し、社会経済的・技術的・政治的・文化的過程の領域を横断した変化の速度が加速するにつれ、社会内および社会間の双方で重要かつ大抵は非常に深刻な緊張関係が浮かび上がる。多くの教育者と政策立案者たちは、これらの緊張関係が、価値観と倫理につながる明示的かつ実質的なカリキュラムを始めることへの要請の高まりを構成するものとして認識している。比較的近年のアジア太平洋地域における国

民国家の台頭を含むさまざまな理由により、（例えばシンガポール、そして若干異なるが香港で実施されている）市民教育プログラムの制定、（例えば中国とマレーシアで実施されている）多文化、多言語、多民族教育トラックの開発、（例えばタイとインドネシアで実施されている）宗教上の少数派の一般倫理講座の公教育への正式な包括といった活動範囲にわたって、この地域ではこれらの緊張関係には極めて直接的に教育的な対応をしてきた。アメリカ（少なくとも一部分はアジア太平洋と見られている）と同様アジア太平洋地域では、これらの対応は従来の価値観・倫理的感覚の再確認と見られている。しかし、現代のグローバル化の速度と、加速し多くの場合非線形かつ複雑な変化の現実は、おそらくはほとんど修辞的な意味で、従来の道徳・倫理的制度を文字どおり復興させるためのいかなる努力をも虚弱なものにする。ここから示唆されることは、社会的・文化的継続に寄与する際には価値観と倫理の役割に敏感だが、同時に、革新の重要性の高まりと現代の実情との折り合いをつけるための重要な価値観として適応することにも敏感な形で、教育における倫理的問題に取り組むことの重要性である。しかし、この方法とそこに内在する緊張関係は、常にあらゆる場所で受け入れられるとは限らず、その理由として、多くの場合、倫理的問題への革新的な取り組みが、真実・道理・善として理解され合意されている既存の馴染み深い方法への挑戦をもたらすことが挙げられる。革新を重視することには、少なくとも黙示的に、真実・道理・善に関する受け取った概念を批判的に理解することが伴う。そして、革新的な反応を要求するまで、現代の実情により今までにないような大胆な倫理的議論と姿勢の新たな可能性が開かれる。

この分野の根底にあるこれらの倫理的問題を考慮して、今度は、加速するグローバル化とそれに寄与するものとして、もしくはその過程の結果として、場合によっては再帰的な意味で両方とも密接に関連している現代社会における五つの特徴、つまり、国連をはじめとして、多くが人間発達に及ぼす結果に極めて重要であるといった認識をもち、公正、持続可能性、社会的正義に関する問題を提起する特徴について簡潔に考察する。

第一に、富裕層と貧困層間におけるより一層拡大する格差を取り上げる。世界的市場経済の成長における恩恵は貧困層のためにあるといったよく聞かれる主張とは異なり、発展途上国の大部分では、貧困と栄養失調は根強く存在し、安全な水の供給は依然として夢物語のままである。この反面、グローバル化経済から多大な恩恵を享受するのは、昔から裕福な人々である。評論家の多くは、縮小するという観点からよりグローバル化したもの、または、幸せかつ公正に作られたものではないが「地球村」としての特徴を有したもの、として世界を表現している。世界規模での相互依存の進行速度によって現代社会が形成されると仮定すると、無数の圏域における不平等、そのなかでも最も深刻なものとして富裕層と貧困層への富の分配における不平等の拡大こそが、より正確な表現と考えられる。世界的相互依存とそれに関連した構造は、グローバル化という現代の潮流における主要勢力に強く根付き、ほとんどが平等の促進という理念とはかけ離れた価値観によって歪曲、または方向付けられてきた。例えば、自由市場経済は、結果として生じるグローバル化による利益の分配における不公正が、特に仕組み的に弱者とされる人々のなかで広く痛々しいまでに顕在化しているという強い批判にさらされたことがある偏った発達形態競争と支配の価値観に根差している。一般的に「現地」生産と呼ばれる生産におけるグローバル化は、新しく廉価な情報通信技術、改善されさらに安価になった輸送技術（コンテナー輸送、ハブアンドスポーク航空路線システム）といったものによって現実のものとなった。歴史的にみると、植民地時代後の先進国と発展途上国間における賃金費用の非常に大きな格差によって実現されてきた。この変遷を良く解釈した場合、仕事がないままでいた可能性が高かったときに、発展途上国の人々に雇用機会をもたらしたといえる。より懐疑的な解釈によって、最低労働賃金、最廉価課税制度、最小限の規制といったビジネス環境を実現する国を巨大資本が模索する倫理的問題（搾取的賃金や、これらの企業が提供する製造業投資のために、競争のなかで、企業税と海外駐在性を低く抑え、労働者の権利を最小限にしか認めず、環境への規制を撤廃し、教育・住宅供給・福祉といった公益ではなく製造品輸送・輸出促進目的のインフラ整備に少ない税収を投入することで、自らを卑しめるも同然な行為を発展途上国に強要するといった、多国籍企業がもつ力に関する問題）が提示される。

第二に、国連環境と発展に関する世界委員会、一九九二年リオデジャネイロで開催された地球サミット、二〇〇二年ヨハネスブルクで開催された世界首脳会議、またそれに類するその他資料から発する持続可能な生活様式に関する注意のなかで、切迫する環境の激変に直面しつつも環境破壊の増加を軽視しているという結論に目を向けないわけにはいかない。環境影響と向き合って、多くの評論家たちは、常時修復・再生・再調整を通した地球の生態系の自己維持能力が深刻に脅かされていると主張している。一方においては、一部の常識外の国も含めて、どうみても西洋諸国における消費度は過剰であることは知られている。他方では、中国のように、自然環境を飽くことなき貪欲な西洋型消費主義(加えて近年における自国内での消費)で動く工業生産によってもたらされた富を追求すべく環境保護立法がほとんどなされることなく荒地へと変えてしまう国の存在も知られている。グローバルに見ると、環境への影響を無視や軽視しながら商品化が可能なものは製造または再処理され販売され、最近になって開発された技術は(「付加価値化」や再パッケージ化によって)拡張の可能性を広げてきた。現代社会の特徴が提起する倫理的問題はこれ以上の説明を必要としない。発展途上国の人々が、隣国である先進国の消費需要に動かされ、ほとんど規制のない輸出志向の工業生産による環境汚染や破壊に直面しているなか、先進国の多くの人々は、地球を汚染し、温暖化と気候変動に寄与し、非常に自己中心的である「環境的足跡」を残すことに無関心であることは、ともに持続不可能で不公正である。

第三に、グローバル化の流れのなかで、合法・非合法移民または難民として他国や他地域への、それから職、教育、保健などの社会福祉を求めて自国内の都市への大規模な移住を目の当たりにしてきた。世界人口による都市化の拡大は、グローバル化によって都市および僻地に与えられた経済的利益の格差によってもたらされ、比較的短時間で多数の人間の移動を可能とする技術的進歩によって実現されてきた。都市化の流れは急激に激化してきたため、国連は、二一世紀初頭に歴史上初めて人口の半数以上が都市環境に居住しているという見解に至った。本書が出版された同年の二〇〇七年に転換期は訪れた。世界市場経済の長所に関する主張をよそに、数段落前で示唆している根強い貧困に加えて、国連が二〇三〇年までに世界人口の四分の一が都市部のスラム街に居住しているという推測を出した理由は簡単に理解できる。僻地における貧困は別にして、総人口の四分の一が将来、田舎を離れ、大半が無職で、高密度な都市部のスラム街で生計が成り立たないことになる。極貧僻地に見られるような清涼飲料水の利用不可能性という問題に直面していることから、世界で、四人に一人が結核やコレラといった病気に高確率で感染するリスクにさらされることになる。人間関係における慣習様式はさらに深刻な状況に陥る。雇用の供給がなくなることで、人身売買、売春、麻薬取引の縄張りをめぐってのギャングの抗争が関係してくる麻薬密売が増加することになる。それにもかかわらず、住居供給、福祉、社会奉仕への投資の拡大への必然的な要求を考えた場合に、発展途上国の政府は、住宅、排水下水処理システム、学校や病院といったものよりも、工場、トラック路線、鉄道路線、コンテナターミナルや空港といった製造および輸出志向のインフラ整備へ投資する必要に迫られたままであろう。

第四に、グローバル化の加速と迅速かつ簡易に世界を移動する大量の人々と同義であるＨＩＶ・エイズという病気の蔓延は、既述のとおり、ある社会の経済だけではなくその社会構造にとっても脅威である。グローバル化により、この病気が世界規模で蔓延することとなり、さらに、ＨＩＶ・エイズ感染率が最も高い貧困層の社会的排斥の進行が付随している。特に、世界的に見た場合、病気が蔓延する速度は時間が経過することでただちに消失することという単純な理由によって、統計は左右され二度と口にできないくらいにひどい状態になっているだけではなく、さらにひどい状況がある。アフリカ南部だけでも、驚くべき数の孤児たちが一二、一三歳と思われる兄姉たちによって育てられている。もしアフリカにおける病気やその被害者たちへの偏見と同じくらいにひどければ、インドと中国に住む全ての人々は知らぬうちに静かに消されていたことだろう。しかし、社会構造の崩壊に比べてしまうと、併発が予測される経済崩壊は深刻ではない。大家族または核家族のいずれにせよ家族構成そのものが、孤児世代の増加によって破壊されることになろう。

最後ではあるが第五に、社会における異文化間の緊張、国際関係、さらにはいわゆる文明の衝突といったもののなかに存在する危機的局面がある。最後に関するハンチントン（Huntington 1996）の主張は他所で十分に吟味されているためここでは言及はしないが、一つの典型例として、自由民主主義の西欧社会とイスラム文化社会との価値観における衝突が頻繁に再熱している点にふれておく。情報の世界規模での伝達や商品の輸送を実用的かつ収益性の高いものにした近年の技術発達は、上述のとおり、人々の国内外双方でのより迅速かつ広範囲な移動をも実現してきた。比較的同質な社会は多元的な社会に取って代わられてきた歴史がある。不公正な発展の地理的分布から、国内外双方で主に僻地から都市部への人口の移動は、いかなる社会においても類をみない歴史の階層化ならびに文化的・倫理的価値観の衝突となるものをもたらした。現代社会は、倫理的観点と旧来の倫理的体制の範囲と牽引力についての緊張の高まりにおける見事な染め分けを見せている。

異文化間と国家間関係の分野において、協力が根本的に競争力のある分野を担う世界から目的、価値観、関心を国内や領域境界内で調整することへの取り組みが最重要である世界への移行に、グローバル化が寄与してきたという主張が考えられよう。ただし、このことから、重要な規範的合意取り決めのための概念資料および実質的資料の欠如が明らかにもなった。今まで、基本的人権や環境品質維持・向上に対する共通の責任の必要性といった問題における世界的合意がなされてきた場合、それは、明確な実行に関する意義についての最低共通基準を確認することによって実現したのである。つまり、人間の尊厳と環境衛生を尊重することへの世界共通の合意の負担は、大抵は非常に強い文化的・政治的境界を越えて関連性をもたせるための価値観を骨抜きにしてきた。要するに、規範的合意は、多くの場合、より公正かつ持続可能な形で相互依存の深化へと方向付ける見通しとの一貫性が最終的にはない実質的な牽引力を費やして成し遂げられる。

多文化主義と異文化間共通の規範的理念

これら現代社会の五つの特徴は、その特徴と公正性の危機との関係における状況と範囲を調べるだけではなく、価値観や倫理が教育にとって重要であることを再度強調するという本書第1部における二つ目の目的、また、さらに具体的に三つ目の目的でふれているが、世界的な多様性の公正な高まりのなか、複雑である世界的な現実が共有される価値観や規範の発展の重要性を示す過程を検討することの重要性を必然的に示している。この分野における著者たちはよく、現代社会における経験的事実ならびに大切にされる倫理的価値観それ自体の両面としての多文化主義という概念の重要性を強調してきた。結局、多文化主義は、異なる人々を尊重することを強いる道徳原則に含まれている（そしてこれは、価値観と倫理に存在し得る規範的領域、または、全ての文化を超えて共有される価値観を主張するために後述する議論にとって重要である）。本質的に、規範的原則としての多文化主義は多様性を重視しており、独創性や革新における堅固な均一性の無効効果に優る多様性の利点は明らかである。多様性は自然の生態系の中核にあり、システム視点から見た場合、とてつもない規模で、例えば複雑度理論に見られる生命自体の出現や意識の出現といった新しい特性や性質の複雑な出現の中核にある（Johnson, 2001 を参照のこと）。世界的相互依存と公正に関する問題が、本書における実証的起点かつ著者らが展開し主張する価値観である場合、現代社会に関する事実ならびに規範的理念として、多様性は正にそうである。

この分野における著者たちは、現代社会にとっての特に重要な規範的理念として寛容性が大切であることも指摘してきたが、異なる文化的慣習を我々が受け入れ容認しなくても、少なくともそれらを寛大に取り扱うべきである。（特にピーター・ハーショックの第4章をはじめとする他章でこのことは大々的に取り扱われているので、本章では簡単に述べるだけにとどめるが、）相違点の正しい認識と多様性の促進を目的としたときのその必要性に関する忍耐論を見直す必要があるという意味では、最低限度としての寛容を広く主張しつつも、十分に根強くはない道徳的要求を生み出すだけと考える。しかし同時に、多文化主義に付随する原則を侵す従来の文化と他文化における実践を許容すべきなのか、という重要な疑問を投げかけている点についてふれておく。

結局のところ、全ての文化において正当化され得る倫理原則（と教育的理念）の存在の可否に関する疑問が、文化間の文脈において提起される。グローバル化の過程と同時に起こり理論化に寄与してきた脱近代の動きと普遍的倫理における可能性の同時否定に続いて、文化的に特別という考えに基づいたある文化の原則をそれらの原則を拒絶する他文化に押し付けることは、道徳上非正統的というのが、強烈な多文化主義的見解である。例えば万人のための識字権といった原則や理念のなかには、異文化圏の人々の慣習や信条、さらには、世界観の基礎構造や存在する意味を与えるものと対立する可能性のあるものがある。別の著書（Mason, 2005を参照）で大きく取り上げた主張に関して擁護しているが、全文化共通の原則ならびに理念が存在しているというのが本章における命題であり、ここでは、その正当性を説明し、教育的示唆について言及することを目的としている。多文化主義という原則に含まれて、それ自体が互いを、特に人として異なる人々を尊重する義務が課せられたものであると結論付けたハーヴィー・シーゲル（Siegel 2002）の主張を紹介する。シーゲルが示すとおり、このような原則は、全文化に当てはまる。これが意味することは、例えば女性、多民族、下層カースト、貧困層、子供の権利を軽視するという文化的慣習は道徳上非正統的である、と正当に理解されているかもしれないということである。多様性の大切さを完全に理解し、異なる人々の伝統や信条に関わる慎重な振る舞いの重要性を認識したときに、本章における結論は物議を醸すことになるかもしれない。そして、軽率な解釈をされた場合、異なる人々を抑圧することにつながりかねない。普遍的倫理に関する本章の結論を採用することは、より一層の道徳的責任を伴い、本章の前半部分でふれた課題に取り組んでいる点では非常に重要な意味があることを示すことができたと考える。

「多様性の称賛」や「相違の尊重」といった言葉が一般に通用している世界では、正義、善、または真実と信じていたことをあまり信じない傾向がある。ジグムント・バウマンは、現代性の「幻想」の正体を暴くことに関心をもつ脱近代観を概念化するなかで（もちろんそれがあると仮定した場合の話だが）、倫理に関する脱近代的取り組みの本質は、「理論において絶対的なもの、普遍的なもの、根幹となるものの哲学的追究を拒絶すること」にあると主張している（Bauman 1993, p. 4）。グローバル化が進む世界で我々が居住する他文化空間の結果として、我々が住んでいるのは見解や真実、美、善の要求における多様性を有した多元的世界であるという認識によって、このような追究は緩和されてきたと思われる。したがって、バウマンの警句を借りれば、脱近代的倫理とは「倫理規定のない道徳」ということになる（同書、p. 31）。近代の道徳思想と道徳的実践は「相反感情がなく懐疑的ではない倫理規定の可能性への信仰に駆り立てられてきたかもしれない」が、脱近代とは、「そのような可能性への不信」である（同書、pp. 9–10）。道徳規準の選択と行動の結果における範囲が今までにないくらいに広範囲である時代に、脱近代的道徳観は、明らかによい解決策を生み出す普遍的倫理規定に頼ることができないといったものとなった。正しい行為とされてきたことをほとんど信じていないとしたら、他文化における（今ではより薄弱となった）信条や慣習の適用性をどれほど信じられずにいるのか。我々が信じてきたことが崩壊したことで卑下して、我々は、異なるやり方に対してより配慮することを覚えた。このように多文化的な世界では、文化を越えた規範的領域を有する原則を依然守ることが可能なのだろうか。

多文化主義の支持に必要なものを提示し、他者の権利を尊重するという少なくとも全文化共通である一道徳原則の支持から見いだすことで、シーゲルは、全文化共通の教育的および哲学的理念の可能性を擁護した。彼は、多文化主義を「文化的相違を称賛し、全ての文化圏の人々に対して公正かつ丁重に扱うことを強く主張する活動」と定義し（Siegel 2002, p. 26）、ひいては、多文化主義者的姿勢の理由を以下のような特性に基づいて述べている（同書、p. 29）。

1 教育的または哲学的理念は、それを認め受け入れている特定の文化においてのみ有意義かつ適切で関連性があるものとなる。

2 したがって、完全で普遍的そして全文化に共通した理念というものは存在しない。

3 公平に別の文化的相対理念を評価する文化的中立の立場といったものは存在しえない。

4 したがって、そのような理念の正当性を受け入れない文化依存の理念による他文化に対する強制や支配は、道徳的に正当化することはできない。

5 ひいては、他文化における理念を許容し、それらの文化依存の正当性を認めることが文化に求められるのは道理である。この多文化主義への支持では、独自の文化依存の理念に従って存在している他文化の正当性を全ての文化が容認することが求められる。

正当性における二つの意味について、彼は結論で言葉を濁していることを指摘している。彼によれば、一方（正当性における文化依存的な意味）で、「教育的・哲学的理念は、そのような理念の正当性や影響力がそれらを受け入れる文化の範囲を越えられない点で、どうしても文化依存となる、つまり同一文化圏内でのみ正当化される」（同書）。他方（正当性における全文化共通または普遍的な意味）で、「独自の文化依存の理念に従って存在している全ての他文化の正当性を全ての文化は容認しなくてはならない」（同書、p.30）。前者は「全文化共通の正当性の可能性を否定している」が、後者は「独自の理念に従ってあらゆる文化が存在するという権利を受け入れるという全文化共通の義務を提唱している」（同書）。曖昧な表現にもかかわらず、多文化主義者たちは明らかに、正当性における双方の意味に固執することへの強い意欲を示している。そこでの主張は、「他文化への文化的適性という条件を不正に決定付ける」ことによって（同書）、他文化の支配という企てを退けられるという理由から、教育的・哲学的理念が特定の文化圏内でのみ正当という一つ目の意味を支持することになる。しかし同様に、我々は独自の理念や価値観に従って存在しているあらゆる文化の権利を尊重するという義務を負っているという、二つ目の全文化共通の正当性における意味も支持することになる。明らかに、言葉の文化依存的意味と全文化共通の意味の両方を包括的に捉えることはできない。そして、その両方を放棄することは、すなわち多文化主義への支持を放棄することを意味する。どちらか一方を諦めることになるのだが、全文化共通の意味である二つ目を対象とすることはできず、もしそうした場合「防御不可能な文化的支配による特許不正と考えていることについて、道徳上の憤りの多文化主義的意味を支持するものがなくなる」ことから（同書、p.31）、多文化主義者たちは結論を見送った。ここには、多文化主義の原則を我々が受け入れるのであれば、この全文化共通または普遍的な原則を受け入れなくてはならない、つまり、独自の理念と価値観に従って存在しているあらゆる文化の権利を尊重する義務を全員が負っているという主張がある。シーゲルは、他文化を尊重するというこの義務が、特定の文化の視点からしか真実とされないことを指す文化的相対的真理とは必ずしもいえないことを指摘する。このように、そのことが高く評価されれば、単一文化主義者たちの文化的観点からこの原則は真実ではないと主張されるだけだろう。道徳的真理として認められないものも含めて、普遍的道徳的真理として全ての文化に応用できる正義と尊重の道徳原則を伴って、多文化主義の原則を理解しない限り、多文化主義者たちは反応しない。多文化主義的姿勢の正当化と、特に上記の正当性における五つ目の特性でふれた曖昧な表現の話に戻って、文末は、

> 文化依存の理念と付随する慣習が多文化主義それ自体の道徳的要請と一致する限りにおいて、独自の文化依存の理念に従って存在している他文化の正当性を全ての文化が容認すべきである（同書、p. 32）。

と修正する必要があろう。つまり、多文化主義支持者たちは、正義の原則を冒さずこの理念に含まれるものを尊重し「多文化主義的理念そのものを冒していない文化依存の理念や慣習だけを正当化」すべきである（同書）。言い換えれば、多文化主義者たちは、「文化的価値観と理念はその文化においてのみ正当化されるという考えを排斥」しなくてはならない（同書）。ここに、自身ならびに他文化における多文化主義的およびそれに付随する原則を冒す慣習を排斥、時には糾弾する根拠がある。

しかし最初に、多文化主義的原則を排斥する者たちをどうするのか、という疑問も残されている。シーゲルの主張では多文化主義を当然と考え、それゆえに彼は、全文化共通の教育的・哲学的理念が多文化主義の理念に含まれていると論じることでそれらを正当化している。彼の主張の核は、多文化主義を支持するならば他者の権利を尊重するという普遍的原則も支持しているという避けがたい（しかし必ずしも広く認識されてはいない）結論に基づいている。このことから、いかなる文化も他を虐げることは許されないことが理解されよう。しかし、例えば宗教的原理主義文化が多文化主義を排斥し男尊女卑を推し進めているような場合に、シーゲルの主張にあるように当該文化的慣習を不当と見なし非難すべきなのだろうか。結局のところ、彼の主張は多文化主義を当然と考え、ここで例示した文化はそれを拒絶している。（普遍的特性を誤って認識していない）多文化主義支持者たちに、他文化の慣習について判断を下す行為を植民地主義的圧制と同類と見なされてしまう可能性を念頭に置いておく必要がある。

それにしても、多文化主義を支持する場合、他者の権利を尊重するという普遍的原則をも支持することになり、結果的にこの原則を冒す慣習は全て不当と見なす立場になるから、このことを忘れてはいけないように思われる。ある文化における女性に対する圧迫が異文化間での圧制とはかぎらないものの、尊重という一般的理念は、どのような場合にも適用されなくてはならないというのが多文化主義的視点である。

土着の特定の原則には全文化共通の規範的領域があり全てに結び付けられているという主張は、実際には非常に強いものである。これほど強力な結論は、植民地主義と似たものの繰り返しや復古と非難するような人にとっては、ある文化においての真理、正義、善が他文化に結び付くと主張している点が不愉快かつ恐ろしいものと思われるであろう。他者を尊重する義務が、必ずしも欧米にのみ出現した道徳的概念ではない（そしておそらくは異なった解釈であれば世界的に支持されていた）こと、そして、（このような慣習によって多文化主義に付随する原則が冒されない限りにおいてではあるが）多文化主義の精神にのっとり原因の証明力を認め他文化の慣習を尊重するなど、この主張に付随する原則は、全文化共通の規範的領域とするだけの価値があることを、その人たちは認めるかもしれない。しかし、（元来は）ある地域特有の原則が全文化共通の規範的領域を有することを実証した場合に、非常に不快な別の原則への普遍的適用性を主張する類似の議論を我々は使用できるのか、という懸念も抱くことだろう。男性の機会をより優先する考え方を普遍的真理や善として擁護するために類似した運動を起こさないことは可能だったか。

そうではないと考える。ここで紹介される主張は突き詰めると、結論の正当化に不可欠であると同時に一意的にその結論を正当化することが可能である三つの概念に基づいたものになる。つまり、「尊重という道徳原則ならびに原因の証明力を受け入れる場合、多文化主義に一致する慣習だけを尊重することに全員が尽力しなくてはならない多文化主義の原則を支持することになる」という状況ではない。それは、「尊重という道徳原則ならびに原因の証明力を受け入れる場合かつその場合に限り、多文化主義に一致する慣習だけを尊重することに全員が尽力しなくてはならない多文化主義の原則を支持することになる」という状況なのである。十分な前提と思えるが、ここで主張したほど実際には必要なのだろうか。対偶の真理を検証することで、少なくとも一つ目は必要だとわかる。前提の必要性を示すために、多文化主義への支持には他者への尊重を支持することが暗示されていることを明らかにする必要がある。他者を尊重できないのであれば異なる文化的慣習をもった人々を尊重することもできないことがいえるため、対偶は実際に真となる。

しかし、尊重という道徳原則と原因の証明力が多文化主義への支持にとって必要かつ十分な条件であることだけにはとどまらない。多文化主義が、この主張において土着のものから全文化共通の規範的領域までを一意的に橋渡し可能な特定の道徳的姿勢ということでもある。全文化共通の規範的領域であり、そしてそれ自身が文化を越えた動きを実現する架け橋なのである。単なる道徳原則ではなく、そのような主張が転換する視点である。自分の考え方を普遍的真理や善として擁護するために類似した運動を起こす機会において男性を優先させるべきと考える人にとって、それを実現してくれる道徳原則を特定する必要があるだろう。本章が至った結論は、考えられていたほどに不愉快かつ恐ろしいものではない。知る限りでは、正当化によって、全文化共通の規範的領域の意義深い結果を伴う結論に至る唯一の手段である。

他者を尊重する道徳的義務と道理上正当化されているその影響を我々が受け入れるのであれば、多文化主義的原則を全面的に支持することになる。(こうした前提を認めた場合には避けられない)多文化主義への支持により、その原則における全文化共通の規範的領域を委ねるように、それに付随する原則の普遍的適用性を我々は任される。これはつまり、独自の信条や慣習多文化主義自体と密接に関係のある原則、そのなかでも主に他者の権利を尊重するという原則と一致する限りにおいてのみ、これらの信条や慣習に従って存在する全ての文化の権利を尊重する義務を我々は負うということである。そして、これを侵害する慣習と関連した原則を拒むよう尽力することになる。土着の道徳的・認識論的原則において、我々は、全ての文化を超えた規範的領域に否応なく導かれている。特定の文化がそのような原則や理念を拒絶しようとも、全ての文化への適用を正当化される倫理的原則と教育的理念は存在するということは、極めて重要な結論である。女性、他民族や下層カースト、貧困層、子供を取り巻く文化を冒瀆する行為を糾弾する必要がある。しかし、そのためには慎重かつきめ細かく対処することが求められる。場合によっては何世紀にもわたって大切とされてきたことにも取り組むことになるだろう。だが少なくとも、我々は今現在、万人による尊重の権利と人間の尊厳における慣習に取り組んでいるところである。そして、多文化主義や多様性の原則の根底にあり、それと関連し、そしてそれから得られる原則にこそ、我々が必死に探求する異文化間で共有される価値観が生まれるのである。その結果、世界的多様性の公平な高まりに寄与する文化を超えて共有される価値観や規範が、多文化主義と一致する倫理によって生み出されることだろう。

世界的相互依存が遍在し切り離せないといっても過言ではない状態という事実から、人類規模ならびに地球規模での万人のための運動における結果を、行動を開始する前に考慮する責任と同時に、著者の個人的意見としては、先述の結論に従い、同等の考慮でもって運動を他者のために進める請求権も有しているといえよう。あらゆる文化において自己中心的な振る舞いを認めない権利と責任の両方が我々にはあるのである。複雑に結び付いているため、我々はともに沈むか泳ぐか、そのどちらかしかない。自身と互いの尊厳を尊重し行動の結果に対する責任を負う義務からなり、文化を超えた原則の規範的領域を擁護する品位の倫理なるものを別の著書（Mason 2001）において考案している。

グローバル化の結果を尊重する倫理的態度

これまで議論してきたことに対しての教育的含蓄における結論へ移る前に、この議論における道徳的含蓄と本章の前半部分で取り上げた現代社会の五つの特徴によって提示される規範的疑問に関する結論について考察してみたい。富裕層と貧困層との間における指数関数的に拡大する格差、人類が地球の生態系に与える維持不可能な影響に直面して差し迫りつつある環境の激変という可能性、そして、二〇三〇年までに全人口の四分の一が都市部のスラム街に居住することになる可能性については、グローバル経済において富の不公平な分配、発展途上国や都市部のスラム街に見られる根強い貧困、飢餓、栄養失調、病気に寄与する慣習を糾弾しそれに反対する責任、そしてそれ以上に権利、また、自身のそのような慣習を生活のなかからなくす義務が我々にはあり、それから、欧米的大量消費生活様式による甚大な環境への影響ならびに発展途上国における産業化とそこでの天然資源の搾取に関連する理不尽な環境破壊を非難しそれを食い止める権利と責任の両方（加えて、消費と無駄を減らす義務）を我々は有しているという明確な道徳的含蓄を述べるにとどめる。

ＨＩＶ・エイズの蔓延によってもたらされる脅威については、経済的・政治的取り決めと、売春に追い込まれる者も出ている貧困と社会福祉の不足、（どの国よりもＨＩＶ・エイズ問題に悩まされている南アフリカが最たる例であるように）病気に対する政府の異端的な取り組み、非常に多くの社会や文化におけるＨＩＶ陽性者に対する烙印、そして、特に（例えば、未経験女子との性交がエイズを治療する、部族長との性交によって悪霊によって未亡人となった女性を救済する、女性［や子供］になんでも押し付けることを男性の特権とするといった）利己主義的迷信が残る旧態依然とした文化に見られる、家父長制度や男性の性的に乱れた慣習の普及に寄与する社会的・文化的慣習を、糾弾する責任と権利が我々にはある。

文化的・道徳的価値観の頻繁な衝突がきっかけとなって起こる多元的な社会における異文化間の緊張関係の危機については、全文化共通の規範的領域を有する共有される価値観と規範の支持についての結論を外れて、抑制のきかない国家主権の原則についての論議を呼びそうな結論を提示したい。近代化の特徴の一つとして国民国家の発展が挙げられ、また、一六四八年のウェストファリア条約以来、国家主権の原則は、国際関係を支配する最高原則となるまでに定着してきた。しかし、ここで擁護されるものは、その原則に疑問を投げかけるものである。結局のところ、広く一般には正当性の尺度となっているが、国家には市民を守る責任が存在しており、一方的な行動を取っている単体国家や少数が集合した国家ではなく国際社会という点をあえて強調しているが、その国際社会が敵対的国家主権に挑むうえで適切とされる時期に関する疑問について、人権分野で取り扱われているものもある他の議論同様、ここで提示される議論は提起している。意思の欠如や執行能力の欠落などによって国家が市民を守れない場合、もしくは、故意に市民を虐待している場合、国家の正当性は損なわれる。ここでの結論に関して、国連の後援または非政府組織の協力を受けて、国際社会として行動を起こす義務がある。その名前と活動のとおり国境なき医師団のような組織は、この点において著者の主張の本質を具現化している。

教育に及ぼす影響

ここで擁護している教育に及ぼす影響を考慮した結論として、必ずしも同じ価値観や道徳観を共有してはいない異なる文化的背景をもった学生がこれらの道徳的問題を越えて互いに理解し合うための方法についての疑問がまず挙げられる。共有される価値観や倫理原則、つまり、多文化主義的原則とその根底にある価値観と倫理についての教育を学生たちは必要とし、そこから学ぶことが、第一の顕著な反応である。ロバート・フリンワイダー（Fullinwider 1996）、エイミー・ガットマン（Gutmann 1996）、チャールズ・テイラー（Taylor 1992）といった人たちによって全文化共通と主張される、平等な自由、機会均等、公正という正義、教育における批判的判断力の育成に関連する原則は、人として相互尊重するという多文化主義の倫理の根底にある主要な原則からすぐに導出することが可能である。例えば、対偶も真ということに基づいて、他者の平等な自由や機会均等を否定することは、他者を尊重していないことであり、よって、他者を尊重することは、他者が平等な自由や機会均等を享受しているという認識を示唆することになる。これは、教師教育、カリキュラム編成、学校運営、そして指導と学習に影響を与えている。

第二に、国家的指向よりも世界的指向の教育が学生たちには必要となる。地球市民教育は、この分野における一般的な意識と規則的議論の両方を弱めるために、ウェストファリア主権の原則に疑問を提起することを強く奨励されることだろう。そのような市民教育は、地球市民としての権利、責任、誓約について学生たちを教育することだ

ろう。『国を越えた教育』のなかで、イアン・リスターは、「グローバル教育」が、

グローバルな視点をもつことと相互依存社会を認識すること、戦争と平和、発展、多文化社会、人権、環境、選択される人類の未来といった世界的課題について指導・学習すること、[そして、]ジョン・デューイやカール・ロジャースといった人間的教育論者たちの影響を受け全体論の理念を取り入れた活動基準の教育

という三つの主要特徴によって特性化が可能であることを示唆している（Lister 1996, p. 89）。リスターによると、カリキュラム内容、教育、従来型教育における視点とは異なるグローバル教育では、国家主義というよりは世界主義論という価値観や視点が強調されている。グローバル教育では、「多文化的、複層的、多元的、相互依存社会の一環である社会に適した市民を創出するために市民を再構成する必要があること」を認めている（同書、p. 93）。彼は、地球市民教育に適した価値観の枠組みを、人権論を通して提供できることを示唆している。これは、「全人類の普遍的権利という普遍主義の理念が人権には含まれている。政府から与えられたものや特定の社会システムに属することによるものではなく、人が人として有する権利であり、ゆえにそれを享受すべきなのである」という理由に基づいている（同書、pp. 93-94）。リスターの主張を受けて（p. 95）、地球市民教育の形態としては、以下のものが含まれるだろう。

- 世界的認識と理解に関する指導と学習
- 既存のカリキュラムへの国際的・世界的側面の導入
- 国際理解や異文化間理解を促進するカリキュラムの開発
- 学校を通しての地球市民文化への寄与
- 人間の尊厳を若者が認識し尊重できるような支援

・地域や海外での奉仕活動科目に若者が参加することを奨励

第三に、地球市民教育や共有される価値観と倫理的原則に関する教育と同様、民権主義の原則や過程に基づきそれらに取り組んでいる教育の出だしは好調であろう。リスターは、相互接続・相互依存が高まる世界が抱える問題により敏感である「行動的市民」の教育は、ある程度「自由、公平性、寛容性、真理の尊重、論理的指向の尊重、分析力や議論能力、交渉力や調停能力」（同書、pp. 88, 89）といった価値観や技能の育成によって決まることを示唆している。これらの価値観や技能は、民主主義論や多くの人権主張の基礎であることを彼は指摘している。民主主義教育は、地球市民教育に関連した価値観や技能と実質同様のものに基づいてできている。ガットマン（Gutmann 1987）の主張を受けて、ブル、フリューリン、チャタジーは、「民主主義国としてあり続けるには、成人として享受し得る政治的権利と責任を生かす力を養うための政治教育を全ての子供たちに受けさせなくてはならない」ことを示唆している（Bull, Fruehling & Chattergy 1992, p. 57）。ブル、フリューリン、チャタジーによると、民主主義社会における教育の政治的機能が目指すものは、「若者たちが成人したときに民主主義的意思決定に参加できるだけの知識、技能、素質の養成」である（同書、p. 58）。民主主義理論の基本的道徳原則や概念によって影響されるものである。民主主義的審議に効果的に参加するためには、「世界の仕組み」についての知識、合理性の基準や合理的行動、異なる社会像や異なる経済的・政治的・社会的・文化的取り決めや他社会における慣例、自己の社会、そこでの取り決めや慣例、そこに存在する課題や議論に関する知識が、子供たちには必要となる。また、個人表現力、説得力、交渉力、討論力、判断力、そして合理的決断力が必要である。さらに、民主的、公平かつ公正に振舞い、情報を収集し、思慮深く審議する素質が必要である。

これらが、グローバル化、相互接続、相互依存が進んでいる世界に及ぶ影響に関して倫理的立場を取る教育における優先事項である。

第4章　教育と貧困の緩和――公平と多様性のための教育

ピーター・ハーショック

本章では、社会間および社会内で深刻さを増す貧困と不公平、教育改善の速度をはるかに越える慢性的な教育不足に起因する問題点、そして、二一世紀のグローバルな相互依存の構造および方向における関係を検討する。結論として、地域によっては慢性的な教育危機をもたらす教育が、同時にグローバルな相互依存を方向転換させ貧困を緩和する原動力にもなり得ることがいえる。しかし、これを成し遂げるのに、教育はカリキュラム中心の能力重視の教育を捨てなければならない。そのかわりに、教育は地域に適応し、道徳ある公平さと多様性の普遍的な達成を目指さなくてはならない。

教育と貧困緩和

貧困緩和と教育が関連するとされている理由は、単に貧困層には十分な教育の機会が与えられていないという広い認識があるためである。こうした政府および政府関連組織の貧困対策の論旨には確かに否定できない真実がある。しかし、この問題に関連しているもっと重要な真実がある。それは、たとえ教育が貧困層の人々の自身の状況に対処する能力を高めたとしても、貧困を生み出す要因は彼らにはないということである。さらに、現在、世界基準になりつつある教育は、貧困の根底にある地域と世界の相互依存の形態の改善にはほとんど役立たないということである。こうした広範囲の状況に対処できない主因は、不十分な予算や利用機会ではない。むしろ、世界基準の教育の実践・目的と自由市場経済との系図的な共有価値観によるものである。市場経済は決定的な一定線を範囲と密度の面で越え、世界経済格差の主要因になった。

自由市場経済論が勝利し「歴史の終了」(Fukuyama 1992) について論じることが妥当とされる時代には、これは直感的に信頼できる主張ではない。しかし、ノーベル賞受賞者アマルティア・センが指摘するように、貧困、発展、教育においてより適度かつ即座に信頼できる関連性を考慮すべきである。セン (Sen 2000, p. xii) によると、発展は貧困と関連する悲惨を緩和するためには欠かせないものとして正しく考えられているが、経済成長ではなく個人の活動と選択の自由が、「発展における第一の目的と主要な手段」として見なされるべきである、という。歴史上、「価値のある人生を送り、本当の選択肢を増やす」ために個人が実行できる活動の範囲と深さを直接拡大させる最も効果的な手段は、教育であるということを、彼はのちに主張している (同書、p. 293)。簡単にいえば、教育により選択の自由が与えられ、そして経済成長は幸福ではあるが遠回りな結果である。

さまざまな点で魅了的ではあるものの、センの貧困と教育を関連付ける取り組みにより、近代のグローバルな相互依存の形態が、顕著な経済発展を促進させ、選択肢を広げ、教育の機会を急速に拡大させる一方、同じ相互依存の形態が、全世界で格差の拡大や地域における教育危機の状態を生み出したという皮肉な事実に対して十分な説明もしくは戦略となるものがもたらされる。センの分析に内在する形而上学について疑問を提起している重要な事実は、貧困層はより不利な価値の立場に置かれたことによって、教育を受け選択肢を広げられたにもかかわらず、相対的に過去より劣悪な状況になったことである。相対的に悪い状況ということは、最終的には、相対的に社会的弱者ということである。さらなる選択の自由を獲得することは、自由に関係を構築する能力がより欠落していることと完全に合致している。

少なくとも市場成長と教育の共依存関係のおおまかな概要を提示し、この共依存関係の皮肉な結果に関して重要な評価を得るために、我々には、明確な貧困の相関的理解とグローバルな相互依存における現代の形態の複雑な性質についての正しい認識が必要である。

慢性的に損なわれる相関的質としての貧困

物質的ニーズとそれらを獲得する手段の慢性的欠乏を貧困と関連させることが、世界で一般的とされるものである。現在、獲得する手段とは、一般的に収入または貯金として捉えられているが、過去においては、土地、森林、河川、海洋資源の利用機会として捉えられていた。慢性的欠乏は、不運や悪事の結果であると、一般的には考えられている。つまり、貧困は、機会（不運）あるいは人格（災難や努力不足と相まった悪い選択）が原因であるという。

この繊細さに欠けやや無慈悲な貧困の原因に対する見方は、ただの見当違いでなければ、当然、まったく不十分である。貧困の根強さとその分布の要素となる、多くの場合は意図的に確立され維持される社会的、経済的、政治的状況や影響が無数に存在している。しかし、我々が習慣的に貧困の分析と対処に利用する概念と手段は、個人もしくは集団単位の貧困層を苦しめる、「十分に有していない」というある程度慢性的な状態としての貧困を認識することと深く関連し続けている。貧困に関するこの概念は、動的に発展するグローバルな相互依存という現実と反目し、これまでの世界的な貧困緩和への取り組みに関する乏しい実績においては重要な要素である。

過去半世紀の世界経済統合の動態は、相互依存という用語を広く一般的な議論の場に持ち込んだことにおいて顕著である。しかし、相互依存との概念的関与は、医学から政治学までのほとんど全ての分野と、自然科学、社会科学から人文科学までの全ての知識領域にとっての必須条件として考えられてきた。ここから、一六世紀後半から一七世紀初頭におけるモダニティの誕生と同等の、全世界における歴史的重要性の変遷が示される。人間の試みのほとんど全ての側面における現代の実情は、自由と決定論、自身と他者、主観と客観、能知と所知、理性と感情、事実と価値観といった自然とされる区別、もしくは存在論的区別への継続的要請を、真の実践義務は伴うといった説得力のある認識である。実際には、現代の実情は主体的に存在する生命体や物体は、最終的にはないことに気付かせている。むしろ、全物体、生命体、状態といったものは、動的かつ相互的に調整する相関的つながりに基づいたものとなる。強いていうなれば、関係とは、関係しているものより簡易なのである。

物の本質についての断固とした相関的理解は、土着の知識における数多くの伝統(例えば、Hoppers 2005)や東洋文化圏と仏教思想(例えば、Ames & Hall 2001, Macy 1991, Hershock 2006)によって、長い間支持されてきた。最近では、既知の区分に対してのポストモダンな懐疑的態度(例えば、Harvey 1989)、フェミニスト論(例えば、Mohanty 2003)、ケア倫理(例えば、Noddings 2003)において表面化してきた。特に物理学、生物学、一般システム理論、生態学といった現代科学の発展では、共感を呼んでいる。

関係的存在論では、情勢と固定的アイデンティティが、過程や同一化の信仰形態に取って代わられるだけではなく、存在するものや生命体が、関係の質と方向に置き換えられる。例えば、親というものが自分たちの子供が生まれる前に存在するということに我々は当然のごとく納得するが、実際は、「子供」をもたずして「親」とはならない。「親」と「子供」とは、特定の文化的、歴史的背景において、特定の家族の継続的な関係動態のなかで作られ維持される重要な区別として、長い時を経て、同時に出現するのである。家族的関係は、「親」と「子供」、「叔母」と「叔父」、「祖父」と「祖母」と我々が呼ぶ個々人よりも、実際もっと基本的なもの、存在論的にいえば先立ったものとなる。同様に、全物体、生命体、状態にとって、それぞれは、関係における獲得済みの形態からの抽出、その表現、それへの寄与として、出現する。極端にいえば、物事とは、物事が互いに有する意味のことである。

これらの考察は、純粋に哲学的重要性からはほど遠く、貧困の本質や原因の理解に具体的な意味合いをもたせている。完全な関係的存在論においては、相互依存は、最終的に、決して均一化または単方向的ではなく限界のない過程となる。貧困は相互に発生するとはいえ、実際には、一定の原因によることはない。したがって、貧困を示す典型的特徴である資源不足状態を、大氾濫の影響によって地域的に普及している状況と関連付けることは可能だが、貧困の発生とは明らかに、例えば長期にわたる一連の経済状況や雇用、収入、支出形態を反映する貯蓄不足、社会保障や社会保険の欠如、環境の危険性が高い地区に居住地や職場があること、そして、自然災害における適切な警報制度ならびに救済制度の制定に必要であろう政治展望や政治的意思の欠落といった、ほかに普及する状況によって決まるのである。貧困の因果性と責任を、厳密に特定の地域に限定することはできない。

これをさらに一歩踏み込んで、貧困の発生は厳密には具体化できない。我々自身も含んだ全ての物事と同じように、貧困が常に動的で最終的に限界のない関係の特定の外観として発生する限り、我々がそれに関わらなければ、貧困は発生することはない。貧困は、個人もしくは集団としての我々が悲劇的な状態にいつの間にか陥っているという特定の状況で構成されてはいない。むしろ、関係が持続する形態に特有な湾曲（場合によっては、歪曲）を表す起こり得る事態が、貧困である。相互依存における独特な、そして時として非常に局地集中的な質と方向性につながる状況の現存する合流が示される。

より概略化すると、貧困は、質的に停滞し劣化する関係動態という、より一層の抑制関係形態の持続性を示している。貧困とは、特定の個人または集団のみを悩ませるといった、特定の状況下で発生しているものではない。状況についての特有の意味、または、空間的ではなく質的な見出しが示唆される。貧困とは、根強い状況的価値毀損が最終的に、次第に有益な状態ではなくなりつつあり、また、それらの状況を重視し付加価値を高める能力を有し、理解するための方法が適応できなくなりつつある万事となることを指している(1)。

このような貧困の概念により、貧困とその関与を、「私」と「主観」から「公」と「客観」までのあらゆる分野における関係を越えて展開することと判断する必要がある。貧困は、それが現れる場合は、意識や意図の発生への関与といった相互依存のミクロ形態から、脱工業化市場操作における地政学への包含といったマクロ形態まで、さまざまな強度で、また、さまざまな効果を伴って現れる。そうなるときは、状況の正しい認識をもたらすことや状況の毀損を食い止めることへの障害という相互の強化が形成される。ある点では、これは、無知で逸脱した関係形態に起因し貧困をもたらす、不完全で過誤な注意形態の発生を意味している。ほかの点においては、妨害もしくは阻害幇助と生存手段と生存意義における不均衡もしくは不調和の発生を意味している。そしてさらに別の点においては、例えば、ファストフードの消費高の常態化にみられるような、質改善や状況を転化する鑑賞的かつ義損的な高度技術の発展の支障となる関係動態の慣行化を意味している。

物質的欠乏は、考えられる貧困による影響の一つであるが、その根本的原因ではない。貧困は、突き詰めると、我々の状況を明確に理解すること、もしくは価値を付加することの相関的妨げ、またはそこからの転換を助長する持続的な状況網に根差している。貧困は、個人的または共同体的欠乏や不適格性の最も根本的な証拠ではない。貧困により、提供の機会の相関的崩壊が証明される。最終的には、重要な影響を及ぼす方法で、それは、相違を高めることや意味のある相違を創出する方法を変えることに対する理解や関与が停滞または減衰する結果となる。

関係的存在論の見地から述べれば、物質的欠乏の観点から簡単に明示できる客観的状況として貧困を捉えるという慣行が、貧困の発生と永続における連座を否定するための戦略を構成しているという点は強調されなければならない。「偶発事故」または「災難」の機能として、他人ではなく一部の人々を非常に悩ませる客観的事実として貧困を捉える限り、苦悩しない人々は、苦悩する人々の苦痛への責任を拒否できる。貧困についての完全な相関的理解は、免除から遠ざけるといったことを否定する。

つまり、貧困の緩和という教育の可能性の確立と形成において重要であるという点から、貧困は、棄損または崩壊した多様性という機能として見なせるが、多様性は、意味があるように共通福利への相互貢献における自立かつ相違拡充の形態によって形成される。総じて悪化する状況の意味や目標への取り組みという意味では生態学的ではない貧困緩和戦略は、初めから失敗がわかっている。ただし、これが正に、鑑賞的かつ義損的な高度技術というよりはむしろ市場関連能力を教え込むことに主眼を置く、グローバルに支配的な教育規範によって現在もたらされる貧困の緩和の種類である。本章でこれまで明確にしてきた状況の結果として、多様性というものから、ただ変化に富んでいるだけのものへとの市場主導的変換を通して不公平を慣行化することに対応するのは、教育規範であるといえる。

カリキュラムと支配の近代的価値

過去二〇〇年間にわたって、学校（特に公）教育は、情報と知識の順次構造化された移動や獲得、状況に応じて関連する能力を教え込む体系的手段、そして、原理または規則に基づく性格の形成と社会化を目的とした公開討論会として、グローバルに遂行されるようになってきた。[2]この教育規範は、ほぼ間違いなく、広範囲の領域にわたり、スティーブン・トゥールミン（Toulmin 1990）がモダニティの第二段階と呼んでいた名残である、支配、普遍主義、自治、平等という価値観における持続的収束の機能という形で現れた（例えば、Doll & Gough 2002 の第2章を参照のこと）。

ヨーロッパにおける宗教的、政治的、社会的紛争が破壊的な激しさを極め、社会構造に急進的影響を与え続け、今日までの世界市場経済画一教育の要因であり続ける独特な技術開発軸である「コントロール革命」とジェームス・ベニガー（Beniger 1986）が呼ぶものが、科学技術革新によって始まった一六世紀後半から一七世紀半ばまでに、これらの収束が起こった。[3]結果それは、政治的、社会経済的、科学的、技術的理念、慣例、習慣の特徴的混合となり、理性・精神・理論と感情・肉体・実践を分離すること、内在的危険や相違の不適切さを主張すること、そして、宇宙的、政治的、社会的、認識的秩序を追求することの正当性を表していた。

教育とカリキュラムとのほとんど偏在的な関連付けから、支配的教育規範における現代主義的伝統が明らかとなる。[4]「カリキュラム」という用語は、一五七六年にピーター・ラムスが初めて教育のなかで用いたものである。ラムスは革新的に、知識は地図化でき、その普及は論理的かつ普遍的に整理または方式化でき、そして、特有で明確な学期針路に従うことができ、また従うべきであると主張した。カリキュラムという用語は、これをしっかりと捉えたものであり、元来、二輪戦車の御者を競わせるために使われた標準的な一定の距離の円形の競争路のことを表したものである。

カリキュラムの概念に基づき、ラムスは、既定の知識内容を移転する教育指導において論理的に整理された配列という定量化できる成果としての教養について理解を深めた。支配、普遍性、自治、平等という現代的価値と基本的に一致した形で、系統的に構成された標準カリキュラムにおける学問領域の終了（つまり、摂取）に主眼を置く教育の、今では世界的な支配的手段が生み出された。この教育手段は、国民国家やグローバル商品、労働市場や消費者市場におけるものを含む近代の制度などとの相互依存で成熟した。

二〇世紀半ばまでに、近代的カリキュラム基盤教育と市場経済における共通系統的根源は、特に顕著なものとなった。教育は、市場関連能力を労働力として教え込む役割を公然と担うようになり、学校は、効率術に従って再編成されてから工場と管理組織を正当化するために利用され、そして、生徒たちを、厚かましくも「原料」と認識し、一定期間で一様な「完成品」にさせる商売に従事していた。現代主義的市場志向型教育目標や実践の肯定は、アメリカで最も顕著だったであろうが、毛沢東主義以前の中国ではさらに公然と受け入れられており、国の望みは、近代教育が、ヨーロッパ植民地主義者らに対する一世紀にわたる屈辱の恨みを中国人らが拭い去り、文化ならびに商業における世界的指導者としての立場を取り戻す助けとなることであった。

さまざまな観点に立った(5)、管理偏重の現代のカリキュラムへの相次ぐ理論的取り組み、そして、断固とした脱近代的影響力下での現代の政治的、経済的、社会的制度の広範囲に及ぶ崩壊にかかわらず、正規教育制度は、一八世紀半ばから、驚くほどまったく変化していない。実際に、管理された進展と基準への偏りは、教育がグローバルな変化の形態から著しく切り離されているという確信の高まりに関係している劇的な復活を、これまで一時的に覆い隠されてきたところにおいて経験している。不運にも、既存の教育制度が現代の実情と合致していないという考えにおける真実の大部分は、管理される標準カリキュラムの再確認と、実質的な教育革新への道としての競争と選択という市場価値についての主張の激化によって上書きされ続けている。複雑な変化にある現代の形態に照らして、市場で決定される能力を具体化する人々へよりよく提供するために教育を革新することは、安定的、そしておそらくは不可逆的に崩壊している進路における展望のたたない後退である。

複雑な変化、問題から苦境への変移、そして市場風刺

現在の変化の速度、規模、形態は、複雑かつ複合的なグローバルな相互依存システムをもたらしている。[6] 特徴的に、複合システムは、autopoetic（自己生成、自己編成）かつ novogenous（革新発生）である。自らの行動環境への影響に対して典型的であると同時に敏感な方法で発展することから、複合システムは、本来は明らかに傾向的であり、相対的に持続的な価値群と相対的に可変的な事実状況との継続的交渉を再帰的に表現している。このことから、複合システムは、非線形的発展となる傾向があり、遡及すると自らの価値観や歴史と一致すると思われるが、原則としては予期できなかった可能性がある形で変化する。[7、8]

このことから、（複雑なだけではなく）本当に複合的な国際的現実の発生は、変化の意味や方向という点で、高まる不確定性と同義である。複合システムが相互作用するように、それらの情報を提供している価値観も同様である。したがって、複合システムの相互依存的成長または進化は、意味の生成や確立と切り離すことができない。よく、もしくは、逸脱（かつ矛盾）して複合システムが発達し相互作用することは、最終的には、明瞭な価値システムが、相互そして変容する状況動態の両方と一致することを引き起こす。その結果、複合的な現実は、共通機会の等位調節よりも特異的結果の競合的決定に不利である戦略的空間内において、我々に影響を及ぼす。複合的変化に対応して、管理の戦略的価値は、制約的義務に最も従属する。

問題から苦境へ

これは、グローバル化の高まりに付随する困難、支障、苦痛の本質における画期的な転換、つまり、問題から苦

境への転換である複合的相互依存の世界的普及に関する信号分岐の一つによって説明できる。変化する状況が、既存の慣行では継続的要望と関心を満たせないときに、問題は発生する。問題とは、我々が追求し続けるつもりであり、特有で、それでも妥当な状況進展や意味の形態において、事実的妨害や崩壊を取り除くことで解決できる目的に到達するための具体的手段の失敗を示唆するものである。解決策とは、持続的目的に到達するための改善された新規手段である。苦境とは、発展や意味における相反する形態の集合を伴って起こる。価値観と関心における不適合性にあることを示唆して、苦境は、解決が不可能である相互依存の方向についての行き詰まりの発生を示す。[9]意味や評価の状況的に複合的な流れを調和させることに関し、義務の明確さを認識するなかで、巧みに苦境に対応するには、事実動態への細やかな注意が必要である。

一例を挙げると、世界の富の高まりにもかかわらず、世界の飢餓は歴史上類を見ない規模で広がっており、慢性的飢餓を約一〇億の人々が経験している。世界の富と飢餓の共存の激化は、新たな富の分配の広く普及した形態の不平等を、事実上提示している。しかし、そういった不平等は、これら非経済的領域における特有の価値観、目的、慣行の持続的存在がもたらした形態である、政治的、社会的、文化的関係における効果と機会の形態をも反映している。我々が気をつけねばならないものは、世界的食糧余剰が起こっているにもかかわらず世界の飢餓は増加し続けているというなかで、世界的に普及している価値観の衝突である。食糧不足により飢餓が起こるのではなく、飢餓に苦しむ人々の苦しみが、グローバルな食糧生産・流通体制の再構築にかかる「費用」よりも劣ると考えられていることが原因である。世界の飢餓は、問題ではなく、苦境である。

本当に複合的であるグローバルな相互依存の出現により、問題が苦境へと転換する速度が速められている。部分的には、これは、科学技術の発展という副作用である。不適当な義務以外に万人のまともな生活の実現の妨げとはならない強力な事実的管理手段を、我々は保持している。人間に苦痛をもたらす事実条件の大部分を排除することの可否ではなく、かわりに、排除するだけの価値があること、そして、いかに貫徹できるかということを断固支持するか否かという問題に、我々は足を踏み入れたのである。

問題解決の時代から苦境解消の時代へと移行するなかで、存在論的優位相関関係と相互依存の既約有向的または有意的本質を認めざるをえない。しかし、事実的知識と遂行的知識に限定されるあらゆる知識体系の致命的不完全性をも認めざるをえない。認識様態的完全性は、知識の行使、つまり実践的知識の一体性によって決まる。またその一方で、複合的相互依存が、新規または不測の結果と機会の出現、ならびに、価値観や利害の特徴的体系の収束をもたらすことから、奇異な現実とは、苦境解消がいかなる定位置からも効果的になされないことである。苦境を生み出す複合的変化への、巧みかつ賢明な対応には、相関的質の修正とたえず高まる多くの領域と規模における利害の統合のための共通経路に即興で対応する高度な技術が要求される。

これらをもとに、複合的であるグローバルな相互依存、非線形な変化、問題解決から苦境解消への優位性の転換は、ある特定の標準化された知識体系ならびに技術体系の管理的配信としての教育という、近代主義的概念からの決定的な決別のための強硬な規範を構成する。それよりも必要なものは、敏感な高度技術への理解と共通の意味付けへの関与を革新的に発展させることを、体系的に重視する教育である。しかし、あらゆる持続可能かつ効果的な方法でそれを行うには、教育と市場経済における共依存関係を断ち切ることが必要となろう。

貧困緩和の制限としての市場成長

世界市場経済は、唯一の最重要の相互依存の高まりに影響を及ぼす複合システムとなった。さしあたり、市場経済の歴史において最も顕著な点は、市場成長、市場容量、一般消費者の拠出能力における関係に重点を置いている点であろう。技術と国際競争におけるコントロール革命により、資源市場と商品市場は、近代を通じ、活性化され同時にそれを維持しながら、範囲と密度の双方において異例の速度で成長してきた。市場が世界的視野を獲得したことで、成長動態が、地理的拡張への支配的圧力から市場密度の最大化へと転換した。市場密度の高まりをもたらすための最重要手段は、商品やサービスを策定し配信する市場によって取り組まれ得る新需要の体系的生成に等しい管理された過失であったし、実際のところ、今でもそうである。選択と管理の画期的な選択と、それらへの顕在的な需要の高まりに制約される生活環境の正常化に基づく不満の経済が徐々に出現した。

増殖する一連の需要を満たすために商品を配信してきた消費市場は、なかでも特に利便性と選択の範囲という利益を、既に得てきている。しかし、相関的深度についての費用は、非常に重要である。感覚刺激や想像的関与への子供たちの需要を満たす市場商品を、親たちが活用するときを確かにする相関的深度と豊富度における違いを考えなくてはならない。子供向け娯楽や遊びの市場化に先立ち、家族や近隣の住民たちは、例えば、即興のゲームやスポーツ、生の講談、成人向け文学や口承物語の順応といったものを直接通して、これらの基礎的人間発達の需要に応えてきた。大量生産され市場に出回る子供向けの玩具、ゲーム、本、テレビ番組、映画、PCゲームが、これらの需要を満たす過程における拡散的媒介により一層助長されてきたように、子供、親ともに、能動的創造、臨機応変的注意力、共通の意味付けといった要求から著しく解放されてきた。親たちは、主として、専門的に考案された娯楽や遊び体験の供給者となっており、子供たちは、それらの体験の熱心な消費者へと変えられてきた。アメリカでは、子供たちは、毎日平均四時間マスメディア（テレビ、PCゲーム、映画、音楽）を直接消費している。感覚刺激や遊びの需要への市場介在対応が、経験的効果のなかでの選択の自由の高まりをもたらすのと同時に、それは、自由に関係する能力と義務を発展させる即時の相関的機会の著しい喪失をも意味している(10)。

相関的質における市場主導の譲歩を、グローバル市場に関連する生産と消費の拡張する循環における相関的視点から、よりおおまかに、そしてより印象的に説明することができる。我々自身の現況や進歩への取り組みにおいて、経済（つまり、市場）成長を刺激し続けるための消費強度により、高度技術向上および多様性促進形態条件を体系的に弱体化させる生産―消費―浪費の循環に対する徹底的な圧縮が強化されている。市場経済における現代の世界体制と関連した紛れもない自由とは、文字どおり、市場策定ならびに市場配信され、ひいては、極力短時間でごみ廃棄場、再生利用工場、またはごみ焼却場へと送られる商品のなかから、できるだけ継続的に選別することで、個人的経験の内容を都合良く管理または運営する強制的自由である。消費者たちは浪費する。

これは、無害の職業ではない。便利な選択の自由の衝動的行使は、直線的には進まず、むしろ、再帰的に小区分化している。消費機会の生産という特徴をもつ価値志向性行動形態は、市場主導型消費者「要求」をより満たすための生産過程修正をもたらす消費結果形態によって、生産循環へと的確に伝える。主にマスメディアを介する注意自体の体系的輸出があおる一般的な消費体制下で特に、現在の規模と密度での市場成長は、必然的に義損的な多様性をおとしめる。規模と密度における一定の閾値を越えて、市場は、世界的循環を目的とする商品とサービスを生産するだけではなく、そういった商品やサービスを必要としている人々を生み出してもいる。

市場成長と教育における共依存の核心的悲劇はここにある。グローバル市場の成長は、拡大し深化する社会的、政治的、文化的相互依存と複合性によって動かされてきただけではなく、主要な駆動力となっていた。ただし、市場操作の拡大と強化は、皮肉にも、(単純に「選択の自由」の満喫とは対照的に)自由に関係し、事実と価値の複数領域内における共通目的を巧みに即興でこなすために必要な非常に個人的かつ共同的能力、つまり、正に、複合的現実と非線形な変化の出現によって強制される能力の委縮によって決まるのである。

グローバルに複合的な社会的、経済的、政治的相互依存が、多様性を維持する苦境解消における高められた技能を要求すること、教育の主要目的が、社会貢献能力ならびに寄与を増進する、つまり、教育が公益を供給し、公益としての機能を果たすこと、そして、継続的市場成長が、現在の趣旨に沿って、義損的な機会を損なうことまで、市場主導による選択の自由の充実は、教育危機発生の千変万化な基盤を築く。

能力の不利益

市場関連能力を助長するための標準カリキュラムの利用を重視した教育のグローバルな支配的模範が、複合的変化という問題に効率的に対応するよう個人と共同体に準備させるには適切と考えられている可能性がある。皮肉なことに、実際、この場合はそうではない。

標準能力に偏った教育とは、究極的には、十分な消費を維持安定させる教育のことである。義損的な高度技術の育成というよりは、現状と今後予測される状況が求めることを十分に実行可能とするために必要なことのみを学習することを、推進している。漸進的かつ断定可能な変化という状況下では、これは容認可能であろう。しかし、状況的需要が、急速に変化し、明確かつたびたび正反対である一連の価値観と規範の複合的収束を反映するとき、既定能力形成志向のカリキュラムを重視することは、そういったカリキュラムを進めるために必要な時間に比例して、教育の関連性を周縁化することとなる。現代の実情に照らして、現在関連性のある知識・技術の供給のみを重視した教育は、注意資源や応答資源と実際の需要間における軋轢を（低めるのではなく）高めて、敏感な高度技術が最終的には損なわれるという慣行化する能力の罠による影響を非常に受けやすい。

これらの軋轢は、相対的不利益や貧困の緩和、もしくは、場合によってそれらの根絶に断固として寄与するのに必要である感受性や情緒的多感性を教育によって備えられなかった被災民への影響力において、破滅的である。ただし、教育が市場圧力や協定に従って変革されるところまで、今後の問題は、さらなる教育のために、利益が多く出るように市場を拡大し深めることになろう。教育、もしくはより厳密な能力偏向学校教育は、一見するとより一層の教育や学校教育が解決できる問題の生成を始めるために、その有用性にまで踏み込むことになろう。イヴァン・イリイチ（Illich 1971; 1973）の言葉を借りると、市場動態に準じて教育が見直されるところでは、相関的条件不利ならびに貧困層の人々、つまり、より一層教育を必要とする人々の階級のさらなる拡大の慣行化を進めることが予測されていることから、教育は、貧困の緩和において今までほど順調ではなくなるだろう。生涯学習は、利潤を生む個人消費者の働きかけと選択を強いる最大限の管理と利便性を伴って、教育市場によって実現される商品とサービスへの教育消費者の終生依存となる生涯学校教育体制の標準化に向けた既に強力な市場要請とは、明確に差別化されなくてはならない。

我々が抱える教育問題への解決として、学校間における民営化と市場型競争を駆り立てることは、豊かな少数派と世界の多数派にとって手の届く商品とサービスの質において既に痛切なまでに明らかである教育の不均衡の重複を、（意図的であろうと偶発的であろうと）推奨することである。実際に、我々が、教育と市場の既存の共依存形態のなかにある教育「問題」を、より効率的に「解決」するほど、我々が直面することになる教育の苦境は大きくなる。一連の共通価値観を確実に統合し、多様性と公正の双方を具体的に強化するためのただの寛容性を越えて、個人と共同体が相互拡充関係を即興で行えるようにすることに失敗した教育は、相関的に不利益をもたらすこととなろう。端的に、教育とは、結局、貧困化であることが判明するだろう。

能力から高度技術へ――多元的教育精神に向けて

では、どういった代案があろうか。あるのであれば、現代のグローバルな相互依存の複合的現実に対応し、貧困の緩和と不平等な世界的救済に一致する教育規範の一般的特徴とはどんなものか。

少なくとも、そういった規範は全て、革新的に革新を実演そして可能にする教育を発展させるべきである。それだけでは十分ではないので、既存の教育システムは、特有の、既に特定されている教育成果を創出する変革にさらされる。そのかわり、教育改正は、進行中の活動と見なされるべきである。これについての主な示唆は、利用機会や質の最大化のために、教育変化がさまざまな規模で統合されるべきであることは疑いようもないが、最終的には、地域の状況への地域の対応に根差したものとして理解されるべきでもある。教育の市場化が、継続的に変わるカリキュラム商品の配信における効率性向上の必要性を示唆する一方で、本当に貧困を緩和し得る方法で、複合的な世界的現実に教育的に対応するためには、教育技能への寄与や能力の活性化が必要である。つまり、教育革新は、学習における高度技術の新たな創出に向けられるべきだけではなく、指導における強化高度技術の継続的な創出によって維持されるべきでもある。

重要なことには、教育と公的領域全体においてさらなる公正を助長するために、教育は断固として、多様性の質を高めなくてはならない。つまり、相違を容認するだけではなく、それを正しく理解するために必要である感受性や情緒的多感性を、教育は生成しなくてはならない。実際には、全活動規模で教育者らは、予測不能な状況変化における密接かつ実在の共通福祉へ独自に寄与し、その寄与を可能にする態勢を整えているべきである。

最後に、教育には、知識と慈悲の合金化に関連する学習成果と機会を生み出す価値志向性行動形態を具体化する必要がある。それが実行できないということは、急速な変化とグローバルな相互依存の利益における、これまで以上に不公平な分配を目下のところ増幅している永続的な相関的窮乏化にある基礎条件を取り消す際に、体系的に機能しなくなるということである。

さらに厳密には、仮に教育が、現代の実情に対して責任をもって関与し、そのなかで成長するのであるならば、ほぼ例外なく、管理、競争、選択の価値観と一致する形で構造化されるカリキュラム学習法に依存することから、関与、調整、義損的な高度技術の維持安定を体現し新たに創生する多元的教育精神を発展させることへと、基本的な転換がなされる必要がある。学習と「理解」または認知を保有することとのカリキュラム的関連形態は、継続し、状況的に即興の、しっかりと質を高めている相関的成熟として学習を理解することを支持して、放棄されなくてはならない。そのような理解は、精神・理性と身体・感情との近代主義的隔離に反対行動をとり、身体を質的に変容する社会的、自然的関係の関連性とする思考活動と考えられている学習が、常に肉体的かつ社会的実践であることを認めている。

同時に、二一世紀の現実のなかで「希望の空間」を開く教育を改正することは、それ自体が、現在の状況資源を適切に評価することによってのみ始められ維持される相関的変容という事業、つまりは、現在の相互依存形態がそうなったように、それらの形態に基づいて断固として取り組まれなくてはならない事業である(11)。新しい教育規範を必要とする状況がグローバルであるように、これらの規範は、元来もしくは意図して普遍的ではなく、国内でのみ可能とされるものである。

これを踏まえて、グローバル化における現在の形態が、地理的、社会的、経済的、政治的のみならず個人的、文化的といった想像される全ての「境界」に浸透した状態にするように、学習と共同体で構成される相関的形態が、それに応じて「無境界」となっている点は、強調されなくてはならない。「家」の相関的意味が、より閉鎖的ではなくなり、より明確に生態学的、つまり、生まれつきの限界がなく刻々と変化する親密さの濃密な結び付きとなっている。ほとんど逆説的ではあるが、本当に「在宅」している状態は、これまで以上に広範かつ深く関与している状態を意味するようになっている。確かな慈悲は、成功する教育革新の重要な尺度である。

結果として、三つの重要な示唆が提示される。第一に、教育革新は、「自分のもの」と「他者のもの」という形ではなく、「自分たちのもの」という形でのみ効果的に取り組むことが可能な課題である。第二に、教育革新が、即座に理解され達成される課題、つまり、願わくば一回限りで「完成させる」ものであるという幻想は、存在しえない。成功する教育変化には、我々が相互依存するあり方を再設定するための共通軌道の確立、つまり、継続し細分化する実践が必要となる。最後に、改善された教育と個々の働きかけや選択の増大した能力を同一視しないための注意が、絶対に必要である。選択の自由を行使する権利を有することは、完全にそれが欠けることに比べると、疑いの余地がないほどに良いことであるが、選択だけでは、生きがいのある生活を保証するには至らない。個人が欲することを実行もしくは獲得することを選択する力は、本当にあらゆる状況に取り除かれる必要がある強さ、つまり、臨機応変な専門的技能と相関的成熟を備えることから生じる強さとは、同じではない。

能力と高度技術における教育的対比は、力としての自由と強さとしての自由を区別することに沿うものとして、有効に理解される。高度技術は、望ましい結果を決定する能力ではなく、さらなる貢献のための可能性を広げ続ける形で、状況機会に巧みに対応する能力からなるものである。上記の意味で、高度技術は、知識、精細な専門的技能、明確な道徳の涵養への相関的寄与についての意味もしくは表現された機能である。高度技術とは、しっかりと識別できる状況的関与の形態、つまり、本当に強化し相互作用している相互依存に対する定性的な変容的態度を具象化することを意味している。

結論

貧困に取り組む教育の役割への複合的相互依存における示唆を導出するなかで、我々は、個人の教育は重要ではあるが、いかなる状況にあっても各個人は、動的かつ重要な相互依存の限界のない形態に注意を集中させるということを、最終的に理解せざるをえない。最終的には、それによって人間性が表される関係における全体性の充実と成熟に向けて、教育変化は取り組まれるべきである。

加速する非線形な変化と複合的相互依存という現実は、脅威とも好機とも受け取られる。グローバル規模となったときに顕在不利益を開示して、自己本位活動、管理、競争を尊重し続けることの肯定的成果を確実に脅かす。ただし、最も巧みかつ鑑賞的に変える方法についての疑問を、とても明確に提示もする。より公正で持続可能な相互依存の達成における多様性強化の機会を継続的に生じさせて、拡大する関係の質への関心を称賛し、さらにはそれを指揮する世界の誕生を、我々は今日の当たりにしている。我々のなかでは、非常に実質的な「希望の空間」が開きつつある。

しかし、自由に関係することが、我々一人ひとりそしてあらゆる人々にとって本当に可能であるような相互依存を実現するための十分な共通知識、精細な専門的技能、明確な道徳と世界的に共有される現在から、解決する能力や寄与についての確証はない。八世紀の中国人仏教徒の媽祖から引用すると、この可能性を活性化するには、利益とならないものから利益を得、実行できないものを実行する政治体における無数の体肢を通して救いの手を差し伸べる身体と心・精神との技巧的調和とともに実現することが必要となろう。この目的を達成する手段として、教育は失敗せざるをえない。しかし、教育は、そういった変容的で完全に具体化された高度技術、つまり、より一層大きくなる公平と多様性を追求するなかで相関的貧困の緩和を示すことができる。

注

（1）本書では、貧困に関するこの考え方は、貧困とその原因における伝統的な仏教的分析によるところが大きい。貧困の関係的概念についての詳しい解説は、ハーショック（Hershock 2004）を参照のこと。

（2）キーラン・イーガンは、これら三つの教育理論や実践を、教育災害の原因である、近代的学校における競争と根本的な不適合として考えている。ここで述べられるものとは大きく異なる、彼の分析と示唆される回答については、イーガン（Egan 1997）を参照のこと。

（3）重要な点として、この技術革命が、土地と労働のグローバルな植民地化の逐次的開花、広範かつ密集した商品市場の整理統合、情報と知識の脱工業化自由主義市場経済への移行、そして、経済関連活力の最も基本的な形としての、意味の商品化と注意の系統的輸出と循環を通しての現在も継続する意識の植民地化において重要であることが証明された。後で述べるように、二一世紀を迎えるなかで、これは、決定的な教育不足に陥る。この全体的な歴史的配列の詳細については、ハーショック（Hershock 1999）を参照のこと。

（4）Peter Ramus (1576) : Professio regia. Basle, Switzerland: Thomas Fregius Publisher.

（5）例えば、初期の取り組みについて、一八世後期から一九世紀初頭では、ジャン・ジャック・ルソー、ヨハン・ハインリッヒ・ペスタロッチ、フリードリッヒ・フレーベル、二〇世紀初頭では、ジョン・デューイ、マリア・モンテッソーリ、そして一九六〇年代では、ポール・グッドマン、ジョン・ホルト、ジョナサン・コゾル、ハーバート・コール、ジョージ・デニソン、ジェームス・ハーンドン、イヴァン・イリイチといった理論家や批評家たちが挙げられる。

（6）複合的ではない複雑なシステムや状況が数多く存在していることを強調しておくと便利であろう。考慮されるべき変数が非常に多いため、複雑なシステムは、予測分析が難しい。しかし、原則として、時間と十分な資源を前提とした場合、単なる複雑なシステムの反応は、少なくとも相応な統計的変数のなかでは、正確に予測できるだろう。これとは対照的に、複合的システムは、原則上は予測不可能な反応を示す傾向がある。

（7）実際に、それは、変化傾向を予測する努力が、状況的変容動態に組み込まれている変化の現代的形態における複雑性の一環である。例えば、株式市場反応の予測は、市場反応を後押しする過程を組み込み、ひいては、変化をもたらす。非常に端的にいって、発生を予測していたあらゆる事柄の発生を今後予測することは不可能と考えられよう。

（8）歴史的に近年の例を挙げるならば、最も洞察力があるとされた専門家たちですら、ソビエト連邦の唐突な崩壊と冷戦の終焉を予測できなかった。それでも、事後、政治的、経済的に数十年にわたり社会的活動領域において展開してきていた相関的動態という点から、崩壊は筋の通ったものであった。

(9) より正確には、その状況における多様な利害関係者のいずれかを沈黙させることを犠牲、つまり、意味に関する意見の相違という可能性の排除を除いて、苦境は解決に開かれていない。これは、決してまれなことではない。グローバルな相互依存という証拠にもかかわらず、単独主導主義は、完全に健在ではないにせよ、少なくとも依然として残っている。物事におけるより大きな構想のなかで、反対派を沈黙させることは、状況資源を制限することである。仏教用語では、状況の空虚もしくは共通意味への無限に複合的、相互的な貢献を維持する能力を否定することである。その結果、単独主導主義は、厳しく皮肉な結果に対して責任を有することになる問題解決のための戦略である。

(10) 相関的質へのマスメディアの影響におけるより詳細な考察は、ハーショック(Hershock 2006)第4章を参照のこと。

(11) デーヴィッド・ハーヴィー(Harvey 2000)によって、この点は強くそして説得力のある形で指摘されている。

第2部

変化への成果と機会

—新しいアジアにおける教育—

第5章　教育における解決困難な支配的規範

ジョン・ホーキンス

近年行った研究でエチオピアを訪れた際、エチオピアが（イタリアによる短期間の植民地化を除けば）アフリカで唯一西洋諸国に植民地化されなかった国であること、そして、他のアフリカ諸国や発展途上国に見られる教育分野における植民地時代の後遺症を引きずっていないことを、エチオピアの教育者たちと出会ったときに強く感じさせられた。しかし、小学校や中・高等学校、そして、大学を実際に見学すると、何をもって「エチオピア特有のもの」であるのかがわからなくなる。事実、若干簡素であることを除けば、他国のそれとまったく変わらないのである。特徴らしい特徴を有することなく、実に現代風で我々に馴染みのある姿形をしている。世界を席巻する「学校教育原理」（Tyack & Cuban 1995）と呼ばれるものがここでも顕在であり、さらには、（中国における教育を参考することに強い関心を抱いていた唯一の著名な教育者を除いては）西洋のなかでも特にアメリカのものを明らかに模した形跡までもが見られる。西洋（もしくは北半球）形式を模倣することの理由を聞くと、「そうすれば我々も同じような発展がなし得るから」といった回答が必ず返ってくる。エチオピアの教育は、（豊かで特徴的な文化や歴史があるにもかかわらず）グローバルな支配的教育の規範と私が定義する変化を追求している。

あらゆる種類のメタ物語への疑念が当たり前とされた時代では、「グローバルな支配的教育の規範」に言及することは間違いなく批判的に見られ、敬遠されたことだろう。そして、確かに、世界の教育システムや環境を実際に見る限りでは、複数の教育の規範（地元・国家・地域（以下、「LNR」）に緊密かつ多様な形態で関連する、非常に多様な教育実践の形態）が相互的に存在していることは、ほぼ間違いない。当然、これらの状況は自然と起こるものではない。それよりも、規模の違いはあるものの、国際的な影響力、歴史の動態、国際社会間に生まれる相互依存といったものを反映した結果なのである。限定的な意味ではあるが、その水準までなら、グローバルな教育システムの独自性は確約されるのである。

正規学校教育がたどった過程における、グローバルな傾向や形態をしっかりと識別するためにも、より客観的な見地から検証することの有用性（そして、重大な潜在的影響力）を、本書における我々の視点とする。理論的な興味から離れ、そのようなメタ観点を利用する利点として、LNRにおける教育アクセスと質を向上させ、世界中から集められた教育の成功例に関する情報を、地元の成長性を秘めた活気ある制度的かつ教育的形式に落とし込む過程の洞察が考えられる。もし、LNRにおける教育的制度や実践が、複雑な相互依存や台頭するグローバルな動態の推移を反映する（この点については、他章でも取り上げている）のであれば、地元、国家、地域の発展の軌跡が、グローバルな歴史的、社会的、政治的、経済的、文化的、技術的、そして教育的過程と緊密であるという明確な理解に基づいている場合に限って、地元での教育改革も効果的といえよう。「グローバルな支配的教育の規範」と呼ばれるものは、とても特徴的な発展の軌跡間に見られる相互関係の一貫した形態なのである。

この（発展を可能にし、カリキュラムに基づいた正規学校教育を軸とした）規範のおおまかな歴史的大要をたどり、それが広範囲かつ根深く定着してしまっている理由に脚光を当てることが、本章における主たる目的である。そのためにも、教育における規範が実地経験主義的なものではなく、むしろ教育的関係を構築するための手段であるといった認識に、我々は立脚している。支配的規範の実例の裏付けとなり得る学校や教育システムは、存在していない。タイアックとキューバンが「隠喩としての文法」で提唱したことは、教育の妄想を調査するといった非現実性から我々を遠ざけ、そのかわりに、まったく異なる状況下にいる人が、教育に対して同様な理解を示す理由の説明に対する見解が一致するに至った変遷を明示する、構造的な共通点の検証に着目する点において有効である。

教育におけるグローバルな規範の出現

正規学校教育システムが開発された時期を解明することは非常に難しく、およそ不可能と考えられるが、種々の型式や規模の学校は、中国、インド、ギリシャ、ローマ、エジプトといったさまざまな場所に大昔から存在していた。孔子廟は、西暦紀元前四世紀には完成しており、一九世紀まで中心的な文化的施設として存在し続けていた。ナーランダ（仏教）大学（インドおよび中央アジアにおける近代以前の大学の一つ）は、七世紀には一万人以上の学生が在籍しており、二〇〇〇人以上の教員が宗教的教科と世俗的教科の双方を教えていた。

しかし、重要な点は、国家に仕える正規学校の興りが歴史上かなり早い段階で見られてはいたが（Fagerlind 1989, p. 35）、正規学校と経済的、社会的発展との関連性が確立され、一般に認められるようになったのは近年になってからのことである。一八世紀にアダム・スミスが執筆した国富論のなかで、市民の能力を向上させ、富国のより一層の促進に欠かせない道徳的情操や美徳を涵養するためには、教育が必要であるといった主張を展開しており、この影響が主要な転換期を引き起こした。しかし、

> 第二次世界大戦の終わり頃に発展途上国における産業化への「移行」や途上国における脱工業化を図るために教育が最も重要かつ必要不可欠な要素として見られていたように、教育が経済成長の一因となるといった確信が西洋諸国に広まり始めた（Fagerlind 1989, p. 40）。

二〇世紀半ばになって、教育が公益であるとする経済的原理は完成した。近代世界が脱近代世界の存在を目の当りにするといったグローバルな発展の動向における形勢の変貌を受けて、社会発展の有力な概念、ありとあらゆる

社会問題に対する万能薬として教育が見られる理由、新しい先進国世界や発展途上国世界での支配的規範の浸透状況、そして今日の我々が住んでいる場所といった事柄に注視しながら、上述の時点より我々の話を始めようと思う。

発展の概念

近代以前の一時性が非常に周期的なものであったと仮定するならば、近代の一時性は明らかにベクトル的であった（プラトン的な現実を永久に関連させることから、よりアリストテレス的な漸進的発展の重視へと偏向している形跡）。科学的、技術的発展によってもたらされた環境要因への人による支配の規模が急速に拡大したことから、時間の価値が大きく刷新されたことに疑いの余地はない。ダーウィンが唱えた自然界における適応と淘汰の法則は、スミスとリカルドによって支持された自由市場概念とも符合していた。また、国造りのプロセスは、一般的には不可逆とされる力学的動向の再構成に基づいた政治的発展の定型を提供した。しかし、一九世紀中頃までは、発展の展望が必ずしも万人が享受できる現実世界での発展とは同じではなかった。

社会的発展の概念、前進運動、そして社会変動によって、グローバルな知的性質は一九世紀中頃から形成され始め、二〇世紀前半には開花することになる。これまでは政治論のなかでのみ取り扱われていた不変性や平等といった近代的価値観が、徐々に社会や経済といった分野にも浸透するようになり、この時期特に広まっていた発展的な発想や理念の多くが、抑制のきかない産業化と貿易のグローバル化の結果への直接反応と、その動向を理解し再形成するための手段として考えられるようになった。グローバルな観点と包括性への強い憧れから、社会が変化し発展する理由とその過程を、ヘーゲルやマルクスといった思想家たちは解明しようとした。

これら有名な理論のなかでも、我々が支配的な教育の規範と呼ぶものの基礎をなす理論的根拠を提供しているものは、ダーウィンの進化論である。ダーウィンは意図していなかったのだが、一九世紀後半以降、アフリカ、アジア、中南米・メキシコ、中東といった新興国家で応用された数々の社会文化変容理論の構築に、種の起源論は貢献した。環境要因、適応、生態的地位の優位性（「適者生存の法則」）の概念的な重要性を唱えたダーウィンの理論は、社会科学者たちの単系の発展理論の構築に大いに役立ち、また、「カリキュラム（「競争路」のラテン語で、一六世紀に近代ヨーロッパが誕生した際、初めて教育的枠組みのなかで使用された）」の典型となる学習と競争の融合を強調していた。

ダーウィンの進化論に影響を受けて、社会文化の発展は単系の過程のみならず、開始された時点で不可避であるとの意見の一致が浮かび上がった。

我々は、（その良し悪しは別として）普遍的な社会的解決方法に直面している。比較的近代化した社会の形態は、ひとたび発展し接触した場合、いかなる社会的状況に対しても浸透するといった普遍的な傾向を示してきた。形式は常に浸透し、その浸透が始まれば、必ず比較的近代化した社会の形態へと変化していく。

と、社会学者であるレヴィは述べている（Levy 1967, p. 190）。この一連の考え方（現在では文化変容の衝突説として風刺されている）は、臨時的双方向性を認めている社会変化理論に支持されて、過去半世紀においては適しているとされてきた。この新しさを装って、社会文化の発展の概念は、特に機能主義、システム理論、そして共進化の環境理論といった手法を通して、教育制度の発展を形成し続けてきた。二〇世紀以降に社会文化的進化における多重線型理論が明確に打ち出されたのちも、正しいとされてきた。

タイアックとキューバンがアメリカの公教育の歴史を分析するなかで主張するように（Tyack & Cuban 1995）、教育における発展が概して社会発展にとって公理的であったとする概念が、二〇世紀への変わり目にあったアメリカの教育者と政策立案者たちの考え方には深く根付いていた。その後、社会発展や変化の相互作用的な規範によって、発展の意義とは教育の意義と方法の見直しの重要性を引き起こすことであると理解を改め、それを受け入れる姿勢が整えられることになるのだが、教育との密接な相互関係や発展はこの時点ではまったくシステム的に吟味されてはいなかっただろう。近代的西洋諸国で発展における支配的な概念には、経済成長における本質的価値との密接さも取り入れられていたとはいえ、この当時以降の教育は、より広範な社会文化の進化の途上で経済的発展の促進という理想に、実際とまではいかなくても、原理原則的に深く関与することになった。

考え得るところでは、社会変化と発展を理解するために用いられていた単系による手法が、教育理論と深い関連をもつようになったのは、単純な歴史的偶然に過ぎない。社会文化の進化における単系理論は、西ヨーロッパとアメリカの国家公教育計画が活性化されていた数十年の間に出現した。しかし、この関連性は非常に回復力の強いものであり、したがって、教育政策と実践において特に大きな影響を与えた均衡理論、対立理論、発展・近代化理論といった社会文化の発展理論を、簡単にであっても考慮する価値があるといえる。

なかでも、（機能主義、システム理論、そして文化的遅滞理論と人類生態理論などの発展に強い影響を与えた）均衡理論は、支配的教育規範の緊縮においては非常に重要であった。均衡理論は、生体恒常性といった概念もしくは調節的変化を通じた最適機能もしくは準最適機能の維持を中心に構築されている。ホーマンズが集約したように（Homans 1950, pp. 303-304）、いかなる安定的システムにおいても、システム内にある個性要素に影響が及ぶ変化が、元来の影響を最小化する全体的効果を可能にする他の型や強度をもった要素の変化を誘発することで、全ての要素のなかから取得できる関係に作用することが、均衡理論の主要な点である。つまり、安定的に構築されたシステムは、「自然に」均衡へと戻るのである。

均衡理論は、どのようにして社会と文化が変化と存続を同時に内包しているのかを追究したことで、重要な存在となる社会学者たちに多大なる影響を与えた（Davis 1949, Ogburn 1922, Parsons 1951; 1966）。しかし、均衡理論とそれに基づく観点には、「内在的構造変化に対して保守的な偏向が見られ（中略）目新しく独特な事象や重要な変容が均衡理論における通常の世界では起こったことがない」ことが、アップルバウムの観察から提示されている（Applebaum 1970, pp. 67-72）。システム（教育システムを含む）の能力を説明できるといった利点があろうとも、均衡理論は、保守的・規範的偏向と関連付けられるようになってしまった。変化に向けての戦略について理論の厳密な解釈で含意する必要はないが、均衡理論とその分派にとって、システムの革新というよりは内部調整の一環として、システム的課題との折半を行う過程の着想補助となるように、一般的な傾向は展開された。

総合システムを実質的に原型にとどめさせておき、一定のレベルでは、教育改革の学者や実践者たちの証言も語気を弱めていることを説明している付加的調節の機能として変化を位置付けるのは、この傾向によるものだと考えられる。大抵は、教育システムに改革（外的「衝撃」）が起こるや否や、教育の実践や運営への破壊的な寄与となり得ることを効率的に安全化し、改革に対して調節を行うか、もしくはそれに同化すべく「自発的」に順応する。「見えざる手」によって良い結果がもたらされ、市場を自己組織化と自己管理化のシステムとしたスミスの理論を保守主義的ならびに新自由主義的に解釈したものに、均衡理論がむしろ強く反響したことと、二〇世紀では公益と認められた大衆教育が、経済発展の主要素と産物として支持されたことは決して偶然ではない。教育システムが国家（そしてのちにグローバル）経済システム内に位置付けられる自己組織的かつ自己管理的システムであると想定した場合、教育的変化は恒常的に管理されることになる。教育の政策立案者や学者たちは、既成概念にとらわれずに重要な物事を考える責任から解放される。変化は、必要である限り、自然と起こるものである。支配的規範下における教育システムの恒常的理解に対しての偏向が非常に強烈であるため、高度に管理されている（東アジアに伝統的に多く見られる）国家システムでも、教育的変化が一度に起こった場合、その速度は遅く、また付加的であるといった憶測が依然として残っている。

先述の変化理論は、往々にして、進歩と社会発展を円滑な連接の過程として構築しながら、安定を主目的とする傾向がある。一方、世界資本や市場基盤型経済に強行的な姿勢を見せるマルクス主義的考え方から生まれた対立理論は、変化の動向について正反対の解釈を強く主張している。それによると、システムは本質的に不安定であり、実際は、社会システムが必死に転換しようとする要素として、社会の安定への渇望や変化への需要の拒絶が迅速かつ劇的な変化を誘発する土台となる。

多くの初期のマルクス主義理論でも特にその全体主義的傾向が排斥されたなかで、対立理論の要素はその影響力を保持し続けた。主流派の社会学から離れたところで活動していたダーレンドルフ（Dahrendorf 1959）、アロン

（Aron 1966）、ブリントン（Brinton 1952）、カー（Kerr 1954）、コーザー（Coser 1956）といった学者たちによって、社会変化への原動力として対立する概念として修正された。世界史という舞台から、利益団体における競合する手段と価値という戯曲へと焦点が移るなか、集団動向の進化における反復形態が、全ての発生系の内在的緊張の存在を示唆するとして見なされる過程を例証することに、対立理論の世代は強い関心を示していた。個と同様に集団と階級においても、急変ひいては革命的変化への準備をすることで、自己利益の向上のための社会構造を組織することは困難を極めた。

対立理論の見地から、既定の社会システムにおける他要素とともに、教育システムと実践は、伝統的な知識と社会経済、政治的実態や文化的実態の正当性を疑いながら体系的社会変化を誘発することで、不安定的役割を有していると見られる。大学が研究や知識創出の施設だとする印象は、社会一般に対する教育の斬新的な特徴に関する対立理論的見地のなかで、しっかりと網羅されている。

過激で変化を重視する学生による暴動が一九六〇年代に世界中で湧きあがったとき、そのような見解はもっともらしく思われていた。対立理論的見地によると、学生の改革主義は、教育における主要な社会的機能の表現方法として道理に適ったものとされた。しかし、それ以降の数十年間に、おそらくは市場要因が社会的領域に深く浸透するための機能や、その結果起こった同一性形成と付随する所属形態への称賛における商品化としての、安定した集団同一性や階級同一性という意識はかなり薄れた。いずれにせよ、対立を引き起こす反体制文化の可能性が教育システムによって円滑に調節されたことから、教育における改革の可能性は縮小されたように思われる。ある種の「恒常的」調整では、（二〇世紀前半に広く受け入れられていた教育の産業化モデルにおいては一般的であった）規範的価値としての規則・慣例への服従はその存在を失い、教育的過程における主要な戦略的目標と構造的価値として、前向きな変化を明確に主張すること（もしくは、現代では「多様性」と呼ばれているもの）に取って代わられた。ある意味、対立は常態化され、変形させる力を除去され、そして、本質的に単線型（特に経済的な）発展と進歩における安定的な形態を促進し、誇示するという支配的規範の強い姿勢に組み込まれた。

二〇世紀前半から中頃にかけて、社会変化、文明の盛衰に関する思弁的説明、成長と衰退の過程の普遍的分類法といった（例えば、スペングラー（Spengler 1969）、ソローキン（Sorokin 1947）、そしてある程度においてはウェーバー（Weber 1964）による）主要な理論が出現したが、非常に強い影響力をもったもの、もしくは、均衡理論のように教育的変化への支配的姿勢について啓蒙的であったものはなに一つなかった。しかし、第二次世界大戦後、国家が発展し成長する理由を追究する経済に特化した発展理論の新しい動きが現れた。ロストウ（Rostow 1960）によって提唱された成長理論における段階は、最も広く知られているものの一つであろう。いくつかのマルクス主義理論にも共有されている発展の目的論的概念を参考にして、ロストウは、伝統的社会、離陸のための先行条件、（産業革命による）離陸、成熟への前進、高度大衆消費時代という社会発展における五つの段階を提唱した。社会を次の段階へ発展させる目に見えない力と緊密に連携する仕組みと考えられている教育的特性が段階ごとに必ず存在している。

ロストウのそれに似た発展理論では、社会と教育との強固で決定論的な関連性が主張され、そして、教育システムによって社会変化が確立されるのではなく、むしろ誘発されているとの考えは誤りであることが示唆された。社会が変化し発展するように、教育もまた同様である。特に「発展における段階」を用いて政策立案を行うことへの限界や、積極的な革新や変化に対する内在的敵意の存在を予見していた経済学者たちにより、当初からこの理論的見地は批判されてきた（Sen 1959）。しかし、驚くべきことに、今日の政策立案者たちのなかでも、加速的発展を起こしそれを維持する条件として、民主主義を経験する必要性に固執する者たちは、いまだこの理論を用いて社会変化と発展を理解し成し遂げようとしている。

発展理論が初めて公表された頃とおよそ同時期に、同類の手法である近代化理論が出現し始めた。近代的な発展の過程においては、マスメディアがその中心的役割を担い、メディアの社会への浸透自体が革新的に実施されたものであるとすることが、近代化理論の中心的信条である。また、近代化とは、発展途上の社会は欧米諸国で発展し、やがて国際社会における基準となった価値やシステムに同化する世界共通の現象であるという主張がなされた。発展に対する主として楽観的（そして、大多数の人からすれば民族中心主義的）な視点ではあるが、近代化理論は、漸進的な達成（McClelland 1961）と測定（Inkeles & Smith 1974）の（グローバルな支配的教育規範において部分的ではあるが名残をとどめる）普遍的価値を肯定した。

マスメディアのように、大衆教育は、近代的価値を植え付け、近代的な社会的慣行を再現する能力を有すると考えられていた。近代化するための組織（つまり学校）、（学校で促進される）近代的価値、（卒業生によって示される）近代的行動、近代社会、そして経済的発展という五つの変数間には因果関係が存在するということが、基礎命題である。より強固な教育機関になることで、五つの変数と近代化の加速間における関連性をより強化する能力が増すことを示唆した。当然、近代的教育を運営するために最も信頼性のある媒体を、正規学校（カリキュラムの綿密な計画、規律や躾の厳密な定義、漸進的な単元の履行、段階に応じた教室編成、そして標準テストと評価に適した機関）は提供していた。

本書第4章を執筆担当したピーター・ハーショック（Hershock）が述べているとおり、教育的状況においてカリキュラムという用語の使用は、ステューディオつまり指導と学習における師弟関係からの脱却と、また、教育を成果物として理解すること（公益としての大衆教育の必要性に関するアダム・スミスの主張によって黙示的に引き起こされた考え方）を導入した。連続的に提供され共通化された内容からなる定量化できる成果物であるとして教育を理解することは、近代的価値の普遍性、支配、規則、的確さ、そして必然性を肯定することで、近代化理論に特に強く共鳴した。他のマスメディアと同様に、教育媒体は、社会的、経済的に優勢な内容からなる規律的消費を促進する機能を有していた。

支配的教育の規範におけるカリキュラムの重要性は、実行可能な代替教育の発展には欠かせない要素であった。支配的規範の基本骨格もしくは基盤構造として、カリキュラムは、システムが崩壊する先にある極めて特有の可動域をあらかじめ明確に述べている。知識構造について有力なシステムの起源を詳細に議論（ランドール・コリンズ（Collins 1998）は、一〇〇〇ページ以上にわたる論文のなかでやっと合意に達せた）をしないで、課程識別、組織、実演、内容、そして優先順位付けは、変化に影響されないようにする程度に、支配的規範の目標と目的と同一であり、裏付けとなったことを指摘すれば十分である。価値のある知識、指導形式の適切性、そして評価への関心は、長年にわたり、デューイからアップルといった範囲で強制的に分裂したが、初等中等および高等教育におけるカリキュラムの基本的な形態は、半世紀にわたり、大した物議や論争を醸すことなく、世界的に存在を認められたままである。例えば工学、技術、商学といった領域で起こった変化の大きさ（多くの場合は基本的ではあるが）を考えてみると、カリキュラム支援の支配的規範の復元力には目を見張るものがある。

これら理論的視点とそれらによって広められた下位理論は、いわゆる支配的教育の規範の出現や後ろ盾として大きく貢献してきた。進化論、均衡理論、構造的機能主義理論、近代化理論、人的資本理論、マルクス主義理論、従属理論、解放理論といった種々の理論全てが、教育を社会文化の発展における中心的な影響力をもつものとして捉えており、また、正規学校を、主たる要因ではないとしても、望ましい社会変化の要因の一つとして考えていた。それらは、グローバルに議論され続けた一連の政治的主導権と、そして教育と国家発展との関係についての十分に発展させた公式と密接に関連していた。

万能薬としての教育

第二次世界大戦終戦までと一九五〇・六〇年代、大学教員、学者、政策立案者、専門家たちに加えて、UNESCOやOECDといった組織の間でも、教育は発展にとって欠かせない要素であるとする意見が定着していた。強調したい点としては、教育があくまでも発展のためには重要な要素の一つであったということではなく、最も主要な要素とされていたことである。この因果関係に関する理論的そして実践的な意見は根強かったが、その論拠は乏しかったことから、ドン・アダムスに、「世紀最大の夢物語の一つだ」といわしめた（Adams 1977, p. 300）。しかし、この意見は存続し、今では教育と国家発展に関する分野の多くで中心的概念となり、また、支配的規範の主要素を占めている。この視点についての原型的な表現である国連が一九四八年に出した基本的人権宣言では、経済発展に存在する不均衡の最中に、多くの人が自分たちの基本権について自覚するためには、富裕層と貧困層の間にある格差を埋めることが必要であることと、これを実現できる社会分野として教育が機能するべきであるという主張がなされた。これを、当時アメリカ大統領であったトルーマンは、

我々は、科学的進歩と工業的発展による利益を、後進地域の向上と発展のために役立てる新計画に着手しなくてはならない。世界の半数以上の人が苦難に近い生活を送っている。彼らの食糧は不十分である。彼らは病気の犠牲者である。彼らの経済生活は未発達で活気がない。彼らの貧困は障害であり、彼らとより富裕な地域双方に対する脅威である。歴史上初めて、人類はこの苦しみから人を解放する知識と技能を身に付けたのだ(Mountjoy 1971, p. 9)。

と要約し宣言した。昨今使われなくなった用語は別として、この発言は昨日なされたもののようにも思える。トルーマンが強調した点は、知識と技能が世界の不平等や貧困を是正するために必要な要素であったということである。彼は、知識を普及させ技能を譲渡するために正規学校がその主要な機能を果たすとは明確に言及してはいなかったが、開発分野の人はそう考えたのであった。国連やトルーマンのような政治家の支援を受けて、一九五〇年代と一九六〇年代は発展の時代(西洋式経済と社会模範、そして特に正規学校教育の輸入と適応を介した低開発国における問題の解決に向けて、「文明が進み」豊かになった国が協力した時代)と呼ばれたことは当然なのである。第二次世界大戦後の日本とドイツの復興によって、教育と人的資源への投資によって、経済的打撃を受けた途上国における目覚ましい発展を可能にする確証が与えられることになった。

徐々にではあるが、支配的規範の構造が明らかになりつつあった。基本的には西洋的模範ではあったが、教育投資とその結果としての経済発展における関連性が強調された。しかし、さまざまな批評が述べられているように、あまりにも楽観的過ぎたものであった。一九六〇年代後半には、この考え方に問題があることが知られることとな

った。正規学校の拡大に伴い、資質のある教員の欠乏が生じることとなった。資源の減耗が顕著になった。学生の退学率にも歯止めが効かなくなっていた。不適切なカリキュラムの実態が発覚し、農村部と都市部の発展における不均衡が拡大した。支配的文化における少数派と同じように、女性と女子に対する教育は立ち遅れた。高等教育は発展のためではなく、官僚機構や知的職業のためだけに存在するようになった（Adams & Bjork 1969）。

発展の時代の興味深い側面として、突き詰めると資本の提供と人材育成の訓練を意味する経済発展によってその発展という概念が定義されていたことがある。トゥカーンは、

結果的に、学校や高等教育機関が人的資源の溝を埋める任務を負わされているように思え、社会の発展は続いて起きている。したがって、教育援助は、開発努力において重要な位置を占めることになった。


と述べている（Tuqan 1975, p. 23）。

これにより、教育が中心的役割を担っているという期待が広まった。教育に導かれて、世界の多くの国が自由と国家的発展へと向かうとする「大覚醒」についてミュルダール（Myrdal 1957）は話していた。

アジア地域の発展途上国の人にとって、開発者たちの役割は単純であった（必要な資源を発展途上国に移譲することにより、途上国が有する資源を最大限に活用できる環境を提供すること）。発展は直接的かつ強力な過程として考えられていたことに加えて、ある学者は、「付随してなされた開発援助の有効性についての強烈なプロパガンダによって、その援助によって繁栄が確約されるという信仰が広まった」ことを指摘した（Tuqan 1975, p. 24）。多くの国が一連の二国間もしくは多国間協定に参加し、その結果の一例として、人が発展志向になったことが挙げられる。教育は生活の向上のためには欠かせない主要素の一つであると謳われていたように、「付随する生産能力の増加に対して不均衡のまま学校教育の消費能力が増大した」ことは、当然のことだった（Tuqan 1975, p. 25）。新たに独立した国家が未来を見据えて建国を開始したように、新たに教育を受けた者たちにとって近代の官僚組織

が主な雇用先となった。正規学校教育の促進における強固な既得権利が創出された。

支配的教育の規範における（教育投資が経済発展につながるという）系統的論述の主要素によって、それを積極的に推奨した。この点において、人的資本理論家たちは確固たる根拠に立っていた。しかし、この楽観的な考えの最中にも、（特定の範囲とある程度の規模に適用された）公式の不完全性が多くの研究によって実証された。適切とされる教育の形態とその水準、指導の質と性質、カリキュラムの適切性、能力別授業編成システムの特性、従来の一斉授業システムの限界について、そして、それ以外の問題についての疑問が噴出した（Fagerlind 1989）。しかし、単純化した性質と、多くの場合における公式の不適切性を指摘する研究が増えるなか、教育における政策立案者たちや援助・技術支援団体らはその概念を無批判に促進し続け、また、教育省や官僚たちは深慮なくそれを鵜呑みにした結果、代替案を考慮することなく正規学校教育システムに多額の資金を投入した。

支配的規範のもう一つの要素に、結果的に収入の増大をもたらす「より質の高い学習とはつまり正規学校教育の長さである」とする概念があった。この理論を支持するために資料を用意できるとはいえ、正規学校教育は上記概念の一部分に過ぎないことを証明する資料も存在する。一九六〇年代から一九八〇年代にかけて行われた研究から、より多くの学習と認知発達は正規学校教育外で起こり、また、時として、さらに適切で重要な学習もまた正規学校教育外で起こることが実証された（Resnick 1987）。もしそれが事実であるのならば、正規部門の前には、非正規部門は二の次になるのが常だ。大半の発展途上国にとって、正規学校教育、そして、それ以上のものは、時代の風潮であった。一九八〇年代中頃までに、あらゆる水準での教育拡大が、教育と発展の特徴となった。

最後に、正規学校教育システムへの固定概念とその深化拡張とともに、ロナルド・ドーアによる「教育の転換という現象」が起きた（Dore 1976, p. 43）。「学歴社会」は、労働市場や教育と資格への増大する需要と密接化した。種々の教育資格の取得数が増加するにつれ、職務要件も同様に引き上げられ、そして、資格や学位が適性審査手段と化し、結果、有効求人に対して多くが過剰資格となった。正規システムが普及することで、教育費用が増え、そして、資格への需要が高まった。このシステムの計画、運営、支援を司る教育関係の官僚にも同様の変化が起こり、その結果、支配的教育の規範の維持と発展における既得権利を有する者の増加を生じさせた。産業が興り、正規システムの代替案を考案することはなくなっていった。一九九九年にノーベル賞を獲得した経済学者によって、初めてこの発展模範が問われ、代替案が提示された（Sen 1999）。

要約するならば、一九八〇年代中頃まで、この支配的規範に関するいくつかの特徴は、非常に固定化していたため、代替案が考慮されることはなかったのである。正規学校教育に関する所見は次のとおりである（Tuqan 1975; Oakes 1985）。

- 教員と学習者間の交流の中心には、権威主義的関係が存在している。
- 訓練不足と給料の少なさから、概して教員とは不安定なものである。
- 指導方法が認知心理学や児童発達に関する知識の恩恵を受けることはない。
- 教員は一般的には議論や質問を抑制し、教科書に固執する。
- 学校教育の主たる機能は、次の教育段階に進む入学者を選別することである。
- この選別は、批判的思考よりも暗記学習が要求される競争倍率の高い試験を通して行われ、結果、能力別編成が普遍的特徴となる。
- 正規学校教育システムの主な活動は、試験への準備として学生を指導することである。
- 学生とその保護者は、教わったことの本質よりも認定書に没頭している。

いくつかの国でまず起こった正規学校教育システムのそれぞれの特徴は、最終的には全世界に広まった。

規範の普及

カミングスは、教育拡大は複雑であり、正規学校教育の普及についての歴史を一つの経験値から決定付けることはできないと主張した（Cummings 2003）。彼によると、日本、フランス、イギリス、プロシア（ドイツ）、アメリカ、そしてロシアにおいて、教育は異なる目的のためにそれぞれ広まっていった。これらの国によって植民地化された国では、拡大の速度と方法は多岐にわたるが、カリキュラムが構造化された正規教育の基本型は再現され、積極的に普及された。しかし、ここで重要な点は、発展について、また、発展―教育間のつながりについての差別的形態が、正規学校教育の実用性と支配的規範全体としての透過的自然性への根本的信奉に異議を唱えなかったことである。上述のとおり、人的資本理論は、正規学校教育と発展によるこの堅固さに対して最も責任のある理論である（Schultz 1961, Denison 1962, Becker 1964）。周知のごとく、技術的発展と正規学校教育の発展と拡大という二つの要因が、経済発展を引き起こすためには絶対不可欠であるとする一般協定が、この経済学者たちの間には存在していた。一九八〇年代中頃まで、このような考え方は疑問を投げかけられずに残存していた。

この規範が普及した状況を再度検証することは有益である。一九五〇年代後半から一九六〇年代前半までに、人材開発と密接に関連する経済発展、発展と国の結束の一因である正規学校教育、必要不可欠な対外援助、そして、教育拡大を必要とする学校教育への需要の増加といった概念が、先進国においては自明の理として広く受け入れられた。これは、発展途上国へ意識的に普及した模範である。この目的達成のために、文部大臣や地域の教育に関係する政策立案者たちに対して、この模範を変化させたものをそれぞれが推進させた四つの国際会議と地域会議が一九六〇年代に開催された。

一九六一年に、アフリカ教育開発会議がアディスアベバで開催された。アフリカから参加者に向けて出された提言のうち、一九八〇年までに六カ年の基礎教育義務化という目標があった。必要最低限の入学率や教育期間は、UNESCOによる提言をもとに設定された（UNESCO-ECA 1961）。アジア地域でも、類似する会議がカラチで開催され、のちにカラチ・プランとして知られるようになった。一九六二年には、東京で二度目の会議が開催され、そこでは中等教育および高等教育の将来的需要に焦点を当て、その結果、一九八〇年までに各参加国における教育費が国民総生産（以下、「GNP」）の五％を占めることを目標とすることで合意した。サンティアゴで開催された会議でも、ラテンアメリカ諸国における同様の事項について言及された。一九五〇年代に始まった一連の動きは、入学数、学校水準、達成度、ＧＮＰに占める費用負担の割合など、正規学校教育が発展と経済成長に関連するという仮定の妥当性に基づく量的目標を設定した複数の国際会議によって正式に書面化され、その正当性が認証された。この全般的な提案に疑問を提示したり、大局的な代案を示唆したりする者はいなかった。

経済的発展のための正規学校教育システム設立は、新規独立国の指導者たちにとっての最重要事項というわけではなかった。彼らはほかにも、多種多様な民族が住みながらも挙国一致を達成するという懸案事項も抱えていた。異なる民族、社会階級、言語集団、サブカルチャーといったものが、新生国や新規独立国の社会機構を崩壊させる恐れがある。教育は、不均一集団を道徳観と価値観を共有する均質集団へと変えるために主要な方法として考えられていた。一九六〇年代には、教育による国民的統合のスローガンが打ち立てられた。多くの国では、教育の位置付けを、社会化や行政官養成といった植民地支配的目的から、農業と工業を普及することに特化したテクノクラートや、特に医療、教育、そして企画立案の分野に特殊技能を発揮する専門家を輩出することへと変えた。一九六五年に、ジェームス・コールマンは、

蔓延する非識字や帰属基準での支配によって特徴付けられる静的社会が、教育が上昇志向や階層の主要な判断基準とされる動的かつ近代化社会へと向かうとき、高学歴の人による連続波は先行者への挑戦と映った。

と述べているように（Coleman 1965, p. 358）、正規学校教育が担うこととなった国民的統合や上昇志向における重要な役割はさらに発展した。コールマンが言及した「世代の不連続」は、政治指導者といった者たちが正規学校教育システムで培った投資の意味を説明するのに役立つ。彼ら自身がこのシステムの産物であり、そして多くは官僚や知的公務員としてそのシステムを運営し複製していた。学校もまた、西洋諸国では当たり前とされた子供の社会化により積極的に取り組むことが求められた。コールマンはさらに、

（西洋諸国では、）学校は適度の社会化課業を担うだけであった。現代の発展途上国においては、学校はより一層社会化を促進することを求められている。何を成し遂げようとも、西洋諸国の学校より比例的に大きい限界効果を居住者の生活に与える。

と述べている（Coleman 1965, p. 22）。つまり、発展途上国における正規学校教育の効果はより強力なものとなっていたのである。上位職獲得の手段、農村部から都市部への移動能力、公務や政治への参加許可の獲得、そして海外旅行といったことは、当該者における学校教育の有無によるところが非常に大きい。

実際には、支配的規範の絶対的な力がまかり通ったままであった。一九七〇年代に、イヴァン・イリイチが自身の著書である『脱学校の社会』において提言する概念に触発された多くの学者たちが、正規学校教育とそれを支持するものに挑戦していた。イリイチは、正規学校教育が廃止されるべき理由について、

学生は、指導と学習、進級と教育、学位と能力、そして、流暢性と新しいことの発言能力を混同するよう「学校化」されている。彼らの想像力は、価値の代わりにシステム化された奉仕を受け入れるよう学校化される。医療が健康管理として、社会福祉事業が地域生活の改善として、警察の保護が安全として、軍事均衡が国家安全保障として、競争社会が生産性の高い仕事として、それぞれ誤解されている。教育のみならず、社会的実在性もまた学校化されている。

と主張した（Illich 1970, p. 1）。教育のファンネルから、ある意味インターネットを予見していた教育のネットワークに換えることを示唆し、また、正規学校教育を学習のためのネットワークに変更することで、新しい教育手法が

学習したいと望む者に対し、人生のいかなる時においても、必要な手段や情報を提供する、知っていることを他人と共有することを望む者に対し、その知識を学ぼうとする者を見つけ出せるようにする、また最後に、公に問題提起しようと思う者に対し、そのための機会を与える。

と提案した（Illich 1970 p. 75）。イリイチがこのことについて書いてから約三〇年後のことではあるが、インターネットは、それを活用できる恵まれた環境にいる人には適した、「教育のネットワーク」を通した学習方法を確立し、正規学校教育構造外において、実際に多くの人がこの方法で学習している。しかし、支配的規範が前進し続けていたため、イリイチの概念と非公式教育や代替教育運動における概念は、表舞台から消えることとなった。

本書の第8章にて、ジョセフ・ファレルが代替教育の長所をいくつか述べている。一九七〇年代と一九八〇年代、正規学校教育システムの代替を提供するべく、革新的かつ多くの点で成功した取り組みが世界中の地域で行われたのは当然のことである。中国では、（以前とは異なる形態ではあるが再び流行し始めた）民番によって、地元の農村開発のための地域密着型実習が行われ、ラテンアメリカでは、フレイレ式教育が権限付与と意識高揚に焦点を当てた。多くの発展途上国において、放送教育、工農学校（中国語ではGongNong）、女性共同組合、またその他多くの代替が提案され実施されたものの、正規学校教育システムに対抗できるものはどれ一つとしてなかった。一九八〇年代までには、正規学校教育システムと融合した教育選択肢へと変化したか、完全に周縁化してしまった。革新的な取り組みはいくつか再導入され、正規学校教育システム外において有意義で変容をもたらす教育を提供することが可能であることを実証している。しかし、これらの取り組みの持続可能性については再び疑問が提示されている。それでもなお、新たな規範の初期兆候として、これらの取り組みを見守り続ける価値はある。

一九七〇年代後半から、一九八〇年代、一九九〇年代を通して、ハンス・ヴァイラー（Weiler 1978）、ボールズとギンティス（Bowles & Gintis 1976）といった学者たちが、教育が全ての社会悪に対しての万能薬とする考え方を厳密に吟味した。正規学校教育と生産性の関連性を否定はせずに、社会的不公正が正規学校教育システムによって変貌するのか、もしくは、それによって下支えされているのかを問いながら、彼らはこの支配的模範が特定の社会階層の利益を増加させている程度に関する疑問を投げかけた。この頃、欠損理論、従属理論、種々の対立理論、新マルクス主義といった数多の競合する理論が支配的規範を批評した。しかし、本章で既述のとおり、これら批評の有効性には疑わしいところがある。教育改革者たちが、正規学校教育システムの不撓性と変化による影響に適応し同化する能力を軽視していたことを、学者たちは指摘していた。さらに、システムをまとめること（規定という官僚的な接着剤）自体が保証、認定、評価を中心とした産業となった。また、支配的規範の維持には、グローバルな力も大きく作用していた。

我々の現在位置

第二次世界大戦以来行われた教育発展に関連した調査は通り一辺倒であったため、明らかに多くの重要な出来事、決定、政策、そして批評というものを看過してしまっていた。そして、上述のとおり、多くの提言や解釈が議論された。しかし、正規学校教育の構造と支配について、さまざまな視点や時代背景をもった著者や観察者たちは皆、同様の結論に至った。過剰な表現かもしれないが、イリイチは、

言い換えれば、ファシスト主義国家、民主主義国家、社会主義国家、大規模国、小規模国、富裕国、貧困国であれ、学校は全世界類似の存在なのである。この学校システムの同一性は、神話を取り扱う神話学の多様性をよそに、神話、生産様式、社会統制の手段における意味深いグローバルな同一性を我々に認識させた。

と結論付けた（Illich 1970, p. 74）。近年では、タイアックとキューバンが、

> 長い年月を経て、学校は基本的にその中核事業では同一なものであったため、学生、教育者、そして一般人は、これらの正則性が「本当の学校」には欠かせない要素であると叩き込まれた。

という、より率直な見解を述べている（Tyack and Cuban 1995, p. 7）。我々も、実際を目の当たりにすれば「本当の学校」について何らかの形で理解はできる。大半が少なくとも一度は通っており、教育と学校教育についての意見を誰しもがもっている。そして、教育的と推定されていても本当の学校と共通点を有していない活動には抵抗するため、結果、世界中で代替教育運動の盛衰が起こった。現在では、大半の国が通常三段階からなる正規大衆教育システムの構築に出資している。この支配的模範が即座に認識できない国（北朝鮮のような隔離国家を含む）はない。そして、グローバル化とそれに関わる政策の収束における過程との関連で、それが幼稚園や研究大学であれ、本当の学校の均質化は、グローバルな現象のように思われる。

ストロムキストは、国や文化の違いという余地は残しながらも、多くの人がグローバル化によって政治・経済状況が大きな影響を受けたと信じているなか、実際にはその土地の価値観と道徳観が強力な影響を受けており、特に価値観において「我々をさらなる均一性へと突き動かしている」ことを指摘した（Stromquist 2002, p. 1）。支配的規範は、「異議申し立てや解放的思想に余地を与えることなく、個人主義と競争を支配的価値とする」限り、実に生活の大半においてもその支配力を維持している。本著者自身の倫理教育についての多国籍研究では（Cummings, Tatto & Hawkins 2001）、個人主義、起業家精神、自主独往といった支配的価値観は、台湾と中国、アメリカとロシアといった政治的、経済的、文化的な異種背景において卓越したものとして認められている。

グローバルな力が、少なくとも一八世紀以来カリキュラムを形成し続けており、このグローバル化時代では何一つとして新しいことは起こっていない（これについては、ディーン・ノイバウアーによる本書の第1章を参照され

たい）。しかし、現代のグローバル化過程の規模と構造は、支配的規範と学校教育の協調をより強固にする傾向を強力に促進する状況をもたらした。カーノイは、

大半の国の教室では、教育がほとんど変化していないことは事実であり、指導方法や学習指導要領は原型を保ったままである。最も重要なグローバル化に関連する教育改革である教育行政と教育財政の分権化ですら、その実施をよそに、教室における教育伝達に与える影響は限られたもの、もしくはまったくないように思われる。

ことを示唆している（Carnoy 2002, p. 2）。グローバル化に関連する過程が、支配的規範の浸透と同時に、グローバル化経済の需要に対応するために変容したことの一因となっている。各国（グローバル化の最中であっても、依然として重要な政策的関係者）が新経済が求める熟達した人材を輩出し外国資本を誘致しようと試みることで、教育への需要がさらに強まっている。

同様に、類似の教育商品を提供するために、評価、試験、そしてその他の基準や水準が普遍的かつ偏在的になった。社会的説明責任が昨今の風潮である。政府負担の教育経費の減少という類似の趨勢を受けて、より低コストで教育を提供する範囲を拡張すべく、情報技術（ＩＴ）がますます活用されている。これらをもとに、現在の教育的因習から脱する手段というよりは、そのなかで種々のシステム的構造と教授法が起こるといった、いくつかの興味深い矛盾がこれらの状況から生じた。カーノイは、「同規範によって規定されるものの、異なる状況に応用される政策の場合、その実践形態はさまざまになる（場合によってはその相違によって同じ政策による結果であることがわからないこともある）」と指摘している（Carnoy 2002, p. 6）。実際には支配的規範内で起きている変化によって、革新的かつ急進的代案という錯覚を引き起こす。

教育変化に関して我々の位置を熟慮するように、これによっていくつかの提案を熟考することができる。

• 民主主義的、国家的発展政策の審議というよりは、どちらかといえば経済の政界規模化、社会保障システムの解除、知識のさらなる商品化と関係する外部過程と圧力によって、教育の再構築と改革は起こっている。
• 今まではなかったが、カリキュラムと資格認定におけるグローバルの標準化へと転換してきた。
• 教育における政策立案者たちは、自国の教育システムと、教育の提供、財政、規制に関する政府の役割を変容させることで、世界市場での国家競争力の向上を図ってきた。
• 教育における政策立案者たちは、グローバル化を通して、民営化、市場化、企業化、戦略的計画、分権化、ブランド化、社会的説明責任、査定といった専門用語を含む新たな言語を取り入れた。
• グローバル化は、文化団体から奉仕機関への高等教育における転換に貢献してきた。
• ＷＴＯによるサービスの貿易に関する一般協定（ＧＡＴＳ）は、大豆のような商品として取り扱うことで国民国家へ輸出し国民体系と競うように教育を再定義した。

これは、今現在多くの人に認識されている教育変化への一連の要因に過ぎない。しかし、グローバル化が、教育界の舵取りに多大な影響を与え、それが依然として続いていることが伺える。現代のグローバル化の過程により、正規学校教育の支配的規範への依存を固定化したため、本当の学校における基本体系の実質的変化が起こる余地はほとんど残されていなかった。差別化の正当性を懸命に主張したカミングスですら、均質化へ、そして、特定の学校教育へと収斂させる大きな圧力の存在を認めている（Cummings 2003）。シュレンスキーはさらに踏み込み、高等教育において、機関の歴史で前例のない収束が起こっており、グローバル化のもと、機関の自治が外部の制御部位によって取って代わられる「他律的」模範をもたらしたと主張した（Schugurensky 2003）。

この非常に固定化した規範の対案について、我々は何を予期したであろうか。センのような革新的開発経済学者たちは、支配的人的資本手法と「自由を体現する人の能力」が区別できる点を示唆して、改革者たちの関心を惹いた（Sen 1999）。センは、教育、学習、技能育成を通して、人はやがて今まで以上に生産的になれ、そしてこれが、経済拡張の過程に多大な貢献となる。これにより、経済における生産額と教育を受けた人の収入が増加する。

と述べ（Sen 1999, pp. 292-294）、支配的規範の力を認めた。しかし、彼はさらに続け、教育が担うべき役割はもっと大きく、「さらなる目的達成の自由」が教育によって与えられると述べた。

ストロムキスト（Stromquist 2002）のような学者たちは、支配的規範の重要な対案の可能性について楽観視はしていない。どちらかといえば、グローバル化の影響により、我々が調査してきた規範による支配がさらに強固なものになった。権力格差は変化し、そして、意思決定は国の教育者たちから他の関係者（企業、国際機関）へと移行し、次に、これらは、公立学校における実験に対する頻繁な攻撃へと貢献することになった。したがって、ほとんどの場合、学校は普段どおりに仕事をすることを選ぶ。存在する教育のいかなる再形成も、その教育研究からわかることに基づいておらず、そのほとんどが企業や市場からの強い要請によるものである。改革者の大半は浅薄で、よりよい学校や現正規システムへの代案ではなく、教育への公的費用の削減を目指している。しつこく推奨される代案は、貧困層よりは富裕層に恩恵をもたらす民営化や保障制度といった事項を重要視している。

しかし、第8章でジョセフ・ファレルが指摘するように、非政府組織（ＮＧＯ）や他の自治体の活動を通して、革新的な非正規の代替教育による努力は続いている。この領域での教育研究はほとんどなされてはいないが、いくつかの活動は、世界中の教育者たちに前途有望な見識を提供してくれ、そして、将来有望ではあるかもしれない。タイアックとキューバンが、

教室の形体のように、学校教育原理はこの数十年間非常に安定した状態を保ってきた。学校における時間と空間の分割、学生の分類・教室への割り当て、知識の「科目化」、そして学習の証拠としての成績と「単位」の

授与に関して、大きな変更は発生しなかった。

と主張するように（Tyack & Cuban 1995, p. 85）、アメリカをはじめとする各国での教育改革はいまだ衰えてはいない。この雛型は、初等教育から大学院教育までの、いかなる水準の教育にも応用される。確かに、ばらつきは存在するが、我々が見てきた限り、長い期間変化に耐えられる、非常に良くできた模範である。

結論として、我々には、教育に関する「なぜ」、つまりは、（本章の冒頭部分でふれた）従来の方法で学校教育を実施する理由に関する理論的根拠と、「なぜ」から派生する教育手法という二つの課題がある。このシステムと実践されてきた手法、つまり、変化や改革に非常に不浸透であった手法や「原理」を推進してきたものを目視できるが、他の社会領域や職業に見られるものに適合すべく、規範が転換したところを目撃したことはない。非常にグローバル化した世界におけるさらなる複雑化とは関係なく、正に教育についての考え方を考えることの大半がそうであったように、正規学校教育は、単線的に重い足取りで歩いてきた。支配的規範は君臨し続ける。しかし、逆説的に、グローバル化はその地位を強固なものにしていながらも、教育方法と意味の再解釈と規範における本当の転換の実行を可能とする、より革新的な改革や改訂につながるかもしれない規範の、重要な特徴とその優位性に対する抵抗への関心を、高めてきた。教育についての考え方や実践方法における規範の転換が近い未来に起こり始めなかった場合、高度に発展した先進国においてですら、現在の発展が継続されることがなくなるということが、まず確実といえよう。

第6章　グローバル化と高等教育の枠組みの変化――中国の事例

マー・ワンファ

過去三〇年間の中国の高等教育のさまざまな変化を回顧するにあたって、それらの変化が起こった巨視的な背景の影響に気付かずにはいられないだろう。一九六〇年代の終わりの中国の経済は破綻に向かっているようだった。全国の学校は四年間近く閉鎖され、社会、政治そして文化の権威の構造は、事実上大混乱にあった。しかし中国は、一九七〇年代の終わりまでに国内の思想的論争を克服し、さらに一九八〇年代末の政治的大混乱、そして一九九〇年代後半のアジア経済危機のときにも、安定かつ非常に迅速な成長を定着させることによってさらなる大混乱の寸前からなんとか抜け出している（一九九〇年代以降、中国の経済は年間八％から一〇％のペースで成長している）。さらに重要なことはこの成長が社会的あるいは政治的危機を伴わずに維持されてきた点である。さらにこれらの経済成長は同じくらい急速な教育の変化を推進させた社会の変革を伴うものであった。本章では、中国を高等教育の変化が社会の変化の中心的な役割を演じた、大規模で急速な社会の変革の例として論じることにする。ここで論じられる多くの変革は中国特有のものかもしれないが、それらは新たな教育の形と実践を求めている移り行く社会への教訓にもなるであろう。

開放と経済のグローバル化

マーギンソンとローズ（Marginson and Rhoades 2002）はグローナカル（glonacal）という術語を地球、国家、そして地域を結ぶグローバル化の力学と置き換えている。グローバル化の垂直的な面に注目することによって、このグローナカルという考え方による中国における政策の変更や改革は、本質的に複雑で、複数の段階に及ぶ取り組みを考案させることになる。しかし、メイソン（Mason 2004）が複雑理論をこの活発で複雑な教育の変革を理解するために応用した際、こういった変革は地球、国家、地域という決まった順序では起こらず、むしろその多くがそれぞれの場所、地域、国家にとって独特の歴史的背景あるいは文脈に基づき、いろいろな方向に影響を与える働きをするものとして機能すると強調していた。中国の高等教育の場合、マーギンソンとローズのグローナカルという概念を分析の道具として三つのレベル間の支配の相互関係に注目することと、メイソンの複雑理論およびそしてそれが強調する多次元の変革の力学への訴えを結び付けることが役に立つだろう。

一般（そして一部の政策策定者）の意見には反するが、経済成長は現地の安価な労働力と海外からの大型の投資が一致することだけで成り立つものではない。中国において、市場に対しては生産、流通、消費の自己制御が奨励されているものの、将来の国益のために市場を利用するには、国家による主導と統制が引き続き必要である。国家の経済成長を持続させるには、国家の開発の結果を新たな方向に向け直すために、鋭く対応できる政策策定および適応のパターンが求められる。さらに、現有の社会的影響力、例えば先天的に問題があったり、現実とかけ離れていたりする工業、農業あるいは社会一般の制度上の構造を改革する文化、そして社会経済の制度を開発への帰納的な影響力という観点から評価する明確な計画などを結集するための継続的な戦略も必要である。言い換えれば、グローバル化についての著書などでは脱中央集権的アプローチがよく引き合いに出されているものの、国家には社会の変革の適切な道筋とペースを保つ重要な役割が残っているのである。

中国が過去三〇年間に経験してきた変化は大変基本的なもので、それに影響を受けなかった社会的な場面はなかったといってよいだろう。高等教育ももちろん例外ではない。制度という面では、拡張、多様化、大衆化、商業化という意味での変化を経てきたのだろう。そしてこれら一つ一つの変化はいずれも国家そして地球規模の経済、政治そして社会的な動きの結果である。本書の第1章でディーン・ノイバウアーはグローバル化の性格、例えば、製品のみならず価値観や信条の交易、社会的機能の民営化、より曖昧になっている国家の性格、そして社会的格差の増大などについて論じている。計画経済から市場経済に移行した中国のような国では、これらのうちの複数の原動力が改革を推し進める過程の特徴として発生したり、あるいは作られたりする様子がよくわかる。

中国におけるグローバル化は決して新しい現象ではない。古くは一世紀の中国と中央アジア、中東、ヨーロッパのさまざまな社会とを結んだシルクロードに沿っての交易、また一五世紀初頭のツイェン・ヘーによる三〇〇隻の船舶、三万人の兵士、商人、外交官を伴う遠征などに始まっているといえる。しかしながら、グローバル化の過程が、中国の自己理解と後期近代化の始まりにおける地球規模の歴史的発展双方を反映した経済開発や社会変革の中心的要素として見られるようになったのは最近のことである。一九七〇年代の後半、「開放」という言葉が普及してきた。これは経済政策においては海外交易や投資の障害になるものを取り去って開放をするということを意味する。それは新しい考え方や国家の経済を再建する新しい方法への受容を促進するためであった。

開放政策がもたらした最も明白な成果は、中国で最初の経済特区として指定された一二年間で小さな町から人口五〇〇万人の大都市に発展した深圳市である。その後新たな経済特区が作られ上海や広州、さらに多くの沿岸の都市に、海外との合弁企業や投資や、活気に満ちた地元の企業が見られるようになった。さらに、これらの計画に基づいた直接的影響に加え、開放政策は重要な副次的影響をもたらした。

例えばマクドナルドが初めて北京で開店したとき、単にそこで出される食べ物が中国人にとって風変わりであったことだけではなく、新たなサービスの形、新たな食生活、そして新たな生活様式をもたらした。皮肉にもアメリカにおいてはマクドナルドの食べ物は安いと思われているが、当時の北京では、裕福で地位の高いことのシンボルになっていた。人々がこういった食べ物がどのように、そしてなぜ世界中で人気を得たのかということと考えるようになるにつれて、彼らは、マクドナルドが競争心を高揚する文化心理学を考慮したビジネス戦略を実感した。それは中国の外食産業にとってもとても有益なことであった。

こういった議論に加え、多くの外国企業が中国に支店を設置してくるにつれ、地元にどういった人材が求められるかは明らかになってきた。時間に追われた集約的な職務環境で成功するためにはより生産性の高く、自ら率先して、さらに増大する異文化的環境に対応できる働き手が求められたのである。若者たちにとっては給与の高い国際的企業で働くことは、単に給与や地位を得られるだけではなく、新たな意味での社会移動性を提供される機会でもあった。当時人々、特に若者たちは、先を争って知識や教育を求めて海外に出た。一九八〇年代半ばに始まった留学潮と言われる動きは、引き続き重要な目標および実践でもある。このような状況に対して、中国の高等教育も国家の労働力の訓練と、新たな知識の創生へのアプローチを変化させるべく段階的に開放されてきた。

学位取得のために海外に行くことのなかった大学教員は、低い給与と膨大な授業時間数に満足をせず、大学を離れ「下海」と呼ばれるビジネスの海原に飛び込んでいった。実際にどれだけの若手の大学教員が国内あるいは海外での経済的繁栄を求めてビジネス界に飛び込んだのかは定かではないが、唯一定かなのは、一九八〇年代後半から一九九〇年代前半にかけて、海外に留学していた大学教員や学生たちが、研究や生活水準の違いを理由に、中国に帰国せず、現地にとどまることを選択した。したがって、創造的な知性が中国に戻ることにより国家を活気づかせるどころか、中国からの頭脳の流出に悩まされた一九九〇年代であった。

最近の統計によると、一九七八年以来、七〇万人が海外に留学したのに対し、近年は帰国率が高くなる傾向ではあるものの、これまで帰国したのは一七万九〇〇〇人だけであった。

開放政策は中国の発展の軌跡、そして基礎教育、高等教育の双方の改革において引き続き重要な位置を占める、もう一つの大きな変革に刺激を与えた。さらに開放政策は人々に国内を移り住み、民営、すなわちビジネスを始める自由を与えるという意味を含んでいた。一九七八年以前、中国の労働力は「単位」と呼ばれる地域の労働共同体あるいはコミューンに登録されることにより厳格に管理されていた。こういった共同体は最初は農民それぞれに三〇年間土地を貸与することが許可されていた。一九五〇年代後半から一九七〇年代中頃にかけて、中国の農民たちは諺でいう「老黄牛」（共産主義の思想を熱狂的に信じ、共産主義の実現のために一生働き続ける人々を示す比喩）のように生活していたが、貧困や物資の不足にも直面していた。中国経済の改革が実際に地方でも始まったのは何千もの農民が借地の期間を終了し土地を返却したり、また都市部や他の地方での賃金収入を求め、土地を放棄したときからであった。土地改革はただちに人々を、男性女性にかかわらず、一年中農地に縛られることから解放した。こうして移住をした元農民の一部は急速に富裕層になり、大款（無礼な富裕層）と呼ばれたが、他方では土地のない放浪者となり都市でいくつもの臨時の仕事をしながら食うや食わずの生活をしていた。都市部で何年か生活した後、これらの、基本的な読み書きや計算を含む、売り込むべき技能をもたない者は、成功の夢を諦めてしまったのである。そして故郷に帰っても、そこでの生活には再度順応できず、地方での生活を心地よく送ることはできなかった。

このような、現実的でよく知られているリスクにもかかわらず、農民たちの移住は止まらなかった。人々は一九九〇年代に農業が農民たちにあまり利益を与えなかったという理由だけではなく、都市部と農村部の収入の差がさらに広がることから、都市部にどんどん流出して行った。北京のような大都市は、財産目当ての人々で急速に膨れ上がった。公式の統計によると現在北京には三〇〇万人の移住者がいるとされているが、実際四〇〇万人から五〇〇万人はいるだろうと言われている。全国的には、移住者の総数は数億人とも言われ、彼らの多くは長時間の労働と、不安定な雇用、そして雇用主による虐待など、激化する社会的格差に直面している。

さらに重要なことは、地方の人々が都市部へ移動するにつれ、新たな競争的な産業界において国営企業は比較的効果を上げていなかったため、国営企業の労働者の多くが解雇されるか一時的に休暇をとることを強いられた。解雇された労働者の多くは特に技能をもたない四〇~五〇代の者で、多くは、中国政府が健康管理の民営化を促進し始めたことにより縮小する社会福祉に依存していった。

こういった状況の全ては、急速な市場主導の経済成長による悲劇的な副産物を残しながらも、これまでの対象であった一部の限られた層以外からも、中国が国際的取引や投資における労働力として直接関わるという予見をもとに、教育の機会や質の改善への要求が広がった。地方そして都市部の貧民層、そして、最も強調しなければならないのは、中国政府がよい教育こそが、よい生活環境をもたらし社会情勢の不安定さが広がることに対する保険の役割をすることを自覚したということである。

大きな社会的、経済的転機の時代のなかで、多くの学者たちは知識と才能こそが発展を維持し、さらに広げるための最も重要な要素の一つであると考えてきた。中国も例外ではない。開放政策以降は経済の変容の段階と規模に合わせて連動してゆく要求の変化に見合うような創造的思考をどのように作り出すかということが一つの重要な課題であった。そして、厳しい選抜基準が多くの若者にとって高等教育を受けることの妨げになっていた。過去二〇年の間、中国の高等教育は社会の要求、経済の改革、そして現代のグローバル化の複雑な形態へより深く統合していく準備などへの積極的対応として、いくつかの国家レベルの改革を行ってきた。

最初の重要な改革は、高等教育制度の拡大である。一九七八年以来、中国の高等教育は急速に拡大している。一九七八年には国内には高等教育機関は四〇〇存在した。しかし、一九七八年から一九八五年までの間、新たに六〇〇以上の高等教育機関が設立され、一九八五年にはその数は合計一〇〇〇を超えるまでになった。こういった制度の拡大と同時に、制度の多様化も試みられた。資本金を集めれば民間も大学を開設することを中央政府が許可したことにより、最初の国立でない大学が一九八二年に北京に設立された。それ以来さまざまな非政府機関（言い換えれば私立の法人）による民办（私立）大学が開設された。このような大学の出現はある種のリベラル思想を反映するものである。公益のための教育は私的にも提供できるのである。今日、中国にはこのような高等教育機関が一三〇〇以上あり、一〇〇万人以上の学生を収容している。

これと同時に中国における成人向け高等教育制度は目に見えるような速さで発展している（中国の成人向け高等

教育はもともと公務員などの専門職の訓練のために作られたものであったが、現在は既に二〜三年間の職業訓練を経たものに対する学部レベルの教育も提供している)。今日、約一二〇万人の学生がこの種の訓練のために学校に通っている。また国の試験センターによって行われる自習プログラムもある。これらは生涯教育を目的にしているものの、大学に行く機会のなかった若者たちを惹きつけている。中国の民办大学は単科大学、総合大学ともいまだ発展の途上である。これらの機関を保護する法律が制定されたのも二〇〇二年である。現在民办の大学は公立のものと比べ、経済そして学問の上でも苦しんでいる。今日の中国の高等教育制度において、一〇八一の国公立高等教育機関、一三〇〇の民办のもの、そして六八九の成人教育プログラムが存在する。制度の拡大と多様化により、入学者数は過去二〇年間に大変増加した。中国人の入学率は、入学年齢を迎えた高校生の人口を基準とするとその一八%に到達した。トロウ（Trow 1973）の言葉を借りれば、中国の高等教育は現在大衆化の途上にあると言えるだろう。

放権と教育制度の変化

中国が段階的に世界に扉を開いていくにつれて、新しい経済の様式、ＩＴの重視、知識の拡大の加速、そしてさらなる国際協力の推進などが、旧来の組織構造においては効果的に機能しないということがわかってきた。産業界、教育界の双方からは教育制度におけるさらなる自立と決定権の増大が求められてきた。これまでに述べたように、国の教育制度は一九八〇年代後半から一九九〇年代前半にかけて初めて組織構造の改革を経験した。それらの多くは二種類の重要な政策文書に従って実施された。その一つは中国共産党中央委員会が一九八五年に公表した『教育改革に関する党中央の決定』、そして一九九三年に公表された『中国教育改革と発展要綱』である。これらの政策文書は中国の高等教育の構造改革への基本的な指針を示した。『中国教育改革と発展要綱』に書かれているように、一九九〇年代の中国の明確な高等教育の目標は新しいアプローチによって経済改革の規模を拡大し、組織構造を合理化することにより、さらに促進を行うことであった。

よく知られているように、もともと中国の高等教育制度は、学問領域を中心に編成されていた一九五〇年代初頭のソビエトのものをモデルとしていた。そしてその目的は、社会主義建設のための専門家を養成することだった。一時はそういったモデルは長い戦争の後の即時の国家復興に役立つものであった。しかし、経済が発展し多様化し、より国際化するにつれて、この分野に特化した人的資源へのアプローチは時代遅れのものとなった。現代のグローバリゼーションの社会では、中国の政策策定者たちはより総合的で、一般的な形の高等教育を支持してきた。そして高等教育の標準的な形として総合大学が採用された。したがって、一九九〇年代に、六一二の大学が二五〇に統合された。例えば北京医科大学は二〇〇〇年に北京大学と合併、また北京中央工芸美術学院は清華大学の一部となった。さらに吉林省の首都長春では、吉林工業大学、白求恩医科大学、吉林農業大学、吉林郵電学院、長春科技大学などを統合し新しい吉林大学が誕生した。これらの統合、合併は政策策定者たちから、質の高い万能な人材を育成し、大学が国際競争や協力に耐えうるようになるという理由で正当化された。

これらの新しい高等教育制度の運営はまた新たな挑戦であった。なぜなら中国の経済構造や労働市場が変化し、高等教育に対する社会的な要求が引き続き増していたからである。多くの欧米の研究者たちは「脱中央集権」という術語を使って中国の高等教育におけるこのような変化を論じた。ジョン・ホーキンス（Hawkins 2000）は中央集権（centralization）、脱中央集権（decentralization）、再中央集権（recentralization）などを用いて、組織管理面においての中国の高等教育改革の姿を捉えようとした。中国では放権（権）という用語が、「下位層により多くの決定権を与える」という意味で使われた。この放権の過程においては、教育省はマクロレベルの管理をするわけで、英語の‘decentralization’と似ていると思われるかもしれないが、中国語の場合はむしろ、大学により多くの決定権を与えるという意味をもっている。この観点から考えると、最も顕著な変化は国家と高等教育機関との関係がまったくリセットされたということである。

一九七〇年代まで、中国の高等教育は高度に中央集権化され、厳密にコントロールされていた。言い換えれば全ての大学やその他の教育機関は、関係省庁を通して、中央政府の下にあった。大学やその他の教育機関は教育省の許可なしに学生を入学させることはできなかった。中央政府は予算の策定、管理職の任命、新プログラムの許可、教科書そしてカリキュラムの選定に責任を負っていた。しかし放権が実行されてからは、中央政府は法律、財政支援、評価を通じてマクロレベルの運営のみに口を出すようになった。これまで政府が行ってきたマイクロレベルの運営、例えば高等教育における日々の運営についての関与は姿を消した。現在はそれぞれの教育機関が教える分野を調整したり、産業界や研究機関との協力関係を開拓したり、通常のカリキュラムに加えて短期のトレーニングプログラムを設定したり、さらに副学長から下級管理職、さらに教員に至るまでの採用および解雇を決定することができる。また個々の教育機関は独立した教育、研究そして生産施設を創設することもできる。さらに、新しい政策は学費等をはじめ研究、コンサルティング、そして委託トレーニングプログラム、学校が設立する企業、そして産業界や地域への他のサービスなどを通して収入を得ることも可能である。大学はさらに寄付を受けたり、募ったりすることもできるのである。

何人かの研究者たちは中国の高等教育改革には他の目的があったと述べている。それは、国中の資源を総動員し、国家の教育の水準を上げ、さらに高くなる高等教育に対する教育要求に追いつくことである。中国の経済は安定して成長してきたが、高等教育への公的投資はいまだに低い。二〇〇四年の統計では、二〇〇〇年の世界平均の四％を下回る、GDPの三・一四％にとどまっている。

資金を確保するためには、共建、すなわち「共に作って行く」という戦略が異なった資源を探すために用いられている。放権と共建を通して、国公立の大学など教育機関は三つのカテゴリーに分類されている。一〇八一ある普通の高等教育機関のうち、だいたい一〇〇ほどは教育省に直接管理されている、そのほかのほとんどの教育機関は教育省および地方政府の管理下にあるが、小規模の教育機関の場合地方政府の管理下に置かれている。省および市の政府はさらに国立大学への資金を提供しなければならない。地方政府が実際にどのくらい高等教育に出資をしているかについての統計は皆無に近いが、地方の大学は以前より手厚い財政援助を受けていることは間違いないだろう。

双《そう》（雙）贏《えい》と高等教育の商業化

過去数年の間、大学の幹部、教授、そして中央政府との間で、中国の高等教育の商業化について白熱した議論が行われてきた。なぜこのような議論がされるべきなのだろうか。高等教育は商品なのだろうか。三〇年近く世界の他の部分からの孤立を経て、中国はＷＴＯに加盟し、地球規模の経済の一員になるために多大な努力をした。一般の人々はあまり気にしなかったかもしれないが、中国が二〇〇一年一一月にＷＴＯに加盟した直後、「グローバル化」が政府の文書、専門誌の論文、そしてマスメディアに最もよく登場する言葉の一つになっていた。グローバル化がどの程度中国社会に影響を与えるかということについての関心の高さは、中国がＷＴＯに加盟した意味と過程を理解するための数多くの会議、セミナー、ビジネス、財政、教育、産業そして農業についての講演が催されたことからもわかる。教育に関して最も頻繁に聞かれる質問は、「海外の投資家が中国に大学を開設したいと言った場合中国政府はどう反応するだろうか」「多くの海外の投資家たちは財政的、教育的、そして技術的にも中国側よりも競争的であるが、それらが中国の高等教育に与える影響は何か」。こういった議論はどこまでも広がり続けたため、一部の学者は「狼が来た」という表現で警告をした。

狼たちはただ単に来ただけではなかった。彼らは実際にグローバル化の過程に加担したのである。中国がＷＴＯに加盟して約一年後、多くの外資系銀行、スーパーマーケット、建設業などが支店を開設した。利益の追求は国際ビジネスにおいては当然のことであるが、このような外資系の進出がもたらした一つの利点は雇用の拡大であった。「双（雙）贏」すなわち「双方がお互いに利益を得ること」という言葉がこのような過程を表すのによく使われるようになった。国内のさまざまな地域では外国の大使館や教育関連団体が主催する高等教育に関する展示会が開かれた。また海外に生徒・学生を送るために多くの「中間」業者が設立され、高い手数料を取るようになった。多くの中国の若者たちが高い手数料を払っても海外に留学する理由はいくつもあるが、そのなかの主なものとしては、中国の高等教育が拡大され入学者数も劇的に増えたにもかかわらず、国内の高等教育だけではまだまだ人々を満足させる状況には至っていないということが挙げられる。二〇〇〇〜二〇〇一年度について言えば、一二万人の中国人学生が外国の大学に入学したと推定されている。その内訳は五〇％がアメリカ、二三％が日本、九％がイギリス、八％がドイツ、そして三％がオーストラリアである。現在は三八万人以上の中国人学生が海外に留学している。

同時に、中国の急成長する経済は海外の高等教育機関にとって魅力的なものであり、既に多くの機関が合弁の研修プログラムを開発したり、研究所を設置したり、あるいは中国に海外キャンパスを設立したりした。二〇〇二年の終わりまでには、中国国内に外国関連の教育機関の数が七一二にもなった。地理的には、それらの多くは東岸の開発された地域にある。上海に一一一、江蘇省に六一、山東省に七八、そして北京には一〇八がある。これらの教育機関のうち、一五四がアメリカ、一四六がオーストラリア、七四がカナダ、五八が日本、四〇がイギリス、二四がフランス、一四がドイツ、そして一二が韓国との共同スポンサーによるものである。八二が中等教育修了者対象の三年間の職業学校、六九が四年制大学相当の機関、そして七五が大学院レベルに特化したものである（Yang 2005）。これらの教育機関が国家により定められた中等教育修了の水準を満たしていることを確実にするため、二〇〇三年に中国と海外の教育機関が共同でスポンサーをする教育機関に関する規則が作られた。教育機関であるため、こういった機関は収益を得てはならず、教育省の管轄下に置かれることになっている。

同時に、国公立の大学は地域そして海外のリサーチセンターを設立したり、海外の大学と交流協定を締結したり、同じく海外の大学や他の教育関係機関との間に学生や教員対象の交換プログラムを作った。北京大学の場合、カリフォルニア大学と共同の教育プロジェクト、キャンパス内へのスタンフォード大学の支部の設置、北京早稲田共同教育研究運営機構の設立、ロンドン大学での夏季プログラムの実施、イエール、モスクワ、パリ各大学との学生の交流などがその例である。一部のプログラムは外部からの財政的支援により運営されているが、また別の一部は学生から費用を徴収して運営されている。

さらにMBA、MPA、リーダーシップ・トレーニング、人材資源開発などの分野については大学あるいは私的機関にとっても十分な市場が存在する。そして、その一部はとても費用がかかることは知られている。ハーバード大学によって企画されるMBA用のトレーニングプログラムは二週間で二〇万人民元(二万五〇〇〇米ドル相当)もする。こういった修了証を出すプログラム、コースのパッケージ、トレーニングのプロジェクト、さらにeーラーニングの企画者たちは教育を他のどのような目的よりも「商品」と見なしている。一般市民はグローバリゼーションを国中の生産力を上げるための方法と、そして国家の政策を科学、教育、いくつかの教育機関、企業などを通して国を活気付けるためのものと見なしており、高等教育に関しては、利益のための市場よりわずかに重要である程度にしか考えていないようである。

高等教育の商業化についての論争に影響を与えたいくつかの要素がある。何人かの研究者たちは高等教育は商業化されるべきであると考えている、その理由はいずれにせよ実際にお金がかかるからである。これには「双贏」すなわち「双方がお互いに利益を得ること」という言葉が当てはまる。しかしながらそれは公平さと公共の利益を考慮した場合、やや曖昧になってしまう。なぜなら、支払いをする能力のないものは機会を失い、置いてきぼりにされてしまうからである。したがって、危険なことは、教育が商業化していくにつれて、公共の利益としての教育は以前国公立だった機関を民営化しようとする者に挑まれるだろう。

接軌とアメリカ式の改革

「接軌」という術語(「歩調を合わせる」という意味)は最近、国家経済の改革の方向性および国際貿易に関する政策を描写するのに造り出された。しかしその概念は官僚や一般市民からも疑義を唱えられた。その理由は公害を出す企業が国中に急に広がっていること、労働条件が悪化していること、そして労働者たちがたびたび適切に給与を支払われていないことである。高等教育においても、状況はあまり良くはなかった。そして他に類似した国家的な経験が不足していたこととも輪をかけていた。多くの国は地球的経済に参入しながらも、地元の文化や特性を保護するということを目標としていた。高等教育では、これらの考えようによっては相反する目標がアメリカの高等教育機関によってほどよくバランスがとられていたのである。したがって、アメリカのモデルは中国の教育者にとって少なからぬ興味の対象であったのである。

一九八〇年代以降、中国の多くの学生がアメリカ留学をした。アメリカの経済にとってアメリカの研究系大学の貢献の成功、アメリカの産業界の競争力、アメリカの軍事力の強さはもちろん中国からの注目だけを惹いたわけではない。北京大学が一九九八年に創立一〇〇年を祝った際、多くのアメリカの研究系大学の学長がキャンパスに招かれ、さまざまな意見交換をした。そして最近、研究系の大学を建設するということが政策策定のなかに含まれるようになった。中国の高等教育はアメリカのモデルを改革の参考にしたが、いまだ独自の様式を維持している。例としては、中国の大学が最近採用し始めたアメリカの大学の終身雇用システムだが、アメリカではこのシステムは元来学問の自由を守るために始まったものであり、終身雇用は准教授のレベルから始まるのに対し、中国では教員の生産力を向上させることを目的としていた。例えば北京大学の場合終身雇用は教授のレベルになってからのみ開始される。北京大学で教授になるためには主要なジャーナルに八本の論文が掲載され、また専門分野の著書を五年以内に最低一冊は刊行しなければならない。また年間三〇万人民元の研究費を得なければならない。

アメリカの研究系大学はアメリカの産業界と密接な関係をもってきた。一九九五年アメリカの産業界はこれらの大学に一・五億ドルの投資をしている。中国の大学もこの概念を取り入れたが、北米の大学のように発明の使用許諾を産業界に与えるのではなく、大学が自らハイテク企業を設立する傾向があった。北京大学の場合六つの会社を所有しているが、そのなかで最も有名なファウンダーは香港および日本で上場している。中国の大学が自ら会社を設立する傾向にはいくつかの理由があるが、そのなかで最も説得力のあるのは、一九八〇年代から一九九〇年代にかけて、中国のハイテク産業は脆弱であり、企業が新しい技術を十分消化できない状況であったことだろう。大学の教員そして彼らの学生たちは自らの知識や発明をそのまま生産に使うことが可能であったわけである。

現在の焦点は限られた財政のなかで「国際級」の大学をつくる方法を探ることである。しかし「国際級の大学」とは何なのであろうか。実際決まった基準がないため、この考え方についての議論は常に飛び交っている。結局最終的に提案されたものは、ハーバード、スタンフォード、オックスフォード、ケンブリッジなどの大学をモデルとしたものであった。中国の中央政府は高等教育への投資を増強する意思はある。特に国内の一流大学により多額の投資を行い、将来さらに発展させようとする意図である。まず北京大学と清華大学が最初の二校として選ばれた。これもアメリカ式の政府が研究系大学に投資をするというモデルをもとにしている。中国では政府が出資する二つのプロジェクトが一九九〇年代に創設された。これらは「211プロジェクト」と「985プロジェクト」である。「211プロジェクト」の目的は国家が二一世紀に向かって一〇〇の拠点大学を整備することであった。そして中国の多くの大学がこのプロジェクトに応募した。「985プロジェクト」は北京大学の一〇〇周年記念日にあたる一九九八年五月から名前がつけられた。この日を国際級大学の始まりの日と位置付けるためである。最初は北京大学と清華大学のみがこのプロジェクトの対象になっていたが、最終案が中央政府から認可される頃には、九大学が対象となった。二〇〇四年には「985プロジェクト」は第二段階で三四の大学に拡張された。これら三四の大学が中国の一流の研究系大学と考えられているのである。現在これらの大学は研究、学識、産業界との連携、そして海外の有名大学との学術的交流を通じてさらに力量を増すべく膨大な努力をしているのである。これら国家主導のプロジェクトはグローバリゼーションに対する公的な返答の一例と言えよう。

二〇〇二年には全ての大学が二〇〇五年までに授業の一五%を英語で行うことが決定した。その目的はもちろんのこと、この英語という障壁をものともせず地球規模で働くことができ、より地球的な視野で考える傾向をもつリーダーの養成である。しかし、この決定がどのくらい現実的で、実際にどう行うのかということは問題でもある。

なぜなら英語による教授および学習にはそれなりのレベルの英語力が教員、学生の双方に必要であり、また適当なレベルのカリキュラムの支援と教科書の準備が必要だからである。北京大学のように教員の三分の一以上が英語圏の大学への留学経験があるところではさほど問題は生じないだろうが、他の大学については難しい問題である。

グローバル化と教育の枠組みの変化

加速するグローバル化の時代のなかで急速な過渡期のなかにある発展途上国として、中国の経済および教育の改革はグローバル化の結果と連動した過程として起こっている。中国の高等教育にとってグローバル化とは何か。ITがこのような変革にどのような影響を与え、中国の高等教育は将来どうなるのだろうか。我々は、中国の高等教育が国家の経済改革そして地球規模の交易のなかへの統合が増加することに対応あるいは連繋しながらどのように変化したかという点のいくつかを考えてみた。アルトバック（Altbach 2002, p.1）は高等教育のグローバル化および国際化について以下のように述べている。

広い意味では、グローバル化は国家を超えた密接な関わりのある高等教育の動向を指す。これらには大衆的高等教育、学生、教員そして学歴の高い人々のための世界的市場、インターネットを基本とした新技術の世界への浸透などが含まれる。国際化とはそれぞれの国家や大学による政策や構想、そして地球的な動向に対応するシステムを指す。国際化の例は、外国人留学生を獲得する政策、あるいは他国の教育機関や組織との提携、さらに、海外に分校を設置することなどである。

ＵＮＥＳＣＯの最近の調査によると、二〇〇〇年の後半には「一六〇万人の外国人学生が世界の一〇八カ国で学んでおり、そのなかで五四万七〇〇〇人がアメリカ合衆国で学んでいる」と示されている。この調査では学生たちが留学のために使う金額は示されていないが、一九九四年に外国人留学生が一〇億ドルをアメリカ合衆国に投資したことが推測される。二〇〇四年五月のシンガポールのストレイト・タイムズによると、アメリカ合衆国で学ぶ外国人留学生は一一億ドルをアメリカ経済に貢献し、またオーストラリアの外国人留学生からの収入が一九九八年は七億一〇〇万ドルであったものが、二〇〇二年には一四億ドルに増大した。

多くの国で政府の教育への負担が少なくなっていくにつれて、大学は高い学費を支払って財政の穴埋めをしてくれる外国人留学生に注目するだろう。先進国の高等教育機関は中国人学生を惹きつける力をもっている。先に述べたように、そして国内の大学の供給と需要の不均衡が多くの中国人の高校卒業者が海外に高等教育を受けにいかなければならない理由の一つである。したがって供給を増す手段として、中央政府は一九九九年に大学の入学定員を三〇%増加させた。一九九八年に大学等高等教育機関に入学した人数は一〇八万人であったが、翌一九九九年には一五九万人に増加した。実質の増加率は五〇%近くであった。このような入学定員の増加により、海外に留学しなければならなかった高校の卒業生たちは国内で高等教育を受けることができるようになった。この入学定員増によってこれらの学生は一〇億人民元以上を節約することができたのである。これほど莫大な金額を伴う商品としての高等教育を考えると、高等教育のグローバル化は既にそれ自体が重要な経済を作り出しており、特に中国ではその影響が大きいことがわかる。

経済的観点から言えば、グローバル化はビジネス、財政、貿易そして商取引などに関する規則の均一性を強調していると論ずることができるだろう。WTO、OECD（経済協力開発機構）、GATT（関税および貿易に関する一般協定）、GATS（サービスの貿易に関する一般協定）などの組織や機構がこの過程に貢献をしているのである。しかしながら、教育に関して言うなら、共通に受け入れられている規則はまだ少ない。教育は国際的な商品であるにしても、一足の靴を買うようにはいかない。よく言われていることだが、教育は文化や価値観と切り離せるものではない。言い換えれば教育は世界の異なった民族にとって教育を興味深くそして意味のあるものとする手助けをするための文化的伝統と価値の継承である。ダグラス・ケルナー（Kellner 2000, p. 305）は次のように強調している。

［文化は］思想や独自性への侵略に対する防波堤の働きをするために思想、独自性、そして日常生活の様式、また特定の地域にとっては異質なものの生活様式を規定する。教育はその代わりに個人がそれぞれの文化に創造的な形で参加できるような技能と材料を提供する。

したがって、我々が中国の高等教育の様式の変化を見たとき、経済成長や蓄えられたり、稼いだりしたお金だけに注目するのではなく、学生そして社会一般に高等教育が寄与した文化や価値観にも注目しなければならない。

中国は急速しかも空前の経済開発の最中で、それに伴い高等教育の大衆化も進んでいる。先にふれたように、中国の大学進学率は二〇〇四年には対象となる高校の卒業生の一九％に達している。現在中国には三〇〇〇もの高等教育機関があり、在籍者数は約一九〇〇万人になる。大学の定員が引き続き増加されている一方、他の教育機関、国内国外にかかわらず、さまざまな教育プログラム、海外分校、そしてeラーニングなどを提供している。これだけ多くの機関が乱立している現状では、それらの質的管理が、管理者たちの関心の中心となってくる。誰が質的な面の監視を行い、質的保証を行い、どのような基準によって行うのかという点もこの領域の重大な関心事である。大学、学会、あるいは中央政府により海外の専門家たちが招かれ意見の交換を行ったり、関連する国家のプロジェクトが立ち上がったりもした。研究者の一部は大衆高等教育に求められる「質」とエリート教育に求められている「質」は異なると示唆している。それぞれの教育機関は異なった目標をもっているので、たった一つの基準で全ての高等教育機関を評価するべきではないことは明らかである。

グローバル化は均一化という意味ではない。少なからずそれは全ての国が同じ経済、文化、社会の背景をもっているわけではないからだ。もてる者ともたざる者の間では、他の筆者も述べているようにその進度にも大きな不均衡が生じている（特にノイバウアー（第1章）、メイソン（第3章）、ハーショック（第4章）を参照）。資源の不足は貧しい国々をグローバル化の恩恵から遠ざけてしまう。世界銀行の報告書（Task Force 2000）は発展途上国の人々が直面する問題点について以下のように明確に指摘している。「高等教育はもはや贅沢なことではない。それは国家、社会、経済の発展にとって必要なものである」。恵まれない人々に高等教育を提供することこそが中国だけでなく、国家や地方の政策策定者が考えるべきことである。教育および経済の資源の不均衡な分配、恵まれない人々の高等教育への接点が限られていること、そして地方の教育開発の不均衡については相当な関心がある。教育省は最近二度にわたって中国と海外の大学の学長を対象とする会議を開催したが、参加者のほとんどは中国人であった。そして、会議とはいうものの、実際は中国の大学の学長に対するトレーニングの様相が強く、海外の大学の学長には会議に来て中国の学長たちに彼らの考えと経験を伝えてほしいというものであった。参加した中国の学長たちには彼らの大学改革における意思決定において、地方、国家、地域、そして地球規模の影響力と問題点の相互作用があることに以前より気付くということが望まれた。

グローバル化の影響は国ごと、そして発展の段階ごとに異なる。先進国にとっては、グローバル化は主として国際市場をより開放し、より多くの天然および人的資源をさらに入手する機会である。中国の場合グローバル化は経済開発よりはるかに大きいものであった。中国は最初は経済を通してグローバル化の過程に入っていったが、結果的には経済だけではなく、政治、社会、文化、そして教育に細分化された。多くの場合、中国の高等教育改革の過程はいろいろな面で独特なものであった。「中国的」ではあるが、社会主義的工業化を目指したソビエトをモデルにした制度から、段階的に世界的に優勢な教育の枠組みへの移行（第5章　ジョン・ホーキンス）中である。

中国が世界的に優勢な教育の枠組みに歩み寄りつつあることは、国家の経済開発の必要性によってあからさまに駆り立てられた結果であった。二〇〇二年に中国政府は向こう二〇年間中中国は中所得層の国家になるために努力しなければならないという提案を出した。その目的を達成するためには、教育、特に高等教育が前面に推し出された。一九九三年以来、経済開発にとっての高等教育の重要性は繰り返し唱えられてきた。そして、科学や教育を通じて国家に活気を付けるための政策が採用された。ちょうど最近、どのようにして人口一三億人の国家において人々の技能を向上させるかということについて学者や政策策定者が活発な議論を行った。この大きな挑戦は単なる財政的投資だけではないということで、さまざまな考えが提示された。現在、展開している計画の一つとしては、移民をしてきた農民を対象に職業、社会、そして法律についてのトレーニングを行うものである。

グローバリゼーションとそれに伴う中国における経済や教育の枠組みの改革は現在進行中であることは明らかである。その過程において、高等教育は国家の経済的成長と発展のための方略として使われている。それは世界的に優勢な枠組みを示す概して標準的な表現である。

高等教育の改革がこの先に直面し、また新たな教育の枠組みの出現により示唆される問題は、単に学生の能力を向上させるだけではなく、道徳的、そして社会的価値観、教育、社会そして性差による不平等、文化の多様性、そして環境の保護なども含んでいる。これらは社会の持続可能な開発のための基本的要素である。そして高等教育の発展においての地球規模、そしてこれからも発展を続ける二一世紀の中国にとっても中心的な関心事なのである。

第7章　グローバル化の渦中での団結――シンガポールの国民教育

ジェイソン・タン

国民のアイデンティティを築きあげていくことは過去四〇年以上の間、シンガポール人民行動党（ＰＡＰ）政府の最大の関心事であった。このことは国家の限られた領土と天然資源、国家の経済や社会的業績、そしてマレー・回教徒が多数を占める地域の真ん中にある唯一の中国系民族中心の国家であることによる脆弱性（Hussin 2002）などさまざまな問題に関する永年の関心事のなかに現れている、政治のリーダーたちの「要塞的思考」（K. P. Tan 2001, p. 97）と関連している。政府はこれまで一貫して教育政策の制定についてはトップダウンで対応して来ており、九〇％以上の初等、中等教育対象の年齢の児童、生徒が入学する国民教育を彼らが将来を担う国民として社会に適応させるための中心的役割と位置付けて来た。一九五九年にイギリスから自治権を得て、さらに一九六五年に政治的に独立して以来、教育省はさまざまな市民向けのプログラムを作ったが、結局は廃止されたり、別のプログラムに取って代わられたりするだけであった。

一九八〇年代の初め、二つのプログラムが開発され実施された。一つは初等学校向けの〝善良市民（Good Citizen）〟プログラム、もう一つは中等学校向けの〝あることとなること（Being and Becoming）〟プログラムである。一九八四年から一九八九年までの間に、若者のモラルが低下する最中、全ての高等学校で「宗教に関する知識」が必修となった。生徒には、聖書に関する知識、仏教学、儒教倫理学、ヒンズー教学、イスラム教の知識、そしてシーク教学の六つの選択肢が与えられた。彼らは選択により分離された。政府はもともと「世界の宗教」という科目も設けるはずだったが、そのようなシラバス編成が大変困難であるという理由で断念した（J. Tan 2000）。「宗教に関する知識」が六年間必修であったが、一九九〇年に選択科目となった主な理由の一つに、仏教徒やキリスト教徒の間で信仰復興運動や伝道活動が盛んになったことが挙げられる。そして、「宗教に関する知識」に代わって、新たな公民、道徳教育の必修科目が中等学校の生徒向けに作られた。この科目の目標は生徒たちが文化や宗教を認め合い、共同体意識を助長し、家庭生活を肯定し、人間関係を育成し、さらに国家の形成に献身することであった（Ministry of Education 1991）。同時に、全ての初等学校の〝善良市民〟プログラムが引き続き必修科目として残った。

本章は一九九七年にシンガポール教育省によって、国内の全ての学校に導入された国民教育政策構想に焦点を当てたい。この政策構想は児童、生徒のナショナル・アイデンティティ、シンガポールの近代史、そして国家の開発を行ううえでの挑戦およびそれに伴う制約についての感覚を養い、国家の将来に自信をもたせることを目的としている（Ministry of Education 1997a）。本章はまず構想の起源について述べ、この構想の成功を確実にするために政策の立案者たちが真剣に取り組まなければならないさまざまな難問や矛盾点について論ずる。その際、国民教育構想が増大するグローバル化による圧力への直接的な対応として、シンガポール人たちが自らを経済のグローバル化の中に堅固に位置付けるべく計画されたものであることを主張したい。シンガポール人たちはより大きな地域的あるいは国際的な経済、文化のつながりを奨励されているのであるが、ある意味では逆に、地元の状況にしっかりと根付いていることも求められている。本章ではトップダウン・アプローチ（演繹的アプローチ）により国民教育によって社会の結束やナショナル・アイデンティティの形成を促すことの限界についても論ずる。

国民教育への呼びかけ

一九九六年の「教師の日」の集会において、当時のゴー・チョクトン首相は、新聞の街頭調査の結果を見て、シンガポールの若者たちが最近の国の歴史を知らないことを嘆いた。また教育省は二五〇〇人の生徒に抜き打ちでシンガポールの歴史についての小テストを行った。その結果は新聞の調査と同様に悲惨なものだった。例えば、シンガポールがなぜマレーシアから分離したかを正しく答えられたのは四分の一以下に過ぎなかった（Goh 1997a）。

ゴーはこの知識不足は、政治的政策により近代の政治的変遷や政治的独立に結び付いたさまざまな事件について学校であえて教えないようにしてきたことの直接的結果であると述べた。これは、シンガポールがマレーシアの一部であり、そして後にシンガポールがマレーシアから追放されることにつながった、公にも微妙な時期と理解されている、一九六三年から一九六五年の短い間のことを軽視する試みであった。しかし彼は、実際にこの時代を経験していない若者にとって、この時代のことを無視することは好ましくないことであると感じていた。また彼はこれらの事件は「我々が共有する過去」を形成するものであり、「全ての地域社会を結束させるもので、分割させるものであってはならない…我々は、こういった事件がなぜ起こったのかを理解し、同じようなことが二度と起こらないようにしなければならない」と主張した（Goh 1997a, p. 425）。ゴーは若者たちが、特に景気が後退すると、異民族間の関係がいかに壊れやすいものであるかということがわからなくなってしまうだろうということを強調した。貧困や喪失の時代を経験していない若者は平和と繁栄に慣れてしまっているのである。

「国民教育」と名付けた構想の後押しを求めるため、全ての校長に呼びかけたゴーは、まず国民教育は全ての学校のカリキュラムのなかで決定的な要素となると指摘した。そして、既存の社会科、公民、道徳教育、歴史などの科目だけで国家形成の重要性を強調するだけでは不十分である。さらに、より重要なことは国民教育は全ての子供たちを、例えば「国家についての価値観の共有と過去の出来事がどれだけ現在や未来と関連しているのか」ということを本能的に理解できるよう育成するためのものであった（Goh 1997a）。国民教育は生徒に世界中でさまざま紛争が起こっているなか、シンガポールがどれだけ平和で安定しているかを感謝するためのものだったのである。言い換えれば、学校のしきたりや教師によって示される例など教室外で起こったことが、国民教育の成功にとって必要不可欠と証明するだろうということを意味していた。ゴーはそのために教育省を含むさまざまな省庁が参加する、国民教育委員会を設立した。

前述のゴーの見解は早速政府高官に大量消費主義者たちの要求や増大する中産階級の物質的志向をどのように満たすかということへの関心を促した。一九八〇年半ば以来、シンガポールの高等教育は大きく開放されてきた。そして二〇〇〇年までには各年齢層の六〇パーセント以上が当地の大学や科学技術専門学校に入学するようになった。よりよい教育を受けた国民の増加は政府高官の関心ごとでもあった。例えば一九九六年にリー・クアンユー初代首相現顧問相（K. Y. Lee 1996, p. 30）は以下のように述べている。

過去三〇年間の（シンガポールの）継続的発展、さらなる安定と繁栄は英語で教育を受けた中産階級にこれまでと異なった世代を形成した。彼らは親たちとは異なった世代である。現在三五歳以下の世代は、年々成長する経済に慣れて成長し、安全と成功にも慣れてしまっている。そして彼らは全てが良好であることを信じているため、社会において自らを犠牲にして他者の利益になることをしようとしない。彼らは地域や社会の幸福よりも自分と自分の家族の幸せと成功のみに関心があるのだ。

同様に、ゴーは一九九五年に以下のように述べている。

学生たちに学問的知識を与えるだけでは何がシンガポールを発展させ、また何が崩壊させるのかを理解させることはできない…日本の子供たちはどうやって地震に対応するかを学び、オランダの子供たちは干拓地や低地の脆弱性を学ぶ。シンガポールの子供たちも、同様に狭い陸地、限られた領土、空域、海域、自動車を所有するためにかかる高い経費、水や石油の国外への依存などについて学ばなければならない。さもなければ、継続した成長期は子供たちに「良い生活」は当然の権利であると信じさせてしまうであろう。（シンガポールの）生徒たちはサバイバル・スキルを学習することにより、どんなに恐ろしい挑戦や競争に対しても、我々が意志と技術と解決策をもって克服できるという自信を吹き込まれなければならない（"Teach students," 1995）。

国民教育の開始

国民教育構想は一九九七年五月に当時のリー・ヒシェンロン副首相により正式に開始された。リーはアメリカ合衆国や日本のように、シンガポールより長い歴史のある国もいまだに学校教育によって「国家の本質の手掛かり」を生徒たちに発信する必要性を認めている。したがって、まだ一世代の国家であるシンガポールも、国民教育という形で類似した事業が必要である。国民教育は生徒の国家的結束を以下を通して行うことを目標としていた。

- シンガポール人としての独自性、誇り、そして自尊心を助長する。
- シンガポールの国家形成の予想外の成功について教える。
- シンガポール独自の発展への挑戦、制約、脆弱性について理解する。
- 実力主義や多民族性、そしてさまざまな物事に打ち勝つための意志などの主要な価値観をシンガポールの継続的成功を確かなものとするために浸透させる（H. L. Lee 1997）。

リーは全ての校長と教員に国民教育の六つの主要なメッセージを生徒たちに伝達するように求めた。

- シンガポールは我々の祖国であり、我々が帰属するところである。
- 我々は民族、宗教の調和を守らなければならない。
- 我々は実力主義と腐敗のない社会を守らなければならない。
- 誰も、何もせずにシンガポールからいろいろしてもらえる権利は有しない。
- 我々はシンガポールを自分たちで守らなければならない。
- 我々は将来に自信をもっている（Ministry of Education 1997a）。

国民教育を全ての学校に具体的に導入するためのいくつかの手段が提案された。まず第一には、正規のカリキュラムの全ての教科を使おうということであった。社会科、公民、道徳教育、歴史、地理のような特定の科目はこの点では特に役に立つものとして挙げられた。小学校の社会科は四年生からではなく、時期を早めて一年生から開始する。また、新たな必修科目として全ての高等学校にシンガポールの成功と将来の開発における挑戦について扱う科目を新設する。そして、高等学校の歴史のシラバスを従来扱っていた一九六三年までの事項に加え、独立後、一九七一年までの事項を扱うことなどであった。

第二に、正規外のカリキュラムについてもさまざまな提案がなされた。全ての学校は毎年の主要な行事を忘れないことが求められた。

- 全面防衛の日　一九四二年にイギリス植民地であったシンガポールが日本に降伏した記念日（シンガポール陥落の日）

- 民族調和の日　一九六四年の多民族間の暴動を忘れないための日
- 国際友好の日　近隣諸国との真心のこもった関係を維持することの重要性を広めるための日
- 独立記念日　一九六五年の政治的独立を記念する日

そのほかにも、生徒はシンガポールがさまざまな制約のなかで進歩を遂げてきたことに敬意を表し、自信をもつ心を養う目的で、重要な国家の機関や公共施設を訪れることになる。さらに社会的結束と市民の責任を促す手段として、市民には毎年六時間の公共奉仕活動を義務付けている。これらを率先して実施するために、教育省のなかに国民教育部門が設けられた。さらに学校長たちが国民教育構想を真剣に捉えるよう外的な動機付けをするため、生徒たちの国民意識感、そして社会性や道徳性の発達は優秀学校モデル（各学校が五年に一度、いくつかの重要項目の実施過程および成果についての自己評価を行い、外部認証を得るもの）の評価基準に含まれた。

挑戦

政治家たちの間に差し迫っていることは、一方で、物価が上昇するなかで、より裕福で唯物論的な人々の間で増大する、自動車の所有と大きい家への欲望をどのように満たすかということをしながら、もう一方では、市民の意識と責任をどのように維持するかということであるということが、国民教育との絡みで読み取れる。さらに関連して、国民はこれらの物質的欲望が満たされない不満を過去四五年の間、拡大し続ける富を約束し成り立ってきた与党にぶつけることも考えられるであろう。

さらに、経済がぐらついて、過去数十年間の高い成長率を維持できなければ、社会の結束も痛手を被ることになるだろう。社会的階層化は、特に一九九一年の総選挙後シンガポール人民行動党（ＰＡＰ）が議席を減らして政権について際には政府の政策上の協議事項としてより顕著に想定されていた（Rodan 1996）。収入の格差に関する公の場での議論が一九九一年以前は「タブー」であったが、これを期に収入の不均衡が潜在的に社会の結束に影響を与えることについてはシンガポール人民行動党（ＰＡＰ）政府側も徐々に認めるようになっていた。例えばゴーチョクトンは必ずしも全てのシンガポール国民が地球規模の経済の恩恵を同様に受ける立場であるとは限らないと数度の機会に認めている。彼はさらに高学歴のシンガポール国民のほうが技術を有さない労働者よりも有利であり、収入の不均衡や社会的階層の格差がさらに広がることを指摘している（Goh 1996; 1997b）。

ゴーは収入の不均衡と社会的結束の維持との間に明確な関連付けをしている。しかしながら、彼は「我々は飛ぼうという人を飛ばせないことで収入の格差を狭めることはできない……そうかといって、適性や能力のない人全員にまで、飛ぶことを教えることもできない」と考えている（Goh 1996, p.3）。一九九〇年代の後半、ゴーは高学歴、特権階級、そして世界を駆け巡るエリートと大半の労働者階級との区別を説明するのに「コスモポリタン」（すなわち「国際人」）と「ハートランダーズ」（すなわち「内地人」）という表現を導入した（*Parliamentary Debates* 70 (20), 1999, Col. 2284）。

シンガポール人民行動党（ＰＡＰ）の国会議員はシンガポールの国民が「国家形成の破壊につながる、『国際人』と『内地人』の二極化を創り出す教育制度を許してはならない」ということを熱望している（*Parliamentary Debates* 71(2), 1999, Col. 87）。このような二極化は、一九九七／九八年の経済危機後、急に激しくなり、中国やインドとの経済競争が激しくなるなかでシンガポール経済が引き続き成長するのかということついての不安を増大させた。また支配層のエリートたちは、経済的な生き残りという名のもとで、シンガポール国民に地域的そして国際的なレベルで、堅固な経済的そして文化的なきずなを築いておくことが求められていることは同時に国家のアイデンティティと市民としての義務に対しての疑いを生じさせる危険を伴うことに気付き始めていた。

社会の格差と社会の結束の間に生じているこの緊張は国民教育の基底にある枠組みにも浸透している。学校教育の異なったレベルごとにそれぞれ異なった点が重視されている。例えば、技術教育研修所の生徒に対しては、

［彼らが］勤勉に働くことにより、自分たち、家族、そして国家の水準を継続的に向上させ、安定した社会的秩序を確実にする手助けをすることを理解し、全ての国民がシンガポールにとって価値があると感じなければならない（Ministry of Education 1997b, p. 3）。

また、社会階層の階段の少し上にいる科学技術専門学校の学生たちは「国家の生き残りと繁栄は彼らの努力の質に依存し、能力と努力に相応の機会が全ての学生に与えられる」（Ministry of Education 1997b, p. 3）と考えられている。また、その五分の四が最終的には国内の四年制大学に進学する、ジュニアカレッジ（進学のための中等教育機関）の生徒は「自らの将来の形をつくる」という感覚をもち、将来の国家のリーダーとして「リーダーシップに求められる複雑な事柄」の価値を認識すべきであるとされている（Ministry of Education 1997b, p. 3）。これらの異なるメッセージについて人々は三〇年以上前にリー・クアンユーが信奉した階層社会の捉え方の紛れもない名残であると見ている。リーは一九六六年に学校長への演説のなかで、教育制度は「頂点の指導者」「優秀な管理職」そして「よく訓練され統制のとれた公徳心のある一般大衆」によって形成された「ピラミッド型の組織」を創り出さなければならないと強調した。その「頂点の指導者」は「人々を先導し、刺激を与え、社会を成功に導かせる」ことが必要な「エリート」、「中間層」である「優秀な管理職」は「エリートが彼らの計画、構想、考えなどを実施するのを助ける」もの、そして「一般大衆」は「社会を重んじ、いろいろなところで暴言を吐かず、自己そして社会的規律が染み込んだ」人々である（K. Y. Lee 1966, pp. 10, 12, 13）。リーはさらに、多くのシンガポール国民が国家の生き残りよりも自己の生き残りを重視する傾向があることを嘆いていた。これはリーそしてゴーが後のより物質的に豊かな社会のなかでも繰り返したテーマであった。

市民の忠誠心と傾倒を維持するということの課題には、グローバル化とその影響により海外旅行、インターネット、ニュースおよび印刷物を通じてシンガポール国民が海外における新たな社会的政治的選択にさらされるということを意味し、さらに厳しい重圧がかかってくる。また富の増加は人々がよりよい就職の機会が待つ、海外での教育を子供たちに受けさせることが多くなることも意味する。さらに政府自身もシンガポールの海外における経済競争力を増加させるために国民が海外で働くことを奨励してきていた。さらに過去四〇年間にわたって政府はGCEのAレベルにおいて最も優秀な成績を収めた生徒たちにオックスフォード、ケンブリッジ、ハーバード、スタンフォードなどの権威のある大学で勉強するための援助を行ってきている。意外ではないかもしれないが、こういった政策が、高度の教育を受けたエリート、言い換えれば、自ら国家のリーダーシップの職務を引き継ぐことを望んで就学のために寛大な援助を受け、世界中を自由自在に動き回り、世界中で経済的に最も恩恵を受けられる位置にある、張本人たちに国外への移住までをもくろませてしまうことは、多分に皮肉な結果だと言えるだろう。この政策のジレンマは一九九〇年代後半に国会議員たちが海外での学部あるいは有名大学院での教育を受けさせてもらった者の名前を公に出し、恥を知らせるべきか、卒業後シンガポールに戻って政府のために働かない代わりに、経費を返納するだけでよいのか、それぞれの長所を議論することで例証された（*Parliamentary Debates* 68(7), 1998, Cols. 855–996）。その数年後、ゴー・チョクトンが独立記念日の集会での演説において「根気強い人々」（「シンガポールに根付いた」シンガポール人）と「諦めの早い人々」（天気の良い時はシンガポールにいて、国に嵐が訪れると逃げ出す人々）を区別したことを受けて、いわゆる「コスモポリタン（国際人）―ハートランダー（内地人）」問題が再度取り上げられた（*Parliamentary Debates* 75(8), 2002, Cols. 1110–1201）。

社会階層をもとにした不平等の問題は民族間の不平等とも関連していた。二〇〇〇年度の国勢調査によると、マレー系およびインド系の住民はそれぞれ全人口の一三・九%と七・九%を占めていたが、彼らはその割合とは不相応に低所得者層を占めると同時に、高所得者層においては多数派である中国系住民と比べて非常に少ない割合を占めていた。そしてこのような格差は、経済のグローバル化がシンガポールの社会にさらに影響を及ぼし始めることによって、狭まることはないという懸念がある。

こういった民族間の不平等は教育の達成にも影響を及ぼす。中国系住民はシンガポールの全人口の七六・八%を占めるが、それと比較してシンガポールの大学および科学技術専門学校では、それぞれ二〇〇〇年度の全学生数の九二・四%、八四・〇%と中国系の学生の占める割合が著しく高くなっている。それに相応して、マレー系住民（大学と科学技術専門学校生の二・七%、全人口の一〇%）やインド系住民（大学と科学技術専門学校生の四・三%、全人口の五・二%）は十分に代表されていない（Leow 2001, pp. 34-36）。マレー系やインド系の学生は過去四〇年の間学問的にすさまじい進歩を遂げたものの、公的な試験の結果について言えば、中国系の学生には相変わらず遅れをとっている（Ministry of Education 2004 などを参照）。

また、著しく多くのマレー系とインド系の生徒が国家試験の結果をもとに初等、中等教育の両方のレベルで（高等教育機関への進学を目的としない）ゆっくりとしたペースのクラスに配置されている。言い換えれば、学校教育の初期の段階で既に教育の格差が存在し（教育省の学習サポートプログラムなどが存在するのにかかわらず）、高等教育まで続いているということである。この格差は権威のある学校における少数民族（そして労働者階級の）代表不足、そして最も格の低い学校における代表の過剰とも言い換えることができる。これらの格差はシンガポールがどのくらい実力主義で公平であるのか、そして実際に全てのシンガポール国民が本当に同じテーブルについているのかという疑問を抱かせるのかもしれない。

四〇年間の国家の学校制度における共通した社会化がいまだに生徒間の人種的偏見を撲滅するには至っていない証拠は存在する（Lee et al. 2004 などを参照）。ほとんどが中国系の生徒で占められている特別補助計画の小学校、中学校ではそれらの民族的排他性が、周期的に議論の対象となってきた（*Parliamentary Debates* 55(4), 1990, Col. 371; 64(5), 1995, Col. 486; 70(9), 1999, Col. 1027; 76(10), 2003, Col. 1635）。さらに、一か八かの著しく競争的な教育制度において初等教育、中等教育の段階で生徒たちをさまざまな能力別クラスに分けるという慣行は、一九七九年に開始されて以来、速習クラスの生徒および教師の側からゆっくりペースのクラスへの生徒に対する偏見の一因となってきた（Kang 2004; Tang & Ho 2001 などを参照）。このような階層化については偶然にも政府の以下のような主張とも一致する。

〔国民の〕皆がシンガポールに貢献できる。それは決してAばかりをとる生徒やお金を稼ぐことができる人々だけが重要で価値があるというわけではない。我々の一人ひとりが社会のなかにおける役割をもち、貢献をすることができ、そして役割を担っている……社会として、我々は「成功」の定義を学問や経済以上の範囲に広めなければならない（Government of Singapore 1999, p. 11）。

本章でこれまでに論じた数々の緊張した状態やジレンマは、全ての生徒に対して国民教育のメッセージを伝えるための試みと大変密接に関係している。さらに近年の宗教の違い、特に、イスラム教とそれ以外の宗教との違いについての新たな意識の高まりは、状況をより複雑にしている。一九九九年には教育省から出された公立学校における全ての児童に対する六年間の義務教育についての報告を受けて、イスラム教の私立学校の将来をめぐった論争が起こった（Ministry of Education 2000）。この後、二〇〇一年九月に起こった同時多発テロでニューヨークの世界貿易センターが標的になり、その年の末にシンガポール政府が在シンガポールのイスラム教徒をテロに関係した疑いで逮捕したという出来事が続いた。そして二〇〇二年の初め、教育省が公立学校に通うイスラム教徒女子生徒に対して学校で被り物を着用することを（イスラム教徒の教員には許可されているにもかかわらず）禁止したことなどさらなる論争が起こった。これらの火種のなかで、政府の指導者たちは改めてシンガポール国民に対し結束を求め、また学校に対しては社会的結束を育てる場であること求めた。

ある意味では、シンガポール政府は民族や宗教による緊張が多様な教育政策やその他の経済、社会政策によって一掃されたというようには述べていない。事実、一定の政府の声明は社会的結束を進めるという仕事を意図的ではないものの、よりおぼつかないものにしてしまったのかもしれない。例えば、シンガポール国防軍（SAF）におけるマレー系国民の位置付けについては国防軍が一九六七年に創設されて以来ずっと争点になっている。政府の指導者たちはマレー系の国民は彼らの宗教的類似性がシンガポールの防衛という任務と葛藤する場合、軍の特定の部隊には採用しないと公然と述べている（Hussin 2002）、さらに、リー・クワンユー氏はシンガポールが経済的成功を確かなものにするには、現在の民族分布を維持する必要があると公の場で述べている。この民族に関する論争は中国やインドからの熟練した新しい移民の流入により近年さらに複雑化している。支配層のエリートたちはシンガポール国内に地球的知識経済が必要とする才能が欠如しているとして、「海外の才能」の輸入を正当化している。これらの新移民たちは一時は一部のシンガポール人たちによる職の奪い合いへの意識過剰から起こる敵意に対処しなければならなかった。国民教育はこういった移民の子供たちを社会と打ち解けさせるという仕事に全力で取り組むものである。また、熟練した男性成人の移民は、シンガポール人のように兵役につかなくてよいのにもかかわらず、永住権の申し込み資格があることに対する恨みもある。また学校においても、一部の親、教師そして生徒の間には才能のある海外からの移民がもたらすと認識されているさらなる競争に不安をもっているものもいる（Quek 2005, Singh 2005 など）。

　それと同時に資源が限られているという点からの国家の弱点が近年の市民の意識の中心に躍り出てきたことは、国民教育の課題をさらに切迫させた。特に、マレーシア、シンガポール両国政府が、マレーシアがシンガポールへ継続して水を供給する条件に合意ができないでいる。また、両国政府は両国の間にある島の領有権に関しても舌戦を交わしている。このようなことから、支配者層により永続させられてきた長年の包囲的心理は、シンガポール人の愛国心を高揚することはせず、むしろシンガポールの生存能力にかえって不安度を高めているのではないかという疑問も生じてくるのである。人民行動党（ＰＡＰ）がシンガポールの急速な経済成長に誇りをもつように国民にアピールすることだけでは、シンガポール国民、特に教養の高いエリート層に感情的結束を作ることには不十分であるようだ（Kluver & Weber 2003）。

　さらに、現実問題として、この非常に競争の激しい教育システムのなかで受験準備中心の社会にもまれるなか教師や生徒に国民教育の重要性を十分に理解させることは容易なことではない。チュー（Chew 1997, pp. 90–91）は以下のように述べている。

シンガポールの児童たちを他人との関わりにおいて、とても自立的、自主的に振る舞って社会生活をするように書かれたカリキュラムの部分に、道徳的信条の対立が見られる。そのメッセージは明確である。個人あるいは小国が大変競争の激しい世界で生き残るには、彼らは他の一団よりも手際よく先を進まなければならない。そこにはシンガポールの社会のなかで最強の推進力がある。それは競争や利己的な個人主義から解放を促進する力で教育制度にも反映されているものである。そのため学校のプログラムは子供たちにいくつかのジレンマをもたらしている。子供たちはより広く、社会における報酬構造を考えたうえで、現実的に反応する。ある意味では教育制度全体は協調そして他人に気を遣うという風潮よりも競争的風潮を維持する方向に向かっていると言ってよい状況であるため、結果として、子供たちにバランスの取れた教育を与えようとして学校が行っている努力が既に凝り固まっている価値観によって帳消しにされてしまう危険性にさらされている。

この、個人主義的そして競争的精神は過去一五年間の教育の市場化により悪化してきた（Mok & Tan 2004）。このような市場化の現れの代表は毎年刊行される、中等学校の学業成績のランキングそしてビジネス界の質的管理のモデルを借用したスクールエクセレンスレポート（School Excellence Model：各学校の特色ある教育活動についての自己評価のモデル）であろう。国民教育（元来、漠然とした感情的態度や信念を伴うもの）の成功を数量化して表すため毎年のスクールエクセレンスレポート用のデータの収集を行うことが、純粋に他の国民の手助けをすることよりも、各学校が要求されているボランティア活動の時間をただ稼ぐことにつながってしまっているのである（例としてS. H. Tan 2005を参照）。シンガポール政府は何年もの間、飴と鞭を使いながら国民が公な政策に従うようにしてきた（K. Y. Lee 1996）。そのため、各学校はコミュニティサービスについて、国からの表彰を受けたいがために、コミュニティサービスを行った結果、業績が上がるのが見えやすいことを行うのに集中する可能性がある一方、国民教育の本来の目的である生徒たちが人助けをしようとする純粋で本質的な情熱を呼びおこすことができなくなってしまうのかもしれない。

さらにもう一つの国民教育についての懸念は、国民教育が「考える学校、学ぶ国民」（ＴＳＬＮ）構想と調和するかということである。この構想は一九九七年に国民教育と同時に、全ての学校の生徒が地球的知識経済に対応すべく、創造性と批判的思考を養うことを奨励するという目的で開始された。愛国的性格の国民教育には教師と生徒の間で、感情や思い入れという意味で、ある程度の意見の一致が要求されることが公的に好ましいという考えもあるだろう。言い換えれば、あるグループの考えは別のグループの考えよりふさわしいとされるということである。しかしながら、このような考え方の一致はＴＳＬＮが奨励している批判的思考とは相容れないとも言えるだろう。

結論

国民教育の構想はシンガポールのナショナル・アイデンティティという感覚を伝えようとしているという点ではさして目新しいものではない。この構想は人民行動党政権が四五年の間重視してきた、トップダウンの教育政策を通した、学校教育を通じた社会の結束の推進の一環であった。新しい点は、変化した社会、すなわち、グローバル化による気まぐれな経済変化の渦中にある物質的に豊かな社会における収入の格差、そして二〇〇一年九月一一日に起こった同時多発テロ後の緊張に見られる、虚弱な政治社会情勢である。国民教育の開始から一〇年後の二〇〇六年、シンガポール教育省は国民教育が民族間の結束の促進や「シンガポールの将来の形成」への本質的な取り組みという面では完全に成功しているとは言えないと暗に認めた（Tharman 2006, p. 6）。同じ年に教育省主導の国民教育の実施状況を検証する委員会が設立された。比較的中央集権化された学校教育制度のなかにおいて、学校を拠点とする国民教育のようなプログラムは、社会的結束やシンガポールへの帰属感を促進しようと試みるたびに、さらに苦戦を強いられるであろう。

第8章　これからの教育──代替教育から学べること

ジョセフ・ファレル

我々は、国家計画目標にさまざまな形で結び付き、体系的官僚機構によって維持されながら、正規学校教育の大小の国家システムへと成長してきた、教育と国家的発展の過去数十年間にわたる進展の過程を熟知している。この規範の進展に関する詳細については、ホーキンスが第5章でふれている。我々は、特に現在のさらにグローバル化した環境における、このシステムの欠点にも精通している。新教育の構成要素は二〇二〇年にはどうなっているのか、また、これらの構成要素の片鱗をどこで垣間見ることができるのだろうか。

私は、「特に未来を予測することは非常に難しい」という古い、おそらくはもっともらしい格言とともに、二〇二〇年とその先にあるものを考える冒険的試みを始めたい。二〇年から二五年前にこの課題に取り組んでいたとしたら、世界秩序におけるその後のあらゆる効果が伴う「東欧圏」もしくは「ソビエト連邦」の崩壊と、世界中の正規・非正規学校教育計画とその候補らへの反響効果を、誰一人として予測できなかっただろう。また、差し迫るインターネットの到来と、これが働き方、伝達手段、情報入手方法に与えた影響の度合いといったものも、予測することはできなかっただろう。今後二〇数年間に我々を待ち受ける「驚き」を正確に知る術を、我々は持ち合わせていない。しかし、私がある程度の確証とともにあえて提言したい一つの予測は、二〇二〇年、または二〇三〇年といった将来、どのような驚きであれ、初等教育や高等教育という水準に関係なく、学校の大半は、今と同じであろうということである。本章の重要な柱でもあるが、極貧で周縁化された集団のうち、若者たちの学習を劇的に向上させることを実現した学校教育における、主要な変化を考案し遂行した集合的経験を通した学び方を我々が学習する限り、これは真実なのである。結局のところ、ほとんどが知られておらず、理解も不十分であるような経験の多くは、我々が選択すれば学べたであろうことから入手することができる。

私は、急進的な代替学校カリキュラムの大集団をしっかりと分別する努力を続けている学者、計画開発者、そして大学院生たちから成る、ある程度自由な国際的連立の「指導者」や「組織者」という視点に立って執筆している。これらの大半は、初等教育と前期中等教育水準であり、恵まれない若者たちのなかでは非常にすぐれた結果をもたらしており、そして、図らずも、「脳科学」と人（若者と年配者）にとって最適な学習方法に関する認知心理学から我々が知ることとなったものと、（標準の学校教育模範よりもはるかに良く）適合している。この章では、主に次の三つを行う。まず、我々が認識したままの学校についての問題点と、それらを変える困難さ（「悪い情報」）を簡単に説明する。次に、多くの成功例（「良い情報」）から学べることを確認し分析する。最後に、未来の学校教育を変える方法に関しては、我々に希望をもたらすであろうこれらの成功例から、今後も学び続ける方法を示唆する。

悪い情報——現在の正規学校教育とそれが不変と思われる理由

我々は、最も特有な形態の傍観者であり関係者である。過去数世紀にわたり、若者と年配者たちにとって最適な学習方法について、我々は学んできた。しかし、まずヨーロッパ（特にプロシア）、そして、植民地支配の強制と文化借用の組み合わせ後に世界中で、一世紀以上前に発展した学習の生じ方や知る価値のある事柄に関する概念に関連したしきたりや伝統を大概の場合は継続するといった、正規学校の標準的な実践に関して、この知識からは何一つとして生かされていない。何年間にもわたり、この点を私は指摘していたが、これに最初に気付いたのは私ではないし、決して最後でもない（一九八九年、一九九九年、二〇〇四年の私の著書とそこで引用されている著者たちを参照のこと）。一九九五年に、アメリカにおける教育改革計画未遂の世紀を記録にとどめ理解を試みた、重要な本が二冊出版された（Tyach & Cuban 1995, Ravitch & Vinovskis 1995、二冊の書評については（Farrell 2000）を参照のこと）。アメリカに見られた傾向が大半の国にも通用することを指摘している、一九九七年に私が書いた書評で、機能不全に陥った正規学校教育と失敗した改革運動に関する話についてふれている（Farrell 1997）。人間の学習に関する理解に至ったことは、「学校教育」が実践され続けている状況とは無関係である。私が「正規学校教育形式（Tyack & Cuban 1995では、「学校教育原理」と呼ばれている）」と呼ぶようになったものは、主に（少なくとも当初は）ヨーロッパで、一九世紀中頃から後半にかけて設置され、時間と場所によって非常に異なる知識人や政治経済エリートの人間学習に関する誤認識を反映していた。しかし、我々はこれらの構造を堅固に定着させてしまったため、少なくとも大規模水準で、それらを変える方法を持ちえていない。図8-1にこれを示す。

正規学校教育形式の存在と変化への取り組みに対する外見だけの取り扱いがたさは、子供たちへのよりよくかつ一層生産的とされる整理された学習形式を求める多くの人、取り組みが失敗に終わっていることを常に目の当たりにしている善意の改革者たち、そして、苦労の末の研究成果が学校教育の糧とされずにいるのを見せられてきた学習に関する学者たちにとっては失意の原因となっている。

最初の集団（子供たちへのよりよくかつ一層生産的とされる整理された学習形式を求める人）のなかで、過去数年にわたり、そこだけではないものの主に北アメリカでは、「特別認可」校、在宅教育、その他の「代替」教育（Armstrong 1998, Bransford 2000, Caine & Caine 1997, www.newhorizons.org,www.educationrevolution.rog,www.learndev.org,www.pathsoflearning.net を参照のこと）への小さな動きがあった。時として、代替学校や代替学校カリキュラム（近年の情報によると、アメリカには一万二〇〇〇校以上の代替学校が存在している——主に宗教的理由からである点を強調する必要はあるが——在宅教育を選択している親が少なくとも一〇〇万人と推測されていることが示唆される）が、限られた地元ではあるが、これらの取り組みの結果として現れた。しかし、これらの数百人の子供たちが、（時には、ある一定の期間を強制的に）学校と呼ばれる建物に集められる：

- 6、7 歳から、11 歳から 16 歳のいずれかの年齢までの子供たちを対象とする
- 毎日 3 時間から 6 時間を過ごす
- 20 人から 60 人のグループに分けられる
- 一人の（教員資格を有する）大人とともに一つの教室にいる
- （特に上級学年で）40 分から 60 分という個別の時間単位が各教科に割り当てられる
- ほぼ同年代の若者のグループで学び、学習する
- 本、黒板、ノート、問題集や問題紙（そして専門的分野においては、実験室、作業台、実務研修所）といった学習支援教材が、（カリキュラムによって）用意される
- 標準カリキュラムは、全ての学年を網羅するために、各学校の上に存在する、通常は中央政府、地方政府、州政府といった関係当局によって制定されている
- より知識を備えるとされる大人たちが教え、学生たちは彼らから指導を受ける
- さらに上級システムへ進むためには、広範システムにおいて、学生たちは、大人たちに教えられたことを反復することが求められる
- 教員、中央試験システムの両方またはいずれか一方により、学生たちの教えられたことを反復する能力を審査し、学年や学校期間を修了した正式な公認証書を発行する

地元社会の水準を優に上回っている、全ての財政支援もしくはその大半は、国家政府や地方自治体、もしくはその他の当局機関（例えば、キリスト教系学校）から拠出されている。

図 8-1　正規学校教育形式

取り組みは、依然少数派である親たちの間での正規学校教育形式からの撤退を示しており、上位正規システムへの目に見える影響を与えてはいない。実際には、正にその撤退によって、正規システムの標準仕様を変えようとする圧力が低減されているかもしれない。

「善意の改革者たち」のなかからあがった（両者とも「公共知識人」と呼んでもおかしくない）二人の意見についてふれる価値はある。二〇〇一年に出たハーパースマガジンの特別号に掲載された「アメリカ教育への新しい希望」（数カ月後のカリキュラム問い合わせへの編集論文のなかで、私は、「アメリカ教育に関する古い考え」という表題のほうが適切だと述べているので、Farrell 2001a を参照のこと）では、テオドール・サイザーが公開討論の場で、

あなたがたはアメリカ人が教育政策を理性的に打ち出していると考えている。しかし、私は、そのシステムがある種思慮に欠けた一連の発言に追随することが歴史によって

証明されると考える。六〇年代、チャールズ・シルバーマンが散策のなかでこれらの学校を訪れ、州の最高責任者たちと話し、そして、全ては思慮に欠けており、我々は常にしていることをただ繰り返すだけだと結論付けた。基本構造と（例えば）高校の裏にある意図は、一八九〇年代にチャールズ・エリオットと一〇人委員会が考案した形態から根本的には変わっていない。我々は人間学習についてもっと知っている。我々は、文化と経済が変化したことを理解している。しかし、慣習化された学校教育手段となったものに縛られ過ぎているため、そのことについて熟考していない。したがって、依然として、一八九三年にチャールズ・エリオットと彼の同僚たちが設定した主要教科が学校の核であり続けている。厳格で有益な方法で、それらの主要教科における子供たちの習熟度を試験できると考えている。我々は、いまだに学校は皆同じという考えに固執している。一八〇日間にわたりそれは続く。四七分に区切られた時間枠で、一〇〇人以上、時には二〇〇人の学生を抱える教員が教える、英語、数学、社会、科学を履修する。「学年」と呼ばれる誕生日に基づいて、（卵のように）学生たちは前進し、学生たちの深い知的能力の習得状況を見極めることができると自分を鼓舞している。このシステムは思慮に欠けている。

と指摘していた（Sizer 2001, p. 45）。二年後、出席者としてサイザーと同席していたジョーン・テイラー・ガットは、ハーパースマガジンに掲載された追跡調査論文のなかで、「本当に学校は必要だろうか。教育に関してではなく、毎日六授業、毎週五日、毎年九カ月、それを一二年間続ける学校教育の強制のことである。過度の機会的な繰り返し作業は本当に必要なのだろうか。そして、もしそうならば、なんのために」と述べた（Gatto 2003, p. 33）。私の同僚である、一流の認知心理学者のデヴィッド・オルソンは、同様の心理学者たちの「絶望の叫び」を出版した（Olson 2003）。最新刊の序文で、彼は、

しばらくの間、私は、ジャン・ピアジェとレフ・ヴィゴツキーによる著明な先駆者的研究、そして、一九六〇年代に始まった認知革命を通して、子供の学習と発展に関する心理学的理解は大きな前進をもたらしている一

方で、制度的実践としての学校教育への影響が、些細ではないにしても、ささやかなものであったという事実に衝撃を受けている。もし頭脳の働き、脳の発達、興味の形成、個人差が生じる過程、そして、最も重要なこととして、人の学習方法についてより知っていたのなら、教育実践は大きな進歩を遂げていたことだろうと、同僚の大半とともに、私は思い込んでいた。この知識が成長する間、学校はまったく影響を受けずにいた。人は既知量に依存して学ぶことが研究から明らかになっているにもかかわらず、学校では、義務とされる範囲によって学習は変わる。人は本質的な関心や学習愛によって学ぶことを研究により示唆されている一方、学校では、「必要単位」のために知識を追求するとよくいわれている。学習とは意味の探求と理解の発展によって刺激されると研究者たちは主張するが、実際は、課題にされた本、章、または頁に左右される。理論家にとっては頭脳の成長は自発的かつ継続的とされるものの、学校にとっては義務と責務でしかない。

と書いている。

上述の観察は、人間学習について我々が知っていることが学校と呼ばれる環境で学べるように促す取り組みになんら影響を与えないこと、そして、いかなる手段をもってしても学校と呼ばれる場所を根幹から変えることはできないように思われるといった世界中の人が抱えるジレンマを要約したものだ。格段の努力を注ぐ国もあるなか、我々は高い犠牲を払っても、特に恵まれない若者たちの実際の学習において、小さな影響を与える程度の微小な変化しか達成できていない。我々が最後に取り得る最善の策は、出生における恵まれた社会状況によって既に優勢にある者たちの学習水準を徐々に高めることのように思われる。非常に裕福な国と非常に貧困な国の両方において、質の高い学校がまったくないというわけではない。例えばマイケル・フランが確認しているように（Fullan & Watson 1999）、問題の大部分は、卓越した学校に留意し、その特性を示すことに長けているものの、そのような学校を多数設立する方法に関して必要な知識と、特に、人間学習について我々が理解したことにより見合った場所へと多数の伝統的学校を変える手段を持ち合わせていないことである。問題を説明できないが、問題を特定することはできる。近年では、数々の説明が提供されている。

タイアックとキューバンは、その問題を広く理解される学校教育原理（学校のあり方とその義務に関する心的模範のようなもので、これらの「原理」は場所によって若干異なる可能性もあるが、一度設置されてしまうと変えることは難しい）における課題と呼んでいる（Tyack & Cuban 1995）。私自身も、特に学校教育が普及した制度であるため、その他多数の制度的背景、形態、そして生活習慣が、正規学校教育形式の存続を確保するという方法で制度化されたことを指摘することで、これらの文献に貢献した（Farrell 2001a）。最近になって、タイアックとキューバン、そして私の見解をもとに、デヴィッド・オルソンは、認知心理学的見地から、正規学校に対する制度的需要が、一般的には認知心理学と学習心理学における「人間発達」目標の妨げであると示唆し、

この時代の開発主義者たちによって創出された認知心理学が、学校教育もしくは学校改革を理解するうえでの問題にわずかにしか関連していない理由を知っているかもしれない。世界などについての子供たちの認識、探究、理解、そして享受の方法、つまり子供主体教育を定義する種々の関心は、制度的規範や目標の達成とは無関係であるように思われる。単刀直入にいえば、迅速かつ正確に解く限り、学生たちが二次方程式を堪能しているのか否かについて、制度としての学校は「関知」していない。しかし、人間発達の環境としての学校は、知識伝統の伝播という非人格的かつ制度的目標に従事するだけではなく、親がするような、子供たちの成就、適性、理解、そして楽しみを追求している。制度的過程と目標を扱うべく発達した心理学は、個人的成長や理解についての課題を取り上げようとする意図とは異なる結果になるかもしれない。

と述べている（Olson 2003, p. 85）。

ここでのいかなる説明であろうと、学習について学んだことにかかわらず、旧来からの学校教育システムは抜本的には変化しないように見える現象は残る。これが、「悪い情報」である。

良い情報――初等教育における静かな変革

ここでは、冒頭で述べた国際研究事業の結果を参考にする。時として富裕国でも見られるが、多くの場合は発展途上国にある、一般には小学校、もしくはまれに中等学校において、大抵は急進的である代替カリキュラムの多くが、伝統的な正規学校教育形式の恩恵をあまり享受できない、もしくはまったく授かっていないような周縁化された若者たちのための学習を有効にすべく、効果を上げている方法とその理由を理解することを目的としている。非常に新しく、証拠書類に不十分な比較的小規模（約二〇校から五〇校）の範囲から、昔からあり、証拠書類が十分な大規模（二万校から四万校）の範囲までを擁する、二〇〇を超えるデータベースから、我々は共同研究を行っている。この全事業はいまだ日が浅く、ここで私が述べることは、予備的かつ暫定的なものである。比較と分析に有効な基盤作りは現在も進行中であるが、アジアやその他の国における事例を活用している、大規模かつ複雑である国際的な定性的研究実施からの初期報告として読むのが最も適しているといえよう。

我々が学ぶべきことはいまだ多い。しかし、今ですら、それなりに確実になっていることがある。

図8-2では、代替カリキュラムの最も一般的な特徴と思われるものを列記している。全代替カリキュラムが、これらの特徴を備えているわけではない点には留意されたい。しかし、これまでの我々の比較分析から、特に地理文化的地域間での差異はある（そして、どのような意味があるのかは不明である）が、大半が上記特徴のほとんどを有しているように見受けられる。

図8-1と図8-2を比較すると、異なる真理値を有していることがわかる。図8-1が、世界中の多くの学校の形態をとても的確に表しているといえよう。テーマに軽微な差異は見られるが、図8-1に記載されている事項は、あらゆる場所で、ほとんど常に多くの子供たちが経験していることである。図8-2は、ウェーバー的理想型理論

- 教員主導よりも子供主体の教授法
- 受動的よりも能動的学習
- 持続可能な漸進学習を有する多段階教室
- 十分に訓練された教員、ある程度訓練された教員、そして地域社会の情報源となる人の共同
- 子供たちの学習と学校管理への親や地域住民の緊密な参画
- 相互指導（年上や先取り学習をしている子供たちが、年下や学習が遅れている子供たちを支援し教えること）
- 子供たちが個人または少人数で、必要に応じて教員等の助けを受けながら、自分たちに見合った速度で学ぶ（つまり、子供たちは自分自身の学習に責任をもつ）、自己指導型学習教材の開発
- 教員または学生が構築する学習教材
- ラジオ、通信教材、時としてテレビ、そして少数例でコンピュータの使用
- 教員対象の持続的かつ頻繁な現職研修と相互調査
- 方法論の恒常的改良や実験によって自己経験からの学習を実現する、継続的調査、評価、フィードバックといった仕組み
- 子供と大人たちの学校と地域社会間の自由な流れ
- 正規の就学年齢に達するまで時間をかけて、子供たちの栄養、健康、学習に配慮することを含む地域社会の協力
- 地元で取り入れられた授業日や学年度の周期に関する変化
- 指導よりも学習に重点を置く学校

図 8-2　新興の代替模範

体系に近い。これらの代替カリキュラムについて我々が理解していると思われることを記録するための知的構成概念であるが、より多くの種類が存在しており、我々もさらなる理解の深化が必要である。これから紹介する図8-3の下段には、二分法としてではなくむしろ連続体として、図8-1と図8-2における特徴の違いを描写している、次段階に進んだ分析を記載している。これにより、分析における現在の我々の視点が見られる。

本章の主要論点は、現在とそれ以降の若者たちのために、よりよい学習形式を提供するという我々の最大の期待が、一見すると、個々では小規模ではあるものの、国際規模で考えれば非常に大きい規模で、多くの人は失敗もしくはわずかな成功を手にするなかで、成功の島の創造を成し遂げた人から学ぼうと試みることである（したがって、「代替教育から学べること」という副題を付した）。長期研究における研究課題は、主に次の三つである。

(1) 教授法に関する研究課題　大抵は厳しい状況下で、若者たちはいかにして学ぼうとし、実際に学ぶのか。教室やそのほかの学びの場では、実際に何が起きているのか。

(2) 教員研修に関する研究課題　これらのカリキュラムにおける教員や活動支援者たちが、根本的に違う若手教員のいる学校での活動やあり方を、いかにして迅速かつしっかりと学ぶのか。教員養成、教員研修、そして学校改革に関する現存するほとんど全ての文献によると、これは起こりえないはずなのである。

(3) 経営・運営に関する研究課題　どのようにしてこれらのシステムが起こり、多くがしたように、(大概は大規模である) 事業の評価をしたのか。ごく一般的な改革遂行に関する文献によると、これもまた起こりえないことである。

まず、一つ目の教授法に関する研究課題に焦点を当てる。学校教育事業の核心 (学生が実際に何をどのように学ぶのか) を重点的に取り扱う。何であれ、学校とは学習が生じる場所なのである。経営、運営、政策作業、教員研修といった事項は、学習という基本的な目標を支援するためのものであろう。また、簡単にではあるが、教員研修と事業評価に関する研究課題についてもふれる (これらは、長期研究の基本方針の一部であり、いまだ詳細には追究していない)。より大きな事例データベースから、アジア、ラテンアメリカ、そして中東の主要な三つの事例を選択し、それらに厳密な比較分析を行った。今回、(米国国債開発庁USAIDによる教育の質的向上計画EQUIP2の一環としての) 教育開発学会と共同で、契約のもと近年執筆されたこれら三つのカリキュラムに関する事例研究を、私は参考にしている。事例の真相 (歴史、状況、実測の成績、費用、教員研修課程) だけではなく、学校における日常の実際に発生する事柄についての談話報告を提供するべく構成されている。群を抜いて十分な証拠書類がありしっかりとした評価を受けていること、違った文化圏ではあるものの、理解の根本を共有する、代替教授法への異なる取り組みについての模範であること、二つの事例では、他の文化圏でも広く適応されていること、そして、カリキュラムを深く知り、その結果、我々が求めていた「学校生活の一日」といった報告を提供できた人と出会えたことなど、いくつかの理由から、最初の課題としてこれら三つの事例が選択された。

コロンビアにおける新しい学校（エスケラ・ヌエーヴァ Escuela Nueva）

存在するカリキュラムのなかで、最古で、また、国際的に最も認知されたものであろう。一九七〇年代後半に小規模で開始され、継続的な経験からの実験と学習により慎重に増大し成長していき、一九八〇年代中頃までには、約八〇〇〇校へと広まっていった。コロンビア政府は、農村部の学校教育における標準模範とし、遂行の忠実性はまちまちではあるものの、大半の農村部の学校へと広まっていったが、現在では、都市部の学校にも、徐々にではあるが、広まりつつある。少なくともラテンアメリカにある一〇カ国でも導入され適応されており、アフリカにおける農村部の学校教育に適応するための手段と条件を究明すべく、世界銀行による取り組みが近年なされている。コロンビアのある農村部においては、前期・後期中等教育段階の正規学校教育にまで広まっていることは、特筆すべきことである。初等教育段階の代替模範が、子供たちが上位学校教育へと移行するにつれて、その範囲を広める可能性を考慮することができる。

バングラデシュ農村向上委員会（ＢＲＡＣ）による非正規初等カリキュラム

このカリキュラムは、もう一つの「祖父母」である。一九八〇年代中頃に始まり、バングラデシュの農村部にある約三万五〇〇〇校が含まれるまでに成長し、都市部の学校教育や少数派民族の地区にまで広まりつつある。地元の非政府組織との普及計画を通してさらに広まっており、エチオピア、スーダン、アフガニスタンといった国でも導入されるようになった。

UNICEF-エジプトによる地域運営学校

このカリキュラムは、上記二つの先行事例を参考にしながら一九九〇年代前半に始まり、女子の教育機会が深刻な問題となっている上エジプトにある小村のような地元に導入された。現在では、約八〇〇ある政府管掌の一教室学校への、非正規教授法の（教育省との協力による）慎重に計画された普及とともに、二〇〇校以上のシステムにまで成長し、普通学校を含むより広範囲なシステムへと成長した。

成　績

すぐれた成績を上げていることを証明できない限り、これらのカリキュラムにおける教授法を比較分析してもあまり意味はない。これは、明らかに複雑で難しい課題である。三つのカリキュラムに加えて、ここで扱われる多岐にわたるカリキュラムの大半が、最も到達しがたく、最も教えがたいと考えられがちである、深刻なまでに周縁化された若者たち向けなのである。全ての事例において、小学校修了資格、もしくはそれと同等のものの獲得は、将来の人生展望という観点だけではなく、上位学校教育へと進む可能性の観点からも、非常に重大な利害問題である。正規学校教育形式で学んだ子供たちより、これらの代替カリキュラムを受けた子供たちはよりよい成績を修めていることが、全事例からわかった。これらの子供たちが置かれる状況と関連する利害関係を考えると、これは、予想に反した本当の意味での成功をもたらした大勝利と考えることができよう。経済的観点から、これは、非常に大きな付加価値的偉業である。我々が選んだ三つの事例研究は、それらを証明している。

エスケラ・ヌエーヴァについて、ピットは、二七年間、国際機関と国内機関の双方で、このエスケラ・ヌエーヴァ・カリキュラムの評価を行った。これらの評価から、エスケラ・ヌエーヴァの三年生が、従来の学校に通う同世代と比して、スペイン語と算数の標準検査で高得点を獲得し、同様に、五年生ではスペイン語で高得点を獲得した。さらに、エスケラ・ヌエーヴァでは、学生の留年率と中退率が減少し、また、学生は自尊心や市民価値を高めることができた。一九九八年に、UNESCOが、ラテンアメリカ評価研究所支援のもと、教育の質に関する第一回国際比較調査を実施した。この調査により、参加した一一カ国で唯一、農村部の学生が都市部の学生より高得点を獲得した国が、コロンビアであったことが明らかになった。この相違は、エスケラ・ヌエーヴァの功績である。

と述べている（Pitt 2004, p. 12）。

BRACによる非正規初等カリキュラムに関し、ヘプリックは、

一九九九年には、バングラデシュにある農村の四分の一以上に設置される三万五〇〇〇校以上で、このカリキュラムが実践された。二〇〇二年九月までに、二四〇万人の子供たちが、全BRAC初等カリキュラムを卒業し、その内二二〇万人が、正規公立学校への入学が認められたが、六六・五%を女子が占めていた（前期中等カリキュラムへの合格率が九二%ということで、これは、バングラデシュのような国の非常に貧しい農村部に住む女子学生がこのような結果を出したことは非常に驚くべきことである）。BRAC学校への需要は続く。（低水準家計所得により）BRACの入学規定を満たしていない子供たちの親のなかには、地元の公立小学校よりBRAC学校の教育水準がすぐれていることを知っているため、子供を入学させようと必死になる親も多い。BRAC学校の学生の出席率は高く、年間の中退率は低く、二%から六・五%の間を推移している。正規小学校における出席率や中退率と比べると、その差は歴然である。オックスファムの報告では、BRAC学校の学生約九五%が、四年間の五段階カリキュラムを修了していることがわかっている。

と述べている（Haiplik 2004a, p. 4）。

エジプトの地域運営学校について、私の著書のなかで、

一九九三年に四校で試験的に実施を開始し、近年では二〇〇一年に、地域運営学校システムの定期的かつ公式な評価が実施されている。多数の内部報告書や（個人の体験事実に基づく）事例証拠を得られる状況にある。全ての入手可能な証拠から、非常に肯定的な結果が提示されている。約五％台という低い中退率を維持している。公式学業成績結果は、とても上向きである。（一九九四年の）標準地区学力検査では、政府助成を受ける私立学校では七六％、公立学校では六七％が合格という結果に比して、地域運営学校の学生は一〇〇％が合格した。それらは、時間と経験をかけて証明された成果である。最近の公式評価も、同様な結果を示している。全ての「学年」における成績結果は、普通学校と比べても遜色がなく、通常は優越している。エジプトで群を抜いて最も不利な教育的条件に置かれた若者たちを、これらの学校は「対象」としていることを考慮すると、これらの結果は注目に値する。エジプトにおいて、この成功は広く理解されている。一貫した事例証拠から、学業成績という確固たる根拠に加えて、学生たちには自信と自尊心、学習への熱意や献身の高まりが見られ、内輪であっても大人たちに対してでも、礼儀正しく、協力的かつ慇懃であり、健康、公衆衛生、保育と健康、そして、親や広域の地域社会といった環境に対してたえず活躍していることが明らかになっている。地域運営学校を卒業した子供たちの多く（約九〇％）が、前期中等教育へと進んでいる。大半が、「遅れずに」卒業し、良い成績を修めている。

と書いている（Farrell 2004b, p. 7）。

要約すると、これら三つの事例結果に関して、極貧な子供たちが学校へ来て、在学し続け、初等教育を修了し、

必修教材を学習するだけではなく、自信と自尊心を高め、そして、大半は、正規学校教育における次段階へと進んでいる（そして、あらゆる点において、従来の正規学校に在籍する学生よりもすぐれた水準を維持している）。したがって、教授法に関する研究課題は、重要な関連性を有している。この卓越した学習水準を実現できたのは、どのような活動をこれらの教員とその学生たちが実際行っているからなのか。この早期段階では、疑問への答えは不明瞭のままである。既述である三つの事例を含む、多くのこのようなカリキュラムの観察、そして、時として学術文献で正式に、また、この分野を研究する人たちに共有される伝承で頻繁に報告されている、データベースが擁する多くのカリキュラムに関する他者の観察から私が考えるには、疑問の答えは単純ではないだろうか。つまり、マリア・モンテッソーリとロバート・ベーデン＝パウエルは、初めから（少なくとも部分的に）正しかったのである。一世紀以上も前に、彼女が年少児を、そして、彼が年長児を対象とする、貧困国における新しい代替カリキュラムに強く共感し、近年の認知科学に関する主要な発見を反映することとなった教授法式を開発し、実践し始めた。

過去一、二世紀にわたる、成功し主流となった代替カリキュラムの創設者となっていることから、この二人の教育革新者たちの間にあった共鳴は、非常に興味深いものである。モンテッソーリ学校は、世界の比較的裕福な国に設立されているが（アメリカ単独でも五〇〇〇校以上存在していると推定されている）、裕福な家庭の親と子供たちを惹き付けており、その結果、上述のとおり、一切の影響を正規システムに与えることなく、そこからの脱却といったものを示している。ベーデン＝パウエルが興したスカウト運動とガイド運動は、より広範囲に普及し、裕福な子供たちと、貧困な場所に住む貧しい子供たちの双方にとって、大変良い効果をあげている。現在では、世界中で、二五〇〇万人から三五〇〇万人の若者たちがスカウト運動とガイド運動に参加していると推定されている（Farrell 1990）。ジールは、「一九〇八年の始動以来、ベーデン＝パウエルの運動は、約五億人もの会員を誘致してきた。主要宗教と政治思想を除き、社会的行動にそれ以上の影響を与えることができた国際的組織はない」と述べている（Jeal 1991, p. ix）。世界スカウト機構（国際本部）が、世界で初めてＵＮＥＳＣＯから国際平和教育賞を授与された。ベーデン＝パウエルは、マリア・モンテッソーリの「信奉者」であり、彼女は、年長児を対象とする彼の活動の熱狂者であった。一九一四年に、ベーデン＝パウエルは、「子供がするべきと考えることを教えるのではなく、子供の自然の欲求に働きかけることで、はるかに堅固で広範囲な基盤で教育できることを、モンテッソーリ博士は明らかにした。教育は労働であるべきと制定することは、しきたりや風習でしかない。ボーイスカウト本来の目的の一つに、このしきたりを打破することがある」という意見を述べている（Jeal 1991, p. 412）。後に、モンテッソーリは、スカウト運動によって、「閉じ込められてきた狭隘な制限から」子供たちが解放されると記している（Jeal 1991, p. 413）。晩年、彼女に、年少児学習課程の「信奉者」から、その概念を年長児にも適応する機会の有無を問う手紙が送られた。彼女の返答には、彼女には時間がなかったため、実践することはできなかったが、「イギリスにいる、ベーデン＝パウエル氏という御仁が、私の代わりにしてくれている」から問題はないといった旨が綴られていた（手紙のやり取りのコピーより、世界スカウト機構保管庫、一九九〇年六月ジュネーブ）。しかし、（彼の生前ですら）学校が学習には修復不能なほど不向きであり、また、その不変性を認めていたため、ベーデン＝パウエルは、学校に影響を及ぼすことや変えることを意図したことはなかった。子供たちの学習に最も適した方法としての彼の理解に基づいた、学校システム外における若者たちの学習発達を目的としていた。

何らかの形でこれらのカリキュラムに関係する、主要な教育的概念や実践の多くは、マリア・モンテッソーリとロバート・ベーデン＝パウエルの概念と実践以前は、歴史的に順調であった。例えば、年齢を超えた相互指導や継続的な漸進学習をも可能にする、多学年制（異なる年齢の子供たちを同一の教室に配置すること）は、我々が研究しているカリキュラムにおける、子供たちにとっては自分の速度に合わせた学習が最適であり、年上やよりよい学習者たちは、年下やあまり進んでいない子供たちに上手に教えることができるといった多くの特性を示している。この概念は、モンテッソーリ学校、そして、スカウト運動とガイド運動の教授法に組み込まれている。しかし、一〇〇〇年前でも、全く新しい概念ではなかった。人類学的データによると、ずっと以前のヨーロッパを含む大半の伝統的社会が、年長児が年少児を教えることと、種々の継続的な漸進学習によって成り立っていたことから、実は、これは非常に古い概念なのである。アンドリュー・ベル（一七五三―一八三二）のためにオックスフォード大学内

認知科学による提言	学校教育における実践
人の学習は、既に得た知識による。	学習内容は、学校が義務付ける範囲による。
本質的な関心、もしくは、学習愛によって、人は学ぶ。	「必要単位」のために、知識を追求する。
学習とは、意味の追究と発達と理解に触発されたものである。	課題にされた本、章、または頁によって、学習内容は変わる。
頭脳の成長は自発的かつ持続的なものである。	学校教育とは義務と責務である。

に設立された記念碑には、

インドのマドラスにて従事していた頃、彼は、年上の学生が年下の学生を教えるといった学校教育形式を作り上げた（彼がこの手法を地元の学習形式の観察を通して学んだことからも、「発見した」とするほうが、より歴史的には適切だろう）。イギリスに帰国後、彼は、大衆教育の経済的な形として助教法「マドラス」を取り入れた。この概念は普及し、マドラス学校はカナダやオーストラリアにも設立されるようになった。

という、この教訓の一例が明示されている。残念ながら、これらの学校は、当時新しかった齢階の「升形」学校を擁する産業社会によって流失してしまった。

これらの伝統的社会が正しく、学習提供の原型へと回帰した結果、子供たちの学習が向上したことを、約二世紀後になって我々は学んだ。したがって、いくつかの点で、近代認知科学と学習心理学によって、我々は既知のことを知るようになったかもしれないが、一括して忘れてしまってもいる。この場合、民族知識は、最終的に学界によってその正統性を立証されることとなった。

上述のオルソンが序文に書いた、主要な二項対比を確認されたい。

図8-1と図8-2の対比から導出されるものと大差はない。これらの図の起源は、二〇〇三年に出版されたオルソンの著書よりも数年前から存在しているが、主要概念は大方同じであるように思われる。比較教育的観点から、ここでの主題は、これらのカリキュラムにおける連続体、類似点、相違点といった感覚である。

ENP は、エスケラ・ヌエーヴァ小学校、コロンビア
ENS は、エスケラ・ヌエーヴァ中・高等学校、コロンビア
B は、BRAC 非正規初等カリキュラム、バングラデシュ
CS は、地域運営学校、エジプト

教科書と学習教材

ENP：自己管理型学習を目的とする特別作成の教科書と学習教材；教員開発と学生開発による学習教材が多数

ENS：自己管理型学習を目的とする特別作成の教科書と学習教材；教員開発と学生開発による学習教材が多数

B：標準的教科書と学習教材と特別作成の教科書と学習教材の混合；教員開発による学習教材が多少

CS：標準的教科書と学習教材と特別作成の教科書と学習教材の混合；教員開発と学生開発による学習教材が多数

カリキュラム

ENP：地元との関連性（例えば、「コーヒー・カリキュラム」）や民主的市民教育（生徒会）を重視しながら、国規定カリキュラム

ENS：地元との関連性（例えば、「コーヒー・カリキュラム」）や民主的市民教育（生徒会）を重視しながら、国規定カリキュラム

B：特に「正課併行」活動を通した地元との関連性を多少重視しながら、「要点」に焦点化された標準的な国規定カリキュラム

CS：地元との関連性と「芸術」を重視しながら、国規定カリキュラム

齢階制もしくは多学年制

ENP：継続的漸進学習と相互指導による多学年制

ENS：部分的には齢階制だが、多学年での活動や相互指導も併用

B：齢階制だが、多学年集団と時々の相互指導を併用；初等カリキュラム中は常に同一の学級に同一の教員

CS：継続的漸進学習と相互指導による多学年制

教育的連続体

教員主体＜-----------------B-----------CS--------------ENS-ENP-＞子供主体
受動的学習＜--------------------B---------ENS------------CS-ENP-＞能動的学習
既定「期間」＜--------B------ENS-------------CS---------ENP-＞弾力的期間設定
標準的学校周期＜---------------B------------------CS-ENS-ENP-＞地元適応

「可視的教授法」もしくは「不可視的教授法」

区分
強い＜---------------B-------------ENS--------------------------------CS-ENP-＞弱い

枠組み
強い＜-------------------------B-----------------ENS-------------------------CS-ENP-＞弱い
丸暗記、教員主導＜----------------------------B--------ENS--------------CS-ENP-＞構成主義

図 8-3　代替学校教授法の比較

ここで考察された各事例カリキュラムは、標準的学校教育における教授法式からの大々的な離脱を象徴しており、また、一連の基本的な類似点を共有していると考えられるものの、局地的状況に鑑みると、当然、違いや変化が明白に示される。図8-3では、いくつかの類似点と相違点を考察するための依然予備的な方法を示している。三つの事例的カリキュラムを上ではふれていたが、エスケラ・ヌエーヴァの前期・後期中等教育段階は、初等教育段階と顕著に異なることから、実際には四つ目として取り扱うことにしている。ベーデン＝パウエルが、教授法の本質を確保し、関連する実践を他の当時は進歩的であった教授法概念と結合させながら、モンテッソーリの概念と手法を年長児に適応させたように、コロンビアのカリキュラム開発者と実践者たちは、エスケラ・ヌエーヴァの初等教育を、年長児たちへの要求、素質、需要に適応させることとなったのである。

図8-3では、教育上関連する、いくつかの異なる比較項目が使われている。初めに、学習支援項目として、教科書と学習教材を取り上げている。四つの事例全てに、さまざまな種類や程度の教員開発や学生開発による学習教材と併せて、特別作成の教科書と学習教材が使用されている。その内二つの事例（BRACとエジプトの地域運営学校）では、政府発刊の規定教科書も使用されている。単独の学習手段としてはもとより、これら代替教授法式との併用にも規定教科書はあまり効果的ではない点が明らかと思われる。既存の正規学校教育に合わせて作成されていることからも、決して驚くべきことではない。しかし、これらは、時として、代替教授法式のために特別に作成された教科書や学習教材との組み合わせで使用できる。

次に、カリキュラムを取り上げている。一連の学習目標と目的が特定の学校教育期間や段階（つまり、小学校の終わりや前期中等学校の終わり）とするためにも、これらのカリキュラムは、国規定のカリキュラムに準拠している。これらの教育課程により、極めて周縁化されている子供たちに、既存の正規学校教育における経験に比べてよりすぐれたカリキュラムで学べる機会を与え得る学習方法の提供が実現される。子供たちが地元に関連するものを学ぶ（もしくは、国のカリキュラムが目的とするものを地元に関連するものや学習方法に転換する）機会、そして、教員たちが民主的市民教育や芸術教育といった学習を追加する機会も与えられる。

また、齢階制と多学年制についても取り上げている。これは、もう一つの学習支援項目である。二つの事例（エスケラ・ヌエーヴァ小学校とエジプトの地域運営学校）では、継続的漸進学習と相互指導を伴った、完全な多学年制が採用されている。BRACカリキュラムは、ある意味では全ての子供たちが共に一年生から二年生に進級していくというような齢階制を採用している。しかし、学級は異年齢の子供たちによって構成されており、最初から最後までを同じ教員（たち）とともに、五年分のカリキュラムを四年間で終わらせながら、初等カリキュラムをその学級で過ごすことになり、この結果、継続的漸進学習と相互指導という機会を設けることが可能になっている。したがって、同様の主要な教育的変化を達成するための手段として、地元に適したものである。同様に、多少異なった形ではあるが、エスケラ・ヌエーヴァ中・高等学校は、齢階制を徹底し、教科内容重視や標準的中等学校教育定期試験（より正確には、中学校での苦労）を反映して、学級は対象によって分けられているが、多学年間や異年齢間の相互指導を教授法の一つとして続けている。ここでもまた、我々は、同様の主要な教育的変化を獲得する手段が、地元に適応されていることを確認した。

最後に、上述の模範としっかりと合致する、離散型項目というよりも連続型変数と我々が考える種々の教育的側面を取り上げる。内二つの連続体は、（教科、もしくは、活動様式による）規定期間か弾力的期間設定か、そして、標準的授業日や学年度の周期か地元適応かという、授業日と学年度の構成に関連している。次の二つは、教員主体か子供主体か、そして、受動的学習か能動的学習かという、今では標準的である教育的差異に関する項目で、これらのカリキュラムの位置関係を測っている。可視的教授法と不可視的教授法の違いを明確にしたバジル・バーンスタインの今では古典となった研究に見られるように、若干異なる、これらの教授法に関する変数の理解手段へと視座を移す。バーンスタインの系統的論述によると、この対比は、区分と枠組みという二つの側面に基づく。可視的教授法は、強い区分と枠組みによるもので、不可視的教授法は弱い区分と枠組みによるものである。双方が「弱い」場合は、基本的には、「強い」が欠落しているとされる（Bernstein 1975; 1990; 1996）。したがって、次のことがいえる。

・強い区分とは、学校「教科」は明確に区別されており、学校活動は外界から隔絶され学校の範囲内にのみとどめられていることである。
・強い枠組みとは、確定済みのカリキュラムにのっとり、教員たちが、内容、学習における序列と速度を測定・決定することである。

バーンスタインの研究が初めて発表されて以来、教授法に関する議論の場で、常識からすればオルソンの主張に近いものである、可視的教授法と不可視的教授法の区別は、(正規学校教育方式としての) 伝統的な丸暗記型や教員主導型の指導と構成的指導の対比と同一視されてきた。近年の論文で、ファウラーとポエッターが、この混合の誤りを主張している (Fowler & Poetter 2004, p. 312)。彼らは、「多くの人が考える伝統的教授法とは、可視的教授法の一つの形である」と述べている。彼らの要点は、広く一般に理解されているように、構成主義的教授法は、可視的教授法と不可視的教授法の双方に見られ、これらは明確な特質である。したがって、図8-3における最後の連続体では、丸暗記・教員主導か構成主義的指導かを見ている。

これらの多様なカリキュラムをいくつかの連続体に布置することは、あくまでも概算的なものであることを留意されたい。まず、使用される用語は、例えば、子供主体、能動的学習、構成主義的教授法といった用語が本当に意味することは何か、というように、実にさまざまに解釈されがちである。特に比較しながら、教授法に関する文献の入念な調査により、このような用語に関し、教室で目の当たりにするであろうことが非常に多様化していることがわかる。そのうえ、どのカリキュラムにおいても、その基本概念や原理が実際に実行されている程度の多様性が強く見られる (大規模な人間社会の全てではないにせよ、その大半にとっては当てはまる)。したがって、これらのカリキュラムの連続体への布置は精密なものではないが、入念な現地調査に基づいた近似値として考慮されるべきである。大雑把で正確とは呼べないものの、これらを見れば、いくつかの重要な一般的形態が明らかになる。

エスケラ・ヌエーヴァ小学校とエジプトの地域運営学校は、新たな模範に最も近く、また、最も忠実である。エスケラ・ヌエーヴァ中・高等学校は、一般的には中間的存在だが、既存の学校教育形式を超越することが可能な中等教育水準であることがわかる。BRAC学校は、新たな模範からは最も離れているが、上で要点化したとおり、正規学校教育形式を超えた実績がある。ヘプリックの研究から、これが、深く文化に根差した、全年齢を対象とする指導と学習に関する、バングラデシュ特定の理解を反映したものであることがわかる（Haiplik 2004b）。そして、独自の方法と独自の環境で、各カリキュラムは、地元の伝統文化を忠実に守りながらも、既存の正規学校教育形式からの離脱を成功させる手段を確立してきたのである。

これらの代替教育の利用法と、ここで述べられた学習成果の実現方法に関して、いまだ理解すべき点は多く残っている。ここで紹介された比較情報と比較分析は、始まりに過ぎない。さらに、我々は、教員たちによる非常にすぐれ、かつ迅速な学び方、そして、これらのカリキュラムにおける事業評価方法に関する研究課題を考察し始めたばかりである。しかし、この長期研究事業の初期段階においても、比較的確固と思われる結論が導出される。

代替教育の成功例に関するデータについて我々が知っていること

これらの代替カリキュラムから見て取れる最も重要な点は、既存の学校教育を、大規模で、大抵は既存の学校より低いかそれと同程度の学生一人当たりの継続的必要経費において変えることが可能ということである（ここでより詳細に費用に関する課題を取り扱うことはできないが、上記の各事例研究ではこの問題を入念に考察している）。これらのカリキュラムから、親や地域社会による若者たちの学習への深い関与とともに、子供主体の能動的教授法は効果的であることがわかる（これは決して不可能なことではなく、それが実際になされているところでは、最貧困で最も恵まれない子供たちのなかですら、目覚ましい学習の進歩が見られる）。本章の前半で述べた悪い情報を考慮すると、非常に重要な発見といえる。また、これらの変更計画は、既存の普通学校の特徴を単に改正するわけでもなく（例えば、教科書の増加、通常の教員養成の向上、もしくは、規定カリキュラムの細々した点の修正）、または、余剰金を学校に提供するわけでもない点にふれておかねばならない。それよりもむしろ、学校と呼ばれる建物で、もしくはそこを拠点に起こっている事象が、我々が学校に求めるようになったことからかけ離れており、また、裕福な家の出の若者たちが通うような良い学校で我々が見てきたものよりもはるかに効果的であるとしても、若者たちの学習課程というような学校教育の標準的模範の徹底的な再編成や抜本的な見直しを主張する。

さらに、一般的信条に反し、これらのカリキュラムから、教員たちが抜本的な学校改革にとっての障害ではないことがわかる（その状況における事例を見ると、非常に困難な状況で働き、しっかりとした養成を受けられず、また、低賃金で働いているときでさえ、変革の中心となって実行しているのは教員たちである）。自らが監督する同様に恵まれない若者たちのように、代替カリキュラムのもと、極めて短期間で、彼らもまた素晴らしい学習と変化における偉業を成し遂げることができる。若年学習者と年配学習者間における重要な類似点がある。若者たちの成功が、根本的には、指導よりも学習の重視によるものと考えられるように、同じ変化に集中することによって教員たちにも変化が起こるといえよう。成功したこれらの変更計画は、通常、遠方から設定される目標や目的に伴った中央立案および司令の改革計画と、最新の教育基本構想について教員を指導するため　国家機関、場合によっては地域の大学からの職員や監督者の派遣によって普及や事業の評価を受けるものではない。それよりも、革新の普及過程（他の教員から学習すること、実践的専門的知識（Clandinin & Connelly 1998）と指導技術を他の教員と共有すること、そして共有され増大する知識と経験を役立てる方法を追求し、彼らが担当する若者たちのために働く能力の向上を試みること）を通して広まるのである。

政府そのものの役割と政策はどうなのか。いくつかのカリキュラム（例えば、エスケラ・ヌエーヴァ）では、政府の支援によって成長し、別のもの（例えば、ＢＲＡＣ学校）は、政府の支援や管理を受けずに成長し、また、その他（例えば、エジプトの地域運営学校）は、ある程度の政府の支援や管理を受けながら成長してきた。手近な経験から、これは非常に重要な課題である。政府機関と官僚には、統制、法令、規制、管理、監督、組織化、そして管轄下にある全ての事項を管理的に整理したがる予測どおりの傾向がある。これが、正規学校教育形式の一役を担っていたのである。それらが別の形態であったとしても、（子供たちの試験——通常は悪い——結果以上の実際の学習についてしつこく問い合わせない限り）ある程度は予想どおりかつ支配可能であり、そして、実際には管理的ではないにせよ、潜在的には整ったものである。

一方、ここで議論したカリキュラムは、若干無秩序で、予見不可能かつ取り扱いがたく、また、（子供たちと一緒に）自身の経験から学習するたびに絶えず変化している。これは、通常、管理、規制、標準化を注視する官僚を非常に動揺させる。これらの事例における政府の最重要任務は、距離を開け、管理と規制を軟化することである。次に、快適な職場や首都や従属関係の地域において官僚という地位に落ち着いている者たちにとって（そして、大概の場合は、資金を拠出または延長する前に、同様の予測可能性と説明責任を必要とする国際援助機関の職員たちにとっても）恐ろしいことだろうが、健全な無政府状態の場を提供、そして実際に奨励することである。指導ではなく学習の促進に関心がある人にとっては、多分、一番必要ないものが予測可能性であろう。官僚や政治権力者たちの姿勢や行動を大々的に変える必要がある。主要な教育変化の成功に関するこれらの事例の最大の特徴と考えられる点は、官僚の姿勢が、既存の官僚機構権限の場を提供、もしくは歓迎して変更すること、または、そばを通るなり動き回ることができるようにしていることを発見もしくは明らかにしたことである。これが実際に成し遂げられた過程を研究することは、面前にある重大な課題である。今までに実際にあったということを知っていることが、我々を鼓舞してくれる。

別の教訓として、無理矢理そして強制的に子供たちを学習させてはいけないということがある。彼らは自然に学ぶのである（実際のところ、機会が与えられれば、遺伝学的にも彼らは学ばざるをえない）。これは新しい観察結果ではないが、常に看過されてしまっているように思われる。オルソンと彼の同輩であった認知科学者たちが長い間観察してきたことである。しかし、これを見るためにトロントにあるような高価な実習実験室にいる必要はない。

一九八〇年代後半に、私は、コロンビアにある小さな村にある、さらに別の初期段階のエスケラ・ヌエーヴァを訪れていた。この新しく建った学校に通う子供たちの親たちと話していた。入学後大半が退学してしまうものの村で多少は機能していた既存の学校での年上の子供たちの経験と、新しい学校における年下の子供たちの経験との決定的な違いについて質問した。親たちが話し合った後、母親の一人が、他の親たちを代表して、

いい、私の上の子供たちは、学校に行きたがらなかったの。毎朝、家から出すのに苦労したわ。二人とも一年生の時に二回留年して、何も学習していなかったし、嬉しそうじゃなかったのよ。だから最後に、わかった、お父さんと畑に行って働いていいわ、そうすれば、少なくとも何かの役に立てるでしょ、って言ってあげたの。今新しい学校に通っている下の子たちについて？　まったく逆の問題を抱えているけどね。学校から離れようとしてくれないのよ。風邪をひいているときですらね。午後も家には帰って来ないで、学校で勉強ばかりしているわ。一番上の子を学校に行かせて、下の子たちに家に戻って夕食と家事をするように伝えてもらっているの。そうしたら、子供たちが私に、「ママ、学校はとっても楽しくって、とっても面白いことをしてるのに、なんでおうちでこんな退屈な仕事させられなきゃいけないの？」って文句をいうんですよ。

と答えた。既存の学校教育方式では、子供たちの潜在的な学習能力を制限し誘導しようと試みるが、新しい代替カリキュラムはそれを解き放つのだ。

多学年制は、齢階制を実施するには学校管轄区域の子供たちが少ない時用の単なる次善策ではない。それ自体は、齢階制より教育的にすぐれたものであり、子供の発達過程について我々が現在知っていることに非常に密接に合致している。

幼児教育、より厳密にいえば、正式な学齢に到達する前の子供の育成、健康、学習の必要性への配慮は、最終的な学習成果の向上において、小学校そのものと同じくらい、おそらくはそれ以上に、重要である。誕生時から子供

たちは学び始め、その後も継続的に学び続ける。我々が独断的に正規学校へと進学すべきと設定する年齢における継続的成長の形態は、原則的には何も変わっていない。そして、齢階制学年度が担う九カ月から一〇カ月の期間に集中させる簡易システムでは、その後の成長を促すことはできない。継続教育や生涯学習は、正規学校教育修了後に始めるものではない。誕生から開始し、死ぬ時に終了するのであり、我々が知っている正規学校教育は、全ての証拠から、一般的には、幼児期から成人期の大切な期間における継続への助力というよりはむしろ妨害となり得る。これらの代替カリキュラムから、その機能障害を打破できることがわかる。これらのような成功した学習高揚課程は、丁寧かつ時間をかけて成長し養成される必要がある。先を急いでは、将来的な可能性が期待される有望革新を無効化してしまう恐れがある（コロンビアのエスケラ・ヌエーヴァは、その沿革の中頃で、教育システムへの管理資格を与えられ、限界を超えた速度で拡大させようと世界銀行が強要したことによってほとんど崩壊しかけたことがある）。物事には時間がかかる。残念ながら、短期間での目に見える結果を出すという政府の頻繁な要求や、大半の援助機関の短期資金供給周期に合致したものではない。政府や援助機関のように、もし学習高揚事業に携わらねばならない場合、長期間をかけて行うかまったくやらないかのどちらかである。大規模での応急処置などは存在しない。我々が見てきたものは、ゆっくりと慎重に成長してきた長期間の成功例の増加である。これらから我々は学ばなくてはならないのである。

要約

教育者としての究極の目的は学習とその高揚という主題に戻ろう。我々が知るに至った学校教育（正規学校教育方式や学校教育原理）とは、正に、その目的を追求して我々が社会的に構築してきたシステムであり、特に貧困で周縁化された若者たちや裕福な子供たちにとって、特別に便利な道具ではないことがわかった。さらに、そのシステムを変え向上しようといった取り組みは、その国の貧富にかかわらず、概して多大な出費を伴う失敗に終わってしまっている。そして、組織や国が正しく理解できたいくつかの事例においても、高い代償を払ってもたらされたわずかな学習進歩を伴う、既定の模範から若干改善された程度にとどまっている。

標準的変化の模範（上意下達、政府主体、規制支配下の大々的改革基本構想）は、改善を試みている学校教育システムとほぼ同様に、非妥協的で役に立たないことが判明した。我々が直面している問題は、単に、世界中の多くの子供たちが学校に入学する機会がないこと（「万人のための教育」課題）ではない。富裕国ですら、学校への入学の機会を得ながらも大して学習していない子供たちがいることや、学校での体験からは多くを学べないことが問題なのである。一方、ここで取り上げた三つの事例は模範である多くの（大規模、いまだ小規模、または、発展の初期段階にある）成功例を我々は知っており、それらは、根本的に異なる教授法を採用することで著しい学習の向上に成功し、そして、教員たちが、極めて新しい自身の役割に関する理解と、教室におけるよりよく新しい活動方法について、非常に迅速かつ容易に学習しているといった新たな取り組みの普及によって広まっている。

我々がそう思えば、いまだ多くの学ばなくてはならない事柄がある。もしそう思わなければ、その時には私が本章の冒頭で述べた、二〇二〇年、または二〇三〇年といった将来、どのような驚きであれ、初等教育や高等教育という水準に関係なく、学校の大半は、今と同じであろうという予測が、ほとんど間違いなく正確であったといえよう。その学習過程を支援すべく、長期的比較研究が求められる。我々のなかには既に始めている者もいる。しかし、さらなる人員が必要なのだ。

第3部

教育変化の過程を変えるためのリーダーシップ

第9章　複雑かつグローバルな相互依存を背景にしたリーダーシップ
——台頭する教育改革の現実

ピーター・ハーショック

二一世紀の有効なリーダーシップにおいて中心的な課題となるもののなかに、現在、社会的、経済的、政治的な領域をますます特徴付けてきている相互依存のパタンを理解し、それに対応していくということがある。複雑かつグローバルな背景を除外して、地域の問題に効果的に関心を向けることはもはや不可能である。また、地域の背後にある問題を評価し、それに関心を寄せなければ、混乱をもたらしている大規模な国際問題に適切に対応することも不可能である。現在のリーダーや政策立案者は、しばしば極めて異なる意図、大量のデータ、慣行を慎重にかつ批判的に評価し、それを生産的持続可能な関係に構築させることができなければならない。

現代社会の特徴である相互依存のスケールと深さは、広範囲にわたって異なる社会的、経済的、政治的コミュニティや機関を前例のないほどに緊密な関係に至らしめている。しかし一方で、これは、大きく異なる文化と利害の融合をも引き起こしている。現代社会が直面する選択は、したがって、価値観が本質的に共有されているということを前提にして現実的な解決策を決定していくということに限らず、共通の基準と有益な変化の意味の双方に対して包括的な合意を引き出していくことを必然的に伴うものでなければならない。

重要なことは、大きく異なる価値観や基準といったものは社会のなかで相互に有益な発展の道筋を作り上げていくうえで考慮に入れていかなければならないが、このことは個々の社会のなかにおいても言えることである。社会的政治的理想としての多元主義は決して普遍的に是認されているわけではないが、現代の世界は現実的に紛れもなく多元的になってきている。相互依存と人口移動という世界的な動向は社会間の「外的な」相互作用の程度や様式の双方に影響を与えているが、同時に、このような動向にある全ての社会に見られる「内的な」関係の構造にも影響を及ぼしている。このことに呼応して、かつては沈黙していた（あるいは沈黙させられていた）が、現在では自分たち自身の独自の関心を声に出して言う者の数がかつてなく増加している。ある社会では、こうした新しい声のなかで最も際立っているのが民族的あるいは宗教的少数派のなかから起こる声であり、また別の社会では、女性の声であったり、さらに別の社会においては、農民や工場労働者や貧困層の声であったりする。総じて言えば、増大する多元主義社会の到来が、真に共通する利益の意味について新たな観点を生み出しているということである。

この傾向は、国際化が世界的な単一文化をもたらすという（ある人はそれを願い、またある人はそれを恐れる）漠然と受け入れられている主張と際立った対比をなしている。前世紀にわたって目撃してきた国際化は、紛れもなく組織の適合性や、時には整合性の増大を加速させ（またそれによって加速され）てきた。例えば、商品や資本のグローバルな移動を可能にする通商機関や、人間の尊厳にとっての最低条件を保障する人権学会や法制機関といったことが挙げられるであろう。同時に、現代の国際化のプロセスは、相違の重要性を真剣に受け止めることの高まりと結び付いている。最もビジネス的なレベルで言えば、これは国際的に流通する商品やサービスの隙間市場を掘り起こしている。また、より深いレベルで言えば、権利を剝奪された個人または階級は、現代における全ての社会的、経済的、政治的なプロセスに参加し、彼らの伝統的な文化風習を維持する権利を主張してきたが、それに対して（たとえ保護されないにせよ）大きな関心が寄せられることが保証されることにつながっている。

しかしながら、世界的な単一文化への反対運動が、社会的、経済的、政治的な構図において永続的に重要な役割を果たすべきだとする主張する人たちにとって常に有益であったと考えるのは単純すぎるであろう。国際化を批判する者のなかには、新しい階層の出現と既存の階級の地位の向上が、選ばれた少数を優遇し大多数を不遇するというお決まりのパタンの後に起こり、実質的に厳格な権力階層を従来の流動的な社会的、経済的、文化的領域のなかに広めることになった、と述べる人たちがいる。またなかには、筆者も含めて、二〇世紀後半と二一世紀初期の国際化のパタンは、実質的な多様性から単なる形式的な多様化への組織的な転換、生活の連合的な商品化、そして新たな貧困層の固定化といったことに寄与していると主張する人もいる。

国際化の恩恵をたたえる主張と同様に、その結果を批判する主張もまた反論が可能であり、批判も受けている。しかしながら、批判の対象にならないことは、相互依存が増すことによって明らかになった、リーダーたちが維持可能な共通の利益を実現する可能性を認識し切り開こうと努力する際に、異なる観点、価値観、利害をグローバルな視点で考慮に入れるべきだというその義務と機会である。二一世紀の現実に照らしたリーダーシップには、歴史上類を見ない、広範で境界を越えた（民族、機関、慣行、規範などの）収束と、関係の可能性あるいは予期しない出現パタンが加速的に増加する結果の両方を考慮に入れることが含まれる。

したがって、考慮すべき重要な二つの点が、共通の利益を実現し、それをグローバルに維持する道筋を見極め、切り開くというリーダーシップのプロセスのなかに盛り込まれなくてはならない。その一つは国際化の歴史的特性とスケールの重要性と関連し、もう一つは、地域からグローバルへの全領域にわたって実行可能でかつ強力な評価プロセスによって、相互依存を意味のある方向にもっていくことの重要性と関連している。端的にいえば、現在明らかなことは、特定の時空間の範囲のなかで好ましい関係のパタンを確立し維持するうえでは十分に機能する方策が、見せかけの関係のパタンがその限界を超えたときに質的な変容を引き起こしてしまうために、効果的に規模を拡大したり縮小したりすることができないことがよくあるということである。いわゆるスケール偏差によれば、変革をコントロールするような「一つで全てに適合する」方法は（仮にあったとしても）ほとんどないことは明らかである。このことは、しかしながら、どのようなリーダーシップの状況においても、価値観や目的や利害が複雑に織り込まれている可能性があるということを意味している。リーダーシップは、単に、既存の目的に到達するための手段を調整し、必要に応じて競争的なやり取りから協力的なやり取りへと移行させるということではない。そうではなく、複雑な相互依存の結果としてそれを超えて、多様な尺度と領域を牽引するような、明確なコンセプトと価値観に基づいた真に対等な相互関係を実現することである。一言で言えば、二一世紀のリーダーシップには、多様な尺度を使い、複数の行為者と観点のなかで、共有された意味を形成し、維持し、そして質的に高めていくための技能が必要である。

変化するリーダーシップの情景

国際化と相互依存は新しい現象ではない。物であれ何であれ、多様な物品が二千年以上にさかのぼって大陸を越えて交易されたという成文証拠がたくさんある。考古学に基づく証拠によれば、このような交易はさらに先までさかのぼることを示唆している。広義では、文化はその端緒の時代から相互通商という形態を取ってきたと思われる。これは植物、動物、人間だけでなく、ぜいたく品や生活必需品の継続的な交換を通して行われてきた。一方でまた、そしておそらくもっと重要なことは、そうしたことが物語や知識や考えのやり取りを通して行われてきたことである。この通商は、通常は近くの住人の間で行われてきたのだが、多様な伝達方法が出現し、それによって（特にオセアニア、アジア、オーストラリア、ヨーロッパ、アフリカ、（いくぶん規模は小さいが）アメリカ先住民のそれぞれの文化のなかで相互融合が起こることになった。したがって九世紀の中国における唐の宮廷では、はるか南アフリカのぜいたく品や動物、そして西ヨーロッパからアジアの太平洋岸に至るまでのほとんど全ての主要な宗教や政治体を代表する品々を見ることができる。国際化は何も新しいことではないのである。

このような文化間の通商パタンは、およそ一六世紀以降の交通と伝達の技術革新の波を受けて、規模の面でも性格の面でも重要な変革を遂げ始めたのだ。こうしたもののなかには、外洋航行船、新しい航海技術、改良された海図、そしていくぶん後には、大陸間横断鉄道、テレタイプや電信技術などがあった。こうした技術の急速かつ広範な普及は、世界交易に関わる時間スケールの加速的な圧縮をもたらした。そして、政治的に確定される植民地帝国と、イギリス東インド会社のような、複数の大陸にまたがる商業ないしは貿易会社の存在を可能ならしめたのである。急速な時間的短縮とそれに伴う地理的到達範囲の拡大は、影響力の範囲を拡大しようと思っている人たち（植民地主義者や貿易業者）には一般的に好意的に受け取られたが、植民地化されたり搾取されたりする人たちにとってはもっと複雑な、あるいは時には非常に否定的な受け取られ方をしたのである。

さらに、資本が次第にグローバル化するにつれ、賃金、労働組合（またはその欠如）、そして環境の恩恵と制約といった、国や地域の格差が「合理的」「脱地域的」生産過程の双方において次第に大きな役割を果たすようになってきた。労働条件の、また生産と消費の双方のグローバル化によって生み出される新たな富の配分の不公平は、一九世紀の中頃から批判的な分析を受けるようになった。こうした分析は二〇世紀の前半にかけて革命的な規模にまで達した。その結果、国内および国際的なレベルで、社会的、経済的、そして政治的な相互依存を再構築しようとする中央集権的で明らかに労働者中心の大規模な（ソ連や毛沢東の）実験が生まれることになった。

概して、こうした実験は効果的であると証明されることはなかった。二〇世紀前半にかけての世界的な植民地主義の解消は、ヨーロッパの植民勢力と植民地の間の富の大きな不均衡、すなわち世界の生活コストと労働コストの間の格差の不均衡を解消することはなかった。こうした格差を軽減する一つの手段として過去半世紀にかけて技術開発に大きな期待が寄せられたが、とりわけ情報通信技術（ＩＣＴ）と輸送における、新しい技術の劇的な開発と伝播は逆に格差を広げる傾向を見せることになった。情報通信技術は情報と資金の敏速、簡単、かつ安価な地球的規模の移動を可能にし、それはコンテナ船や「ハブとスポーク」の、つまり拠点空港を経由した、空路網を通して物品と人間を輸送するという同様に効率的な手段とあわせて、急速でかつ国際規模での経済的、政治的、社会的そして文化的な相互交流のある世界をもたらしたのである。通信と輸送に関する地理的な制約はほぼ解消されて、国境を越えた企業（ＴＮＣ）が今では、最も利益の上がるところではどこにでも製造拠点を設置している。これは通常は発展途上国の地域に置かれる。労働コストがまだ比較的に低く、法人税が安く、官僚的形式主義と労働権が最小限であり、かつインフラ（特に輸送のインフラ）が十分に整っている地域である。このことは、世界規模の投資とそれに伴う雇用利益を求める地域、国家、都市の間での競争に拍車をかけることになった。この競争は「底へ向かうレース」であり、賃金と税金を低く抑え、（汚染防止法などのような）官僚統制と人権法などを最小限に抑えるうえで効果的な役割を果たしている。このように、市場の規模、深さ、力が増すことは、国民の福祉と幸福にとって不可欠な公共財やサービス（教育、健康管理、住宅）を提供する（特に発展途上国における）国の国力の低下と比例するようになる。

それにもかかわらず、二〇世紀の大半を通して、世界規模で起こる交流のスピードと範囲の広がりは大半が肯定的に捉えられていた。増大する相互依存の恩恵が不公平に拡大し、分配されることは認められつつも、世界が「より小さな場所」になり、変革の普及が進むにつれて、こうした不平等はほとんど当然のこととして実質的に解決されていくであろう、という信念は二〇世紀の下四半世紀になっても強固なままであった。市場の「見えない手」は、最初は一八世紀のアダム・スミスによって引き合いに出されたものであるが、全ての者に最大限の恩恵がいきわたる方向で経済の競技場のデコボコが均されていくというものであった。しかしながら、二一世紀の最初の一〇年間を振り返ってみたときに、この考えは痛ましいほどに愚直に思える。そして、「速く」て「多い」ことが必ずしも良いことを意味するとは限らない、ということが多くの者にとって増大する関心事になっている。

このシフトは、ある人にとっては衝撃的幻滅であるが、スケールの問題として広く言及されていることの認知と結び付けられる。多分、現在の国際化のパタンにおいてスケールの重要な機能に焦点を当てる最も正確な方法は、スケールの要素が生物体系の構造と側面のなかにどのように関わっているかになぞらえてみることである。例えば、現在よく知られていることは、特定の重力という条件の下で進化を遂げてきた人間の体の大きさには明らかな限界がある。特定の地球環境条件の産物である人体の基本構造は、今日知られている最大の固体の大きさを大きく超えて巨大化することはできないのである。神話や現代の空想科学小説でもなければ、五メートルや一〇メートルの人間が地球上を歩くことはないのである。有機体の構造や仕組みに関していえば、大きさが大きな問題になる。同様に、市場が介在する世界通商を構成する組織の構造や仕組みもその到達範囲や密度という点で一定の制約のもとで発展してきたのである。ごく最近まで考えられてきたことは、一八世紀当時に存在したイギリスの市場をもとにして、アダム・スミスが理論付けを行った市場経済はすぐにでも地球規模に拡大する、というものであった。スミスが社会的富と道徳の両方を構築するうえで最も有効であると強調した競争のプロセスは、機能上は規模とは無関係であると思われていた。実際はそうではないのである。現実には、世界の貧困層にとって悲劇的に明確になってきたことは、その階層が過去四半世紀に五〇％増加し、現在では世界の全人口の四五％を占めるまでになっている、ということである。

関連したスケールの問題、すなわち構成要素に対する誤った考えの例として最もわかりやすいのは、十分な規模で展開される技術はそれ自体の必要性という条件を作り出し、それが継続して（たとえそれが全体としては衰退するということがあったとしても）有効性を維持する、という皮肉的ないしは報復的効果を生む、ということである。見方が誤っているというのは、つまり、何かが個人として考えられる全ての人にとって良いとするなら、全体として考えられる全ての人にとっても良いものに違いない、と考えることである。この謬見の最も目に見え、厄介で、明らかに御しがたい例は、自動車技術の広まりが一人当たりの平均移動時間を増してしまう、といったことである。この問題は、自動車の速度スケールと、そのことにより当初は可能であり利潤も上がるために都市の産業や商業のスプロール化現象によって都会と地方のコミュニティが再編されることによって引き起こされるのである。よく知られていることだが、不幸にもバンコックの交通渋滞に巻き込まれた人たちのように、場所の移動に車を使う最終的な効果は、百平方マイルを超えるのに数百や数千ではなく、数百万マイルも要するといった場合には状況は大きく異なるのである。

少なくともリーダーたちにとっては、スケールの問題は単に実務の問題であり、専門家や技術者に任せておくのが最も良いと思われるかもしれない。しかし、実際はそうではない。スケール偏差という現実を無視することの皮肉な結果は、そのプロセスの歴史的特徴に由来するずっと深い問題を示している。例えば、技術伝播のスケールが、その技術の有効性の閾値を超えてしまう程度までに広がってしまったときにどのようなことが起こるかを考えてみよう。この閾値までは、その技術は予想される好ましい結果を生む。しかしながらその閾値を超えてしまうと、その技術自体を必要とする条件を作り始める。その技術（またはそれに密接に関連した技術）のみが対処できると思われるような問題を作り出してしまうからである。このような問題は、論理的にはその技術に関わる行為自体に内包されているものではない。むしろ、そうした問題が生じるのは、その行為のスケールが大きくなりすぎて、技術とその周辺環境が機能的に相互依存を引き起こしてしまう時である。そのようなスケールになると、フィードバックとフィードフォーワードの繰り返しによって、個々の部分の集合では決定できないような特徴と結果をもたらす、より高いレベルの新たに生まれてくるシステムと結び付くようになるのである。一般的なシステム理論の中心原理の歴史的意義が十分に評価されることはほとんどない。相互依存プロセスの新たなシステムが形成されると、厳密な含意理論は破綻する。十分なスケールで広まっていく技術がいわゆる予期しない、復讐ないしは皮肉な結果をもたらすのはこうした理由のためである。「こうであるならば、次はこうである」という条件のパタンはもはや信頼できないのである。

このような転換は、高度な秩序をもった全ての新生システムに当てはまる。物理的、社会的、経済的ないしは政治的といったことにかかわらず、技術とそれに関わる環境が機能的に十分に相互依存を起こすようになったときに生じるシステムだけの問題ではない。厳密な含意理論が破綻したときに残るもの、そして歴史が違いを刻んできた全てのシステムに最も普遍的に当てはまることは、「最初にこうで、次にこうなる」という物語のパタンである。ここでは、あるシステムの前提条件が必然的に次に起こる条件を生むということにはならない。含意されることは、意味のある連続であり、システムの行為とその結果の両方が本来的に未決定で、開放的で変化する余地のあるような連続である。このタイプの最も単純なシステムとして、森林火災やハリケーンといった無生物のシステムやアメーバやバクテリアといった原始的な生物システムを含めることができるのであるが、この場合の未決定の程度はかなり中庸的なものである。それらの個々の歴史は、生物システムの進化の時間スケールでみれば、ほとんどいつも極めて典型的なものである。しかし、このことは、高等脊椎動物や全体のエコシステムのように次第に複雑さを増してきているシステムについてはあまり当てはまらない。さらに、人間や人間が生み出した社会制度、経済、政治システムの場合のように、システムの歴史がプロセス自体の特徴に意図的に織り込まれているような場合には一層当てはまらない。

このように非常に複雑で複数の秩序をもったシステムにおいては、もともとは極めて小規模で穏やかな変化をしてきたものが急速に大きな増幅をもたらすといった、繰り返しの形態が頻繁に出現する。複雑な繰り返しを伴うシステムにおいては、出現する相違が真の相違をもたらすということが言えるだけではない。システム全体の状況と質の面での重要な変化がそのシステムのどの地点からでも誘発される可能性がある。階層的な系統パタンはまだ通用するが、変革する力が（必ずしも一様ではないが）徐々に広範囲に分配されるようになる。しかしながらこのことが意味することは、このようなシステムの変化や違いに対する感性がかなり洗練されるということである。それに伴い、こうしたシステムがそれ自体の歴史を考慮に入れ、それが生じる相互関連の力学パタンを変容させるような対応能力についても同様である。

例えば、動物は滋養や安全を求めて環境に対して働きかけることはない。知覚システムを通して、動物はたえず環境の変化を写し取り、運動システムの活動に取り込んでいくのである。犬は主人の習慣と好みという形で環境のフィードバックに関心を寄せ、それらを自分自身の行動に反映させる。犬が即興で新たに生み出した行為が主人の行動に影響を与えると、その変化が循環的に構造化される関係史のもう一つの反復のなかに取り込まれていく。全てが順調にいくと、質的に確固としたたえず深化する異種間の友情が生まれる。同じプロセスが専門的なコンピュータシステムの学習についても言える。コンピュータシステムは一旦そのユーザーに合わせると、同時にユーザーの行為をコンピュータの操作値とプログラムロジックとのより透明な相互作用のパタンとして経験知のなかに取り込んでいく。

全ての複雑なシステムにとって、同様の基本的な繰り返しのパタンが働いている。これらは要するにオートポエティック（自己生産的）でもあり、ノボジーニヤス（新機軸生成）でもあり、環境とたえず積極的な対応を行っている。しかし、このようなシステムは相互依存ないしは相互関連性のパタンとして生じるので、単なる一方通行の適応というわけではない。積極的に自らを変革し、同時により大きな規模の環境とそれらが依拠するより小さな規模のシステムやパタンを変革しているのである。複雑なシステムの因果関係は明らかに非直線的であり、上向き（部分から全体へ）と下向き（全体から部分へ）の双方に流れていく。少し異なる言い方をすれば、複雑なシステムが持続するということは、一定期間にわたって、規模と領域が本質的に際限なく展開するという強力な関係パタンを司ることに寄与するということである。単に比喩的ではないという意味で、それらの歴史は意味を創造するパタンとしてみることができる。複雑なシステムは、物事の正にその変わりようを可能にするだけでなく、変わりやすくするのである。

近代と初期ポストモダンの国際化とその増長する複雑さの特徴の物語を要約すれば次のように述べることができる。過去数世紀にわたる国際化の範囲と深さにおける重要な量的な変化の累積的な結果として、社会はそれ自体の継続の枠組みを作り継続を追求していくという関係システムのなかで重大な質的変容をもたらしてきた。社会、経済、政治、技術、科学、文化のそれ自体のなかで、また相互関係のなかで台頭してくる相互依存は、変化への対応の遺産といったことだけでなく、変化への対応を増長してもいるのである。これは、真に責任のあるリーダーシップにとって重要な意味をもつ事実である。

リーダーシップと革新の意義

これらの意義のいくつかをここで、少なくとも予備的な形で明記しておくべきであろう。第一に、歴史が違いを作る全てのシステムはたえず歴史を作っているということである。上記の説明で意図されているように、このことが特に当てはまるのは、人間、社会、経済、政治などの高い秩序をもったシステムである。しかしながら「歴史は繰り返す」という言い草とは異なり、繰り返される複雑で高度な秩序をもつシステムの歴史は繰り返すことができないのである。それらは、このようなシステムがたえずそれ自体とその環境を変容させるそのプロセス自体のなかに取り込まれていくのである。簡単に言えば、学ぶべきはそういったシステムの特徴の一つである。複雑な繰り返すシステムはたえず変化しているだけでなく、たえず革新を伴っているのである。複雑なシステムの台頭とともに、変化の繰り返しパタンが少なくとも循環の力学のなかに変換されていく。つまり繰り返しが順応的な再生産につながるのである。

台頭するグローバルな現実はこのような特徴をもつものであるから、特定の価値観、目的、利害が実質的に我々の増強される相互依存のなかに組み込まれていき、その後確実に活性的状況を保ち、決まった速度で変化を生んでいく、ということだけが言えるわけではない。むしろ、このような価値観、目的、利害は全体としての世界の相互依存という特徴に対して、そして我々が生きる環境に対して潜在的に加速的な影響力をもっているのである。学習システムが加速的な影響力をもつ例は、非常に簡単な伝統民族音楽の作品を何日もかけて一緒に学ぶ音楽の初心者と、その作品をほとんど即興で演奏することができ、さらにメロディとハーモニーを伴って現代の趣向と条件にあわせて容易にかつ巧みに複数で即興演奏することができるような上級の音楽家との違いである。したがって、あまりにも複雑なグローバルな相互依存のシステムは単に拡張するだけでなく、我々の社会、経済、政治および文化の活動への関わり方とその理由の両方を確実かつ敏感に変容させていく。

しかしながら逆に言えば、教育のように、とりわけ順応的創造性に対する圧力が既存の構造と伝統を守りたいという立場と緊張を起こすような社会文化システムの場合には、価値観の複雑な関係や歴史的な関わりが潜在的に減速的ないしは抑制的な効果をもたらすことがある。つまり、ある価値観への固執は、それが非常に強いと、順応的創意工夫を行う資質、すなわち現在のスケールと深さで加速する国際化が継続的な重要性を担うために、そしてやがてはその関わりと価値観が継続して残っていくために必要な資質の進展を妨げることがある。複雑かつグローバルな相互依存の現実は、変革の方向と深さの指標として価値観と価値を見定めるプロセスを予兆させるが、固定した価値観や価値決定システムへの固執に対して疑問を投げかけることもある。

重要なことは、複雑なシステムは、繰り返しと反復の力学を通して、変化の速度を加速させたり減速させたりしながらそれを取り囲んでいる、また取り囲まれているシステムの一時性を変容することがあるが、このような力学は空間的、すなわち構造的、組織的な変容をもたらすのである。上で短く述べたように、複雑なシステムが発展する歴史的な軌道は、大きな変革を引き起こす可能性の大規模な空間的拡散を引き起こしやすいということである。すなわち、こうしたシステムは増大する多元的な革新地勢図を生み出すだろう。それは大きな変革を引き起こす場所とその震源地が極めて広範囲に分布されたものである。

このような地理とデジタル写真の繰り返し構造の間に有用な類推を行うことができる。後者の場合には、同じ画像や関係するパタンが全体写真のなかでどの時点でもどの規模でも存在し得るが、解像度という点ではさまざまである。しかし、革新的な可能性をもつ地理は複雑かつグローバルな相互依存とともに次第にデジタル的な構造をもつようになってきたが、それは「生の」地理なのである。そこでは、非常に小規模に起こる変化でもシステム全体を通して関係力学の全体構造を再構成するような普及力をもっている。

第二に、（社会、経済、政治、文化、技術のいずれであれ）システムが単に複雑な形態と真に複雑な形態とを区別するような閾を超えると、そうした行動や展開に影響を及ぼすことは、事実と価値観の領域が切り離されている限りは、次第に難しくなる。そうではなく、このようなシステムに効果的に取り組むことができるのは、事実と価値観の双方向的な関係を、そして手段と目的が最終的に不分離であるということを十分に自覚して初めてその力学をよりよく方向付けようと試みる人たちである。複雑な変化が起こるような状況においては、手段と目的は全体状況のなかに浸透するさまざまな側面から成り立っている。対立する価値観をもつような手段によって望ましい目的に到達しようとすると、同じ目的をもってそれに到達することの不確実さや異論を最終的には増長させるだけである。問題の解決は、端的に言えば、問題の再生産に油を注ぐだけの結果になる。

複雑な現実を抱えた状況では、リーダーシップには、手段と方略、意図と利害の双方をよりよく調整するだけでなく、改革の道筋をたえず自己訂正していける力を育む必要がある。「調整」という言葉が表しているように、これには行為と価値をたえず調和させること、すなわち関係力学を共有して整理することで穏やかな調和を実現することである。リーダーはこのような一致点に到達するうえで極めて重要な役割を演じる。しかし、複雑な変化の非直線的な力学では、リーダーシップをとる行為を厳密な意味で処方された結果をもたらす際の決定力として見ることができない。関係力学を共有して整理することは、ほぼ間違いなく、巧妙なリーダーシップが発揮されたなかで生まれるのである。しかし、それはこのような力学のなかに参加し、またそれによって影響を与えられる全ての人によって「生み出される」のである。複雑な相互依存関係にある世界においては、リーダーシップは相当な謙遜を伴うのである。

今述べたように、複雑な世界におけるリーダーシップの狙いと特徴にはかなり肯定的な、ほとんど養育的とでも言えるようなオーラがある。しかしリーダーシップには、また、全ての慣行、技術、組織構造の価値観が付与された特徴に対して批判的な目を向け、目的を外面と内面の双方から整理するという点で、全ての既存の手段に関して厳しく評価するスタンスを涵養する、といった側面もある。ある領域のなかで技術を導入したり広く配置したりすることは、例えば、それと関連するツールの（巧みに考案された）利便性だけでなく、このような技術が、配置された直接の領域の内外で、影響を受けるあらゆる関係と目的のパタンに対して最終的にどのような影響をもたらすかという点から評価されなければならない。

最後に、複雑な現実はノボジーニヤス、すなわち新機軸を生み出すので、リーダーシップを行使することは、調和された価値感の変容という問題に対してそれを拡大したり深めたりして調整することと、それに対して批判的に取り組んだりすることの両面から切り離すことはできなくなる。要するに、リーダーシップは決まった原理や狙いをもとにしては効果的に行使することができず、決まったいかなる立場からでも複雑な状況力学に対応する責務があるということを正しく認識して初めて実行できるのである。グローバルな力学と地域の力学の両方が次第に複雑に繰り返されるようになると、教条的なイデオロギーに染まった対応は責任を増大するようになる。効果的なリーダーシップは、変容する現実というコンテクストのなかでの意味のある共有価値観の統合に向けて、巧みに即興的に作り上げる関係と継続して見直す関係とを調和させる、という作業に中心的に取り組むようになる。

同時に認識しなければならないことは、複雑な現実は調和的リーダーシップには限界（少なくとも地平線）が伴うということである。革新力の構築を推進し維持していくことはリーダーの仕事であるが、これは既存の資源と相互依存をもとにして初めてなすことができる。つまり、リーダーは、地域で現在の条件や制度を入手することからは予期できないような（しばしばグローバルに発生した）変化に対して効果的に対応できる能力を醸成する仕事を行わなければならない。典型的な（単に増大するだけでもなく改善するだけでもない）変化の責務に対する準備というものは、地域で受け入れられ維持可能な価値観と関係性のパタンをもとにして作り出されたり育成されたりしなければならない。

要約すれば、現代のリーダーたちが取り組む問題とプロセスが次第に複雑になり、スケールという含意をもつようになると、単純な事実の解決という可能性は減少する。実際、一定の閾値を超えると、「問題」と「解決」という概念自体が事実上非生産的であり妥当でもなくなる。なぜならば、このような問題とプロセスは、「問題」が「解決」されるような妥当な地平軸を明確に定めることができるような一観点からの価値判断ができないからである。取り組むべき問題とプロセスを規定するような明確で順守すべき境界線的条件、すなわち時間的空間的限界がないと、「問題」もなければ「解決」もないのである。取り組むべき問題のプロセスは繰り返し生じる歴史的な事柄であるから、それらに対して提案される「解決」は必然的に不完全なものになる。物事はこれを最後に解決できないのである。

本書の第4章で示したように、我々は問題解決が苦境の解決に取って代わるような時代に入ったのである。問題は性質上、厳密に事実に関するもの、つまり我々が追求し続けたいと思っている目的に到達するための障害として見ることができるが、苦境というのは常にある程度は道徳的なものであり、競合的な、そして時には相容れないニーズ、利害、優先、価値観といった事柄が存在することを示している。もっとも基本的には、我々の既存の目的や利益の追求に障害や妨害があること、つまり我々自身の価値観のなかに環境の事実の見直しではなく、関わり方のパタンの変化を要求するような不一致があるということである。苦境は解決を受け入れない。そういった苦境にうまく対応するには、豊かな明断さと関わりが必要である。

例えば、良い生活というものに対する現代的な考え方には個人の自由と楽しみの追求が加わるようになった。こうした考えは、安定した生涯にわたる一夫一婦制婚とかなりの緊張関係があるものであり、「良い生活」「結婚」「個人の自由」、そしてそれらの相互関連性といったことに対して我々が抱く意味を変えることで初めて解決できるような緊張である。同様に、経済発展と環境保護、あるいは国家的偏見に満ちた歴史教育とグローバルな視野に立った歴史教育との間の摩擦は、こうした緊張をもたらすあらゆる側面にわたって同様の現実的な摩擦を引き起こすような関係を表に出すことによって初めて解決できるのである。苦境を解決するニーズが問題解決の需要を凌駕し始めるような時代では、リーダーシップは、地元、国家、地域、世界などにおいて、人間が取り組む個々の分野や領域のなかで相互依存の意味や方向に向かって断固として移行していくことに関わっている。

例えば、環境の質と保護に関して現実的に効果的な一致点をもたらすといった場面においてリーダーシップを発揮することを考えてみよう。人間の個人的、国家的、ないしは国際的な発展にとって、環境の質の重要さということについては大きな異論はない。企業の圧力団体や昔馴染みの資本主義が効果的に政策指針を定めるようないくつかの都市を除けば、今日的規模の環境破壊や悪化をもたらしてきた優先事項を再編成する必要については広い範囲からの一致が見られる。「良い環境」「維持可能な開発」の意味についてグルーバルな同意を得ようとするときに、そして経済、政治、社会、文化、技術といった活動のなかで地元、国家、地域、世界の相互依存を適切に再構成するといったことに対して明確な関わりを築こうとしたときに初めて、真の論争やリーダーシップへの挑戦が起こってくるのである。

問題が支配する時代から苦境の時代への移行は、したがって、リーダーシップの意味の「転換点」になる。これは関心を現実的に制約することから、意味の問題や領域や分野を超えた価値の即興や出現と自由にかつ繰り返し的に関わるといった、純粋に事実的あるいは物質的帰結への重要な移行である。効果的なリーダーシップにおいては、あらかじめ決められた望ましい状況をもたらすためには何が役に立つかについて狭く現実的に考えることは、共通の価値観と共通の善の適切な序列について明確にすることとそれらに対して意味のある関わり方をすることの両方を助長することは何かを考えることに次第に取って代わるに違いない。したがって、現代のリーダーシップに必要なことは、特定の状況下で決然として交渉を行い、意味を創造する維持可能でしっかりと共有された潮流に乗った評価プロセスを明確に見抜く能力である。

多様なコミュニティの構築における技法としてのリーダーシップ

以前私は、国際的に支持される共通の善につながる道筋を認め、それを切り開くプロセスのなかで二組の中心的な考え方が働いているということについて言及した。それは、スケールと評価のプロセスである。スケールの役割を考えることによって、相互依存の歴史的特徴を十分に斟酌し、問題解決から苦境脱却への移行の意味を理解するというリーダーシップの責任を築くことにつながった。それは次には、地域と世界を紡ぐスケールにおいて、相互依存の方向と構造とに双方向的に関わるなかで、共有された意味の価値、価値変化、表出の深い重要性に気付くことにつながった。特に、苦境脱却の時代においては、リーダーシップというものは、単に特定の領域や社会のなかだけでなく相互にまたがった形での関係的特性やその変容の問題に目を向ける感受性や感性の両軸を中心に展開するようになる。

現代のリーダーは、予測はできないが、しばしば重要な意味合いをもつ状況力学の変容に貢献する継続的にそして急速に合流してくる条件と向き合っている。このような状況の下にあっては、明確な前例がないなかで効果的な対応を行うことが効果的なリーダーシップの中心的な問題（課題であると同時に結果でもある）として浮上している。つまり、リーダーシップは、断固として即座に対応したり、十分に共有された革新軌道を確立したりすることのできる技能を軸に展開するようになる。

このような調整されたあるいは調整的な革新軌道を確立したり維持したりするための公式や決まったアプローチはありえない。むしろ、そうするためには、コミュニティの共有習慣を創造的に広げたり深めたりするにあたって、道徳的才能や技芸とでも呼ぶべきものを開拓したり積極的に行使したりすることが必要なのである。現代の国際化のパタンやスケールの多元的な影響を考えると、ポストモダンの相対的包摂論によって、あるいは還元的原理主義の排他論に沿って構成されたものであれ、（せいぜい）寛容的共存の倫理から脱却することが必要である。二一世紀の現実（例えば、人類がもたらした地球気象の不安定という切迫した危機、市場原理によってもたらされた経済成長を抑制するのではなく拡大させる機能としての貧困の継続的生産、世界の富の配分の不平等など）は、実用性を最大化したり、個々の個人的な美徳を推奨したり、例外のない道徳的普遍性を実現したりするのではなく、むしろ良い生活を構成するものは何かということに対する異なる感覚を減じていくことに焦点を当てたグローバルな倫理、すなわち相互依存と関係的特性が分析の基本的単位であったり、カテゴリーであったりするような倫理が必要であるという立場に我々を置くのである。信頼できる道路地図がないと、リーダーは、相互依存の意味についてしばしば劇的なほどに多元的な利害を調和させるという作業に直面する。そして彼らは、そのまさに多元性を構成する重要な相違を上書きすることなく、その作業を行うことができなければならないのである。

多様性は、共有された福祉に対する体系的に維持された貢献の質と深さの指標として理解されるものであるが、強力かつグローバルな相互依存の倫理、すなわち（しばしば強圧的に）道徳的あるいは倫理的多様性を保護することを強調する相対主義と、（しばしば極めて民族中心的に）道徳ないしは倫理的統一を達成することを強調する普遍主義との間を行ったり来たりする倫理を調整するという作業に伴う価値として多くのものを提供する、というのが私の信念である。このような正義としての価値は、グローバルな場面でよりも地域のなかでより多く表明されるものであるが、それとは異なり、多様性というのは地域でよりもグローバルな場面でより多くなるという特徴をもつ。これは規模が大きくなるにつれ、批判的な牽引力の面でも現実的な牽引力の面でも増してくる価値である。また、社会や経済から政治や文化に至るまでの全ての慣行や制度の全ての領域にまたがる公の領域において発展的関連性のある価値でもある。おそらく最も重要なことは、多様性は明確な相違を関係的、具体的な形で示すことである。つまり、意味のある違いを形成することを可能にするような相違の評価ないしは価値付けを高めることである。多様性を増すことは、継続的な貢献的相互依存を通して状況に応じた豊かさを作り出したり、それを強化したり調整したりするという両方の能力を高めることを意味する。

決まった目的や織り込み済みの結果を達成するための多様な手段を司る能力というリーダーシップの概念とは対照的に、極めて複雑な相互依存世界におけるリーダーシップには、公平に共有された幸福に対して革新的貢献をもたらす自律的エコロジー出現の実現に関して高度な決断力が内包されている。現実的な才能やカリスマが日常のリーダーシップの行使においては間違いなく重要であり続けるが、現代におけるリーダーシップの究極的な成功は、多様性を強化する即興的な技芸といったものにますます依存するようになった。この技はしっかりと共有された共通の善に対して顕著な貢献をする地域的、世界的な地理の双方を「レーザー写真的に」多元化する、階級や分野や社会にまたがるコミュニティの構築を可能にする。

グローバルな相互依存の意味を変革する力としての教育

以上のことは教育にとってどのような意味があるか。教育を通して、また教育のなかで、多様性を高める明確な挑戦や可能性とはどのようなものか。問題解決の時代から苦境脱出の時代への世界的な移行で影響を受ける教育や教育的リーダーシップの手段や意味とはいかなるものか。世界的に主流の教育的アプローチ（本書のジョン・ホーキンスの第5章を参照）は、加速的に変容する複雑な世界の学習者のニーズを満たすために改革したり改変したりすることができるのだろうか。それともこのようなアプローチは既に、それ自体の有用性の閾を超えてかつてないほど明確で皮肉な結果、すなわち一層教育を必要とする人口を生産し始めたのだろうか。徹底的な教育改革が必要であることは当然として、その改革の出現を助長するために教育のリーダーたちに（仮に何かあるとして）何がなしえるだろうか。

現代の実態の構図を見たときに、以上のような問いはおそらく適切であり重要であると異論なく支持することができるが、効果的な「万能」の解答はありえない。このような現実によって提起された課題や機会に対する教育面の対応は、外注したり大量生産したりすることはできないのである。うまく機能するためには、拡大したり深化したりするグローバルな相互依存の意味を公平に見直しするのに必要な感受性や感性をもって、関係的技法としての地域のリソースや伝統を明確に緩和する努力を表に出していくことのなかから生まれなければならない。このような対応は前もって処方することはできないのである。

それにもかかわらず、教育改革の現代の責務に対してどのような対応が機能しないのか、そしてそのことがリーダーシップの職務や眼前の機会の特質に関して何を物語っているのか、といったことを熟考してみることが有益である。そのために、国際的に標準的な教育アプローチに関して、広く認められた三点の問題を手短に論じてみたい。

第一に、とりわけ最も高度に発展した社会では正規の教育が制度化されているのだが、そこで明らかになってきたことは、学校のカリキュラムや授業内容の改革が知識生産の速度や変容する市場のニーズに合致していないということである。今日の学生は、彼らが労働力になったときには昨日の（事実上時代遅れの）学業に相当する事柄を学んでいるのである。第二に、正規の教育制度は、たえず変容している社会で要求される創造的、革新的な技能や知識の発展を推進していくには、内容的にも構造的にも、準備が十分に整っていないように見えることである。最後に、教育機関は、国際的に長い間道徳や価値観のディスコースといったものに明確に関わることがなかったために、競争、便利、支配、選択などといった市場価値や、伝統的な制度や権威主義文化に世界が統合されていくという厄介な、そして時には皮肉な結果に新たに侵食されている全ての社会のなかで始まっている価値観の乖離とか社会的な結束の侵食とかについて関心を寄せる準備も気持ちもできていないのである。

このような教育的ストレスのある現状に対する対応はちぐはぐなものになりがちである。教育のリーダーたちは、このような現代の教育の欠陥を、本質的な教育変革に対して世界的に台頭してきている緊急課題の複雑に絡み合っている側面であるとは捉えずに、既存の教育構造や慣行を改善する方略に陥ったままでいる傾向がある。しかし、仮に、このような教育ストレスが地域、社会、経済、政治、文化の現実に影響を与えるグローバルな相互依存のスケールや方向に変革をもたらす効果があるならば、グローバルな相互依存にうまく適応できないリーダーたちの対応や、複雑に生み出された収束や出現の明確な特徴が、予期しない（おそらく極めて皮肉な）重大な結果をもたらすことになるだろう。複雑な相互依存に対してグローバルな視野に立っていない教育改革の方略は、地域では通用しても、世界で認められる改革力学とは存在論的に極めて不釣合いであり、正にその力学そのものに関して指導力を行使するために地域のリソースに無感覚であるということにもなるだろう。

例えば、道徳的・倫理的感性や感受性が社会的に蝕まれているという証拠に対して、道徳的規範、市民観、批判的思考などのトピックをカリキュラムのなかに配置することを念頭に価値教育プログラムを設置する、といった対応を考えてみよう。このような、普通は独立した、カリキュラムは、現在認められている何らかの、そして（少なくとも理論的に）適切な内容をそのなかに盛り込むことで、直接的に「価値の溝」を埋めることを意図している。しかし、複雑に相互依存をしており、次第に多元的になってきている世界にあっては、特定の固定した価値観や美徳を支持し、教え込むといったいかなるプログラムも、現代社会の現実が要求するような正にその対応的な道徳の技能を抑制しかねない。このことは、一組の方略的価値観、実際には一つの評価のロジックを中心に構築される批判的思考の大抵のカリキュラムにおいても当てはまる。複雑な苦境という特徴をもつ、継続的かつ予測不可能な動的相互依存という文脈のなかで、硬く共有された価値観や規範を巧みに交渉するのに必要な技能は、特定の規範的な問題を容認された道徳的、批判的な枠組みのなかから解決するのに必要な技能とは同一のものではない。

同様に、現在、とりわけ市場集約型の社会のなかで起こってきている「創造性のギャップ」に目を向けた教育改革が多く見られる。ここでは、標準的なカリキュラムや教育方略が、発明資本とでも呼ばれるようなものによって減少する収益を補っているように見える。しかしながら、創造性や改革に向けられるグローバルなディスコースでは、競争的優位、個人の選択、一人ひとりの自己表現といったことが市場と連動する形で強調されることが極めて多い。このディスコースは妙なことだが、調整の才、社会知能、新しい種類の関係や特性を共同して即座に構築する力、すなわち個人の特性というよりも際立った相互関連性としての創造性といったことを推奨する複雑な相互依存の現実とは歩調が合わない。現在広く支持されているこういった種類の創造性は、多くの多国籍企業の人事担当者が現在認識しているように、価値観の溝を埋めるとか、国際的に一層浸透した消費者市場における競争で優位に立つとかいったこととは相容れないのである。当たり前のことを問題視するのに必要な創造性というのは、市場の範囲と密度を最大限に活用するうえでの鍵となる要素であるが、共有された、あるいは集団の幸福に対する貢献を最大限に請け負うことに必要な創造性とは同一ではない。ましてや、経済的、政治的、社会的、文化的な現実が相互に依存するだけでなく、相互に浸透しあうようになるにつれ、そこから生まれてくる難題を上手にかつ互恵的に解決するのに必要な創造性とも相容れないのである。

最後に、市場のニーズと知識生産の変化についていくために標準化されたカリキュラムを提供するという教育システムの明らかな無能に対する教育的対応の状況を見てみよう。ある点で、この無能さは、教育の内部で、保守と創造性との間の伝統的な緊張関係をはっきりと増幅させたものである。しかしながら、この問題を孕んだ緊張は、主として今日の国際化のスケールと範囲に関する時空間的な圧縮のために、現在の状況下でとりわけ厳しくなってきたのである。このような圧縮は、単に特定の標準的なカリキュラムや、文化的、認識的伝統を保護したり、それらを実質的に改革したり置き換えたりするのに必要な批判的眼識を涵養したりすることを相対的に重要視することが問題なのではない、という状況を引き起こしている。むしろ、破壊的な（そしておそらく崩壊的な）圧力を受けやすいのは、コースや内容が前もって定められている標準的なカリキュラムを通して提供される教育の枠組みそのものなのである。

教育リーダーのなかで広く支持されている対応は、正規の教育を市場力学のなかに開放することであり、固定したカリキュラムの概念を放棄して、消費者が最終的に生産を指示し、そして（少なくとも理想的には）デマンドに応じて望まれる教育商品を手に入れることができるような「知識市場」を作り出すことである。このような対応は、多くの面で魅力的であるが、市場を動かしている価値観に単に屈することであり、その結果、世界の貿易やビジネスの力学のなかで現在我々が目撃しているのと正に同様の、利益の配分の不平等を教育の分野が急速に示していくことになるだろう。教育の商品化は、知識を生産し獲得する能力を公平に分配することではなく、むしろ世界の貧困層というもう一つの階層、すなわち最も安価で最も質の低い教育商品だけを消費するよう宿命付けられた階層を制度化することにつながるであろう。実用的な知識モデルの手段としては、市場に出ている学校は非常に悲劇的である。しかし、批判的洞察力と、急速に変化し、相互依存の価値環境という世界のなかで共有される意味を交渉する能力とがさらに商品化されると、必ずもっと大きな悲劇を生むであろう。教育的に貧しい人たちに開かれた教育手段は、実際には、自分たちの生活のなかで意味のある違いを作り出す相対的な能力を弱めることになるであろう。教育というのは、世界の大半の人にとっては、相対的に、そしてそのため関係的に、貧困をもたらす結果を招くことになるであろう。

特定の分野や領域のなかで変革をもたらす初級の運転手が次第にその外へと出て行くようになるのは、現代のグローバルな統合パタンの複雑さが合図効果である。同様に、特定の領域のなかで生じる問題を自分自身の価値観で解決することは、他の分野において大きなコストを招きかねない。つまり、それぞれの分野のなかでの問題を、価値判断をする領域や分野のなかで起こってくるグローバルな苦境を地域内で解決することになりがちだということである。このような現象は、教育の場合にはとりわけ顕著である。教育においては、教育の変革を起こす、例えば経済、政治、宗教などの外部の運転手の力が長年にわたって公然と認められてきている。だが、これと同様のグローバルな統合パタンが教育を他の分野や領域の変革の運転手として機能するような立場に置くのは、複雑な相互依存の一つの効果である。一般的に言えば、強まる相互依存と相互浸透性は、副次的変革の敷地と源地の双方の地勢を多元化することに寄与する。教育分野の急速な、そして多くの場合分散的な成長は、この地勢のなかで影響力をもつ統合的な際立ちや潜在性の証拠として見ることができる。

社会、経済、政治、文化の相互依存への変革を公平で相互に利する方向へと向け、それを維持するという教育の可能性を実現するためには、教育のリーダーたちが教育の内部で生じる不足を地域問題として見ないようにすることが肝要である。同時に、彼らはこうした不足に対して、価値観や利害の摩擦を反映する世界の苦境の証拠として取り組み、広範なスケールと領域にまたがって、現在の多様性の要因と妥協するような方法でそれを実行するための技能を積極的に開発し運用すべきである。現代の教育リーダーシップの主要な責務は、相違を（同情的に理解し、価値を付与するように）認識し、明らかに調和の取れた対等の教育改革のための手段や意味付けとしてそれらを取り込んでいく能力を実証し、高めていくことである。

多様化に向けた指導には、おそらく教育分野ほど痛感されている分野はないが、大きく異なった他の人たちと快く取り組むということが必要である。それは、自分たちのものとして経験している状況を明確に認識し、それに価値を付与し、そのことによって我々のいる場所とアイデンティティの価値を高めるということを相互に強化していく方法を明確に打ち出していくということに対して、十分には共有されないまでも明らかに共通の基盤に立っていることを認識した取り組みである。このことが意味するのは、他について学び、その相違を単に許容することを超え、彼らから学び、やがては共に携えながら積極的に即断し共有した目的と利害を追求していくことである。

現在、国際化のプロセスに付きまとう複雑な相互依存の収束と出現のパタンは、グローバルな単一文化の創出を制度化してしまうことと、グローバルな不公平を強化してしまうという、両方の機会を大量に生み出してしまうことである。反面、関与と貢献というエコロジーを生み出す公平性と多様性を実現する豊富な機会をも生み出しているのである。グローバルな相互依存の方向性や意味は未解決のままである。二一世紀の現実に特有の変革の加速的な速度は、効果的な教育リーダーシップにとって一つの大きな課題として見ることができる。一方で、それは、物事が変革するそのありようそのものを変革する可能性が継続的に出現している証拠として、つまり我々が置かれている状況は、いかに明らかにそして時には悲劇的に困難であったとしても、決して解決できなくはないという証拠として見ることもできるのである。

第10章　リーダーシップの役割の変化

（あるいは、変化する世界に応えるための変化するリーダーシップ）

ヴィクター・オルドネツ

世界が一層相互に結び付くようになるにつれ、それによって結び付いた集団は——実質上——同質集団というより、むしろ、異種混成のものになるのは、グローバル化の一つの逆説である。言語の使用とか、科学技術を使用するコミュニケーション・システムは、グローバル化における共通の要素であり、それは、一層世界的なものになるが、こうした手段によって結び付くさまざまな個人は、均一性よりは、多様性を表すようになる。

否定的な側面をいえば、相互の違いを強調すると分裂に至るということだ。これまで以上の相互依存と協同への高まりから、退却することになる。極端な形をとると、自分のものとして認識されない全てを——時には暴力をもって——排除するような、偏狭な排外主義や、必死になって個別のアイデンティティや文化を守り抜こうとする態度に至る可能性がある。肯定的な側面をいえば、健全な多様性は互いを認め合う気持ちを生むだろうし、違いを理解し合うことにもなるだろう。成長や調和への可能性もあるだろうし、豊かな相互関係から学ぶこともある。

こうした設定を踏まえて、リーダーシップの役割は考えられねばならない。マネジメントやリーダーシップは、比較的同質な集団と静的な組織機構を想定して、研究され論じられ実践される。それゆえ、人や時間や他の資源管理の中心は、明確に認識できる固定的なゴールを目指すためのそれになる。それも、極めて効率のよいやり方で実施することになる。そこで重要視されるのは、管理される個人から、達成すべき目的や目標へと、知らず知らずに変化してゆくのだ。

しかし、今日のリーダーが、従来にも増して頻繁に率いなければならないチームやグループは、それを構成する個々人が、はっきりと異なる多様な経歴やモチベーションをもっており、文化的、民族的ルーツも異なるし、さらには、能力なども異なる個人によって構成されている集団なのである。これは、国際的な組織、多国籍企業、巨大な官僚組織にのみ特有なことではない。人々の移動様式が変化していることを考慮すれば、より小さな、あるいは、非公式な集団にも当てはまる。したがって、目標を分かち合い、それを達成する戦略を立てるために必要な最初の一歩は、複雑な様相を帯びることになる。それは、集団の構成員が時に、根本的に異なるところの出身であるという事実に由来する。

今日の変化する世界的環境においては、リーダーシップに強い影響を与えるもう一つの特徴がある。リーダーが集団を導いていく際の、目的や達成目標は、それ自体が環境と共に変化するということである。それゆえ、迅速に変化する周囲の状況のせいで、所期の到達目標を、定期的に修正あるいは調整せざるをえないとすれば、リーダーは、集団に対して、明快に定義された到達目標を自信と確実性をもって提示することは、もはやできない。多くの事例で、従来の問題は従来の解決法では解決できなくなっているので、新たな解決策、すなわち、問題を理解し問題に対処するための新しい戦略が求められているのである。したがって、リーダーがとり得る最善の方法は、望ましい成果を重視するおおまかな道筋を示すことであって、正確無比な目的の提示ではない。

こうした現実の文脈は、実際に有益などんな示唆をリーダーに与えているのだろうか。ますます混成の度を深める集団や、一層柔軟に設定しなければならない仕事上の目的に、リーダーはどう対処すればいいのだろうか。

リーダーシップと多様な個人

リーダーの考え方と行動の方向性という点で、最も再考を要するのは、伝統的に人事管理部門と呼ばれてきた領域である。リーダーは、もちろん、マネジャーより上の存在である。後者は、人的・財的・技術的資源を操作したり、「管理」することで、課せられた目標を達成する。一方、リーダーというのは、上の事柄を効率よく行うかどうかはともかく、いずれにしても執り行うことに加えて、集団全体が自ら動くために、やる気とか意欲やエネルギーといった人間的な側面を集団に与える存在である。ますます多様化する集団において、それをいかに達成するかが、今日のリーダーの能力証明となる。

まずリーダーが前提としてはいけないこと、それは、仕事に取り組む際、自分にとってはそれが動機付けとなる慣行や従来からの約束事であっても、それがそのまま集団の構成員にも当てはまると考えることである。確かに、集団の構成員のなかには、リーダーと似たような経歴や経験をもつ者もいるかもしれない。彼らなら、自動的に、リーダーの求めることがわかるし、リーダーと同様のやり方で、問題解決を果たすだろう。しかし、今日ますます生じ得ることは、リーダーの提示する目標を達成するための前提や経験を共有しない構成員が集団にも存在するということなのである。しかも、たとえそういう構成員であっても、最終目標を分かち合う集団の一員である以上、彼らもまた、集団に貢献する構成員として参加してもらう必要があるのだ。だとすれば、リーダーの仕事は、まず、そういう現状を認識して、個々人の経歴や経験から、共有し得る目的や参加意識となり得るものを、抽出しなくてはいけない。

それを実行するからといって、ものの見方を画一化させたり、そこに一定の基準を定めたりすることはない。共有し得る要素は、多様性を含んだコミュニティのなかに、それまで保持されてきた信念ややり方を犠牲にすることなく、見いだすことができる。リーダーは、自分自身の世界観を捨てて、カメレオンのように、無節操になることを求められているのではない。集団が提示する個々の世界観に対して、ただただ順応すればいいというのではない。そうではなくて、リーダーは、メンバーの世界観に応ずる責任があるのだ。その世界観を変更させるためではなく、そのなかに、共有し得る要素や両立し得る要素をみつけるためである。それがみつけられれば、集団としての仕事を可能にする共通の動機の基盤にまでそれを広げることが可能だろうし、そうなれば、集団に貢献しようとする意欲もまたその基盤から生まれるのである。一つの融合物が新たに生まれるといってよい。異なる見解とそれと両立し得る前提条件との融合物が新たに生まれ、それは集団のビジョンと集団として行うべき仕事の基盤と合体するか、併置できるものとなる。この作業は、もちろん、状況によってさまざまな方法で行われることになる。しかし、集団内の相互作用と一定の手順を通して、必ず、生み出されるのだ。

宗派を超えた対話からの一例

オーストラリアのグリフィス大学は、最近、平和を促進させることをテーマに、宗派を超えた対話集会を主催した。全体の目標としての平和というテーマは、宗教や特定の宗教間の宗派に関わりなく、国際的に好ましいものとして、ただちに受け入れられた。議論が特定の地域や状況に関するものになると、例えば、平和が不在の地域のことに及ぶと、明らかになったことがある。平和を求めるという民族的には共通の要素も、それが由来する信仰上の根は異なるということだ。また、その信仰上の根を表現する結果としての行動、それは宗教的儀式といわれるものだが、これも異なるのだ。結局、議論を通して明らかになったことは、個人の信仰もしくは宗教を構成している要素や要因には三つあるとの認識である。

一番目のそれは、個人の世界観あるいは、人生観である。多くの場合、これは、おのずと表れる。すなわち、神の存在や死後というものを、予言とか神意の介在によって、交流できるものとして理解しているところに特徴がある（ユダヤ教、キリスト教、イスラム教の信徒の場合）。他の場合には、時代が生み出してきた知恵の集積としての世界や生命の理解という形をとる。それは多くの場合、孔子の思想や老荘思想のように、人々の尊敬を得た知恵の集積の表明でもある。いずれにしても、誰もが、世界に対する見解をもっているのであり、この点では不可知論者も例外ではなく、世界に対する各自の見解や、生命とは何かに対する説明は、各個人が何を受け入れるか、そして科学から何を導き出すかによって、形成されるのだ。

二番目にあるのは、民族的な特徴であり、世界観から導き出される行動の道徳的な規範となっているものである。異なる宗教（あるいは非宗教）が掲げるそれぞれの世界観の源はさまざまであり、結果としての説明もまた多様になるわけだが、大半の世界観がもっている道徳上の示唆は、幸い、普遍的なそれに近接しているのである。例えば、ヒンドゥー教徒は、我々は皆同じ一つの存在なのであり、神の一部であるという汎神論の見解から、生命を尊ぶ。儒者の場合、他者にして欲しいと望まぬものは、自らもまた他者には為さぬという行動の基本原理に基づいている。キリスト教徒では、厳格な死後の結果を伴う道徳の規範という形をとって、我らは皆神の子であるという信仰に由来する。不可知論者にあっては、社会組織に欠かせない構成要素としての人間の安全を認識するところに由来する。このように、その動機や基盤は異なっていても、生命の尊重や誠実さ、平和という価値は、普遍的に認められ得るものなのであって、それならば、互いに共有できる倫理上の規範もまた、その概略を示すことは可能なのである。議論の余地はあるけれども、国連が定めた世界人権宣言と同様である。

三番目は、社会参画のしきたり、もしくはその様態のもつ特徴である。これは、文化的側面を埋め込まれた信仰、もしくは価値体系がそこに表れる。最初に挙げた二点とは異なり、しきたりとしての行為は、実にさまざまであって、その事情は各信仰によるだけではなく、時間の経過と異なる場所における特定の信仰の体系によっても、それは変化するのである。しきたりというものは、特定の状況に依存する帰属意識を表しかつそれを形にするものだが、共有する信念や集団の一体性を確立するうえで欠かすことはできないのである。そうすることで、差異化や差別化を図る手段となることもあるのだ。例えば、ボーイスカウトにおけるネッカチーフや、愛国的なグループが旗を用いる式典を行うとか、あるいは、ロータリークラブが世界のどこででも実施する標準化された儀式などがそうである。

上に見たように、平和に関する宗派を超えた議論では、共通の基盤は二番目のなかにあるのは明らかであった。また、達成すべき共通項は、各個人に犠牲を強いるものではなく、また、一番目と三番目の妥協の産物でもない、ということが明らかになったのである。議論の場で、大半の時間を費やしたのは、三番目の特徴が異なる歴史的・文化的な状況のなかで、異なる役割を果たすのかをめぐる解釈であった。

リーダーシップにとっての重要性に話を戻すと、平和のための多信仰連合を統率する今回の場合のリーダーは、一番目と三番目に関しては他人のそれと異なる特徴をもち、なおかつ、リーダー自身のそれとも異なる特徴をもつ個人と一緒に、ことを運ばなければならないだろう。このような場合、リーダーシップは、個々のメンバーの世界観や価値体系のなかで、際立って他とは異なっていても利用できる資源のなかから、ある特定のものを突き止めることができるかどうかにかかっている。特定のものとは、共通の目的を強固にすることができ、首尾一貫して共に努力していくことを可能にする資源である。それを突き止めることができれば、リーダーは、世界観の違いに対しては公平さを保ちつつ、またリーダー自身の世界観の基本を妥協することなく、グループを一つのものとして、効果的に導くことができるのである。

大学における一例

入学者数が急激に増加して、現状のさまざまな資源では応じきれないほどサービス需要が生ずると、大学のリーダーは、大学理事会と向き合い、対策を講じなければならない。理事会メンバーの世界観は多様であるから、現状への対応策も、また、さまざまなものが提出されることになる。授業料値上げによるコスト回収を唱えるのは、政府の介入は少ないことを好む新自由主義者である。社会主義的な傾向をもつメンバーであれば、事態の基本的な責任は州政府が負うべきであると主張し、予算配分を増額することでその責任を果たすべきであると要求する。また、入学者数の増員に対応するために、大学職員の採用方針が学内のさまざまな部署から提出される。アカデミックな水準と市場の競争力に懸念を抱く者は、奨学金を出して最上級の才能ある学生を確保すべきであると主張するだろう。貧富の格差の拡大と、入学の公平性の堅持を主張する人は、学力の点数ではなく、窮乏の度合いをベースにした金銭的な支援を主張する。この事例では、リーダーは、皆が共有し得る状況と、大学がなし得る共通のゴールに焦点を当て、誰もが支持できる戦略を構成する要素を、理事会メンバーから引き出すようにするのだ。

状況の変質と人々の変質

結局のところ、組織体の運営という仕事は、人や知識や他の資源を用いる状況の質的変化を目指して行うものである。だとすれば、リーダーシップが目指す仕事は、人を変質させることである。つまり、望ましい変化と状況の質的変化に向けて、組織全体として仕事に取り組める力を人に与えることなのだ。そして、さまざまなグループを構成する人間がますます異質な人の集合になっているので、その多様性にどう対処していくのかが、極めて重要なことになるのである。

今日、プロジェクトチームが混成部隊となることはよくあることで、その多様性とは、ジェンダー、世代、民族、文化的背景、宗教、社会的立場、スキルレベルなどがさまざまなのである。こうした多様性は、従来型のマネジャーであれば、「管理できる」もの、あるいは、制御し統制できるものとそれを見なし、共通に取り組むべき仕事に介入することを最小限にとどめるやり方で、違いに対処する努力を惜しまないだろう。明日のリーダーは、そうした多様性をただ黙認するだけという態度はとらない。むしろそのことを積極的に活用するだろう。各人がもっているユニークな潜在能力を引き出すのだ。その潜在能力は、共通の利益を一層大きなものにするために貢献し、各人の多様な力を結び付け、共通の目的と参加意識の共有という二点を中心においた多元的共存の可能性を最大限引き出すことになるのだ。結果的には、これからの仕事に対応可能な、統合的な「第三の文化」ともいうべきものを新たに創造することになる。それは、異種能力をもった労働力をさらに拡大しつつ、各人の多種多様な貢献を調和させることができるものなのである。

まず、年齢の多様性について考えてみる。伝統的なピラミッド型の会社組織では、リーダーやマネジャーは、年配者の経験や成熟度に頼る傾向がある。そして、若手に対しては、徒弟制度のように、先輩たちから学ぶことを奨励する。しかし、若手は、とりわけ新しい状況に直面すると、自分自身でなんとかそれに対処しようとするのである。今日的なリーダーは、従来型のやり方はとらない。エネルギーと創造性、思慮分別と現実主義を持ち合わせた若手と、年配者ならではの経験的な知恵の集積を組み合わせたチームワーク、これらのバランスをとりつつ、最大限の力を発揮できる道を模索するだろう。

これを実現するために、リーダーは、通常であれば年配者に割り当てられる重要な仕事を若手に任せることもあり得る。この決定は、一方では、年配者からは恨みを買う可能性があり、若手のスタッフは、自分には負いきれない責任の重さに圧倒されるかもしれない。仮にこれが場当たり的に決定されたものなら、不和の種ともなりかねない。守り手たるべき年配者とお気に入りの若手を、調和させるのではなく、対立・対抗関係にするからである。しかし、他方、チームとしての意思決定プロセスを踏んだうえで実施するのであれば、若手のもつ潜在能力を短期間のうちに引き出すことになる。そして、選ばれた若手が組織内のコミュニケーションをとりつつ、また年配者の指導を受けながら仕事を進めていけば、世代横断的なチームワークが生まれるだろう。すなわち、プロジェクトを支援する気持ちと、プロジェクトの成功を分かち合う気持ち、この二つの気持ちがプロジェクトに関係する全員に生まれ、プロジェクトが進展するにつれて、創造的で複合的なものの見方が育成され、変化する状況に適応することができるようになるのである。

こうして、伝統的な「命令と統制」によるリーダーシップは、「協議と促進」による「チーム主導」のリーダーシップに道を譲ることになる。所定の目的を遂行する状況においては、個々の仕事に個々の人間をあてがうやり方を代えて、集団としての可能性に最も適したように仕事の形を作っていくやり方へと、焦点を移動させるのである。このやり方は、リーダーからの支持を待つのではなく、リーダーとの開放型のコミュニケーションをベースにすることを含んでいる。同時に、集団構成員間の幅広いコミュニケーションが必要であり、それゆえ、リーダーには、結果的に相乗効果を起こすような、そのような横断的なコミュニケーションが生まれる雰囲気が集団内にあるかどうかを確認する大きな責任がある。これによって出現する組織は、伝統的なピラミッド型というよりは、より水平型である——すなわち、水平型の組織では、コミュニケーションの連環が、これまで以上に、重要な役割を果たすことになるのである。

より水平型の、濃密なコミュニケーションによって活動する組織モデルと、それにふさわしいリーダーシップがそこに備わっていることは、とりわけ、教育組織を考えるうえでは必要である。というのは、これまでの教育組織は、その構造上、ヒエラルキーの点では硬直しており、しかし、将来のために、根本的な変革をしなければならない要請は、現在、深まっているからである。例えば、初等教育のレベルでさえも、生徒集団がますます異種混成になっているので、学校の基本的な方向性に関わっている管理者、教員、コミュニティのリーダーは、自らの視点や観点を劇的に変化させるか、あるいは、従来とははっきりと異なる方法で連携する必要があるのだ。多文化共同体の現実が、その共同体内にある学校の運営に関係する人間の視野や観点にどのような影響を与え始めているかについては、さまざまな場所で興味深い研究が種々行われており、その実態が実例をもって示されている。

リーダーシップと新しいコミュニケーションの様式上の特徴

人的資源を最大限に活用するために、リーダーが用いる従来とは異なる新しい手法は、情報と知識を従来とは異なる新しい方法でリーダーが扱うことと表裏一体をなすものである。

集団を主導する情報、知識、知恵を独占的に所有しているがゆえにリーダーであるという、伝統的なリーダーの属性は、情報漬けの時代にあっては、変えなければならない。知識は、かつては、リーダーに権威と正統性を与える自然な要素の一つだった。しかし、組織体、会社、企業などがますます透明性を増すにつれ、また、テクノロジーを使用すれば、関連性のある知識は、当該集団内はもとより多数のソースから入手可能になると、指導者といえども、もはや知識の独占は不可能になったのである。さらにいえば、一層複雑さを増している状況とそれに伴う困難な任務を考えれば、既に述べたように、男女を問わずリーダーといえども、最終的に目指すべき地点とそこにたどり着くための戦略に関して、明確な知識をもつことはできないかもしれないのだ。したがって、リーダーは、明確なビジョンとそれを実現する戦略を形成するためには、集団内の思考と経験を結集しなければならなくなるだろう。

会社経営を研究している研究者は、最近では、組織図が示す縦の階層ではなく、組織内のコミュニケーションの流れに研究の力点を置くようになっている。というのは、上司と部下の交流や、公式的な企画会議、あるいは、役員会というのは、会社を最良の状態で機能させるうえで、もはや中心要素にはならないという証拠が、最近では、増えているからである（Cross and Parker 2004）。これまでとは異なり、その有効性や前向きな戦略思考を、従来よりはるかに高い精度で決定するのは、非公式なコミュニケーションの流れなのである。それはまた、変化する状況に対する会社の迅速な対応をも決定するのである。この現象を研究するソーシャル・ネットワーク分析研究の分野では、事例を詳細に研究立証し、ソーシャル・ネットワークが与える強い影響を測定するシミュレーション・モデルを作り出している。なかでも、最も革新的なのは、カリフォルニア大学ロサンゼルス校の経営学大学院の元教授で、現在は、国際ネットワークフォームの理事長であるカレン・スティーブンソンの業績（Stephenson 2005）である。氏はソーシャル・ネットワークの概念を拡大し、信頼に関する量子理論とでもいうべき枠組みを用いて会社を分析すると同時に、それが規範となり得るような成果をあげている。この理論によれば、会社内での、特定の個人の間で交わされる非公式なコミュニケーションの信頼度が高くなると、それは質の高いコミュニケーションを引き起こし、創造性やチームワークにも多大に寄与するところとなり、結果的には、生産性を高める能力の向上にもつながる、というのである。

改革対組織再編

私的な覚書として記せば、これまで私は、私企業、政府機関、国際機関での仕事を通して、多くの組織改革と再編に立ち会い、またそれらの方向付けに関わることができた。多くの場合、改革と組織再編を起動させる力は、トップからおりてくる。CEOや大臣が代わる場合がそうであるし、体制や政府が変わる場合などもそうである。時がたち、私は、組織内で、有機体にも匹敵する一連の特徴を識別できるようになった。すなわち、それは解剖学的（または構造上）、生理学的（またはプロセス）、病理学上（または健康・病気）の特徴である。

多くの改革の取り組みに共通する傾向は、組織再編、すなわち、解剖学的なそれに焦点を当てるところにあった。それは組織や省の構造を変える試みであり、例えば、部局を統合するとか、新しい部署を立ち上げるとか、小さな事務所を廃止する等々の手法を用いて実施される。しかしながら、取り組むべき問題は本質的には解剖学的ではなく、生理学的なそれであるというのはよくあることだった。というのは、複数の問題は、組織の構造を変革するのではなく、組織内の手続きを簡素化するか、もしくは、規則的なコミュニケーションの連携を組み立てることで、処理しえたかもしれないのだ。それは、例えて言えば、簡単な投薬療法で血液の循環や消化力を十分に改善できるときに、新しい「医者」がやってきて、組織という「患者」を強制的に外科手術に送り込むようなものだった。もちろん、仮に問題が壊疽にも匹敵するようなものであれば、そのときは組織のリーダーは、解剖学的見地から、「手足の切断」とでもいうべき部署や事務所の規模縮小など、病根を正しく根治する手段を講じてかまわない。

他の事例では、指摘された問題が病理学的なとき、改革の取り組みで講じた施策は、解剖学的（組織再編）もしくは、生理学的（簡素化）なそれであった。もしも、そこに特定の個人の非効率によってもたらされる何らかの障害があるとか、スムースな運営を妨げる弊風があるというなら、そのときは、組織の病が何であるのか、その原因を突き止めなければならない。そのうえで、問題を引き起こしている個人を変えるとか、よりよい対案を探すなりして、組織の病を治療する必要がある。

上に挙げたことは、今日のリーダーが、自分の集団の「生理学」、学者の用語で言うなら、「ソーシャル・ネットワーク分析の力学」にいかに注意を払うべきか、その方法を具体的に示すものである。興味深いのは、リーダーが払うべき注意は、どの下位集団が互いに結束しているかとか、誰が誰と多くのコミュニケーションをとっているかを、探ることではないのだ。観察力の鋭いリーダーであれば、個人はさまざまな理由でさまざまな相手と話をしがちなものであることを、見抜くだろう。スティーブンソン（2005）の指摘するところによれば、人は仕事の仕方に関しては職場の同僚と話をする、しかし、職場外の社交のことでは別の同僚と話し、仕事上の新しいアイデアとか革新的な方法の導入などに関しては、他の職場仲間と話をするものだ、という。さらに、詳しい情報や仕事上の助言が必要な場合、第四の同僚が存在する可能性もある。それは助言者もしくは指導を仰ぐ人物である。人生の問題や仕事や私生活上の悩みを相談し、生きる知恵を貰う人間は、また別にいてもおかしくない。リーダーは、上に挙げた同僚の一人かもしれないし、そうではないかもしれない。しかし、集団内の個人のネットワークのあり方というものを、リーダーが知っていることが、いかに重要であり、時には必須のものであるかは、容易に理解できる。そういうネットワークがあればこそ、男女を問わず、極めて効果的なプロジェクト・チームを形成することができるのだ。全員の参画が必要な新しいプロジェクトを立ち上げる際、そのネットワークは、推進役を果たしてくれるからである。つまり、個人間に生じる摩擦や諍いを和らげる方法を形成する役割を、それは担ってくれるのである。

海図のない大洋を航行するリーダーシップ

変化の早い今日の世界が要求するのは、常にそこにある苦況や新たに生じる状況、あるいは、かつては考えられなかった仕事上の目標や成果などを取り扱う新しい方法を不断に供給していくことである。こうした事態のなかで、よりよい未来や相当の成果の達成に努めるリーダーは、創造的で新たに何かを見抜く力と刷新力とを常に信頼して、過去の成功体験には頼らぬものである。そのことはまた、新しく何かを洞察する力はもはやリーダー一人に求められるものではない、ということを意味しているのである。

教授職との類似

かつて教員は知識の泉と見られていた。あるいは、少なくとも、泉にたどり着く地図の所有者と見られており、教員は学生を無知の砂漠から連れ出し、そこにたどり着けるよう導くのが仕事だった。それが、今日では、学生は情報と知識の海に囲まれ、教員もまた同じ船に乗っているのだ。したがって、現在の教員は知識の供給源として振る舞うのではない。入手可能な過剰な知識を理解できるようにし、それを消化し相互に関連させる術や、吸収すべきものとそうでないものを教え、新たな知に到達するには、知識をどのように扱うべきなのか、そのためのガイド役または進行役を務めるのである。

そして、教員がそれを忘れたとしても、学生がただちにそのことを思い出させてくれるだろう。というのは、学生もまた、インターネットや他の手段を所有しているから、教員の知識の供給源にアクセスして特定の話題に深く集中することができるからである。市場に先導されるシステムが極端なまでに推し進められ、評価制度さえ扱いにくいものになっている。なぜなら、学生たちは自分たちの学習プログラムと教員を単なる目的達成のための手段と見なし、相当額の授業料を支払ったのは学位を獲得するためだ、と考えているかもしれないからだ。

もちろん、教員や教授を単なる、ことを処理するための進行役におとしめることは、あまりにも割り切った見方だろう。教える者は男女を問わず、固有の能力や、集積された知識を所有しているし、また教員としての権威や教室での指導力の土台となる経験というものをもっている。しかし、今日の状況において、効果的な教授は、進行役と処理役をきちんと果たすことと強く結び付いているのだ。

今日の教員と同様、リーダーは、船長さながら、ガイドと誘導の役を果たさなくてはならず、また、乗組員の参加と協力を求める必要がある。船の運行をどうすれば最良な状態にできるのか、また、共通の目的はもつものの、特に特定の地点は定めないけれど、しかし、目指すべき方向から逸れることなく前進するための最良の水路はどこなのか、こうしたことに関してリーダーは船員から多くの事柄を学ぶのである。気象条件や時々の状況で変化する要素は、新しい知識やより洗練された関心事などと同様、進化し発展するものだから、その日その日の求めに応じてこなしていくことが相当量あるのだ。

企業世界の新たな枠組み

今日の企業世界は、目標と目指すべき方向性を再検討する苦しみのただ中にある。経済を発展させるための協業作業において、この苦しみは最も明らかになる。経済発展に対する伝統的な見方は、次の二つのうちのどちらかになりがちだった。地域組織型か、起業あるいはビジネス展開型のどちらかである。

地域組織型の特徴は、ＮＧＯ（非政府組織）もしくは外部の慈善家によって起動させられるところにある。とはいえ、もちろん、その持続性と関係性は、地域内の受諾と地域の所有に依存しているという正統な事実を前提としているので、最終的には、地域が総意をあげて参加することになる。しかしながら、よくあるのは、この方法による発展の過程には、時間がかかり過ぎ、しかも限定的なのである。というのは、当該地域の力量が成熟するには時間がかかるからだ。結局のところ、外部資金は減少し専門家の意欲も衰えるなかで、進行せざるをえなくなり、真の発展に必要な強力なインパクトはめったに生み出せないのである。

起業もしくはビジネス展開型は、文字どおり、起業投資家か恵み深い帝国主義者によって創業される。そして発展途上国には今でも、進化し変容を遂げた共同社会が点在しており、それらは、大規模な製造業、製作所、林業、あるいは域内の軍施設などが今後も継続して存続する可能性に依存している。そこに、外部資源が注入され、長期にわたる肩入れが実行されると、さらに発展する部分の変容の度合いは一層早まる。しかしながら、よくあるのは、共同社会そのものを発展させる真の試みは一切行われないのだ。その地域の住民は、単なる肉体労働者として、あるいは、消費市場としての価値しか認められていない。さらに重要なことは、経済成長から得られる歳入や利益は、当該共同社会にとどまることはなく、外部の株主たちに吸い上げられてしまうのである。実際、各種の経済指標が顕著な好況を示したとしても、経済を発展させるためにこの手法を用いるとやがては、著しい生活の質的劣化は避けられなくなるのであり、そのことはまた同時に、社会問題や社会不安を引き起こすのである。

企業のリーダーは、上に挙げた二つのモデル間の溝を埋めなければならないと考えている。目下の責務は、企業のエネルギーや経験、さらにはビジネスを大きな成功に導く厳しい活動に新たな方向付けをすることにある。すなわち、それらが唯一の成果を求めるためのものから、よりグローバルでシステマチックなものにすることで社会全体に影響を与えられるものに変えることなのである。多くの人にとって、既に明らかなことではあるが、このことは、ビジネス発展の戦略とその実施において、必然的にパラダイム・シフトを伴うのである。

近年、ある企業の試みた新たな手法は、重点の置き所を変化させることであった。——すなわち、入植地開発を総合的に進めることを企業の第一の目標に織り込み、この目的達成のために、広範囲の生産ラインを用いることにしたのである。総合開発の一部をなす資源開発政策と、単なる原材料探索の政策では、たとえ両者の究極的な目標が利益の獲得であっても、そこには根本的な相違がある。例えば、外国市場に材木を提供することを唯一の目的にして地域に参入した伐採業者の操業戦略は、森林環境内に実現し得る入植地の開発を目的とする開発会社のそれとは異なるはずである。伐採業者の仕事は、材木が収入に変換されれば、そこで終了ということになるが、開発会社にとっては、材木を売り上げて得る収入は、開発の一部からの収入である。開発の全工程のなかには、地元のインフラ整備、雇用、娯楽、教育などの機会促進、地域住民の生活向上などへの資本投下を含んでいるからである（このことは同時に、開発会社にとってのさらなるビジネスチャンスを創出することを暗に示している）。どちらの事例であっても、開発プロジェクトというのは、利益獲得を目指して計画されているけれども、伐採業者の場合、収益の源泉は、唯一、材木市場である。後者の収益は、永続的に生き続ける共同社会全体からもたらされる総合的な効果と、当該地域の全資源の開発効果によって生み出されるのである。

企業パラダイムをこのように変化をさせることは、簡単かつ容易にできるものではない。それを可能にするのは、従来とは異なる新しい形のリーダーシップの出現である。そのリーダーは、困難ではあるが必要かつ刺激に満ちたビジョンの実現を追求するために、海図のない大洋に乗り出す能力を備えていなければならない――伝統的な量的成功と同時に、質的成功にも関心をもつリーダーでなければいけないのだ。

教育における新たなパラダイムの必要性

しかし多分、企業や社会における他の部門――交通、コミュニケーション、銀行、娯楽、健康等――のリーダーに比べて、海図のない大洋を航行する能力が一層要求されるのは、教育界のリーダーである。上に挙げた各部門は、競争に勝って生き延びるために、社会の変化する要求に応じて、仕事の形そのものや仕事の基盤部分を変えてきたのである。ＡＴＭとか、携帯電話、ケーブルＴＶ、バーチャルで行う健康診断、ｅ‐メール――これらは、二〇年前には聞いたこともなければ、想像もつかなかった――などは、そのことを示す指標に過ぎない。他方、学校や大学は、実質的には変わることなく存続しており、二、三〇年前と、いやそれ以前と同じような運営を行っている。コンピュータの台数が多少増えているだけである。多分、教育界の変化のゆっくりとしたペースは、その規模と安定性、数世紀にわたって担保されてきた威信と敬意、さらには前世代が培った洞察力を後世に伝えるという保守的な役割、そうしたものが作用しているからだとの説明は、可能である。しかし、教育機関はただ単に過去の管理人として存在しているのではなく、未来に向かう先導者と考えられており、未来の世代を形成する責任を担っているのだ。教育機関が担っているこの二つの役割が互いに張り詰めた緊張関係にあるのは、かつてはなかったことであり、その緊張関係は着実に激しさを増している。

教育システムを改革する試みは、確かに、実施されている。プロの教育マネジャーを創出するプログラムが増加したおかげで、有能な教育の専門家が輩出してきている。しかし、教育機関の改革がその焦点にしてきたのは、既存業務の改善であり、効果を上げることよりも効率の追求であり、まったく新しい教育の目的や方法の確立というよりは既存の支配的なパラダイムの修正と改善（本書第５章でジョン・ホーキンスが述べている）なのである。したがって、例えば、カリキュラム改善を例にとれば、焦点は特定の科目群の教授法の改善や科目配列に向けられ、その科目がそもそも教えるに値するのかとか、科目内容を新しいものに替えるべきではないのか、といったことは問われないのである。別の例では、既存の教育制度への入学枠の拡大が提案されたのだが、果たして現在の制度は、現在入学を果たせない者にとって手が届くように制度設計されているのだろうか、あるいは、彼らの人生を効果的に向上させるように創られているかという問題は、議論されることはなかった。大学教育の改革は、選択可能な複数の財務体制と公平なコスト回収の仕組みを前提とするので、規模の拡大は結局のところ、能力の問題よりは、卒業証書の発行数に力点が置かれることになって、いずれは証書の価値を引き下げることになるのだ――これは教育界における法人部門の利益という点では、矛盾しない一つの結果ではある。

運輸部門と紙ベースのコミュニケーション部門に生じたパラダイム・シフトと類似させれば、理解は容易になるだろう。長距離を早く移動する要求は、車の性能を高めることによってではなく、飛行機の出現によって満たされた。同様に、紙に記録する文書を創ったり編集したりすることは、単にタイプライターの性能を上げることで、その質を向上させることはできない。コンピュータの文字処理機能が発明されることで、可能になったのである。つまり、教育における「自動車」や「タイプライター」の改善はやめる時代になったのであり、そうではなくて、教育のリーダーは、飛行機や潜水艦、あるいは自転車に匹敵する教育上のものを発明すべき時代なのである――今日の、地域的には独自性を保ちながら、グローバルなレベルでは変化の早い環境に生活している人々が必要とする、教育上最適なものを創出しなければいけないのだ。

革新的な可能性というものは、しばしば、気が付かないところに実は存在しているものだから（本書の第8章でジョセフ・ファレルが挙げている実例を参照）、心を開いてその可能性を求める気持ちを持続させていれば、それだけで、教育のリーダーは、学習共同体の変化の早い要求に真に対応する、将来の教育制度を手がけることができるのだ。たとえ、その仕事がいまだ海図のない大洋に乗り出すことであったとしても。硬直した伝統的な官僚制度に直面したら、リーダーとそのチームは、次のことを確信しておくことである。パラダイム・シフトは、既に必然なのであり、そうであればこそ、大胆であっても、現実的なビジョンを分かち合うことになり、そうなれば、真の変化をもたらす勢いを創出することができるのである。

リーダーシップとビジョン

リーダーシップの権威の源泉はさまざまである。伝統的にそうである。永年勤続が注目すべき行為と見なされていた社会では、高齢であるのはそれだけで、権威を備えた村の長老になる資格を与えた。彼らの話には心して耳を傾けた。権威の衣はオーラを授けるのである。より組織化されたコミュニティでは、リーダーシップを選択する形式を作り出した。それはすぐれた業績や熟練の技で決めたり、好敵手同士を競わせたり、あるいは歓声や拍手、またはある種の選挙によることもあった。この場合は、コミュニティの容認がリーダーシップの権威の源泉となった。近代の産業社会では、権威を構造化してそれを制度にしたのである。特に、企業部門に関しては、リーダーシップの研究が多く行われてきているが、この部門では多くの階層レベルを特定する精巧な組織図に明らかなように、序列というものが効力を伴って是認され、また支持されたのである。ここでのリーダーの権威は、組織内における特定の地位——プレジデント、ディレクター、チーフ、スーパーバイザーなど——を獲得した者に、ただそれだけの理由で、男女を問わず、その人物に付与されるものになった。リーダーの権威はここでは、立場上のものであり、個人的な意味合いは比較的薄いと言える。いわゆる情報化時代が始まると、また、それに先駆ける数十年間も同様であるが、新しいタイプの権威が出現した。それは専門家の権威ともいうべきものである。その人間が組織内の階層図のどこに位置しているかは、この場合関係ないのだ——他の人間が知らないことを知っていることから生まれる、それは権威なのである。

繰り返すことになるが、権威とリーダーシップはそのままでは合致しないものなのである。年齢、集団の容認、階層上の立場、知識など、こうしたものに由来する権威は、「指揮と統制」を旨とする環境であれば、応諾を確かなものにするうえで十分機能するだろう。しかし、この種の権威があるからといって、真のリーダーに導かれたチームがもっている意識の高いやる気に満ちた労働観が、おのずから生まれるわけではないのだ。

多分、真のリーダーであれば備えている唯一の有効な権威の源泉は、ビジョンに対する感覚とそれを遂行する能力である。職場内で、周囲に感染していく点で、これに適うものはほかにない。言うまでもないことだが、ビジョンというのは、選び抜かれたものでなくてはならないし、また、明快に表現されたものでなくてはならない。曖昧模糊とした夢物語だと、いかに雄弁に熱っぽく語られようとも、それは、必ずしも行動を喚起しないだろう。なぜなら、それでは、要請される目標を達成するうえでの道筋を推し量ることができないからである。他方、標準的な仕事の目標を具体的に示す（売り上げ目標、消費者満足度、入学者数の増加目標）程度のものがビジョンだとすれば、それは集団を鼓舞する力にはならない。ビジョンをその程度のものにしてしまい、標準的な目標のその先にあるチャンスを獲得しかねているマネジャーはあまりにも多い。彼らが自分のチームを鼓舞することができないのは、考え方の基盤に根本的な原理とビジョンをもっていないからであり、これがなければ、最終的に、チームに仕事の意味を与えることはできないし、仕事に対する支持を獲得することもできないのである。

世界の舞台で極めて力を発揮するリーダーが他を圧倒するのは、遠大ではあるけれどもそれがどういうものであるのかが明確にわかるビジョンに己を捧げてきたからである。それゆえに、数十年もの間、他の何千もの人間を鼓舞し誘導して、世界をそれなりのやり方で変えてきたのである。多数の実例を浮かべることができるが、ジャック・クストーとフィデル・カストロの二人をここでは挙げておく。二人はともに、ビジョンに献身的である点では疑問の余地はないし、また、両者ともに賛否両論ある今日的なリーダーである。

明確なビジョンに献身的であることに加えて、リーダーたるものは、そのビジョンを力強く伝える力をもっていなくてはならない。もちろんすぐれたリーダーであれば、その伝達力はしばしば、ビジョンに対する献身と大義に生涯を捧げる正にそのことのなかに、自動的に組み込まれて一体をなしているものである。比較的小さな事例として、期間限定で特定のビジョンをもつプロジェクト・リーダーがいる。この場合、リーダーのビジョンとそれに伴う献身、さらにはそのビジョンに対する熱意が、目に見える形でチームの構成員に伝わり、チーム全員でそれを共有することが、大事である。この場合でも、リーダーが示す労働観とその具体例は極めて有効な手段となる。しかし、企画・戦略会議のような目に見える形をとった仕組みは、チーム構成員にプロジェクトのビジョンを外部の人間に説明させることや、メディアに情報公開することと同様、ビジョンをもつことの刺激や興奮を分かち合う素晴らしい手段なのである。

ビジョン対野心

リーダーシップの情熱は必ずしもビジョンから生まれるものではない。野心からでも、同種の衝動、エネルギー、献身などが放たれる。しかし、ビジョンと野心の類似点は、ここまでの話である。野心をもつリーダーを動かしているのは、自己の利益や家族のためとか、政党のためとか、要するに自分本位の目的のためなのだ。ビジョンをもつリーダーを動かすのは、かなりの程度まで無私の目的である。組織のより大きな利益や、社会の利益のためなのである。この二つのタイプのリーダーシップが、長期にわたって与える影響力は、まったく正反対のものになる。この点でのリトマステストは、リーダーにとって良いことと、大きな集団にとって良いことを識別することである。献身的なリーダーシップという概念が創出された最初は、宗教や宗派内におけるリーダーシップを論ずる言説であり、『人生を導く5つの目的』(2002)を著したリック・ワレンなどのような影響力のある人間の著作である。そしてこの概念は、いまや、現実の経営やリーダーシップ研修プログラムに取り入れられるほど、信憑性と通用性を獲得するまでになった。それは、倫理と実効性の両面で重要なものになっているのだ。

リーダーシップとカリスマ性

カリスマは生まれつき備わっているのか、それとも開発可能なものなのか。この議論はまだ継続中で決着はついていない。とはいえ、カリスマはおそらく、真のリーダーに出会ったときに誰しもそこに認める一つの極めて明らかな特徴なのだ。こちらを強く惹きつけて離さない磁石のような個性、物柔らかな魅力、あるいは、楽しくはないが、すごいと思わせる何かをもつ人物、これがよくカリスマと称されるものである。そういう人物が部屋のなかを歩いていると、視線と注意がその人物に引き寄せられてしまうのだ。リーダーシップ研修プログラムとか美容学校、あるいは効果的な喋り方に関するさまざまなコース、こうしたものがあふれるほど存在しているのは、ある種のマネジャーやリーダーに、カリスマ性のいくぶんかを提供しようとする取り組みといえる。それはある程度まではれば、うまくいくだろう。しかし、うまくいくのは、第一印象をよくするために、後天的に獲得されるテクニックを使用する手口であって、カリスマと呼ばれる無形の特性をしみ込ませることではないのだ。

成功を収めた多くのプロジェクトや組織が、それを率いてきたカリスマ性を備えたリーダー（しばしば創設者である）の最後の任期が終了すると壊滅状態になるのは、運命といえば運命なのである。しかしながら、思慮深いリーダーであれば、そういう事態を予期して早い時期に、潜在能力とカリスマ性をもっていると思える秘蔵っ子を見つけ、見習い指揮官にすえて、長期にわたり労を惜しまず彼を育てあげていくのだ。こうしておけば、来るべきリーダーの移行は、それほどの幻滅や失望をきたすことはない。これとは異なる方法もあって、リーダーは自分の熱意やカリスマ性を、別の個人に伝授するのではなく、組織全体に、あるいは、少なくとも、組織のリーダーシップを担う中枢集団と管理集団に伝えようとするのだ。

教育部門における事例研究

ここでは教育の世界から、三つの異なる事例を述べることにしたい。その事例はいずれも、今日の現実に対応すべく現れた顕著な特徴をもつリーダーシップのあり方を典型的に示している。これらの事例はまた、これまでに論じた考え方の多くを要約するとともに、総合的に扱うことになる。

中国の事例

最初の事例は中国、吉林省における改革プロジェクトである。その地区の教育リーダー、チェン・モー・カイとチャン・インは、地区内の一万一〇〇〇の学校で、基礎教育制度を劇的に改善しなければならないことを察知した。カリキュラムはこれまで伝統的に北京中心に組まれていた。それは、田園の生産活動や健康、栄養といった問題には何もふれていないし、在籍する生徒の成績が振るわないことにも何の配慮もなされていない。プロジェクトが計画され、チェンとチャンは外部の支援を求めた。しかし、このプロジェクトは単一の（教科書、教室、教員研修に特化した）目標を実現するものではなく包括的なものであると、チェンとチャンの二人は主張したので、彼らが獲得した外部資金は限られたものにしかならなかった。六つの郡の一二校を対象に効果的な変革を実施できる程度だった。プロジェクトはこの一二校から始まったが、それは徹底的かつ効果的に実施されたのである。彼らは、地元の共同体を巻き込み、特別に選ばれたという名声と、国際的に認知された「実験校」であるとの威信を彼らに与えたのだ。

カリキュラムは徹底的に見直された——薬用人参の生産、自転車修理、健康管理と栄養学などの授業が導入されることになり、地域共同体の資源である住民に参加してもらった。それは人々の意識のなかに熱意が染み込んでいったからである。生徒の出席率と学習達成度の点数が劇的に上昇すると、共同体も活性化し、実験校の評判は制度を通して広がっていった。数年後、省を挙げての努力が全盛を迎えて、会議が開催されこのプロジェクトを四六郡に広げ、一四六校を慎重に選ぶことになった。最終的には一万一〇〇〇の学校全てにこのプロジェクトを立ち上げる計画もあったが、実際にプロジェクトを実施してみて学習した思慮を働かせ現実的に考えた結果、プロジェクトの拡大戦略はよりゆっくりしたペースで実施すべきとの結論に至ったのである。しかしながら、年数を経るにつれ、プロジェクトは多様な成果を継続的に挙げるように成長し、さらに数百の学校に導入された。

チェンとチャンのリーダーシップに明らかに見てとれる特徴のなかには、使命感を貫く二人の寛容な精神と、使命に対する二人の不動の献身が含まれている。それはまれなことであっても、立派な行為そのものである。数十年にわたって、誰かほかのものに代わることもなく、安定性と継続性をもたらしたこの二人のリーダーを戴くチームをもったことは、吉林省の財産である。また、彼らが教育制度に関わったことを考えると、こうしたリーダーシップはますますまれなものだったと言わざるをえない。というのは、教育部門においてリーダーシップが頻繁に交替すると、それを必要としている共同体に革新的な手法を提供することはできない。新しいリーダーには、政策実施のうえで、彼なりの優先順位があるからだ。二人がもっていたほかの特徴、それは基本的なものであるけれども、二人のビジョンが理に適っていた点にある。地元の共同体が教育上必要としていることに直接関係しようとする考え方、そして、統合的な観点から、カリキュラムと教材と教員の再研修を全面的に見直し、なおかつ共同体の支持をも獲得するという、包括的にビジョンを達成する手法もまた、理に適っていた。しかしながら、決定的に重要な要素は、ビジョンを皆と分かち合うように導いた二人の力量である。実際、二人はビジョンの実行と運営を彼らが仕えていた共同体に任せたのである。伝統的な中国文化のなかでは、驚くべきことに、ソーシャル・ネットワーク現象は当然のことだった。村の長老や生産農家はいうまでもなく、社会のあらゆるレベルの人間と接触することは、書類をつくる仕事と同様、チェンにとっては仕事の一部をなしていた。二人に成功をもたらした他の大きな要素は、飢餓感とでもいうべきものを創り出した二人の実に微妙な能力である。そしてその創り出された飢餓感こそが勝利を獲得するための努力の一部となり、成功物語の部分をなすものだった。改革と拡大を実施するリズムとペースを理解していたこともまた、決定的なことだった。プロジェクトのなかには、小規模の実験レベルで、いつまでもそこそこ実施されているものがある。それとは反対に、継続性を保つための必要条件をあらかじめ確認せずに進行を急ぐあまり、プロジェクトの拡大ができないものもあるのだ。

インドの事例

二番目の事例はインド北西部、ラージャスタン州で始まった都市部の少女を対象したキャンプを扱ったものである。ロク・ジャンビッシュは教育NGO組織で積極的に活動していたが、リーダーシップはアニル・ボーディアに移行した。ボーディアはインドの教育大臣を退職したばかりだったが、頭を痛めていたのは、自分の出身州の少女たちの高い文盲率と、かなりの数の少女が一度も教室に行ったことがないことだった。新しい枠組みで仕事ができるのをきっかけに、州の西部の都市ジョドプール、州都ジャイプール、そのほかいくつかの主要都市に、彼は少女を対象にしたキャンプを創設した。ロク・ジャンビッシュに拠点をおく彼のチームを使って、孤児ではない子供で、学校に行ったことのない少女をもつ両親の説得にとりかかった。五〇人から一〇〇人を収容できる借家に、少女をよこしてほしいというのだ。そこにはボランティアと教員が中心メンバーとして働いており、そのキャンプで六カ月間少女たちは寝食を共にして学習する。管理人、教員、ロク・ジャンビッシュからのスタッフと教員、そして、時間のある母親たち（時には幼い子供を連れてきて、キャンプで一緒に寝泊まりする）、こういうメンバーで非正規の授業を実施するのである。授業は年齢別ではなく、理解力とやる気によって、編成された。食事やレクリエーションもキャンプ主催者側が用意した。また、学習資源をいつでも利用できるよう、人的資源の二四時間体制をしいた。六カ月後の成果は素晴らしいものだった。前述したような形式で教育を行ってみると、やる気や意欲があれば、青年期前の少女たち（九歳から一二歳まで）であっても、パブリック・スクール制度の五年生に相当するクラスで授業を受けることに何の障害もなかったである。とにかく、この革新的な枠組みを使えば、実に効果的に五年分の学校教育を六カ月に短縮することが可能となった。少女の家族が教育の価値を理解し、多くの家庭がこれまで以上に娘を正規の学校に通わせるようになると、少女キャンプは同州のほかの都市でも増え始めた。ロク・ジャンビッシュは支援業務と研修を引き続き担当し、終了したキャンプの経験から得た教訓をベースに、パラダイムの改善を怠らなかった。

このプロジェクトのリーダーであるボーディアには、常に、プロジェクトを鼓舞する力があった。エネルギーと献身、力強さと常に改善を求める粘り強さ、こうした特徴は彼の年齢を考えれば大変まれであるが、ボーディアにあっては、それは誰の目にも明らかであった。彼の場合、継続性と継承性の必要を認識していたので、後任にふさわしい人間を育てて、キャンプ・プロジェクトの自分の関わりをすべてロク・ジャンビッシュの地域マネジャーたちに譲渡できるように手筈を整えたのである。少女キャンプは、「海図のない大洋」だったので、ボーディアは政府の官僚組織や地元の役人（幸運なことに彼のもとの職位が役に立った）と渡り合わなくてはならなかった。また、懐疑の目を向ける両親や、気が進まない少女を相手にしなければならなかったし、彼のビジョンを共有できることが必須のボランティアや教員を説得するのも避けて通れない彼の仕事だった。こうした仕事をこなすために、ボーディアがロク・ジャンビッシュの責任者としての権威にたより、仕事を限定して、結果的に組織の事務職員やスタッフとのコミュニケーション回路を狭めてしまっては、十分な仕事はできない。それはわかりきったことだった。実際には、スタッフの話に耳を傾けることで――彼らは既にメンバーとして数年の経験があり、さまざまな逸話や秘話をもっており、しかも、学校に行かない少女と接触したこともあるので――ボーディアは少女キャンプという彼のビジョンを作り上げるための構成要素を集めることができたのだ。スタッフがすぐさまビジョンに熱中しボーディアと共有できたのは、ボーディアが進んでがロク・ジャンビッシュのスタッフから学び、彼らと一緒にビジョンを作り上げたからである。

UNESCO（ユネスコ）の事例

三番目の事例はUNESCO E-9とか、「九つの人口大国プロジェクト」と呼ばれるものである。この事例は、筆者自身がコーディネーターの立場で関与しているので、私的な誹りを免れないが、多文化の環境におけるリーダーシップを考えるうえで価値ある教訓を提供してくれるものである。

UNESCOのディレクターとして、「全ての人に教育を」と呼ばれる世界的規模の運動をまとめ上げる責任を与えられたとき、私はあるコントラストにうちのめされた。委任された巨大な仕事量（世界に存在する、九億人の文盲と一億人に及ぶ学校に行けない子供たち）と、極めて少ない資源と予算（五〇人に満たない本部職員数。現場職員もいないわけではなかったが、予算はアメリカの小さな大学以下)、これで仕事をしなければならなかった。自分に任されたチームと自分自身のやるべきことを熟考し戦略に思いをめぐらせた。その結果えた結論は、次のようなものだった。世界の文盲の四分の三は、九つの人口大国に住んでいる。その国は中国、インド、バングラデシュ、ナイジェリア、メキシコ、ブラジル、パキスタン、エジプト、インドネシアである。したがって、UNESCOとその加盟国が今挙げた九つの国で意義ある仕事を展開してくれれば、それは現実に有効な影響力となるのではないか、そう考えたのである。

UNESCOの事務総長で、カリスマ性に富むフェデリコ・メイヤーの熱心な支持を受けながら、私のチームと私は、E-9プロジェクトを形成するために、上に挙げた九カ国の文部大臣との対話を開始した。ただちに明らかになったことがある。大臣はいずれも、基礎教育と読み書き能力の必要性に対して、我々同様、極めて前向きに受け止めてくれたのである。ただし問題は教育資源であり教育に対する関心であって、どうすれば国会でその必要量に注意を惹きつけることができ、十分な国家予算を確保できるかにあった。大臣のところには、健康、通商、運輸、軍隊、その他の部門からの陳情がひきもきらずに押し寄せていた。劇的な変革を遂げるための唯一の望みは、大臣の上のレベルからの指示しかなかった。この事情を事務総長に伝えると、総長は積極的にプロジェクトに関わり、我々と緊密な連携をとるようになった。そうなると、プロジェクトの焦点は大臣レベルから各国の政府要人へと移行していき、UNESCO事務総長のプロジェクト参画は必須のものになったのである。

その後何を行ったかといえば、前述の九カ国の大統領、首相を表敬訪問することだった。彼らとの会見では、基礎教育を全ての国民に施すことこそが当該国の発展をさせる最も確実な道であると、実証してみせた(これは驚くほど容易な仕事だった)。さらに、一年後に開催予定の各国首脳からなるサミットに彼らを招待した。プロジェクトの目的達成に向けて、重要な第一歩を踏み出すことを公約として発表するためのサミットである。世界で最も文盲人口が多いのはインドだが、そのインドの首相ナラシンハ・ラーオは既に、彼自ら議会と交渉して教育資源を増加させる劇的な「五カ年計画」をまとめていた。そして、サミットは是非ともニュー・デリーで開催したいと申し出たのだった。

各国首脳との会見後一年以内に、各国の文部大臣はレポートを送ってきた。大統領や議会は既に多くの計画や法案を議会に提出している。したがって、サミットでは、内容を伴った報告ができる予定であるとのこと。我々の側としては、全面協力関係にある国連に働きかけ、国際連合開発計画（UNDP）、国際連合児童基金（UNICEF）、国際連合人口基金（UNFPA）、などの援助を受けることができれば大いに助かるというものだった。実をいえば、九カ国に長期にわたって支援するという考えは、支援に値するけれどもアフリカの比較的小さな国も含まれているので、世界銀行でさえ最初は、しり込みしたのである。が、最終的に世界銀行はE-9プロジェクトの将来性と勢いが高まっていることを認めてくれて、理事会提出の議案に賛同することを約束してくれたのだった。

サミットに向けた書類や公約作成やそのための会議を始めるまでに、基礎教育を行うために必要な予算の劇的な増額は既に実施されているか、あるいは、九カ国中六、七カ国では将来の増額を公約していた。これは当該国の大統領や首相が世界に向けて誇り高く宣言してくれたおかげである。九カ国のなかで学校に行けない子供たちを収容するには、さらに八二〇〇万人分の学校が必要だったが、五二〇〇万人分の手当てをすべく資源を割り当てた。

運がよかったのは、数年にわたって、当該国では大統領や教育大臣が入れ替わったけれども、E-9関連の議案は継続したことである。大臣レベルでは、ネットワークによる交流とコミュニケーションは持続し、特定の問題に関して意見交換が行われた。こうした大きなシステムは持続させることが有益なのだ。毎年、持ち回りで、他の八カ国を会議に招待し、当該国に関連する特定の課題を討議している。ブラジルは最近、年に一度の会議をリレシフェで主宰し、大規模な基礎教育制度における現実的な観点と質の問題を提示している。このような継続性を可能にした功績は、UNESCO内に小さな追跡調査グループを作っておいた先見の明にある。彼らは関係国間のコミュニケーションによる連携や、事務局を設置してニュースレターやその他の連絡手段――これも効果的なリーダーシップの装置である――を継続することを命じられていたのである。

リーダーシップについてこれまで私が学んだことは数多くあったが、この経験で学んだことには相当の重みがあった。第一に、UNESCOの事務総長フェデリコ・メイヤーを筆頭に、その後も引き続き、連携を組んだ各事務局の長がプロジェクトのビジョンを全面的に支持して共同責任者になってくれたからこそ、今回の成功はありえたのだ。彼らの力がなければ、政府要人に接触することもできず、教育ある市民を育てるというビジョンの将来性を語って各国政府を動かすことなど、とてもできない相談だった。しかし、組織内でビジョンを共有することは、横断的にも縦断的にも、等しく重要であった。UNESCO基礎教育スタッフは、選択された九カ国を「支持する」との案件を受け入れるほかなく、その九カ国に彼らの専門能力を傾注せざるをえなかった。それでも彼らは、得意分野での経験と知識をベースにして、当該九カ国にふさわしい戦略形成に進んで手を貸してくれたのだ。就学前教育、栄養学に基づく食事プログラム、教員研修と教材研究、当該地域に適した低価格な学校建設、成人の読み書き能力育成プログラム等々、これらがスタッフの専門性を発揮できる分野だった。彼らスタッフは、ビジョン全般にわたって、具体的に形を整えそれを実施に移す戦略を提供しなければならなかった。そして、九カ国中のどこの国からであっても、自分の専門に関わることで要請があれば、彼らは、いつでも求めに応じて援助の手を差し伸べたのである。

興味深いことは、異なる九カ国の各省や連携する事務局と仕事をする際に費やされる、時間とエネルギー量のことである。言うまでもなく、九カ国が同程度の参加意識と熱意をもっていたわけではない。動機の点でもいくぶん異なり、時に政治的、時に教育的、時に私的な、と思われる様相を帯びていた。事務局の参加動機もそれぞれ異なっていた。UNDPは各国に展開している彼らのプログラムのなかに、目に見える形の要素を必要としていた。UNICEFの場合は、当然のことながら、関心対象は教育ではなく、子供それ自体にあった。つまり、子供の労働、子供の栄養、子供の権利等である。国際連合人口基金（UNFPA）はプロジェクトに深く関与したパートナーだった。というのは、教育を受けた母親のほうが文盲の母親に比べて子供の数が少ないとの認識をもっていたからである（ある国の事例では、文盲の母親は平均六・五人の子供を産むが、四年以上の教育を受けた母親であれば、平均二・五人である、との調査記録がある）。九カ国の事務局の主張と戦略を調整してまとめ上げ、サミットに向けての文書と宣言を作成するための意見調整を図るために、私はできるだけワシントンとニューヨークにある連携先の組織本部で、仕事をこなした。そこで費やした時間は、パリにある自分のオフィスで費した時間と、各国を訪問した時間の合計に匹敵するほどである。こうした仕事のやり方を通して生まれたのは、コミュニケーションのパターン、ソーシャル・ネットワーク、そして信頼の量子理論ともいうべきもので、これは、カレン・スティーブンソンにとって理想的な研究となるものだった。

これは結果論だが、社会的・職業的な連携ネットワークが不十分だったのは、私自身が所属する組織内での適切なネットワークが不足していたことでもある。私は自分のオフィスがあるパリの建物のなかで、時には同じフロアーで、高等教育や、HIV・AIDS、文化などを専門にする同僚たちと接触していたが、ニューヨークやワシントンの世界銀行では、あるいはニューヨークのUNICEF、UNDPでは、基礎教育の専門家たちと、一層打ち解け、より頻繁に連絡をとりあうようにした。当時、基礎教育とは別の分野の同僚とネットワークを構築することは、計り知れないほどの恩恵をもたらしてくれた。例えば、潜在力を秘めていながらいまだ手付かずの領域、例えば、教員研修や、学習過程の改善に寄与することができる神経科学における先端的な知見、基礎教育の必要性につなげる回路を高等教育にも構築することなど、こうした領域で高等教育と基礎教育の分野がより広範囲に連携することで、具体的成果を生み出すための会議は、昨今、ようやく始められたばかりなのである。同様に、対応教育の文化とHIV・AIDS教育を全ての基礎教育制度に導入する必要性をリンクさせることは、最近やっと注目を集めるようになった。

しかし率先して大胆にことを始めると、まず疑いの目でみられ、抵抗にあうのはよくあることである。特に、土俵の外に置かれていると感じている人はそういう態度をとる。UNESCO組織内部でも、基礎教育部門ではない部門は当然のことながら、E-9プロジェクトを好奇の目でみていたし、しかも、初期の段階では自分たちは関係ないという態度をとっていた。こうした部門とは、プロジェクトへの帰属意識が生じる前に、またプロジェクトが立ち上がるまでに、効果的なネットワークを築いておけばよかったのだ。私はディレクターとして、定例会議に出席し、他部門の同じ役職と顔を合わせる機会を得ていたが、そこで他部門の優先事項と関心事を知って、私自身のそれとの共有を図った。そして、会議と会議の間には彼らと連絡をとりあったが、それは貴重な情報交換になり、また、友情を育むことにもなった。私の行動範囲の反対の極には、UNESCOバスケットボールチームのメンバーシップがある。このチームは、正規と非正規の職員で構成されているので、人のつながりを作り出し、組織内でのレベルにとらわれず互いの友情を固めることができた。毎年開催されるUN事務局同士の試合は、一種のミニ・オリンピックの様相を呈していた。列車や車で長い距離を移動して他の事務局との試合に臨んだが、それによって、他部門の異なるレベルの同僚と絆が生まれた。試合では敵方であっても、そのチームの人間と付き合うきっかけが生まれ、友情へと発展するのである。一回性ではない出会いの機会がとても有益だったのである。

E-9プロジェクトの仕事をするなかで、リーダーシップのスタイルとプロジェクト成功の関係性に関して、多くのフィードバックを得た。それでわかったことは、認定された権威がまずあってそれゆえに、私はプロジェクトを進めることができたわけだが、しかしその権威は個人的なカリスマ性に由来するものではなかったし、ましてやもてる知識ゆえの権威でもなかった。そもそもUNESCO以前の私のバックグランドは基礎教育ではなかったのだ。もっとも、どんなことでも早く覚えようと努力し、周囲の専門家の経験や知識は常に取り込んではいた。E-9プロジェクトを任され、それを進めるうえで私が一目置かれ権威を獲得しえたのは、結局のところ、共同してことにあたる実行部隊を形成した力にある、と評価されている。確かに、私が形成した実行部隊は実に多種多様な出身グループから成っていた。文化的にも能力的にも大きく異なる各国政府のスタッフや、そうかと思えば、タフではっきりものを言うけれど時には疲れきった国連職員がさまざまな部署から集まってきていた。こういう人たちが、一つにまとまったのは、E-9プロジェクトのビジョンを共有したことに加え、その実現に向けての猛烈な熱意が彼らにあったからである。もちろん、私自身もまた、E-9プロジェクトが秘めている途轍もなく巨大な増殖効果に対する自分の熱い思いは存分に伝え、その実現に向けての精力を、何ら憚るところなく発揮した。そして、その熱意と精力はよくもちこたえ、言わば感染体となって、私のスタッフや連携する事務局、さまざまな国の部局で仕事をしてくれる人たちへと伝染していったのだ。このことは、UNESCOという組織が仕事をするうえでの通常のやり方に、一つの重要な変化があったことを示すものである。しかし、その変化は私が全力を傾けて進展させた野心的ではあるが現実的でもあるビジョンという根拠に基づいたうえでのものだった。

リーダーシップとその将来像

急速に変化する将来に向かって、世界が駆け足で突入しつつある現状では、一般にリーダーたるものは、とりわけ、教育の世界のリーダーは、その変化に遅れずについていくだけでは十分ではない。さまざまな変化を構想することを要求されているのである。職場や社交のうえでの集団が、異質ではあるが同時に密接に相互作用し合うさまざまな個人から構成されるようになると、世界はますます多様性に富んだ状態になるわけだが、そこで指導力を発揮するには、新しい形式、新しい役割、指導上の新しいモデルを、リーダーは身に付ける必要があるのだ。我々が生きている今日という時代には、考え方の新しい枠組みを案出し、海図のない大洋にあえて乗り出して行くことが、いわば当たり前のことであるし、これまで以上に、それは喫緊のこととなる。

将来のリーダーシップや経営力がいかにあるべきか、そのことを省察しても、ただちに明らかにならないことがある。経営大学院では、変化のための経営とか、これからの経営シナリオ構築とか、紛争交渉術といった科目をおいてはいるが、どれも、その根幹においては、有力な経営の考え方の枠組みはそのままなのである。例えば仕事やプロジェクトがあるとすれば、それが標準的なものであれ革新的なものであれ、あるいは、海図のない大洋に乗り出すことに重点が置かれているものであったとしても、リーダーは、仕事を達成するために必要なさまざまな資源を組織的に整理することができなくてはいけないのである。まず集団内の人間（異質であれ同質であれ）をうまく統御し、予算と財政資源を最も効率的に統制し、最終期日までに目標を達成するための時間割と工程表のなかで、仕事と作業グループを組織化しなくてはならない。この作業の結果として、製品やサービスが生み出され、あるいは、問題が解決されるのである——全ては予算内、期日内でのことであり、困難や衝突は最小限にとどめて行うのである。

しかし、教育場面でのリーダーシップは、実際には経営であるが、既存の目的を明確に表明するための手段の改善に終始するのではなく、その先を見通すことが従来以上に今は必要なのである。前に述べたように、現存する教育構造は、これまで発展することができた環境のその大半を既に失ってしまったのであり、それを示す証拠はますます増えているのである。したがって、この部門のリーダーは、予算、専任教授組合、施設などの拡大と管理、教科書制作などの現状に終始するのではなく、その先にあるものを読まなくてはならない。海図のない将来に向き合っている学生にとって必要な学習によく応えるために、リーダーたるものは、たえず、新たな手法と、新たな思考の枠組みを探求しなければならないのである。

経営とその戦略的計画を構築するスキルは、あらゆるリーダーにとって、一組の道具の一部である。しかし、将来のリーダーは、経営者のレベルにとどまっていることはできない。彼らは、多様性に満ちた現実に潜んでいる潜在力に対しては、ただ単にそれを容認するのではなく、それを最大限に利用しなければならないのである。これからのリーダーは協働してビジョンや戦略を作り上げなければならないのであって、作ったものを下におろしているだけではだめなのである。彼らはまた、職場における、あるいは、一層広範囲な生活環境における、さまざまな状況やさまざまな変化に対応するために、これまでとは異なった新しい指示を示唆できるように準備しておく必要があるのだ。最後に言えることは、リーダーたる者は、自分の命令は究極的には、仕事の目的達成を目指すよりは、部下が成長、発展するところにあるのだということを認識している人間でなければならない。これは、おのずから出てくる結論といえよう。

第11章　内と外における相互連結——創造的教育リーダーシップの二つの義務

ワン・ホンユィ

内的自然という重要な相互連結を経験することは、創造的教育変化をもたらすことを目的として、外部を今日の複雑な相互依存の世界へと導くことに不可欠である点が、本章の主旨である。さらに、グローバルな変容と自己変容は、密接に関係し合う必要がある。儒教や道教といった中国哲学のいくつかの面は、関係の複雑な形態に対する内面的かつ外面的な反応におけるひらめきを促してくれる。儒教における修身と道教における自立した人間性の美学と宇宙論は、社会、感情、精神、宇宙の相互連結における明らかに動的な形態と連動している。そのような伝統によって、創造的教育変化の開始と持続における現代の取り組みに関して有益な情報が提供されるといえよう。

初めに、人間性とリーダーシップに関する儒教と道教の考えを分析したのち、こうした中国哲学の各側面と密接に関連する相互連結性と創造性との関係についての考えを詳述する。次に、今日のグローバル化の形態（グローバル化の動態については第1章を参照のこと）に照らし、現代における修身の重要性について、二一世紀の中国の教育とグローバルな教育指導者に対して修身が意味するものを含めて、議論する。内と外における相互連結から創造性が生じる空間が教育的リーダーシップには必要であることを結論で述べる。

リーダーシップの核心としての修身

多くの中国哲学にとって、修身は重要な位置付けとなっている。儒教と道教は特に独特な教えではあるが、生き方と効果的なリーダーシップの基礎として修身は重要であることを強調している。これは、下記のとおり、老子の主張からも明らかである。

修之於身、其徳乃真（これを身に修（おさ）むれば、その徳すなわち真なり）
修之於家、其徳乃余（これを家に修むれば、その徳すなわち余（あま）る）
修之於郷、其徳乃長（これを郷に修むれば、その徳すなわち長（なが）し）
修之於国、其徳乃豊（これを国に修むれば、その徳すなわち豊（ゆた）かなり）
修之於天下、其徳乃普（これを天下に修むれば、その徳すなわち普（あまね）し）

（老子道徳経、修観第五十四）

徳（儒教における倫理的徳とは異なる）とは、実在する道（「道」「道筋」「方法」「理解」という意味を含む）における状況に応じた特別な表現である(1)。老子の修身では、道を修め、その養成を人間から家族、村、国、そして世界へと広げることを目的としている。

老子の道は倫理というよりは宇宙について語ったものであるが、その考えは、儒教四書の一つである『大学』にも影響を与えている。

物格而后知至（物格（いた）ってのち知至る）

知至而后意誠（知至ってのち意誠なり）
意誠而后心正（意誠にしてのち心正し）
心正而后身修（心正しくしてのち身修まる）
身修而后家斉（身修まってのち家斉（ととの）う）
家斉而后国治（家斉いてのち国治まる）
国治而后天下平（国治まってのち天下平らかなり）
自天子以至於庶人、壹是皆以修身為本（天子よりもって庶人に至るまで、壱是（いっし）にみな身を修むるをもって本となす）
其本乱而末治者否矣（その本乱れて末（すえ）治まる者はあらず）

（大学、経一章）

『老子』と『大学』における修身に関する類似点は、明らかである。儒教が修身とその具体的な実践方法について頻繁に言及しているため、人間、家族、国、世界における同心的連結は儒教の訓えと考えられているが、その連結を最初に行ったのは老子であったのだ。同様に、「内聖外王」は『大学』の訓えの中心と考えられているが、これは『荘子』で初めて紹介されたものである。儒教と道教は、個の成就と社会の発展のためには修身が不可欠という考えを共有している。

重要なことは、古代中国がエリート主義社会であったものの、全ての人間が修身を求め、実践することが理想とされていた。修身は万人にとって可能なものとする儒教の考えは、道教による無為（という概念）の働きかけによってなされたものである。無為とは、「何もしないこと」であるが、道教におけるそれは、人為を廃し自然であることである。聖人は人々の心を大切にするという行いを説いたものである。これについては、後述する。

儒教の訓えや道教の道における仁（さまざまな訳があるが、「愛」「博愛」「仁義」「人間性」など）を通して自己のなかに相互連結なくして、指導者としての役割を成功させ、外界との適切な相互連結を築くことは不可能である。さらに、修身とは、内界と外界との交流によって促されるものである。連結して初めてある物が別の物となることができるため、変化と変容が生じる可能性は、相互連結に基づくのである。道に関する行動や動的形態の表現として、老子は、ある状況が真逆のものに変化する様を明示することに長けていた。孔子と老子が生きた時代は乱世であったことを考えれば、個の変容と社会改革とのつながりは、より新しく公正な相互連結の構築が求められる現代の乱世における理解と対応にとって大きな意味を有する。

人間性とリーダーシップにおける儒教の訓え

「古之学者為己（古の学者は己の為にする）」（論語、憲問第十四）

己の為に学ぶという発見的価値は、外界で正しき行いをするためには、まずは自己を知ることから始めるという儒教の訓えを実現する自己修身の強要と考えられよう（Tu 1985, p. 56）。

孔子は、君子[2]となるためには、「修己以敬（己を修（おさ）めて以て敬す）、修己以安百姓（己を修めて以て百姓（ひゃくせい）を安んず）」と説いた（論語、憲問第十四）。第一に、修身は基礎であり、それがなくては何事も堅固には築かれない。古代文明から生み出されたしきたりを知り、実践することは、教育によって可能となる。孔子は、人間の本質を楽観視しており、全ての人間が君子となり、その周りには高潔な社会が形成されると信じている。儒教では、特に人間性における最良のものを引き出す方法に関心をもっている。徳行、政治、教育における相互連結は、中国全体主義の特徴であり、儒教の訓えのなかでも明示されている（Tu 1986, Hall & Ames 1999 を参照）。

第二に、個人とは、常に「共同体における人間」である。個人として、我々は他者と接し、その関係が修身には肝要となる。儒教には、「己所不欲（己の欲せざる所は）、勿施於人（人に施すこと勿れ）」（論語、衛霊公第十五）、もしくはより前向きな表現で、「夫仁者（夫（そ）れ仁者（じんしゃ）は）、己欲立而立人（己立たんと欲して人を立て）、己欲達而達人（己達せんと欲して人を達す）」（論語、雍也第六）といった訓えがある。つまり、個では自己修身はなせず、他者との関わりのなかでこそ初めて修身はなされるということである。

第三に、修身の究極の目的は、世界の調和と平和である。ここで、（内聖外王の）聖と王が合致することになる。修身は治世から独立したものではなく、修身なくしてリーダーシップを語ることはできない。

儒教における修身には、自身から他者、内から外、そして近方から遠方への伸長が含まれる。その方法はどういったものか。孔子は道や仁という道を重んじている。上述の仁は、愛、人間性、互恵、博愛、高徳といった意味である。実際に、孔子は、状況、聴者、時によってその定義は変わるとし、普遍的というよりはむしろ、具象化され文脈付けられた概念としている。確かなことは、儒教における道は、道と強い道徳的含意と合致したものが仁であるとする点において、道教の道とは異なる（漢字では同じ表記であるが、儒教における道と道教における道は違うことに注意されたい）。孔子にとって、仁は、合理的行為によって制限されるものではなく、またそれは、重要な情緒的かつ倫理的側面を有し、正しい習慣、よいリーダーシップ、そして「自身と他者」の関係における行動規範の基礎となるものである。

仁の理念と実践も伸長である。孔子は、他者への長幼愛を要する親子愛を仁の基礎と考えている。人間のなかに喚起する感情である共感や同情の共鳴によって、人間は自身と他者の互恵を達成し維持することができる。内の修身なくして、他者に共感的理解へと至る、または、説得力のある模範となること、また、他者からの好意的な反応を呼び起こすことはない。孔子は、褒美や懲罰によってではなく、心にふれることで人間を変える手助けをすることを信条としている。彼によれば、心にふれて他者を変容する能力は、自身の内なる力から発露する。したがって、指導者は、他者に高潔を教え込むことよりも自身の高潔を優先させることの重要性を説いている。自身の高潔と共感が、他者のそれを促し、自身が導こうとする者たちからの共感を喚起することが重要である。『大学』には、修身の手順が詳細に記されている。事象の深い探究、思考における誠意、心の高潔、人間としての完全性の世界への伸長といったものが含まれる。ここでは、知識が重要な役割を果たしており、知識は、誠意および高潔の道徳的追求と緊密な関係にある。知性と感性の分離というよりはそれらの調和は、明確に示されている。ゆえに、修身には、知性、感性、徳性、精神性の発展といった全人としての成長が含まれる。さらに、自己実現だけではなく、事物、他者、そして究極的には世界の相関的潜在力を実現もしくは最大化することも目指している。儒教の自己修身では、人間と天の和合は、仮定され、道徳的行為によってもたらされ、そして、正しい人間関係を通して質的に発達させられる。したがって、個人と社会は、相互にとっての目的を達成する手段として調和を図られることとなる。

さらに興味深いことに、『大学』では、取り巻く関係が低位・小規模から高位・大規模という双方向性である複層化した全体論的過程が記されている。段階的な近方から遠方への伸長と高位層下にある低位層の成就によって、修身の循環はここで完成する。これが、相互連結網の構築と相関的洗練の導きの可能性を伴う考え方である。仁をもたらさない外的状況下であっても、君子の仁の内的感性とその実践への献身を支える自立における固有の要素がある。孔子（論語、雍也第六、述而第七）と孟子（孟子、告子章句）は、貧困、困難、逆境にもかかわらず、道徳的使命という強い感性を修めることを提唱している。

歴史的にみた場合、儒教が招いた大きな不利益はあるものの[(3)]、ここでは、グローバルな相互連結と教育における現代の考察に関して、修身についての儒教的理論とリーダーシップとの特有のつながりからみえることを紹介することに焦点を当てている。人間性とリーダーシップに対する儒教的視点は教育とは切り離せず、実際に、孔子とその弟子たちは師であり、指導者のための教育における理念と実践には彼らの理論が不可欠であった。現代における教育的リーダーシップについては後述する。

人間性とリーダーシップにおける道教の訓え

「是以聖人（ここをもって聖人は）、処無為之事（無為の事に処（お）り）、行不言之教（不言の教を行う）」（老子、養身第二）

老子は、自然の摂理に従うということは、あらゆる生命を尊重し、気遣い、愛することと考えている。万物の本質を支えることとは、全体の発展を取り計らい、全ての草木、家庭や村、国と国家によい環境と空間を提供することである。これが、自然で全体的調和にとっての基礎と前提である（Liu Xiaogan 2005, p. 43）。

道教では、自立というものが道との調和的関係であるべきという理由から、「自立した人間性」としての個は矛盾を孕んだものである。つまり、人間の自立は、永遠に絶対もしくは完全となることがないのである。自己の自律の実践を通してではなく、道によってのみ、人間は自由を獲得することができる。自由についての道教の考え方は、中国全体主義像において重要な要素である。

儒教が修身を重視したように、道教にも人間性に関する伝統がある。サン・イーカイ、ルー・ジァンファ、リゥ・ムーファ（Yikai, Jianhua & Mufang 2004）によると、荘子は、内的変容と精神的自由を重んじているが、老子は、社会変化と世界の統治を重んじており、荘子は、個として働きかけることの役割を強調しているが、老子は、自ら道を具体化する方法を強調している。しかし、二人の影響力のある思想家は、はっきりと、自己修身と道の継続とを結び付けている。彼らの思想は、人間性とリーダーシップにおける初期道教の訓えを形作る動的関係を形成した。

儒教とは異なり、道教は、道徳としきたりの一般化した伝統に満足することはない。むしろ、道教は、知力、成果、知識に関する旧来の考え方に挑戦している。老子にとって、道を失した後にのみ、仁、公正、しきたり、知性、信頼性が重要となる。彼は、必ずしも仁の重要性を否定していないが、仁の範疇を超えない限り達成できないとされることから、より重要なのは道であると唱える。荘子（荘子、逍遥遊篇、斉物論篇、大宗師篇）は、儒教が教える徳を愚弄することでよく知られている。老子と荘子にとって、道の創造的な律に接触するためには、内外の制約の範疇を越える必要がある。道によってのみ、人間は、ありのままの自身や世界を理解し、人間と宇宙の間にある道をならすことが可能となる。

道教における修身とリーダーシップの考え方を知るには、人間、自然、変化、宇宙についての老子の弁証法的視点について言及する必要がある。彼は、「反者道之動（反（はん）は道の動なり）。弱者道之用（弱（じゃく）は道の用なり）」と述べている（老子道徳経、去用第四十）。ここで、三層の意味が「反」にはある。第一に、万物には対立があり、それによって存在することができる。強さは弱さの対立であるが、弱さによって強さは存在できる。第二に、万物は常に、（現在とは）違う方向へと変化する。したがって、虚空は満たされ、不幸は幸となる。第三に、万物は生命の源へと還る（時として反は還と訳されることがある）。自然の摂理への帰還は、万物の進化に内在している。『老子道徳経』には、対立する存在とそれへの変化に関する訓えが数多く含まれている。このような視点から、老子は、強さがそのなかにある脆弱さへと変わることから、力の維持のためには弱さに執着することを提唱している。男性さ（陽）を知り女性さ（陰）を有する動態は、道の動にとっては重要である。大極図には、陰陽の相互作用と、陽は陰に、陰は陽に内在することが、しっかりと示されている。変容の可能性は葛藤のなかにこそ存在していることから、陰陽における相互関係に関する動的視点は、葛藤を廃するのではなく、重視している。ゆえに、道教における調和の考え方には、相違、対立、多様性が取り込まれている。

自身と世界を治めるために、老子が無為を提唱することは当然の流れである（老子道徳経、養身第二、安民第三、為政第三十七、偏用第四十三、淳風第五十七、恩始第六十三）。訳するのは難しいものの、上述にあるように、無為とは「行動しないこと」であるが、これは、何もしないこととはまったく違う。『老子道徳経』において、あらゆることを自由に行うという意味で、無為の対語となる無不為という言葉も頻繁に出てくる。したがって、無為とは（時として解釈される）受動態ではなく、行動の自由を達成する無制限の可能性の精力的な存在を示している。「道常無為而無不為（道は常に無為にしてなさざるなし）。侯王若能守之（侯王もしよくこれを守れば）、万物将自化（万物まさにおのずから化せんとす）」（老子道徳経、為政第三十七）とあるように、無為は道から生じる。つまり、無為は道にとって重要な本質である。道における無が宇宙を生むが占有することはない、つまり、道は宇宙を育むが支配はしないからである。道は生成はするが所有はせず、無為は万物の変容を促すものの変化を強要することはない。無為とは、自己組織化であり、強制ではない。ゆえに、無為とは離脱ではなく、強要せずに行動する自然の摂理に従うことである。

強制することなく自然の摂理に従うことで、無為は、受動的静寂にあることではなく、変化へ導く流動性の道を開くことを暗示する。道は理念であり、原動力である（Allan 1997）。これが、万物の変容が実現されるものである。意思や運命なくして、老子がいう道は再帰的、迂回的、持続的となり、無為は、静寂のなかを揺らぎ続ける（古代中国文字における無は揺らぎを表しており、その発音も同じである）。ここに、根源への帰還によって起こる静寂と運動の弁証がある。水が流れながらその力を増すように、無為は強さを蓄積するために低位を維持する。強さを蓄積するために低位を維持して、無為は無競争と弱さを重んじる。老子は、弱さの力を示しながら、譲歩を生命力に、そして、困難を死の辛さに結び付けている。弱さの可変性、適応性、持続可能性によって、強さを圧倒する。相互依存の関係から、弱さに執着することは、強さを排除するということにはならない。弱いが可能性と活力にあふれる新生児は、弱さの生命力を象徴する際に老子によって頻繁に使われる暗喩である。可撓性と延命を実現するため、陰（女性さ、弱さ）は陽（男性さ、強さ）とともに表される。道教が、調和の実現には陰の力が必要であることを強調している点において、儒教とは異なる。

「聖人無常心（聖人は常心なし）。以百姓心為心（百姓（ひゃくせい）の心をもって心となす）」（老子、任徳第四十九）とあるように、道教における無為は、庶民が求めることから始まる。既述のとおり、儒教の訓えでは自身から他者への伸長が重んじられるが、これは意図せずに自分の信条や理念を押し付けることになりかねない。老子の唱える無為における聖人は、庶民を支配しようとはせず、人々の求めるものとその本心を考える。指導者は強要せず、庶民が積極的に修身と公務に携わる余地を与えるのである。老子の無為は、ある点において、自身と世界の融合という儒教の義務への反論とされる。つまり、「我無為而民自化（われ無為にして民おのずから化す）。我好静而民自正（われ静を好みて民おのずから正し）。我無事而民自富（われ無事にして民おのずから富む）。我無欲而民自樸（われ無欲にして民おのずから樸（ぼく）なり）」（老子、淳風第五十七）とあるように、よき指導者としての聖人は、無為の重要性を理解しているのである。無為によって導くには、指導者の修身として、根幹の目的となる生活の糧とともに、静寂、謙遜、非所有、非競争、そして忍耐の心構えを学ぶ必要がある。

相互連結、全体主義、そして創造性——沈思

修身とリーダーシップという点においては、古代儒教と道教は重複するものの、そのアプローチは多くの点で多様である。相違点を簡潔にすると、古代儒教では仁によって修身を達成せんとし、道教では道との融和によって成し遂げんとしている。儒教では、仁、公正、しきたり、知性が重んじられるが、道教では、それらは道との接触のために分解されるのである。儒教は、原理原則に肯定的であるが、道教はより状況に応じて臨機応変である。儒教は、政治に積極的に従事することを提唱するが、道教は功利主義的利益からの離脱を唱えている。儒教における修身は、人間主義的訓えに従うが、道教のそれは、自然主義的訓えに従う。儒教は、内聖外王における重要な結び付きを強く主張するが、道教は、内面における精神的修養を重んじ、そして、群衆のなかでの「隠者の哲学」を尊ぶ。

しかし、これらの相違は、相互を補完するものである。伝統的な中国の識者らにとって、儒教と道教を包含する

ことは容易であった。『易経』における、基礎的宇宙論と存在論を、孔子と老子は前提としていたので、彼らの哲学は、中国における個、社会、政治の相関的な基礎を表す動的関係を形成している。古代の治世では、これらの哲学は併せて具現化されていた（Mou 2001）。

儒教と道教は、ともに人間関係の調和と人間と宇宙の相互連結を重んじる全体主義という中国の伝統に寄与してきた。この全体主義は、層化された関係の社会的もしくは宇宙的循環のなかにある修身の意義を守っている。この相互連結された世界観によると、創造性は創造的変容であり、再帰的に道（儒教と道教）へと帰還している。神の御業や過去からの離脱としての創造性という考え方は西洋思想で普及しているが、儒教と道教は、共創の過程から生まれた新規性という考え方へと導く関係に関心をもっている。そういった傾向を軟化する可能性が、共創という概念にはある。中国における全体主義では、人間は常に、道を極めたり支配したりするのではなく、それとともにあり、創造性とは、人間と世界との相互依存から生じるのである。

道は、外から強要された厳格な基準ではなく、人間、自然、社会、宇宙、そしてそれらの交流へと広がるものである。老子にとって道は、恒久運動と定義の範囲を越えたものであり、孔子にとっての道は、変化に対するある程度の空虚さと寛大さを表したものである。道の流動性はどの力にも勝る。道と同調する創造は、人間のみならず、全ての人間が共有するつながりにとっての利益となる。このことから、道教の創造性は生態学的で、均衡が保たれて相互連結する全体の形成へと導く。儒教における道は、仁の発展に人間が働きかけることを重んじ、創造を人間主義的関心に植え付けている。孔子は、「人能弘道（人能（よ）く道を弘（ひろ）む）。非道弘人（道、人を弘むるに非（あら）ず）」と述べている（論語、衛霊公第十五）。ここでは、道との調和を保ち、それを変容させ拡張させるための人間性の能動的かつ創造的役割が強調される。既定の真理への盲目的服従ではなく、人間が道に積極的に加わることが、宇宙と人間の融合ならびに新規性に関する共創にとって重要となる。ツ・ウェイミン（Wei-ming 1985）は、中国における宇宙が、自発的、自己生成的、そして創発的であることを指摘している。この視点は、システムの自己組織性が局所のなかの生成的交流によってもたらされている現代のシステム理論に通じるものである。

中国全体主義は、今日の相互連結した世界と特に関連している修身との関係を通した変容的創造性という考え方に根差したものである。

しかし、ここで注意が必要である。道教における陰陽の相互作用的な視点は、概して、動的であり、葛藤や対立の余地を残しているが、中国全体主義は、不連続な新規性よりも継続性を重視している。中国全体主義を相関的に強調することは、実社会、人間、自然の本質における相違を遮り、分裂に関連する問題を満足に取り上げられなくしている。相違を看過していては、個人の創造性を促進し、それから恩恵を得られるような社会システムを構築することが困難となる。儒教も道教も、政治システムが誤った方向へ進んだ場合の十分な管理方法を提供してこなかったことは、歴史的に明らかである。つまり、修身と社会改革における相互連結と創造性の双方を維持する際に有益なものとする場合に、中国全体主義は、その代償を認識しなくてはならない。

沈思を念頭に置き、現代の教育リーダーシップについて、相互連結の枠組みと古代中国思想が伝える知識の源から提言できることを考察する。古代中国思想において、教育、政治、倫理、美学は明確に分けられてはいなかったことを指摘しておく必要があろう。教育的英知は、儒教と道教の思想における本質の一つである。儒教と道教が哲学的かつ政治的に議論したことは教育的なことでもあり、本章では総じて、哲学的理念を応用して教育問題を取り扱うのではなく、二者間の脈絡を紹介することを目的としている。我々の時代は、特有かつ創造的反響が求められるような新しい教育状況に直面していることから、次節では、教育リーダーシップに関係する現代の問題を取り上げることにする。

中国教育にとってのグローバル化という課題

現代の生活における多くの側面に、グローバル化は劇的な影響を与えてきた。地球を拡張もしくは縮小させる空間の限界を超越する可能性と、グローバルに地球の危機を取り扱う規範の双方に反映されている、動的かつ複雑でグローバルな相互依存が現実のものとなった。強い均質化傾向を目の当たりにしているが、特に文化領域では、多様性と不均一性も台頭してきており、世界と地域間の緊張に寄与している。

世界貿易機関（WTO）に中国が加盟して以来、教育についての考え方は、根本的に再定義され、市場化は原動力であった（第6章で、マー・ワンファがより詳細にこれらの問題を取り上げている）。中国の教育指導者たちは、中国の伝統を守りつつも、教育のグローバル化という課題を抱えている。偏狭な自民族中心主義と徹底的な西洋化の双方にとっての新しい代案の可能性を模索している。このような状況を考慮すると、儒教と道教のリーダーシップと人間性に関する訓えは、現代の教育問題に何かしらの関連性があるのだろうか。

ワン（Wang 2002）、イェ（Ye 2004）、リ＆シン（Li & Xing 2004）は、人間性の新しい意味を構築することは、中国教育にとってのグローバル化という究極の課題であることを述べている。自身と文化の関係は、中国知識人と社会史に浸透している永続的な底意であり、今日の改革努力にもみられるものである。前世紀に儒教と道教が透徹した批判にさらされたことと、（時として）保守政治への要求を満たすといった中国の伝統への最近の要請を考慮して、現代の批判的学者らによる創造的人間性についての要求が、個人のアイデンティティと文化的アイデンティティを保護するのではなく変容することへの要求であることは驚くべきことではない。しかし、修身によって相互連結することに関する主要な問題は、損傷を受けないままである。

グローバル化は、均質性の拡大を暗示しており、土着化は、不均一性や多様性と関連している。しかし、世界と地域は独立した存在ではなく、むしろ、複雑なつながりのなかで絡み合うものである。ワン・シャオ（Xiao 2002）は、教育の土着化は、伝統的な文化的根源への帰還を意味してはおらず、伝統の再構築とグローバル化の影響に対応する新しい個人のアイデンティティならびに文化的アイデンティティの創成を意味していることを主張している。彼は、個性的創造性、敏感な客観性、感情表現を抑圧していることについて、中国の人間主義を批判している。同時に、彼は、独占欲の強い個人主義を促進する西洋的合理性の側面にも疑問を呈している。彼は、現代の中国教育の使命は、個人の変容に重点を置き、中国の人間主義と西洋の科学主義の両方を超越する新たな融和に至るべく、人間主義的伝統に科学的精神を吹き込むべきであることを提議している。過度の科学主義に依らない科学的追究と過度の個人主義に依らない個性的客観性が、現代中国における教育リーダーシップが目指す二つの目標である。

西洋科学から学ぶことが、ここ一世紀以上にわたる中国教育の懸案事項であった。しかし、広範囲に及ぶ文化的影響を伴う圧倒的なグローバル市場の影響力は、比較的に新しいものである。一九八〇年代に、教育における市場の役割に関する白熱した議論の中心の一つに、市場と人間性の関係というものがあった。市場によって競争、個人主義、そして実利主義的追求がもたらされるため、集散主義や道徳を中心に形成された伝統的中国文化の価値観とは相反したものとなる。諸刃の剣ともいえる、個人のアイデンティティと文化的アイデンティティへの根本的課題が突き付けられる。一方で市場は、文化的に抑制された個性という価値観を奨励し、伝統的社会を変容するが、他方で市場は、固有の価値観を埋没させ、社会への倫理的寄与を腐食させる恐れがある。二一世紀では、このような対立による溝は、グローバル市場と、それがもたらした中国教育における構造、目的、管理、内容、方法への影響によって、さらに深いものとなっている。しかし、教育需要の高まりと公教育へのアクセスの制限との乖離により、教育指導者らは、教育資源を拡大し、教育機関を多様化し、教育による生産物と社会需要を調整するための統制の仕組みを提供する手段としての市場化と民営化を活用することを試みている。つまり、市場化は、内的要求と外的圧力によって進められているのである。

しかし、比較的成熟した市場経済を擁する社会と対比して、市場経済が成長段階にある、中国のような社会では、重大な問題や危険によって、市場の仕組みが、経済分野の機関や過程とは根本的にその本質が異なる教育分野へ導入されることとなる。教育の民営化率が高まっている西洋の先進国では、実利主義の政治的意図や経済的意図によって実存する教育問題が取って代わられてきた関連傾向に関して、強く批判されてきた。当然、市場は、力の空白においては機能せず、また、中国市場の操作は、完全な内部論理に従うものではない(4)。市場は、頻繁に富裕層と貧困層の格差を急激に拡大させ、教育の民主化を妨げる。

科学と市場は、儒教や道教の影響が及ばない力を生み出す。また、古代中国思想には、科学的発達や市場成長を促せるだけの豊かな土壌がない。生活におけるこれらの観点から、相互連結の理念に関する新しい意味が与えられる。情報技術とグローバル移住によって、一般人への修身の可能性が広がってきたといえるのだが、逆に、科学、市場、技術、そしてそれらの人間性との交流によって、分裂、文化的根源の喪失、アイデンティティ・クライシス、道具的思考による席巻、教育的不平等の拡大がもたらされた。そのような状況では、共有の地球で単身生活や共生をすることとの意味についての根本的な問題に対して、人間性、関係性、リーダーシップという考え方の再変換なくして、しっかりと取り組むことはできない。

初めに、今日の世界は一斉に分裂し相互連結しているように、修身を通しての相互連結という中国の伝統から、人間の条件についての重要な問題が提示され、大きな恩恵を伴って再肯定される。自身の内に相互連結を修養するには、外界にある相違を越えた相互連結を組みあげることと並行して、相違が共存することを受け入れる必要がある。自身の内で異質な力同士の均衡を保つことは、一見分断された力の間で、外界における調停を行う基礎となる。陰陽の交流を重視する道教では、活力に満ちた調和を創造する際の相違の担う役割が大切にされている。人間の内側における陰陽間の相互作用は、宇宙的相互依存とその生成的拮抗の縮図である。道教における「騒音のなかの静寂」という状態は、世界、地域、個人を共創的に越えた生成的拮抗と共生する方法について思考する際に、特に有益である。

そのような肯定を前提として、教育指導者らは、現代の相互依存の複雑さをさらに認識し、儒教や道教ではほとんど看過されてきた人命の側面、例えば、法体制、文化多元主義、科学、政治的民主主義といったことに焦点を当てることを奨励されるべきである。現代社会の相関的外観を、大局的に正しく認識することに基づいてのみ、内と外における相互連結の創造的可能性は、有効なものとなる。例えば、リーダーシップを無為とする道教の思想は、教育的革新と民主化の促進目的への統制を分権化する現代の取り組みと合致している。同時に、分権化により、中国における教育のさらなる平等と公平をもたらす教育構造を制度化し、法的に規定し守る方法についての課題が提起されている。

修身とリーダーシップにおける儒教と道教の訓えの資源を活用する際に、教育者らは、古い訓えの問題点とされたことに積極的に取り組まなくてはならない。現代における中国全体主義の利点は、そのなかに、自身、他者、世界における相違をより一層理解し正しく認識することを包含できるか次第である。この方法では、ミクロとマクロシステム内および間における交流の最大限の複雑さが、部分と全体における共創と創造性を促進する相互連結の新しい意味の発生を伴う形で、歪曲される可能性がある。中国哲学と文化の基礎を変容しない限り、旧来の全体主義の結果として、個人の創造性の抑圧と科学技術の遅れに取り組むことはできない。道徳と政治の融合には、社会生活の異なる領域への異なる仕組みを分離することが求められる。調和についての再概念化には、対立法と他の役割を考慮する必要がある。皮肉にも、世界的および地域的相互依存がさらに顕著なものとなった世界で、中国教育は、必要な分離感を養成するといった問題に直面しているが、これは、内と外における相互連結の可能性の活性化ならびに完全な実現化にとって必要不可欠である。

中国の学校における教育改革に関する理論的研究や実証的研究に基づいて、イェ・ラン（Lan 2004）と彼女の同僚らは、二一世紀の教育リーダーシップに関する総体的かつ変容的な様式を提案している。グローバル化が併せもつ効果と逆効果を認識して、彼女は、日常の教育実践における学校の内的および外的関係を伴い、修身の働きかけに関わる相互連結の過程には、教育改革が含まれることを提言している。彼女は、リーダーシップの対象を、中央の支配から地域の学校へ、そして最終的には、各個人の個性、創造性、客観性の積極的な追求へと移行していくことを強く訴えている。大変興味深いことに、グッドソン（Goodson 2001）も、内、外、個人が連結し一体となる教育変化の考え方を主張している。彼は、内的問題や個人的問題と持続可能な変化を開始する教員の仕事の重要性を強調している。そのような反響は、西洋の教育リーダーシップへの注意を喚起する。

変容的変化のための教育リーダーシップの二つの義務

グローバル化は、新しい人間の意識内の創造的理解というものを形成するよう次々に作用している極めて近年の発展と特別な関係がある（Smith 2003, p. 35)。

既知の教育界では、「教育指導者」の概念は、「教育する」という意味自体が、厳密には、導き出す（ラテン語の ex ducere）であることから、同じことが重複しているという点で、余計なものである。導くとは、現在いる場所からいまだ到達していない場所へと他者を導き出すということである（Aoki 2005, p. 350)。

西洋においては主要な遺産とされる宗教・倫理と政治の相対的分離により、修身とリーダーシップは、中国ほどには密接に関連したものではない。儒教の訓えとは対照的に、関連の公と私という現代の二重性もまた、隔離ではないが、個人の変容と社会の変容における分離をもたらす。市場主導変化の学校と標準化運動の強制は、そのような分離を即座に体現し増大させる。地球市民は、一般的に議論され、大方は、付加的目標、成果、特性として取り扱われており、また、個人と社会・世界との特有の連結は、ほとんど主張されることはない。確かに、内における相互連結と外における相互連結の分離により、自身の危機を他者のせいにすることが容易になっている。実際は、学校におけるリーダーシップが、内部環境で専門家集団を作り、評価、市場、市民性能力という外部環境に対応することであるという点に関して、教育変化に関わる者たちは、自身のなかで起こっていることを同時に強化し続けなければ、外界との相互連結の質を高めることはできない。近代の西洋において、個性を強調する強い風潮は、人脈網が個性に与える影響について理解できなくさせている。

アメリカにおける教育リーダーシップの歴史的研究（Goldring & Greenfield 2002; Sackney & Mitchell 2002）から、過去一世紀にわたり、規範的管理方法や行動科学があらゆる分野を支配していたことが明示される。これらに対抗する新しい視点が、ここ数十年で出現してきた。時には少数派民族や異文化における習慣を参考にしながら、教育リーダーシップに関するさまざまな仮定や異なる考え方を取り込むための努力がなされている。しかし、アメリカで構造的、官僚的、行動的アプローチが同調され促進されることになった標準化、説明責任、評価に基づいた現在の教育改革によって、そのような努力は過小評価されている。新しいと主張されているものの、これらの改革は、工業経営の観念形態をしっかりと導き出し、その結果、人間性が管理、競争、順守システムによって隠されてしまうこととなる。これは、中心に修身を据える教育の目的と対極にある。

現代のグローバル化の規模や範囲を伴って、組織の目標を達成するために影響を与えるリーダー個人の能力に焦点を当てる伝統的な構造的機能主義リーダーシップ像に関する重大な問題が提起されてきた。新規に開発されるアプローチは、リーダーシップの複数領域や複数段階を考慮に入れ、リーダーシップの各性質よりも関係と相互連結の役割を強調する傾向がある。しかし、これらのアプローチは、複雑かつ複数構造の相互連結の総体的原動力を捉えられずにいる。新しい模範は、個人、個人間、組織の関係について示唆するものの、関係におけるこれらの異なる構造が動的ネットワークを形成する過程をまったく検討していない。個人の側面と個人間の側面は、独立変数のように分離される。結果として、指導者形成を再構成する取り組みは、いまだ行動主義と科学主義に深く根差している。知識、技能、特性におけるコンピテンシーを組み合わせたもののなかには、理想的指導者を選別し輩出するのに極めて重要と考えられているものがあり、リーダーシップ養成の問題は、「適切な」特性とコンピテンシーを識別し、それらを獲得しようとする将来の指導者候補者らを支援することである。グローバルコンピテンシーは、一般的に、リーダーシップの特徴一覧に加えられるが、リーダーシップの動力学を理解するための集合アプローチが、変容的かつ創造的リーダーシップになるとは疑わしい。それよりもむしろ、個人的側面から世界的側面までの相互連結と変化の複雑性を理解するために必要とされているものは、より幅広い視点、動的アプローチ、総体的思考である。

個人、個人間、コミューン・組織の統合という中国の様式は、全体を形成するため、部分の原子論的付加ではなく、相互作用的全体を実現するための取り組みである。修身では、自身、他者、共同体を分離させず、他の側面なくして一つの側面は存在しないことと全ては絡み合っていることが示されている。教育リーダーシップ理論と実践を変容するため、部分の分析的思考や徹底的理解を捨て去る必要はないが、より高度の相互連結の形態は、教育リーダーシップ理論と実践やそれらが置かれる状況の側面間および側面内における動的相互作用を通して創出されることを理解する必要はある。

法的規制と科学的管理における近代的西洋型リーダーシップの様式は、学校や学区の管理の制度、構造、そして手続きを制定することに成功してきた。系統的長所を保ちつつ、近代的西洋型管理様式を適切に更新することは、関係性と相互連結の連結をつくる共感と同情の相互依存を重んじる儒教的リーダーシップ様式との結び付きを通して開始することができる。修身に関する儒教の全体主義的過程への肯定的な感情移入は、調和的関係を促進し、集団を共通の目標へと導く。儒教が仁の役割、法よりも信条、規制よりも関係性、そして合理性よりも感情を重視していることは、教育的展望と長期的変容を集団が要求することと同調させるための補完的手段として利用できる。

アメリカにおける市場原理と民主化主導がもたらした分権化運動は、リーダーシップ分散型アプローチへ適応するようになっている。教育界の人間が皆指導者となる授権構想は、老子の無為を反映したものと思えるだろうが、実際には、これらは同一のものではない。しかし、相互作用的関係を形成するものとして、事実上考えることができる。西洋における民主主義の概念は、個人の権利についての平等を基礎とし、独占的である市場によって支えられているが、道教における無為は、独占や占有のない流動的世界観に基づいたものである。自身、他者、社会、宇宙とそれらの内における重要な相互連結を正しく認識していることから、修身という中国の訓えは、個性の固定境界を越えて自由に動く。したがって、自身とは、人間性や人間生態学のつながりに組み込まれているものであることから、内と外における相互連結の目的は、本来、他者にとってのものではなく、自身と他者の双方にとって相互に有益なものとなる。しかし、内と外における相互連結という中国の訓えでは、無為や仁の分離や慣行化の問題に関して適切に対応できない。個性と関係性の両方が教育リーダーシップの中心となったときに限り、民主主義と無為の可能性が理解されることは明らかである。

既に、相互変容的に人間性と世界を連結する運動が存在する。一例として、自身を相関的、歴史的、政治的なものとして理解するアイデンティティ概念の再形成を通して、アメリカにおける教育分野の民族中心的かつ自己陶酔的傾向の是正を試みている近年におけるカリキュラム研究の国際化が挙げられる（Pinar 2003a; 2003b; 2004）。個人の内との架け橋となる「個人の内面化された要素の純粋な民主化」（Pinar 2004, p. 38）は、外界における複数の（そして時には分裂した）動力学のなかで、相互連結を構築するための基礎である。主観性と相互主観性の深さを精査せずして、グローバルな統一性の探求は、整合性と誤った普遍主義へとつながりかねない。社会的流動化と自身の不安定化は完全には分離できず、また、一体化もできない。相違における生成的緊張は、「本当は橋ではないもので二つの世界の架け橋となっている」（Aoki 2005）と考えることができる。自己変容と世界的変容の間における絶え間なく変わる運動を明確に理解することは、国際社会における教育リーダーシップの重要な課題である。

「教育リーダーシップ」という言葉には重複が存在する（Aoki 2005）という意見があるものの、マーフィー（Murphy 2002）は、「教育リーダーシップの実践は、教育やリーダーシップとほとんど関係がなかった」（p. 70）と主張している。過去一世紀以上、官僚制度や産業的・企業的観念形態による支配を鑑みると、教育リーダーシップと教育行政は、教育方法や指導手法について考慮してこなかった。新しい世紀の国際化しグローバル化するつながりという問題に取り組むために、他者と自身を新しい可能性へと導く倍加要求についての教育リーダーシップという根本的意味に立ち返る必要がある。自身、他者、世界の間やそのなかにおける動的交流から新規性が生成される共創が可能にした創造性という中国の訓えに、このような二重の意味は同調している。この意味で、アメリカでの現在の標準準拠改革主導権において「新しい」とされることは、変容的変化を維持する本当の意味での共創的行為ではなく、変化を促す内的・外的圧力への偏狭的反応である。

教育リーダーシップは、外界における問題は内界への関心がなくては対処できないが、内と外における関係は因果的、逐次的関係ではないという二重の問題に直面している。異なる規模にわたる同時運動として、線形、斬新的変化というよりは自己生成的変化の動力学をみることで、内と外における複雑な相互作用が、独特な相関的段層もしくは領域内および領域間での交流の流動的つながりを形成することの理解が可能となる。新しいものは、つながりのなかにあるいかなる単独要素でもなく、複数要素のなかで起こる創造的混合から生じるのである。教育指導者の二つの義務とは、自身が自発的に動き、強要ではなく自らの創造的資源にふれさせて、他者にも自発的に動くよう導くことである。

現代の教育リーダーシップの空「間」

同じ習慣も、異なる状況によって異なる意味をもつことをみてきたが、これは、一つの解決策であらゆる問題を解消することはできないということである。異なる習慣と開始点を有することから、自身の質を高めるためには、相違を求める空「間」が必要となる（Wang 2004）。空間では特定の仮説や枠組みが優遇されることはないが、異なる理論や実践との交流を通した継続的変容的変化を促す。中国教育が、自らの様式を批判的に検討し、西洋から学ばなくてはならないように、西洋教育は、異文化における異なる考え方や指導方法に門戸を開くことで自らを変容する必要がある。現代社会における新しいリーダーシップ様式を創出すべく、中国教育と西洋教育は、それぞれ異なる要素を儒教と道教から取り込む必要がある。空間における相違は、排斥よりはむしろ尊重され、地域と世界、相互依存と自立、多様性と単一性の結び付けと、本質的に異なる要素を衡平関係へと導くときに有益である。

グローバル化のなかで、西洋は特権的な地位を獲得していることから、多くの国々は、西洋の手法を自らの状況に直接取り入れることを試み続けている。オリンガーとカンタマラ（Hallinger and Kantamara 2000）の報告には、一般参加型学校自己管理、情報技術、学校改善計画を実施したタイの三つの学校の成功例が紹介されている。伝統的なタイ式リーダーシップと西洋の分権化をうまく融合させたことが、成功の秘訣であった。そのような融合を、権力順守を重んじる文化様式である階層的社会で実現することは困難である。これら三つの学校の指導者らは、新しいリーダーシップ像を生み出す努力を強化しながら、伝統的な集団オリエンテーション、チームワーク、職場における祝賀精神を利用している。必要な場合には、支援環境構築に加えて、新計画を実施するための外的権力という圧力を用いることもある。順守の文化に挑戦するだけではなく、伝統的価値観を維持することも忘れてはいない。新しい方法を確立するために、異なる力同士の交流を支える空間を創生することの重要性が、これらの例からみてとることができる。その場合に、新しいものの誕生は、古いものからの離別ではなく、つながりの再確認に内在するものである。

オリンガーとカンタマラの研究から、グローバル化動力学による教育リーダーシップへの影響としての異文化間アプローチや固有の知識基盤が、近年では強調されていることがわかる。この異文化間視点を採用する傾向は、民族中心主義的視点の安定性を失わせ、西洋と東洋における階層的力関係を変容させる可能性を秘めている。しかし、西洋的「視点」の利用は、アジア人によるアジアの研究が行われた場合であっても、時として特権的に扱われることがある。そういった研究は、個人主義と男性性の有効性を強化しており、また、教育権力の上位下達構造内および極めて相関的文化内での効果的変化についての取り決めで、アジア人教育者らの巧妙な働きかけを理解できていない。特に、アジア諸国では教育リーダーシップと教育改革に関する固有の文献が乏しいという考え方に、意義を唱える（Hallinger & Kantamara 2000)。固有の知識基盤が欠落していることが問題ではなく、今日の世界ではそういった基盤の価値が認められなくなってしまったことが問題なのである。結果、多くのアジア諸国にとって、そこでの伝統を復活させるだけで済むものではなく、現代の需要に見合ったものへと順応させることが問題となっている。そういった順応には、他の視野との融合ではなく、それらが入る余地を残すことが必要となる。そうすることによってのみ、文化的否定ではなく、文化的変容が実現されるのである。自己閉鎖は、長期的には創造性の流動性を妨げてしまうことから、グローバル化における西洋の中心化は、西洋諸国にとって危険である。東洋的視野に門戸を開くことは、新しい可能性の認識には不可欠である。互いが接近するなかで、一方が他方を破壊する、同等になるまで弱らせる、もしくは、他者に降伏するといったことがあってはならない点をしっかりと認識しておかなくてはならない。それよりも、相違間の動的交流が維持される限り、相違部分は、自身と他者にとって生成的となる。

空間は、単に、異文化空間や国際空間に言及するものではない。東洋と西洋が混合し相互に影響を与えあってきた長い歴史をみると、東洋、西洋といった用語は、極めて問題である。文化的相違を本質化するものではなく、それを示すものとして、本章では使われている。空間は、別の可能性を開くべく、性差や民族性といった文化内相違における取り決めについて言及したものでもある。例えば先住アメリカ人固有の伝統や教育リーダーシップに関する男女同権主義的分析といったものを紹介する文献が増えている。空間は、多くの発言を促すために、自身との関係にも言及することが可能である。相違と生成的緊張は、変容的変化を生み、空間の創造と共創を可能にするためには重要である。

空間では、潜在的には建設的ということで、対立と不一致が重視されている。あらゆる伝統によって制限され、またその一方でそれらを包括し、複数と戯れるといった、相違に対する開放性は、関係と創造性における複雑、動的、公平なつながりを形成するために、正に必要なことである。空間は、自身の内および世界間の双方における有意義な相互連結を支える。そういった場に置かれている教育リーダーシップの新しい形態は、新たな教育の道筋を形成すると同時に、指導・学習の道を拡張しながら、あらゆる既定の過程を超えた運動の流動性を表している。創造的教育リーダーシップの二つの義務とは、将来の可能性へと「導く（educare）」ために、内と外における相互連結を養成することである。確実性の探求を拒否することで、創発的展望は停滞することがなくなり、共創的関係のさらに他の形態の認識において継続的に前や外へと進むことになるだろう。そのような導出は、旧来のつながりを完全に断ち切るものではなく、相互連結網の変容を、創造的個性を支える共創的表現形態へと向かわせるものである。世界内で努力し、世界へと邁進することで、教育リーダーシップは、自己変容と世界的変容の両方を実現する可能性を有している。

注

（1）道についての哲学的かつ言語学的論考と古代中国思想の初期語彙目録における関連用語については、Ames and Rosemont (1998, pp. 45-65) を参照のこと。

（2）儒教の修身の訓えに女性も含まれるかという問題については、議論の余地がある。詳細については、Wang（2004）を参照されたい。ここでは、儒教の性差別を示すためにも、意図的に男性代名詞を使用している。

（3）儒教は、内外に人間が形成する外延的関係により、自身と世界を融合する傾向がある。通常、相違と個性は、特にリーダーシップが仁という道を実践しなかった場合、関係のなかに埋没することとなる。人間としての完全性についての儒教の理念が民主主義的統治と互換性があるといった見方が可能ではあるものの（Hall & Ames 1999）、歴史的にみる儒教の文化現象は、政治システムの適切かつ重大な規制を敷くことが不可能である道徳的統治という形態を生じさせてきた。

（4）中国市場操作と一般的なものにおける顕著な違いは、非公式な階層的使用権の関係（中国語も同じ）が顕著なことである。例えば、Hanson（2005）を参照のこと。

第12章　リーダーシップの解明――「関係的謙虚性」と無知の探究

ブリンダ・ダルミヤ

プロジェクト

この章ではパラドクスと保証、そしてこの両者間の何かと議論の多い相互関係について取り上げる。このパラドクスは、世界的な資本主義の機能により生み出されたものである。国境を超える情報、資本、商品、人の急速な流れが「ボーダーレス化の新しい時代」の到来を告げるとともに、幸福へのアクセスを制限するさまざまな排除のシステムが強固になって来ている。このように、地理的空間の縮小は貧富間の経済的距離の拡大を同時に伴っている。保証とは、教育はそのような不均衡を正す手段になり得る、というものである。本書のプロジェクトは、教育機関は持続可能で公平な変化と相互依存に寄与することができる、という信念に一部基づいている。また、自己批判的教育は、民主主義の実践と社会正義について、創造的に考えることのできる自己批判的な市民を生み出せる、という希望を掲げている。

しかしながら、今日の再構築された「企業内アカデミー」は、もはや、完全に自由な意見交換により特徴付けられていた公的空間とは言えない。学習は利益の創造に結び付けられるようになり、学生は消費者、教師は市場性のある知識と知的財産の生産者となってしまった。市場のイデオロギーを踏まえ教育空間を再構成することは、高等教育のなかに目に見えない境界と差別的アクセスという問題をもたらしている。これらは、グローバル化した空間において、自由貿易によりもたらされた問題と同じである。したがって、高等教育機関は、それ自体が抑制するはずである力の外側にあるわけでも、それに染まっていないわけでもない。しばしば、高等教育機関はその機関自体が排除するはずである不平等が正に存在する場である。結果として、冒頭のパラドクスと保証の関係は議論の多いものとなる。

このような関わり合いにもかかわらず、教育機関は貧困という不平等に対し敏感である対立的言説をまだ育成することができるだろうか。この疑問を検証するために、この章はフェミニズム研究における「関係転換」に注目する。自己、自律、行為体、平等といった重要な概念を形成しようとするなかで、フェミニズム理論は、必要不可欠でやむをえない相互連結に関し、主として関係存在論の抑圧的、解放的側面の両方に注目している。我々の住む世界は、そのようなネットワーク化された空間であることを示している。したがって、フェミニズム思想を参照することは、世界的な提携関係から生じる不平等を理解し、関係性のなかで、不均衡の是正手段になり得る概念リソースを指し示すことに寄与するであろう。

平等とは、もちろん、二項または多項に根拠をおいたうえで成り立つ。つまりそれは、ある人々の状況を他者に関して相対的に判断する、ということである。しかし、（例えば、政府間組織によって推定されるような）単なる貧富の差を強調するだけでは、グローバル化した世界で生まれた不平等の本質と複雑さを見落としてしまう。その不均衡とは「権力のなさ、尊厳と敬意の喪失、そして自分自身のコミュニティからの排除、そのコミュニティへの有意義な参加からの排除という問題である。これは、所有することのできる富が少なくなるという問題と同様に重大な問題である」（Koggel 2002, p. 260）。フェミニズム論者が我々を駆り立てるように、誰が――彼らのジェンダー、人種、階級、カーストの位置付けが――逆に影響されたのかを見極めることは、複数の抑圧の連動を明らかにしてくれる。ゆえに、不平等が単に収入の分配・再分配の問題である、とされたときに無視されてしまう構造と権力の問題は前面に押し出され、我々の理解はより精密なものとなる。さらに、フェミニスト教育学者もまた、今日の教育において今もなお可能である関係の強化に着目している。彼らのなかには、学校内、大学内での構造の変化が、グローバル化の弊害を取り除こうという政治的意思をもつ市民を生み出すきっかけになれるかどうかを研究している人たちがいる。教室をより公平な世界につなげようとする試みは、我々が章の初めで見た全般的な保証と概ね一致しているように見える。

この章で私は、フェミニスト分析がどのように教育の目標を再考し、それを達成させる教育政策を決定するプロセスをどのように再概念化するのかを示す。議論を先に明らかにしておくと、教育の本質と内容にもたらされた変化は、教育政策をその変化へ内省的に「導く」ことに跳ね返ってくる。したがって、教育を再考するということは、その変化を実現するために必要な権力との結び付きを再構成するということを意味する。もし教育機関が責任能力のある敏感な市民を育成することが可能であるならば、リーダーシップと政策立案の確立された概念を解明することが必要である、と私は議論する。教育においての変化は、その構造を適所に置き、それを維持することが要求されるという点において、メタレベルでの変化と密接に関係している。

では、現代の二人の学者の研究を見ることから始めよう。一人は介護倫理のフレームワークのなかで活動している教育哲学者のネル・ノディングスである。もう一人は、植民地独立後の南アジア出身で、有色人種のフェミニストとして執筆し、アメリカで教鞭をとっているチャンドラ・タルペード・モハンティである。ノディングスとモハンティは、正義のための活発な政治的介入を促すため、高等教育のなかの非常に異なった種類の関係を特定している。ノディングスが論じているのは「相互主観性」と呼ぶことのできるものである。一方、モハンティは「相互史実性」に着目している。私は、まず、関係を強化するこれら二つの概念の違いを具体的に述べる。次に、私が「関係的謙虚性」と呼ぶ概念を使って、相互主観性と相互史実性の洞察を統合する。教育が関係的謙虚性の育成の周りに構築されたとき、それは無知の探求となる。次に、知識のもつ力と構造から、無知の帰属がいつどのように可能になるのかという問題に視点を移す。そして、高等教育内外での不一致をないものとし、差異を重要視しない力を崩壊させる際の、自覚された無知の政治的役割を検証する。
ノディングスの相互主観性とモハンティの相互史実性は、私が議論するように、関係的謙虚性の育成から生ずる無知の自己帰属により可能となる。しかし、関係的謙虚性の重要な概念は、マハーバーラタの物語で示されている教育の意義と方法を示唆している三部構成の会話を通してのみ明らかになる。現代のフェミニスト思想と古代インド思想との間にある、目に見えない確固とした境界を壊す理論的相互関係によりもたらされた概念リソースは、教育と教育を立て直すプロセスの両方を再建するためのガイドラインを提供してくれるだろう。教育と世界全体の両方において、「リーダー」と「導かれる者」の間の伝統的な境界が解体されたときに初めて、我々は世界的特権のシステムを解明し始めることができる。

ノディングスと「ケアすること」

ノディングスは、教育とは「出会い」の連続であるとし（Noddings 2002, p. 283)、社会政策を策定するためにケア倫理のフレームワークを利用している。（道徳上の態度としての）ケアは家庭と女性の性を反映した経験をもたらす家庭内の領域に起源を置く。教育改革は政策の公的領域である。したがって、「家庭から始める」ことは、進歩の基本的な考えの根源への重要な回帰となる。ノディングスによると、基本的なケアの倫理は、深く考えることなしに自発的に出てくる「自然の」ケアであるという。ケアする人とケアされる人の二人の間の直接的で非常に個人的な関係は、ノディングスが「ケアすること」と呼んでいるものである。ノディングスは「内部」からこの関係を現象学的に分析し、以下のように述べている（Noddings 1984)。

私がケアするとき、自分はどんなあり方をしているだろうかと考えてみると、私は自分自身の現実から他者の現実へのいやおうなしの興味の転換があることに気付く（p. 14）。

他者の現実を気遣うこと、その人がどのように感じているかをできる限り近く感じること、これらはケアする人の視点からのケアの根幹である（p. 16）。

つまり、受容的に感情的に引き出されたケアされる人の現実への専心没頭こそが、ケアの始まりである。これは、倫理的反応が難しい、示された、推測されたケアされる人のニーズの掌握の基礎をなす。次のステップは、動機の転換――ケアする人のエネルギーをケアされる人の利益へ向け直すこと――である。これでケアされる人の利益を、ケアする人が高めることができる。ニーズに応えることに加え、ここでのケアする人の主要な動機は、ケアされる人が何の害も被らないよう予防することである。次にノディングスは、相互依存に非常に重要な第三の条件を付け加えている。それは、ケアすることが成功するには、ケアされる人がケアする人の努力に反応し、認めなくてはならない、ということである。これはケアする人を（ケアされる人が）ケアするということではない、ということに注意しなくてはならない。また、ケアされる人の反応は、ケアする人を熱心に受け入れることから、完全に拒否することにまで及ぶかもしれない、ということにも注意しなくてはならない。ここで重要なことは、ケアする人はケアされる人に与える自分のケアの効果を認識し、関係を作るためにケアされる人の声を聞かなくてはならない、ということをケアは含んでいるということである。相互依存の必要条件は、「あなたが私を思いやってくれさえすれば、私はあなたをケアします」という契約的なモデルに誤り導いてはならない。ケアは人間関係でなくてはならないが、全ての認識された関係が対称的である必要はない。共同制御、または、非対称な相互依存は、ケアの病理をブロックする助けになる。また、それはノディングスの、ケアとは徳ではなく関係である、という議論にとって非常に重要である。しかし、我々がその問題に移る前に行うべきことは、気兼ねのない非常に個人的な出会いは(i)一般的な正義という問題に対し、(ii)とりわけ、教育政策の再構築に対し、どのようなことを教示することができるのかを理解することである。

　正義の世界的規模の問題に関し、ノディングスは最近の研究において、ケアすることから「感情的に引き出された」「気にかけること」[1]（Noddings 2002, p. 24）という第二の概念を強調することにより、ケアと正義の論争を緩和しようと試みている。気にかけることとは、公に示された遠く離れた他者の満たされないニーズに対する憤りと非個人的な介入行為、例えばチャリティー、組織作り、選挙など、である。このような努力は、それ自体は非常に匿名的であるが、地域レベルでの他者による直接的なケアを可能にできる。個人的なケアをすることは、二つの点で倫理的に重要なものとして残る。それは、私がケアされてきたという事実により、自分の中に社会的情勢を立て直そうとする「正義感」（Noddings 2002, p. 23）が生まれ、結果、私が個人的に会うことのできない人々を他者がケアすることができる、ということである。そして、最終的に人々のニーズに対応するのは（私の非個人的な努力により可能になった）そのような地域的な、個人的な関係である。このようにして、ケアが行われるその内側のメカニズムに注目することは、公的領域での害を回避することを可能にする。

　このフレームワークのなかで提案される教育政策改革は、自由主義的視点から見れば、非常に急進的で異論の多いものであろう。ノディングスによると、我々は家庭生活のために教育を行わなくてはならず、代数、幾何学、テストの点数といったものよりも、よりよい家庭を築くことのできる青年の育成に目を向けるカリキュラムの変更を進めるべきであるという。少年少女両方をよりよい介護者、家庭人になるべく教育することが教育の目標となる。[2]

　ここでは、このような変化を学校のシラバスで実行するためのノディングスの提案（彼女は単に「家庭科」のような教科を加えることを提案しているわけではない）について詳しく述べることはしない。また、自分の教育改革のビジョンに対するわかり切った批判に、ノディングスがどのように答えているのかを扱うこともしない。しかし、ここで強調されるべきことは、教育の成功は高等教育、労働生活、経済的成功への準備、といったものにより定義付けられるべきではない、ということである。むしろ、ゴールは、害に対し道徳的に敏感な人々を創造することのできる変革を起こすことである。学生は「自分たち自身のため、家族のため、そして市民としての自分自身の啓発のために」ケアのための教育が必要なのである（Noddings 2002, p. 298、強調は著者による）。

最後にノディングスは、教室内での変化と外界での変化を結び付けている。家庭生活と市民のつながりは、上記で示したケアすることと気にかけることの関連にあるという。非個人的な気にかけることとは市民の義務と結び付いており、個人で、地域でケアすることを可能にする。そのようなケアすることは、次に、害の回避を確かにする直接的な介入に至る。しかし、ノディングスが強調するように、気にかけることや公な害を避けようとする意志は、自分自身がケアされてきた、ケアしてきたという関係と記憶から生まれるものである。このように、グローバル化の悪を正そうとする政治的意思は、個人的なケアすることや家庭生活のために教育された個人から生まれ得るものである。ノディングスは以下のように述べている。

> 思い切って私生活のために教育しようか。私は、我々はそうしなければならないと思う。思いやりのある社会は、その社会全ての人々が、少なくとも十分な住居と物質資源をもっていること、医療を受けられることを保証するであろう。必要最低限の正当なニーズを満たすこと以外に、優秀で、思いやりがあり、活力のある、興味深い人々を育てることをサポートするような出会いを、社会がどのように奨励できるのかということを問わなくてはならない（Noddings 2002, p. 299）。

モハンティと「フェミニスト・ソリダリティ」

チャンドラ・タルペード・モハンティは、教室は単なる情報伝達のための場ではなく、知識と、そしてその結果としてアイデンティティが、形成され、植民地化され、競われる場であるとしている。学生が国際社会から取り残されないように、国際的な能力を育成するよう求めることで、グローバル化は高等教育に影響を与えている。しかし、ビジネスの世界から始まった多文化にふれさせるという道徳上の義務は、「実際に社会階級と人種化されたジェンダーを基に、周縁化されたコミュニティの再植民地化を促している」(Mohanty 2003, p. 178) という。モハンティはこれがどのように起きているのかを見いだし、そして、(アメリカの高等教育において) 文化相違について教授することを狙いとしているさまざまなタイプの女性学のカリキュラムの背景にある政治に着目することにより、抵抗のための方略を提案している。これらの研究は、コースを国際化しようと試みている高等教育の別の分野にも適用することができる。

モハンティは、旅行者としてのフェミニストモデル、探検家としてのフェミニストモデル、フェミニスト・ソリダリティ (連帯) モデル、という三つの可能なモデルを示している。旅行者としてのフェミニストモデルでは、欧米の状況を規範とする、他者について扱うコースはシラバスに加えられているという。第二の (地域研究により顕著になった) 探検家としてのフェミニストモデルでは、特異化された遠く離れた「地域」がその地域の人々自身の言葉で紹介されている。しかし両モデルは、単なる複数性として「差異」を描き、さまざまな文化空間同士の歴史的、対立的関係にはほとんど注意を払っていない。対照的に、フェミニスト・ソリダリティモデルは、世界中の女性の生活の連結と分断の周りに構築されている。ここで強調される点は、単なるグループ内での人種、階級、ジェンダー、国、性の交差性ではなく、「相互関係と複雑性であり、それはコミュニティ同士の歴史の交錯に着目することを提案している」(Mohanty 2003, p. 242) という。このアプローチは、広域にわたる国際的な改革のために――植民地主義と人種差別の――力関係と、その結果として、地域ごとに異なった方法で行われている女性への取り締まりを、はっきりと目に見えるようにする。したがって、ある特定の文化を理解するということは、その他者を含む歴史と政治経済のシステムを理解することである。ある一地域を理解するということは、普遍的なもの―世界的なものを理解するということであり、その逆もまた同様である。もし、あるコミュニティの、または、女性の階級の経済的開放と、別のコミュニティとグループの経済的、社会的隷属化との間の歴史的因果関係を、偏りのないリサーチで引き出せるのであれば、教育のフェミニスト・ソリダリティモデルは、そのような因果関係を積極的

に認めること、そして、いくつかのフェミニストイデオロギーさえも批判にさらすことを必然的に伴う。結果として連帯の観点は、

異なった国、人種、文化的コミュニティ出身の女性間の歴史的、経験的つながりのみならず、女性の人生の歴史的、経験的特異性と差異を理解すること［を必要とする］。したがって、それは、風俗業、軍事化、環境、刑務所─産業複合体、人権といった特定の分野で、さまざまな女性のコミュニティの社会的、経済的プロセスと歴史の周りにシラバスを形成すること、接触、接続、そして分離する点を探し求めることを提案している（Mohanty 2003, pp. 242-43）。

ここで強調されるべき点が二つある。一つ目は、旅行者としてのフェミニストモデルの「加えて混ぜる」という方略と、探検家としてのフェミニストモデルの「分離はすれど平等」という視点は、単なる多様性として差異を描いている点である。これは本当の関与を意味する必要のない他者性が、静的で消費可能な商品になってしまう相対主義を奨励している。一方、フェミニスト・ソリダリティモデルは、相互に関わり合っているプロセスの産物として、差異を相対的に理解している。すなわち、差異は遠く離れた完全なる「外部」に置かれているものではない、ということである。二つ目は、モハンティはそのような関わり合いはロマンチックな姉妹関係ではない、と強調している点である。それはむしろ、多文化研究の「政治的、倫理的なゴール」（Mohanty 2003, p. 3）である内省的で相対的なプラクシス（実践）であるという。どのように世界的なプロセスが女性の身体と労働力を再構築し、この再構築に対する葛藤がどのように地域レベルで具体化しているのかを理解することは、抑圧的な権力のメカニズムと国境を越えた抵抗のための提携の可能性を、はっきりと理解できるようにする意識的な方略である。

私は、そのような教育上の変化に続いて起こる、高等教育内での行政上の変化の詳細にはここでは踏み込まない(3)。意味──「差異」の意味も含め──を求める努力は、権力と表象を求める努力である。したがって、差異に関し他

者がどのように知られているか――そしてその結果、どのように構成されているか――についての言説は、常に支配の方略に関わっている。ゆえに、一見、シラバスをめぐる――何がどのように教えられているかという――ミクロレベルの論争は、今まで支配的なナラティブ（物語）により植民地化されていたもう一つの知識とアイデンティティを取り戻す重要な場所になり得る。結果として、フェミニスト・ソリダリティモデルには、「異議の教育学」を生み出す可能性と、心の非植民地化の急進的なプロセスになる可能性がある。

我々の目的に対し、より重要な（そしてより明白な）点は、そのような教育とグローバル化により創造された不均衡との間のつながりである。モハンティはこのことに関し、非常にはっきりと以下のように述べている。

> 私の政治的計画は、社会正義という問題に対する教育的な言説と、民主主義と「自由市場」は同じでないと考えることのできる市民の創造を結び付ける試みを含んでいる。……結局、商業化という政治は、この多文化主義の時代においても、大部分の異論を唱える声を吸収してしまっている。……改革的な教育は、不正に対する自覚、「教育された市民」を創造する教育の決まり切った事柄の内省、そして集団的な環境で社会的空間を変換する行動へと導く必要がある（Mohanty 2003, p. 205）。

この議論の要旨は明白である。（再）教育された市民は非植民地化された心をもつ者である、ということである。彼らはさまざまな周縁化されたコミュニティの絡み合った歴史を認識していて、それゆえ、中心にいる人々の典型を表すイデオロギーを取り入れる傾向のある権力に対し敏感である。現代社会の基本原理の一つは資本主義である。差異という考えの商品化を拒否し、周縁に根付いている知識基盤に目を向ける異議の教育学は、物質文化の主要なナラティブに、または、中心のイデオロギーに抵抗するための資源になる。資本主義に対するもう一つのナラティブは、その抑圧を最も即時的に直接的に経験する周縁から発生しやすい。教育のフェミニスト・ソリダリティモデルは、抑圧の絡み合いにだけではなく、抵抗の絡み合いにも注目しているということを忘れてはならない。したがって、世界中の反グローバル化運動との連帯は、反資本主義の対立的言説を作り出せる。その言説は、全ての人類のために語っている、と主張する中心から発せられる普遍化、標準化を図る誤った方略を揺るがすことができる。ゆえに、モハンティは以下のように述べている。

フェミニスト教育学は…高等教育の外での積極的な行動と努力の可能性を考えなくてはならない。フェミニスト教育学を通した政治教育は、正義のための戦いにおいて活発なシチズンシップを教授すべきである（Mohanty 2003, p. 243）。

関係の種類——相互主観性か相互史実性か

ノディングスとモハンティが、良きシチズンシップのための出発点として特定している高等教育のなかでの関係性は、大いに異なることは明らかであろう。ノディングスにとって、「いい」教育とは、直接的な、現象学的に厚い相互交流により育まれるものであり、その目的は最終的に学生が自分自身の生活で、関係に気を配れるようにすることである。ケアの個人レベルの相互交流は、倫理的理想に基づいている。そして、それは「私はやらなくてはならない」という道徳感の源としての機能を果たす。これは、後に詳しく説明するように、正義のための介入の基礎となる、我々が他者をケアすること、（遠く離れた）他者を気にかけることの両方を行う動機になる。

一方、モハンティは「現象学的なヒューマニズム」（Mohanty 2003, p. 267）に頼るそのような歴史と無関係な相互主観性に対し、明らかに批判的である。ノディングスが支持している個人的な関係に着目するということは、集団の義務と責任という問題から我々を引き離してしまう。抵抗が個人的な態度の問題に引き下げられてしまうと、体系的な権力は目に見えなくなってしまう。モハンティは、「個人的なこと」は心理主義的、個別的に理解されるべきではなく、歴史の知識と集団的記憶により精巧に構成されているものとして理解されるべきである、という。二人の個人が接触するとき、彼らは抑圧と特権の全歴史を持ち込む。(ノディングスがするように)単にうまく調整された個人的な態度に基づいた個別化された結び付きに着目するだけでは、我々はアイデンティティを構築する社会的構成を明らかにすることはできない。また、これらの構造における我々自身の相互の関わり合いをないがしろにし、自分たちの位置に関連している歴史的葛藤を無視してしまうことにもなる。

モハンティは、教育の現場は「中心を動かす」べきであると言う。知識(差異についての知識も含む)はまず非植民地化されなくてはならないし、コース内容は周縁にいる人々の観点を反映しなくてはならない。社会のための教育は学生を――地域、世界レベルの両方での、そしてそれらの相互交流での――力関係に対し敏感にさせる必要がある。結果として、不正を認識し矯正しようとする意志は、歴史の交錯の理解と、結果として生じる文化―国家の境界を超えた反資本主義政治的な反抗への敏感さを通して形成される。連帯の内省的な相関的プラクシスは、グローバル化した世界の良きシチズンシップの基礎である。

この明確な対立にもかかわらず、これら二人の学者の洞察を、よりわかりやすい自己教育の説明に統合することができるだろうか。ノディングスの個人間のケアは、本当に歴史に基づいた自覚を軽視する必要があるだろうか。また、モハンティの権力を注入された歴史的プロセスへの没頭を通じたアイデンティティの非植民地化は、個々人の間のレベルでの権力の力学を排除するだろうか。この二人の学者の違いは、単にどこを強調しているかだけなのだろうか。

二人の研究を詳細に理解すると、二人のポジションが互いを補い合えることがわかる。ノディングスが、政治に関わりのない空間で相互に作用している非歴史的な主体について話す限り、彼女の議論はより層の厚いものにされなければならない。結局のところ、利益をあげるという目的のために親密さを操作することは容易であるのだ。しかし、「位置の政治学」を導入することで、個人的な出会いの権力の力学が超越されたり、無関係にされたりする必要はない。たとえ単にそうでないとしても、歴史化された主体は心的主体としてとどまってしまう。「偏見をなくすワークショップ」の限界についての議論のなかで、モハンティ（Mohanty 2003, p. 208）はワークショップという方略は、構造上の関係が、広範囲にわたる政治的行為を避けようとする個人的な態度の問題に転換されるので、普段の生活に役立つという。その一方で、

これらのワークショップは、実際、根強い心的態度に注意を向け、そして、変化への状況を整えることに役立つであろう。しかし、危険なのはそれが個人的なサポートと個人的な評価のレベルにとどまってしまうことである（Mohanty 2003, p. 209、強調は著者による）。

と述べている。モハンティが個人的で個々が独立したままのレベルに「とどまってしまう」危険を指摘していることは正しい。しかし、個人レベルを超えるということは、それを完全にそのままにしておくことを意味しているのではない。ノディングスの研究は、政治課題に対しても、相互主観的レベルの機能の妥当性を示している。

では、二つの理論のより密接な結び付きを考えることができるだろうか。（ノディングスの現象学的解釈での）相互主観性は（モハンティの解釈での）連帯の形成に何らかの役割を果たすだろうか。またその逆はどうであろうか。これらの疑問を通じて研究を行うために、そして相互主観性と相互関係性との間の論争を十分に仲裁するために、教育のゴールに関する第三者の声をこの論争に取り入れることは役に立つであろう。その第三者の声とは、遠い（そしてグローバル化していなかった）過去からのもの、つまり、古代インドの叙事詩、マハーバーラタである。それは相互関係性と相互主観性のどちらかについて直接述べているわけではないが、その両方の基盤となり得る主観性という概念について語っている。これは、ノディングスとモハンティの洞察の間を取り持つものとして機能するだろう。

マハーバーラタと「関係的謙虚性」

マハーバーラタは、時代の社会的、倫理的問題に関する現行の論争を反映し徐々に拡大するテクストである。したがって、我々がマハーバーラタに見つけるものは、ある一つの問題の異なった側面の同等に説得力のあるいくつもの表象である。そのため、それに一つの一貫性のあるメッセージを見いだすことはできない。マハーバーラタの主要な物語は、クル一族の二つの派――パーンダヴァ派とカウラヴァ派――の入り組んだ物語である。しかし、この物語の枠組みのなかには、人生の豊かさと多くの特異性を捉えようとしているさまざまな別の物語とサブ物語が組み込まれている。イティハーサ（ナラティブまたは歴史）として、マハーバーラタはこれらの物語を通して、実生活のなかで抽象的な倫理原則が、どのようにジレンマと難問を生み出すのかを我々に伝えている。ここでの我々の目的に関連ある逸話は、ジェンダー、階級、カーストの階層で非常に下位にある「一般」の人々によって、定評のある男性賢人が知的討論で「打破」された話である。私がここで分析するこの話は、賢者カウシカと主婦、カウシカと（カーストの低い）肉屋―ハンターとの対話を中心とする。(4) マハーバーラタに含まれている物語は、「我々の」現実の緊張感と混沌さを反映している寓話として読まれるよう意図されて作られているため、私はそれを最大限に利用し、この論文に関連のある教育と教育学についてのメッセージを引き出そうと思う。

博学の先見者カウシカは、鳥が彼の頭に排泄物を落とし瞑想の邪魔をしたときに、一度、冷静さを失ってしまった。この無礼な妨害に激怒したカウシカは、自分の超自然的な力をその疑わしい鳥に向けて爆発させ、死なせてしまった。しかし、そのあとすぐに彼は内省的になり、自分の行った報復に狼狽した。カウシカは自分の非常に名高い学識は、このような小さな、しかし、完全に不必要な攻撃的行為と害すら防ぐことができなかったことに気付き、自分を再教育することが必要であると考えた。托鉢の椀を手に、彼は指導者を求めて旅に出て、教師としてふさわしいであろう主婦を紹介された。

カウシカが彼女の家の玄関に着いたとき、彼女は家事に忙しく、待たなくてはならなかった。このことを無礼であると理解したカウシカは怒鳴り散らした。

これはどういうことだ。お前は私を行かせもせずに、待てといって遅らせる、この女は……お前はお前の旦那を上に扱っている。家長の教えの下で暮らす一方で、お前はバラモンを軽く扱ったのだぞ。(5)

叱責された女は深く悔いたが、その応答はきっぱりとしたものだった。

私はバラモンを軽く扱ってなどいません、彼らは神と同等ですから。……この罪を許してくれましょう、罪のない賢者よ。一人の夫に従わなくてはならないという教えは、私にとっては喜びを与えるものなのです。……私は彼による教えを選り好みせずに守らなくてはならないのです、バラモンのなかのバラモンよ。私の彼に対する（奉仕の）結果を見てください。これを通じて私は、あなたが怒ってメス鷺を焼き殺したことを知っているのです。しかし、怒りは人の体に住まう敵であります。怒りと愚行を捨て去ったバラモンのために、神はその敵のことをよく知っています。

彼女は続けてこう述べている。

しばしば教えとは捉えにくいものでしょう、素晴らしいバラモンよ。あなたも学問としての教えをよく知っていて、とても信心深いです。しかし、私はあなたが教えをよくわかっているとは思いません。ミティーラに住んでいるご両親に従順で、真実を語り、自律的であるハンターはあなたに教えを説いてくれましょう。よろしければそこに行かれて下さい。幸福をお祈りしております。

そしてカウシカはハンターを探しに行った。ハンターは、自慢できることと言えば、動物を殺し、皮を剝ぎ、解体すること——すなわち、彼の仕事——に長けていることと、従来からの道徳的規範に沿って生活して来たという実績だけ、という謙虚でカーストの低い人物であるが、彼はカウシカの教師—導師となった。ハンターに無理やり同行し、と畜場というありえない場所で、賢者カウシカは「教え」を学んだ。

この物語からカリキュラム改革についてどのようなアイデアを引き出せるであろうか。なぜカウシカは再教育されなくてはならなかったのだろうか。また、「普通の主婦」とハンターにより埋められたカウシカの欠陥とは何だったのだろうか。明らかなる答えは、もちろん、カウシカが彼の学識にもかかわらず実践的な知恵を有していなかったことである。主婦とハンターは徳が高く、カウシカとは違い、教えに従って生活することに長けていた。したがって、マハーバーラタによると、教育のゴールは我々がよりよい暮らしを送れるようにする徳を説くことである、と主張することができるだろう。これは、時代の社会通念を具体化している。主婦の「怒りと愚行を捨て去ったバラモンのために、神はその敵のことをよく知っています」という言葉と、彼女の「一人の夫に従わなくてはならないという教えは、私にとっては喜びを与えるものなのです」という主張に注意しよう。また、ハンターは「両親に従順」であり「真実を語る」人物として推薦されたことにも注意しよう。ここで現れてくることは、真に教育された人物とは何らかの人格をもっている、または、ある（従来の）様式で行動する確立した性質をもっている、ということである。知的進歩は道徳的進歩の上にあり、正しい見識は正しい行動の上に成り立つのである。

しかしながら、より興味深い別のメッセージがこの物語の構成には潜んでいる。カウシカが教育を受けた方法自体が教育的である。我々がここで目の当たりにするのは、自分の（学者とバラモンとしての）地位の重要性をよく認識し、自信に満ち満ちてはいるが、社会の周縁にいる二人の人物により、明らかに学ばされた人物である。したがって、カウシカがこの過程のなかで失ったものは、社会的特権というプライドである。新しい指導者から学ぶために、まず初めに彼は、「自分は知らない」ということだけではなく、「彼らは知っている」ということに気付かなくてはならなかった。彼が「教育される」ということの前提条件は、周縁にいる者たちが彼にとって重要な知識の所有者であるということを、認識することのできる能力を前もって有している、ということである。この認識は私が「関係的謙虚性」と呼ぼうとするものである。教育はこの徳を学生に説くことを含めるべきである、とマハーバーラタは語っているのだろう。

もちろん、関係的謙虚性の重要な概念を述べるためには、それを謙遜、単なる謙虚さ、プライドの欠如といった他の道徳概念と対比する必要がある。また、可謬性の認識、無知の自己帰属といった密接に関連している認識的状態との相互作用を理解する必要もある。ジュリア・ドライバー（Driver 1989）によると、認識的側面は彼女が「無知の美徳」と呼ぶ謙遜―謙虚さの道徳的美徳[6]にとって非常に重要であるという。ドライバーは、謙虚な人は自己価値に対し無知であるか、間違った考えをもっている人である、という。彼女の、（もちろん、ある状況下で）徳として無知を悟る、という議論の大体の趣旨には賛同するが、彼女の「過小評価モデル」により提示される人間性と無知さとの間の暗示されたつながりは、いささか単純化されすぎているように思う。関係的謙虚性はより間接的ではあるが、より政治的に堅固な方法で無知さを組み込んでいる。

謙虚性のもう一つの分析は、謙虚さは自身の業績に対し育まれた過小評価や間違った考えというよりも、現実的な自己認識に存すると述べている。これは、謙虚な行為体は自身の業績を知っているが、自身の価値を誇張したり過大評価したりしない非過大評価モデルである。誇張されていない批判的自己評価としての謙虚さは、私の関係的謙虚性という考えにより近い。この認識的状態は、自分自身の業績を客観的に、公正に保つよう促す平等主義に対する基本的な義務に根差している。この見識を掲げているノーヴィン・リチャーズ（Richards 1998）によると、自制は自身の価値の認識にかかわらず、他者を尊重することを可能にする行動修正を可能にするという。関係的謙虚性の中核は、現実的な「自愛」にもかかわらず、その実、「他愛」に存する。そしてそれ以上に、実際は、現実的な「自愛」のために、「他愛」に存するのかもしれない。何によってこのような態度が促進されるのかは、少し後で見ることにするが、ここでは、これがどのようにカウシカの物語では展開されていたのか見てみることにする。

カウシカはまず内省的になり、そして自身の知識の限界に気が付いた。どんなに彼の学識と命題知識が物語により崩されようとも、決して否定されたわけではないということを心に留めておこう。事実、我々が目の当たりにしたのは、この知識の限界についての現実的評価である。以下の五つの点は重要である。

（i）カウシカの自己評価は、自分が何を知っているかという自覚に加え、自分の無知さの自覚にもつながった。

（ii）しかし、この（無知さの）自覚は、懐疑的な態度や、不可避な誤りの敗北主義的、冷笑的な受け入れに終わったわけではない。

（iii）この自覚はカウシカをさらなる認識的努力と「真なる知識」の探求へと駆り立てたので、それは懐疑的な態度とは言えない。

（iv）さらに、この知識の探求は内省的な、利己主義的な、または、デカルト的な自己修正ではない。カウシカは自分には教えられることが必要であると気付いた。そして物語のなかで、彼は教えを（まず考えられない）他者から学んだ。

（v）カウシカの教育は、カウシカが彼ら（考えられない他者）は自分の知らないことを知っている、と認めるまで完全ではない。したがって、初めの無知さの自覚は、普遍的な人間の可謬性の容認ではない。

この無知の自己帰属は、重要な知識の他者帰属と共に、関係的謙虚性の複雑な徳である。自分たちは何を知っているかをよりよく認識すると、我々は自分たちがどれほど知らないのか、そして知る必要があるのかに気が付くことになる。これに加え、我々が知らないことを知っている他者がいるということを実感する。関係的謙虚性は、差異や劣等性のどちらとも混同されるべきではない。むしろ、それは他者との活発な知的、社会的関わりの下地になり得る。カントの場合のように、カウシカの場合も、理論的―経験的知識の限界を自覚することは、知識を否定する「幻想説」と等しいわけではない。

マハーバーラタの物語によると、教育は自覚の再構築と、ある性格特性――とりわけ自分自身の理解を不完全なものとして扱い、自身からかけ離れた他者を知識の宝庫として捉えられる性質――をもつ人の育成を伴う、ということになる。このゴールは古代インドのエトス（気風）における、モクサ（解脱）、または解放運動の究極の理想と一致すると言っていいかもしれない。結局のところ、関係的謙虚性は自尊心の根底を究明するものであり、モクサの焦点であるエゴを打ち砕くことに向けた第一歩である。

しかし、これが真実であるならば、マハーバーラタの教育理想は、この章で扱う問題からかけ離れているように見える。カウシカの物語は、全ての社会階級の至る所に認識力を配分する必要を示している。しかし、彼の時代の社会的不正と経済力の不均衡を訴えるために、カウシカが認識力を使ったという証拠はどこにもない。事実、前にもふれたが、物語の主人公たちは現状をそのままに保とうとする従来の道徳的規範についてだけ語っている。そのうえ、モクサに向けて働く関係的謙虚性のような徳が、ノディングスとモハンティのいうような政治的プロジェクトに、どのように関係し得るかを示すことは難しい。ノディングスとモハンティは、社会経済的な権力構造に介入しようとすることに集中している。一方、カウシカはより高い権力に達するために、権力構造全体を超越することに没頭している。カウシカのもつ性格特性は、ノディングスとモハンティの目的のために役立てられるであろうか。

主観性、相互主観性、相互史実性

この節はノディングスとモハンティの政治的ビジョンにおける（マハーバーラタで語られている種の）個人の自己開発のための空間について考える。ノディングスとモハンティは高等教育のなかの異なった種類の関係に注目している。対照的に、マハーバーラタは性格形成と個人に焦点を置いて、特定の性質を説くことを強調している。したがって、フェミニズムの関係転換とは意図が異なっているように見えるかもしれない。

今日、どの正義の理論の現実化性も、通常、政治理論学者が当然としている特定の感情的側面に頼っている。ロール（Rawl 1971）の正義についての理論は、少なくとも多くの人々が有しているだろう正義の尊重、不誠実な役人に対する憤り、適切な自尊心、異なった人々への侮辱の不在、自身の所有物が異なった原理により再分配された時の恨みの不在、というような性質に頼っている。これを考慮すると、我々の心理的レパートリーへの介入は、ある政治的計画を実現するためには必要不可欠かもしれない。その結果、マハーバーラタの人格形成の強調は、理論と現実のギャップを埋めるために、政治的に関連があると示されるかもしれない。(7)

しかし、これは感情的―心理的文化と、知識と権力の関係の構造調整との間の一般的な互換性のみを確立する。我々はまだ、マハーバーラタが強調している（心の探求のため、エゴを克服することを手助けする）ある特定の人格形成は、ノディングスとモハンティにより描かれた種類の政治的関係になくてはならないかを問う必要がある。さらに、古代インドの文化的環境からそのままに引き出された関係的謙虚性の徳は、我々が戻りたいとは思わないだろう制度上の構造により支えられている。グローバル化に対する批判は、黄金のヴェーダ期の非現実的な物価維持安定策と同等ではない。

ここでの哲学的論点は、もし我々が精神的性質は政治的転換のために、（私がそうしなくてはいけないと思うように）障害にも好機にもなり得ると認めるならば、主観性の内部輪郭を掘り下げて考えることは、政治的理論を深めるための動きであり、必ずしもそれから逃れることではない、ということである。この観点から見ると、ノディングスとモハンティのいう政治の基盤となる精神的秩序は、既に文化においては当然とされている感情的資源に頼っているかどうか、または、彼らのビジョンを実現するために、我々はこのレベルでも介入する必要があるのかどうか、という点が疑問となってくる。より具体的に言えば、「ケアすること」と「フェミニスト・ソリダリティ」の関係的構造は、多少なりとも関係的謙虚性の徳に頼っているのだろうか。あるいは、ノディングスとモハンティが描くある特定の制度変更は、関係的謙虚性を維持することができるのだろうか。または、我々は関係的謙虚性が語っている徳にアクセスするためには、マハーバーラタの時代の制度に戻る必要があるのだろうか、という点が問題になるかもしれない。

表面的には、ノディングスの一見政治には関わり合いのない二項からなる相互主観性は、主観的な徳に対し当然寛容であるべきである。しかし、彼女の教育的計画に関係的謙虚性を組み込もうとすると、驚くほど回りくどいものになってしまう。ノディングスは徳としてのケアと、関係としてのケアをはっきりと区別しており、どのように前者がいかにいい教育を蝕み得るかを証明している。彼女は、彼らの誠実さにもかかわらず、ケアされる人たちと信頼関係を築くことができず、全ての失敗を扱いにくい学習者のせいにする「親から預言者といった有徳な人物」(Noddings 2002, p. 21) に対し慎重である。彼女によると、ケアは道徳上の美点ではなく、関係が備えている性質であるという。したがって、ノディングスは、もし我々がマハーバーラタの観点での性格特性としてケアに専念するならば、ただの父性的温情主義に陥ってしまうことに懸念を抱いているように見える。ノディングスのシステムでは、――関係が他者の応答により一部形成されている――「共同制御」(Noddings 2002, p. 14) の形態は、ケアすることの重要な特徴である。ケアする人の徳の有無や性格特性に注目することは、ケアされる人によってなされる関係性への重要な貢献を消し去ってしまう恐れがある。

これは懸念であるが、どのように関係としてのケアすることが、関係的謙虚性の徳のようなものに依存することから回避できるのかを理解することは難しい。実際、ノディングスの異論は、単なる謙虚さという徳に対するものとするほうが、より適切なように思う。単純な専心没頭と動機の転換はケアには十分ではない。しかしながら、ケアされる人がケアする人の努力に応えるよう要求することは、共同制御を保証するわけではない。ケアされる人の応答は耳を傾けられなくてはならないし、真剣に考えられなければならない。ケアする人がある程度のコントロールを諦めない限り、ケアされる人がコントロールを共有することはできない。共同制御は関係的謙虚性に対する性質により促される。

さらに、ケアすることに対する「私はやらなくてはいけない」という倫理的義務は、「倫理的理想」を育成することから生じる。しかしこれは性格の理想である。ケアされてきた自分と自分がケアしてきたことを思い起こすことは、特定のあり方でいることを思い出すことである。ノディングスは、「『自分を思いやりがあるように保つ』ための真なる倫理的関与は徳を高めそれを使用することを促すが、これらはケアの状況に応じて評価されなくてはならない」(Noddings 1984, p. 96) と認めている。今日、関係的謙虚性の徳は思いやりのある関係を始める能力と、ケアする人として自分自身を保つ能力を維持する。したがって、それはノディングスの倫理的理想には必要不可欠である。もちろん、関係的謙虚性は性格特性であるので、それは内省的になることを包含する。しかし、この性質の本質を考えると、そのような内省への転換は、我々が外向的になることを可能にしてくれることもわかる。したがって、この状況では、自己開発と人間関係の養成の間の分裂は持続しない。関係的に謙虚な行為体は、独りで、思いやりのある関係を始めることができ、そしてその関係のなかで、行為体はコントロールすることを諦める必要が出てくる。

モハンティの政治的教育の基礎となる抑圧と抵抗の複雑な歴史的ナラティブの認識は、マハーバーラタのアジェンダである自己開発からさらにかけ離れているように見える。もちろん、もし個人のことを史実化することが、(ノディングスの解釈での) 相互主観性の重要な矯正手段であり、完全に相互主観性を消し去るものではないと理解されるならば、相互主観性が関係的謙虚性により保たれている範囲では、モハンティの相互史実性と連帯のプラクシスも、関係的謙虚性を組み込むことと矛盾しない。先に示したとおり、モハンティは意識の転換という問題と、非植民地化という心的側面の探索という問題に反対しているわけではない。著書 (Alexander & Mohanty 1997) のなかで、モハンティは以下のように述べていることに注意したい。

> 我々は、権力と特権を投げ出すことにより生まれる、または、自発的決定のための葛藤において生まれる感情的脅威は、真剣に観察される必要があるとわかった。課題は、皆のために脅威を自己移入と正義感に基づいた取り組みに転換するという作業への倫理的関与にある (Alexander & Mohanty 1997, p. xlii)。

自分は知っているという主張をやめ、他者を有知であると認めるという性質である関係的謙虚性は、この「感情的脅威」を取り組みへ転換するにあたり、助けとなる特性かもしれない。意図的に、そして進んで、コントロールを断念することは、この現代社会では広く認められたり、評価されたりしている性質ではない。モハンティの政治的計画が関係的謙虚性に頼る必要があるならば、そのような性質が繁栄に必要不可欠と考えられているエトスに従事することは、適切かもしれない。

したがって、政治化された行為者のモデルは三層になっており、教育のゴールとして三方向からの行為体の再構築へ導く。その三方向とは、相互主観性と相互史実性の教授、加えてそれらを可能にする徳の教授である。正義への教育はこの三つのレベル全てで教育を行わなくてはならない。この教育的ビジョンにおける無知の位置付けは非常に興味深い。知の探求は通常「私は知らない」という自覚により刺激され、認識の活動はこの無知の自覚から始まる。しかし、教育が関係的謙虚性の徳の周りに構築されると、無知さはより複雑な方法で働く。私は私が知っていることを深く考える（つまりは、自身の業績の現実的な評価を行う）はずである。一方、自分の認識的業績についての知識が深くなればなるほど、自身の知るという行為の失敗の概略が、ますます明確に浮かび上がってくる。しかしながら、関係的謙虚性は、自分は知らないと主張する賢人の単なるソクラテス式の告白ではない。関係的謙虚性のための教育は、その自認した自己の無知さを、知識を他者に帰するために活発に利用するのである。したがって、それは認識力の分配を可能にする自己認識を通した自己の無知さの探究である。そのような教育は、社会認識論と、集団的活動としての知ること、知らないことの両方の概念と必ず結び付けられる。教育のゴールが関係的謙虚性であるならば、無知の探究は他者に力を与えるプロセスになり得る。

しかし、気がかりな疑問がここで持ち上がってくる。カウシカの性格を養成した社会的—物質的条件を考えることなしに、彼の心的資源を取り入れることは可能なのであろうか。カウシカは、彼が教育された後でさえ状況を覆すために何もしなかった非常に伝統的で階層的なカースト制社会のなかで、関係的謙虚性のレッスンを「学んだ」ということを忘れてはならない。では、どのようにマハーバーラタの教育哲学は、社会を変革しようとする市民を創造するのだろうか。

私の主張は、モハンティが議論しているような深く史実化された意識は、関係的謙虚性のフェミニストの徳を育成するために必要である、ということである。そして、正義のための政治的介入の基礎になる関係的謙虚性だけでなく、我々はその徳自体を保つために、適切に据えられたある種の政治的プロセスが必要となる。これについて議論するために、謙虚さの非過大評価モデルに少し戻ってみよう。それによると、謙虚な行為者とは、現実的に自身の価値を認めているが、それを客観的に見つめている人である。ニューエン（Nuyen 1998）はこのスタンスを、業績を可能にした状況全てを考慮に入れたうえで、それを認めることのできる人であると詳しく説明している。興味深いことに、彼はこれを均衡性、または公正さ、という考えと結び付けている。したがって、犯罪の類まれなる状況のために、当然だと考えられる罰が軽減されることがあるように、業績の独自の状況もまた、それらが当然値するはずの恩恵─賛同を軽減することがある。結果として、正義は我々が自分の価値の自己判断において、確実に均衡性を保つことを必要とする。ニューエンにとって、謙虚な人とは、自分自身の業績に関わった状況の寄与を積極的に分析し、それを認めることにより、その業績を現実的に判断することのできる人である。なぜならば、

常に、ある特定の状況は、人が大いに謙虚になる理由があることを示すだろう。常に、ある特定の状況分析をすることは、人の業績にデフレ効果を及ぼすのである（Nuyen 1998, p. 196）。

ニューエンは、しかしながら、この「恒常性」についての説明を曖昧なままにしているため、モハンティの位置の政治学がここでは有効であろう。主体は歴史に組み込まれているため、行為体は、少なくともある程度は、位置の特権と限界により左右される。したがって、現実的な自己評価は特権を与えたり、無力にしたりする構造的特徴を考慮に入れなくてはならない。しかし、そのような内省は、他者を「位置付け」てきた──そしてそれゆえに、他者を可能にしてきた─無効にしてきた─異なった形で可能してきた──過程において、我々の関わり合い（モハ

ンティの言う相互の関わり合い）の自覚をもたらす。結局、「我々が誰であり、どのように振る舞い、何を考え、どのような話をするのかは、支配的な歴史を認識することにより始まる認識論的枠組みの中で、より明瞭になる」（Mohanty 2003, p. 195）。知識と声の政治は、我々の社会での位置を理解することは、我々の話すポジションに特権を与える社会の構成を認識することを必然的に伴う、ということを意味している。これは我々に特権を与えるのと同じ社会の構成が、他者を押し黙らせているということを認識することと密接な関係にある。結果として、自分自身の特権の自覚は、我々の業績を正確に捉えるための動きとして、理解できるかもしれない。そして、これは我々のものとは異なった声を意識し、認めることを伴う。政治的に根拠のある謙虚さは、特権が我々の成功に貢献していると認めることのできる「関係的」謙虚性に自然に至る。この方法で、積極的に支配と苦闘の抵抗の歴史を取り戻すモハンティのフェミニストプラクシスは、関係的謙虚性の徳を保つ物質的条件になり得る。

上記の分析を踏まえて、カウシカの物語に立ち戻ってみよう。私の理解では、マハーバーラタの倫理は、教育は関係的謙虚性の徳を説くことを目指すべきだ、ということであった。しかし、この徳の「学習」の後でさえ、カウシカは彼の時代の社会的階層を修正しようとはしなかった（少なくとも我々は、彼がそうしたかどうかは聞かされていない）[8]。明らかに、関係的謙虚性の徳は、それだけでは必ずしも社会改革や正義につながらない。政治理論学者が注意を払う必要があるのは、感情的特性と、政治機関と、そして、政治機関が組み込まれている社会経済的構造との間で行われる複雑な相互交流である。したがって、我々は理屈のうえで、「徳」や性格類型について話しているわけではなく、それらが物質的プロセスによって、支えられているものとして話している。もう一つの制度上の構造はある特定の心的構成を保つことができる。例えば、忠誠心は宗教原理主義の強烈な主導構造や、ナショナリズムにより養成され得るし、経済的満足はしばしば政治的不満を弱め得る。したがって、ある性質が社会正義のために必要であると一度認識されたならば、我々が注目すべきことは、それを適切に保つことができる構造配置である。我々の精神摂理は、物質的実践に貢献し、そして、それに支えられている。他者の除外という問題において、ただ一つの事柄に注目することは十分ではないのである。このことを踏まえると、マハーバーラタは、我々の時代に足りない性質を強調することにより、概念空間を広げるものとして読み解くことができる。この空間を利用するために、モハンティのプラクシスの分析は、その心的再構成に組み込まれたままになっている、社会変革の種子を蒔き、結実させることが必要である。カウシカの関係的謙虚性は、前進的変化を生じさせるために、フェミニスト・ソリダリティのプラクシスにより支えられる必要がある。

関係的謙虚性を用いたリーダーシップの解明とは

我々のここまでの議論は、政策立案者は進歩的な教育改革において、何を目標にすべきなのかに集中してきた。教育のゴールは、私がここまで議論してきたように、主観的性質、ケアすることの相互主観的スキル、ある特定の社会的位置に対する相互史実的理解の三つの層を含む政治機関の創造である。これはさまざまな民族、階級のバックグランドをもつ学生間の学力格差をなくすという、狭い意味での教育の義務からはほど遠い。実際、「義務、スタンダード、質の言説は、人種、階級、ジェンダー、性的指向、体系的な不平等といった、議論を呼ぶ対立を避ける安全な言語である」(Cambron-McCabe & McCarthy 2005, p. 202)と認識されており、狭い市場本位の観点からみた正義を構築することになってしまうのが落ちである。代わりに私は、もし教育がより堅固に変革された、変革する力のある主体の創造を目標とするならば、必要とされることは、教室の内外両方で性差化、人種差化された人々の抵抗の位置を自覚することである、と論じてきた。そのような体系的な抑圧に代わるものを取り戻そうという自覚と内省的プラクシスは、我々が個人的、社会的レベルの両方で、権力をうまく扱うことができるようにする関係的謙虚性の徳により駆り立てられる。

この最後の節で提起される疑問は、どのようなリーダーが目標とされるべきかというアイデア――教育改革の内容――がリーダーシップのスタイル、または、改革を始める形式に影響するかどうかである。教育は若者に何を教え込むべきなのか、という我々のビジョンは、どのように教育のリーダーを育てるべきなのか、という疑問に跳ね返ってくるだろうか。リーダーと政策立案者を教育について指導するとき、他者を指導するのと同じパターンに従うべきなのだろうか。例えば、我々は政策立案者自身が鍛錬された数学者であることを求めることなしに、学生を高いレベルの数学者になるよう教育することをゴールとする政策改革を始めることができる。しかし、改革を始め、それを監督するリーダーに、関係的謙虚性という徳を体現すること（または、徳を積むこと）を求めることなしに、その徳に向けた教育を行うことは首尾一貫していると言えるだろうか。もし、答えが（私が議論しようとするように）「ノー」であるならば、非量的パラメタが教育のリーダーを評価するために用いられる必要があるかもしれない。リーダーシップのトレーニングは、単にある特定の管理技術と個々の問題解決能力を発達させることを狙いにするよりも、行為体の構造と連動する必要がある。

関係的謙虚性を教育のゴールに組み込むことは内省的である。この性質を育てることに向けられた教室とカリキュラムは、そのような再構築に対し責任のある人々が、関係的謙虚性を有することを必要とする。これは、政策立案者が統制しようと試みている人々の専門的知識に従う一方で、彼らが積極的に自身の無知さと認識の限界を認めるよう要求することを意味する。これが達せられなければ、最初のゴールの実現は中断されてしまうだろう。関係的謙虚性を説く教師として、孤立した謙虚でない教師を掲げるという論理上のメカニズムは、自己反駁に似ているかもしれない。例えば、「私は話していない」と言うことは自己否認である。なぜならば、示された命題内容（私は話していない）と、それが示されている方法（自分がそれを「言う」こと）との間に対立があるからである。同様に、権威主義的な、高慢な方法で（つまりは、関係的謙虚性なしに）、教師と学生に関係的に謙虚になれと要求することは自己反駁である。徳が相互主観性や相互史実性のレベルにおいて作用するか否かにより、この対立は二つの異なった方法で明らかにすることができる。

我々のノディングスの議論の解釈によると、関係的謙虚性はケアすることとの相互主観的関係を可能にすることに関わっている。しかし、そのような関係を確立する義務は、我々がケアした、ケアされたという記憶の両方を取り囲む「倫理的理想」から生まれる。今、もし教育改革が教師にそのような関係を、教室で築くことを要求するならば、これに対する――「私はやらなくてはならない」という――義務の一部は教師のケアされた、という記憶から生じるはずである。この教育組織の状況においては、教師は改革のリーダーである政策立案者によりケアされてきていなくてはならない。結果として、政策立案者―運営管理者と教師の間で共同制御が機能していない限り、教室で変革する力があると考えられている種類の共同制御は機能することはできない。政策立案者―運営管理者は教師に倫理的機動力を与えるのである。つまりは、教育のリーダーは教室が関係的に謙虚であるためには、自らも関係的に謙虚でなくてはならないのである。

我々のモハンティの議論の解釈によると、関係的謙虚性は周縁位置からの対立的知識の開拓を可能にする。教室でカリキュラム改革を通して促進された連帯のプラクシスは、中心の特権と、周縁の抑圧との相互の関わり合いを理解することへ通ずる道である。連帯とは、これら概念的つながりを形成する意識的、内省的実践である。抵抗への連帯とは、中心の支配を拒否するために、さまざまな複数の局部抵抗に基づいた反論的ナラティブを形成することである。この場合には、成功的な教室では、権力の目に見えないメカニズムを理解する学習、抵抗する学習が行われるはずである。結果として、この計画の成功は、学生と教師が支配的な権力構造を認識し、抵抗するプロセスにかかっている。しかしながら、政治的感受性の指導は、うまくいけば、ある領域にのみに特化されることではない。したがって、フェミニスト・ソリダリティのために、改革を権威主義的に押し付けることは矛盾している。また、ここでは関係的謙虚性を人文主義の徳として捉えているわけではなく、モハンティが議論している種類の政治的プラクシスにより、関係的謙虚性は支えられる必要があるということを、心に留めておかなくてはならない。したがって、教育改革により目標とされる種類の徳は、中心と周縁がいつもコミュニケーションをとっている組織構成を前提としている。恥知らずにも階層的なシステムにおいては、関係的な徳を保つことは不可能である。

まとめると、リーダーはガイドである。しかし、他者をゴールに向けて「導く」ことはいろいろな方法で行うことができる。それらは、(a)伝えるという方法（目標の長所と短所の理論的分析）、(b)どのように行うのかを示すという方法（ゴールが達成されるようにプラクシスの処方箋とマニュアルを示すこと）、(c)命令するという方法（道徳感をあおること、または、命令により義務を課すこと）、(d)ゴールを自分で体現するという方法（手本となることにより、何が目標とされているのかを提示する、または、「証明する」こと）、最後に(e)非教訓的に「認識的感化」を始めるという方法、である。おそらく、全ての方法のある側面は、リーダーシップが作用するために機能する必要があるだろう。(a)、(b)、(c)は広範囲にわたり実践され、議論されている。また、(d)の分析も、ある程度、発見することができるだろう。しかし、(e)の方法を通して導くという方略は、この論文で議論されてきたことである。「認識的感化」を開始することにより導くことは、リーダーシップの「手本」モードに近いが、(d)と(e)とを区別しておくことは重要である。ノディングスが関係としてのケアを強調することの重要性は、変化の操縦者として、手本になる人の批評にある。導くために、あるあり方でいることに集中すること――つまり、ある性格特性を体現するという徳により導くこと――で、「リーダー」が仕える人々のニーズではなく、自己形成に焦点を移す。ここでの発話行為は「私を見なさい。私のようになりなさい！」である。(e)の方法で示されている方略は、人格形成も必要とする。しかし、決定的な相違は、教え込まれた主観的特性は、分析、議論、認識的敬意といった、ある知的習性を伝授する特性である、ということである。これらの特性は、有徳な手本となる人が行うのと同じ方法で模倣することを「命令」しない。むしろ、ある特定の意味で関係的に謙虚である人々の周りに、または、共にいるということは、特権と抑圧のつながりを理解し、正しく評価し、それに基づいて進んで行動する人々の周りにいるということである。そのようなコミュニティにいることは、我々のなかに同じ特性を育てるのである。おそらく、(d)と(e)の相違は、(d)、(e)共に手本となる人は自分が招来しようとしている変化を体現することにより導くが、(e)ではゴールの自己例示は他者が従う義務に付随している、と指摘することにより一番よく表されるだろう。ここで提案されたモデルでは、リーダーは他者に求められた変化を体現する。しかし、この「あるあり方でいること」は、他者にその人のようになれという命令を伴ってはいない。実際、リーダーはアイデアを得るために他者に注意を向け、他者に「導かれる」準備もある。このスタンスを体現するために、リーダーは他者もリーダーのようになれる信用と協力のあるコミュニティを作ることになる。変化は、言うなれば、「感化」によりもたらされる、ということである。リーダー自身が、他者が自分のようになるようにさせることに集中しなくても、他者が自発的にリーダーの発するものを「捉えたり」「取り上げたり」する。我々はここで、ノディングスのケアすることの個人間の力学、つまり、他者が次にケアするようになる倫理的理想となる記憶、について思い起こす。

社会的権力の認識は、知識の追求を集団的な権力が吹き込まれた活動にする。どのように抑圧のシステムが働いているのかを理解することに伴い、改革への方略は周縁での経験から発されたものでなくてはならない。ジェンダー・人種・階級のシステムは、教室内で学生を差別的に位置付けたり（ある――例えば、ある特定の民族の――学生が共通テストでよりよい成績を収める）、誰が誰を教えるのかを構成をしたりする（教授職と彼らの地位の人種・階級・ジェンダー構成）だけではなく、誰が管理に、誰が学問的活動に携わり、誰がしないのかという決定にまで入り込む。したがって、連帯のプラクシスは、教育機関の全てのレベルにおいて（そして、実際、教育機関と国の間の相互交流においてさえも）、権力の機能を考慮に入れなくてはならない。結果、抵抗と改革のための連帯は、教育組織化の複数のレベルにおける周縁からの経験により、構築されなくてはならない。リーダーシップのイニシアチブは、何人かの学生の（同級生と教師の支配的な文化に対する）、何人かの教師の（不公平な現状のために教えろ、という要求に対する）、そして何人かの運営管理者の（教育を商品化しろ、という国の命令に対する）局部抵抗から巧みに作り出されなくてはならない。

これは、リーダーシップの伝統的な概念の分解と、リーダーシップと政策立案の概念化における「関係転換」に成り得る何かへのステップとなる。我々は皆、導かれる準備をしていなくてはならない。これは、もちろん、我々全てが関係的に謙虚でなければ可能ではない。モハンティは、「来た道をたどるために、そして、もう一つの行先を心に描くため、我々の心は、資本と同じように、すぐに動けるようでなくてはならない」と言う（Mohanty 2003, p. 45）。この知的可動性は権威、義務、指導そのものの役割と本質の概念の見直しを包含する。リーダーシップの概念そのものが歴史的に構成されている、という理解は、時代のニーズが「教育行政と政策において重要概念であるリーダーシップを問題と見なす――それを再定義したり、あるいは拒否したりさえする――かもしれない。なぜなら、おそらくリーダーシップへの注目は、それ自体が（ジェンダーの）平等に対する最大の障害であるからであろう」（Blackmore 1999, p. 222）ということを示唆している。自分自身がリーダーシップの言語を投げ出す心構えができるまで、多くの教師のなかの関係的に謙虚な教師は、自尊心からでも、コミュニティの目立たない隅からでもなく、混沌とした中央から、無知の探求を導かなくてはならないだろう。

注

（1）ノディングスの一九八四年の著書の訳本である立山（他）（1997）は、caring-for を「ケアすること」、caring-about を「気にかけること」と訳し分けている。これに従い、本書でもそのように訳し分けることとする（訳者注）。

（2）「教育は経済的生活とシチズンシップの単なる準備ではない……（しかし）準備としてでさえ、教育は高給の仕事を得るということよりも、ずっと多くのことを含んでいる。理想としては、それは――家族生活、子育て、近所づきあい、美的価値の理解、道徳的感受性、環境の知恵（environmental wisdom）、宗教的―精神的知性、充実した生活のさまざまな側面のための――ケアのための準備である」（Noddings 1999, p. 14）。

（3）例えば、モハンティは、日常生活を手助けするために、単に相違を「うまく処理する」方略としての、教育機関の中上位の運営管理者のための「偏見をなくすワークショップ」を批判している。個人的な偏見、心的葛藤として権力の歴史的論争を枠組みすることにより、この方略は、フェミニスト・ソリダリティモデルにより促された種類の、相違との真なる関わり合いを避けることとなってしまう。

（4）私の共著の論文（Alcoff & Dalmiya 1993）で、リンダ・アルコフと私はこの物語を「方法知（knowing-how）」の非命題的な形の重要性を議論するために使っている。ここで私は、このナラティブを徳の理論（virtue theory）に照らし合わせて解読することで、さらなる分析を試みる。徳認識論（virtue epistemology）と、徳の理論の方法知の形式の有効化との関係の重要性については、この章ではほとんど議論されない。

（5）翻訳はヴァンビュイッテンネン（van Buitenen 1975）による。

（6）複雑にならないように、（もしあるのならば）謙遜（Modesty）と謙虚（Humility）の違いには踏み込まない。何人かの学者（Statman 1992）は、それらは同一であるとしているが、他の学者（Ben-Ze'ev 1993）は別のものであるとしている。

（7）これらの問題についての議論はジェームズ（James 2003）を参照のこと。

（8）ニューエンも、至上主義者と熱狂的愛国主義者は、人間生活を左右する全ての関連ある原因や環境を詳しく検証することを拒否しているので、彼らはある特定の業績に対しては謙虚であるかもしれないが、全般的には謙虚ではないだろう、という可能性を残している。

結論　変容する教育

ピーター・ハーショック
マーク・メイソン
ジョン・ホーキンス

序論で述べたように、三部構成でなる本書で各章を担当した著者たちは、次の設問への回答を提示してきた。

- 第1部　教育におけるグローバル化はどのような結果をもたらしているか。
- 第2部　グローバル化に応えて、いくつかの国や代替の教育提供者たちが、どのように教育的規範の普及に取り組んでいるか（もしくは取り組んでいないか）。
- 第3部　複雑化したグローバルな相互依存の世界を鑑みて、教育変化における指導体制の課題としてどういったものがあるか。

第1部では、グローバル化における事情と系列的な教育の変容における重要性が取り上げられている。ここでは、グローバルな相互依存の現代様式の現実について言及し、特に教育目標と目的、教育の多様性、多文化社会における倫理と教育、教育における貧困と公平に関する問題、複雑な相互依存による教育の変容への影響に関して、グローバル化が教育に与える影響について調査をした。

第2部では、アジアをはじめとする諸国における教育的現実と変容に関する経験に基づいた視点が提供されている。このような現実から生じる課題によって教育の意義と実践における潜在的な系列変化を起こしているものの、中国とシンガポールという二つの事例では、広く普及した教育的規範の強固な優位性を明示しているが、これは、支配的規範に対して本質的に批判しているように思われる有望な代替案がコロンビア、バングラデシュ、エジプトにおける事例では報告されているからである。

第3部では、教育における系列変化を収斂し養成し得る指導体制の本質に関する識見を得るべく、第1部で取り上げた世界情勢に関する概念的考察と第2部で紹介された経験に基づいた「草の根」的現実と慣行を統合している。急速な変化と複雑な相互依存に照らしてふさわしい指導体制を促進する方法に関する世界的関連性をもった結論が各章で下されるなか、指導体制の革新のためのアジア文化的資源の特殊性に一層の考察がなされている。特に著者二名が、現代の世界状況における、指導体制に関するアジア太平洋的慣習の関連性を探究している。変化を起こし維持するときの地方もしくは地域文化的慣習の関連性の深化という意味を含むことを示唆しながら、著者らは、体系的かつ複雑な変化の手段として、変化における規範と価値観のさらなる重要性について教育指導者たちが評価される必要があることを指摘している。教育指導者たちは、効果的かつ効率的に統制し管理する能力を向上させる教育経営理論という議題以外のものにもふれる必要がある。道徳哲学や政治哲学、社会理論、歴史学や経済学を基盤とする議題を研究しなくてはならない。ここから、人と社会の双方における相互尊重を深め、我々の行動の結果に対する人類と地球生態系への切実な責任を拡大改善し、そして、人種、性差、階層に関係なく全ての人権、社会権、市民権、政治的権利を守ることから始まる優先事項のなかに含まれる教育への指導体制の深い関与を強固なものにするために必要な手段が提供される。つまり、教育指導者の心構えとして最重要である（広義での）指導体制倫理ということである。

教育目標と目的を強調する価値観と倫理という主題から離れて、教育指導者たちが深く関与する、着目すべき変化とは何か。本書の著者たちが示してきた問題は数多く、どれも複雑だが、（場合により）そのなかから四つを特別に取り上げる必要があろう。一つ目に、ジョーン・ハッティー（Hattie 1999）による膨大なメタ分析を経て、学校の学習を最も効果的に向上させる要因が確認された。これらは、学習者への意見、学習到達目標の設定、教員の指導内容の質と量といったように、主に教員を対象とするものである。最も効果的に学習を向上させることが教育の少なくとも一部分であるとすれば、それを実行できるだけの教員を養成する教師カリキュラムを作り上げることが、指導体制の主たる課題となる。二つ目に、マーティン・カルノワ（Carnoy 1975）らの研究では、学業成績の予測因子として社会経済的地位の一般的重要性が指摘されているが、ロバート・レビン（Levine 2003）の研究では、特に最貧困層の社会経済的地位向上を目的とする女子教育の重要性が強く主張されている。高学歴の女性の出産率は低いが、彼女たちが出産した乳児の死亡率も低い。女子教育が活発化するなかで、今度は歩留まり（リテンション）が、教育指導者たちが取り組まなくてはならない課題となる。最後に、ＨＩＶ・エイズが、多くの社会における最貧困層の福祉や生活の質向上へのあらゆる取り組みにとっての大きな脅威の一つとなった。同じように、別の社会においては薬物乱用が腐敗の元凶となっている。ほかにもふれられているものも含め、いずれの状況においても、一般的実体状態とそれらに伝える規範と価値観の間における競争とは切り離せない危険性との厄介かつ悲惨な関係を目の当たりにしてきた。三つ目に、教育の変容に関連する問題として、創造性が単に新規性だけでなく、拠出的重要性をも意味するような、危険に立ち向かうエネルギーをいかにして創造的革新に転化していくかということがある。

しかし、これら三つの問題の教育的指導体制の独自の焦点のような表現には語弊がある。グローバルな相互依存の深化に伴って出現するような複雑さにおける変容は順調には進まない傾向があることから、直線的因果関係と変化の理論における仮定が、ますます制限的で潜在的かつ非生産的となる可能性がある。四つ目に、教育指導者らにとって重要な問題として、当然「系列的」と呼ばれるであろう教育変革の奥行きと範囲は、段階的もしくは集中主導的に起こる可能性は低い。この種の変容は、二一世紀のグローバル化に対応する教育的多様性の実現と持続的向上を通して出現する傾向が強い。

これまで取り上げてきた種々の問題から提起される疑問に対して、さらに検討する機会とすることが、本章での主たる目的である。まず、社会的、経済的、政治的、技術的、文化的勢力と慣習との関係の緊迫した結び付きにおいて教育は生起する点を強調することから始める。教育が公私を顕著に結び付け質的に形成するという主張は誇張ではない。欧米的政治論や法律論の歴史の恩恵をあまり受けていない言語において、教育は個人と社会、推測と実証、自然と人工の進歩的融合である。「大学」という用語を生み出した教育像が実用的なものとなってきた。最終的には、教育の範囲は、人間であることの複雑で反射的な範囲全てである。同時に、教育は、あらゆる社会問題を解決する責任とその可能性を有した社会分野における特有の制度的固定概念、もしくは種々の社会的病に対するある種の万能薬として見なされるようになった。

これにもかかわらず、教育は「万人にとっての万物」ではない。経済成長の促進や競争力の研鑽や維持を目指す政府にとって、教育は戦略的投資である。共有される独自性や理念という感覚を維持しようとする人々にとって、教育は、伝統の伝達と順応的変換の手段である。増加する学校管理者たちにとって、教育は適切な指導の標準化かつ定量化される成果である。世界人口の四五％を占め一日二ドル以下で生活をしている人々にとって、教育は、短く、不均衡かつ不安定ではあるが、さらなる機会と、少なくとも貧困から抜け出しより威厳のある生活への望みを約束される人生へと昇るための梯子となる。そして、世界中の多くの子供たちにとって、脱出の糸口がみえるトンネルの出口として渇望される、目的達成の手段ほどではない通過儀礼、または、権利として、教育は学校での経験と切り離せないものである。教育は、それを理解し感動している人々にとってさまざまな形に映る諺の象「厄介だが誰もが目を逸らしてしまう存在のこと」である。

ただし、この論文集の計画や編集蓄積へと導いてくれたワークショップやセミナーが、国際的な現実における信頼性のある指数であったと仮定した場合、教育の意味における高い変動性は、教育によって変化をもたらすべきであるという、少なくとも一つの共有される確信へと変わり得る。教育によって人間としての生き方はともに向上されるべきである。そうあるべきなのだが、実際にはそうではなく、少なくとも満足のいく変化またはそれを通して追求される変化に似たものはもたらしていない。我々が実践するに至る教育は、物足りない結果に終わっている。

各章では、こうなった理由と、複雑な相互依存と目前にある資源という教育不足に対する是正案についての見解が述べられている。必然的に、アジア太平洋を背景に起こることについて、見解の範囲という制限があっても、ここで集約される主張は、よくいえば、見解の抽出見本である。確かに、異なる文化的背景、職歴、専門分野の著者らによる書籍に期待される利点の一つは、世界で経験される規範的な取り組みである教育革新の必要性について、それを理解しようとする個人的な取り組みと独創的な取り組みの間にある「隔たり」に気付かせることである。したがって、本章では、他章での発見や結論を要約することを目的としていない。その代わりに、さらなる探究の分野を見定めるため、これまでの一二章で述べられてきた教育観をつなぐ共通の筋道と特有の筋道の両方を考察する試みをこれから紹介する。

教育変革における主要な推進力の多くが、教育分野そのもののなかには存在していないという現実に取り組む必要性が、本書の各章を大方明確に総括するもののなかでも主要な筋道である。教育変革や改革が教育分野から起こることはほとんどないという認識が長らくされてきた。良くも悪くも、政治政策立案者、企業分野、利益共同体、時には国家安全ロビイストといった教育事業外の要因や社会勢力によって、さまざまな形で行われている。

教育業績や革新の評価の背景には、正規教育構造外に存在する分野とステークホルダーの包含を促進することが、ここでは示唆される。特定の教育革新と教育実践の維持における利点は、最早、相対的に不変であり続け、相当数の賛同を得ている価値観を考慮して着手される、内部点検というものだけではなくなった。実際の効果のみならず、意図する目的に関して、正式な教育における専門知識を有さず、教育実践への取り組みに持続的に専念していない個人や集団による点検の対象に、自分たちの仕事がされていることに気付いている教育専門家らにとっては、特別な課題である。

一つに、これは、国家発展と国民性の、より詳細な明瞭化の目的達成の主要手段としての教育の制度化という、現代における教育的目標と国家的目標の融合の名残である。この融合により、教育は公的領域に直接置かれ、そうするなかで、教育と個人の自己修繕の関連性の希薄化と、経済的、社会的、政治的成果や権力と教育間の直接的つながりを同時に強調することに寄与することとなった。しかし、これによって、教育活動の規模の急進的交代も起こった。個人的情熱の作用として追求された教育は、次第に義務化され、制度的に大衆・公教育を介在するようになった。個人を本当に「教育する」という便宜に対する不十分な分析や疑問とともに、この転換は起こった。

国民性と国家発展と密接に関連している現代の教育の公益という観念は、「万人のための教育」の世界規模での実現という現代の理念にとって重要な先駆体である。ただし、これは、危機的状態である教育の、経験的に多様だが世界的に共通の現代的知識における主要素でもある。いかなる国民国家の利益とそのなかにおける公的領域の地勢が、今まで単純であり、これからもそうあり続ける可能性があるほどに、公的領域に教育を配することによって、教育成果と変革の評価における緊張関係の衰弱が出現するに及ばなかった。しかし、歴史はそれとは異なる道をたどった。

少々皮肉ではあるが、市場対応型および市場依存型近代化の主な影響のなかで、特殊化、社会政治的・経済的空間の非常に変化に富んだ地形の整理統合、社会内と社会間における不公平の深化様式といったものが増えてきた。構造や質という観点からみた場合に、公的領域はまったく均一化されていない。本書の著者らが既述のとおり、実際には、二一世紀における最も説得力のある目に見える現実のなかに、比較的に閉鎖的かつ均質的社会の着実な解体がある。世界的にみて、制度と実践の追加的統合に基づくなかで、グローバルな相互依存の増大は、他分野におけるグローバルな均質化をもたらさず、むしろその逆である相違への意識とそれを重要視することの高まりをもたらしている。ポスト・モダニティの顕著な特徴の一つに、社会が、今まで以上に複雑に統合され、多元的になっていることが挙げられる。

均質化へと向かう数少ない分野の一つである、複雑な多数性へと向かう教育への効果は、広範囲に及ぶ。おそらく、多文化主義が教育的価値観もしくは理念として認識され、カリキュラムの現実として追求されるべきである状況での議論において強く明白にされているが、教育の意味や目的を評価すること自体が、複数の価値観と歴史を受け入れなくてはならないという本当に複雑な課題となっている。端的にいうと、教育成果と革新を厳格に評価するための一つの視点や普遍的（かつ相違省略の）視点が新たに生まれる可能性といったものはない。ただし、ネブラスカ州やカトマンズといった多様な環境において、教育政策立案者らは、世界共通の評価手段および評価・認定基準を積極的に探求している。

しかし、教育に関係する多種多様な視点のなかに既存の調和は存在していない。確かに、文化的・知的伝統を保護し拡張するという教育システムの二つの責任により、教育の評価は、回帰、つまりより厳密な自己評価をほのめかしている。ただし、複雑な複合社会においては、競争にさらされることよりも、異なる価値観と視点が活発かつ公正に整理（必ずしも均質化ではない）される必要性という意味を含んでいる。

世界中の社会において、教育は、相違を保護しつつも調和させる意味を具体的に理解する、つまり、確固たる多様性という概念を実践するための場として位置付けられている。また、脱近代国家とそれらの相互関係における複雑な現実が、調和への推進力の妨げとなるような境界が存在しない場合のみ、多様性の保護の助けとなることを受け入れることになる。ここから、継続的に政治的圧力がかけられている教育と普遍性、自治、平等などの現代の価値観との連携という課題が提起される。教育的価値観の一つとして、多様性は、教育への「万能サイズ」型の取り組みという世界的または「普遍的」水準の推進と反目するようである。しかし、多様性は、社会内および社会間における教育を通して継続される公平の強化に対して、（現実におけるいかなる立場であっても）適切な代替となるように、教育の消費者として、市場介在による自治の行使のことである教育的選択への平等な機会を理解することと決定的に反目している。実際には、これが、今日における大衆教育の矛盾を最も明確にする言辞と公平の追求である。この表現の複雑さは、教育が国家開発と社会的正義の推進という双方の利益に貢献する最良の方法についての議論に埋没してしまう。教育の機会均等は、現在では国策として広く受け入れられているが、ほかのところで指摘されてきたように、不公平の「機会均等」ほどの不公平はないだろう。教育の機会、学校での生き残り、学校体験の比較可能性、学校卒業時の成果といった問題やその他の要因が全て、「学校」が公平の問題をいかに仲裁できるかを判定する。

要約すると、現代の教育実績と実践の評価における、複雑ではないものの込み入った本質は、公的領域を体系的に再構築する世界的な動きの成果を割り振るものと考えられる。ただし、現在も進行中である社会的、経済的、政治的、文化的空間の再構築の動態と方向性に、影響を与える教育の機会も保障している。

グローバルな相互依存の高まり、加速する変化、一層複雑な複合社会の出現といった現代の実情に照らして、教育の手段と意味をより深く吟味する具体的な内容として、教育を、公益や最終的には個人または民間消費を対象とした商品として考え取り扱うことの葛藤を提言することが多い。グローバル化が進むにつれて、普遍的に認識される効果の一つに、国が教育分野から逐次撤退してきたことが挙げられる。特に高等教育でそれが最も確認されている。グローバルな相互依存の高まりや急速な経済的・社会的変化によってもたらされる数多くの問題に対応しようと努めるなかで、世界の高等教育はたえず変化している。人口増加、少子化のなかでの経済成長、または、景気の衰退のなかでの人口増加による急速な発展を通して、非常に独特な文化的慣習と歴史的経験に基づいて発展してきたアジア太平洋地域の社会において、これらの問題は、異なる形態をとっている。この地域全体で、高等教育改革は標榜されている。しかし、既述した多くの相違を踏まえ、これらの要求は際立って、高等教育の許容量の増加もしくは合理化されるニーズ、国際的水準に見合う質を形成するなかでこれを達成するニーズ、拡大する公平問題に取り組むなかでこれら両方の成果を実現する希望といったものを中心としている。

高等教育改革に関する政策協議では、頻繁に私立主導のより広範な自由を提案しており、実際に多くの国（例えば、インド、中国、韓国、フィリピン）では、私立の高等教育機関の増加は、規制されていないため注目に値する。高等教育を私立主導とし市場中心の手法を採用することは、公益として高等教育を提供するという国の歴史的役割を問題視し、公益生産の提供と保障における国の「適切な」役割に関して多くの疑問を呈する。「公益」生産に利するよう、主に国によって提供されている公益としての基礎教育と高等教育の範囲、または、高等教育が市場基盤の取り引きを通して獲得される商品として生産されるか否かが、問題の核である。公平の問題は、特に高等教育の提供における国の責任についての認識と承認に関して、これらの差異の中核を成している。高等教育が教育変革の主要素の一つであることから、本書で明確にされた複雑な関係の理解に我々が努めるように、未来の研究ではこの分野における緊張関係にさらなる焦点を当てるべきである。

未来の研究のより広い関連分野では、教育における相違と、教育が人、地域社会、それらが存在するより広い関係に及ぼそうとする種々の影響とに焦点を当てている。

一方で、建国、経済成長、大衆公教育制度化の動きの歴史的つながりにより、「生計を立てること」に関係する能力や選択に影響を及ぼすという理由から、「教育を受けること」は重要であるという、主に有益かつ実質的根拠に基づいた過程として教育を理解することへと至った。しかし、インドをはじめとする、経済成長が雇用創出のかなり先を行くような発展途上国に特に当てはまるように、多くの人々にとって、「教育を受けること」は時間（と金）の無駄と考えられ始めている。大学学位は技能職の輩出を保証するものではなく、また、高校卒業資格は公式部門での労働を保証するものではない。

他方で、特に過去五〇年における歴史的にみたグローバル化の加速度とその規模から、「上手に共生する」ための能力と強い関心に影響を及ぼすという理由から、「教育を受けたこと」は重要であるという、複合社会の機能的な実現において、教育は非常に有益であるといった理解へと至った。したがって、UNESCO二一世紀教育国際委員会（1996）では、文化的かつ地方的である地域社会における人間の養成としての教育を、「共に生きることを学ぶ」「人間として生きることを学ぶ」という効果的な教育の「四本柱」のなかに含めた。グローバルにみて、ほとんどの場合はこれによって、市民権の動態、参加民主主義の将来展望、平和を増進するための価値収束的教育努力の実施が実現された。しかし、より広範に、一生を通して全ての人間を教育する意味に関する問題が提起された。社会内および社会間における相違への寛容の推進にこれ以上満足できないような世界を背景に、相互貢献の基盤として相違の正しい認識を促し可能とする方法に関する疑問が持ち上がっている。

研究課題と指導者の任務の特性を示す最も一般的な方法は、現代の実情を、進行する教育危機に対する条件をもたらすものとして捉えることから、同様の実情を、教育的創造性の機会を広げるものとして捉えることへの、継続したゲシュタルト変換を現実化するための条件を明確にすることであろう。当然そこには、研究や指導体制の焦点としての創造性といった用語に訴えるという考慮すべき危険が存在している。創造性という言葉は、西ヨーロッパにおける歴史的に特有の状態を受けて、一九世紀半ば頃に現在の意味として形成された（Mason 2003）。多くの文化圏では、厳密に類似する用語が存在していない。それでもなお、関係的に重要な新規性の価値に関する認識をもたない文化や社会を見付けることは困難を極めるであろう。教育政策と実践がそこで実現され、それに応えなくてはならないグローバルな相互依存の体系が本当に複雑であるならば、気の利いた妙技という意味では、創造性は教育の活動と内容の双方において「主流派に組み込まれる」べきである。その限りにおいては、あらゆる水準の教育は、知識移転に関する問題ではなく、教育は冒険というように、知ることの生成に関する問題である。そうなるためには、今日の教育体制を支配するものとは大きく異なる「教育」への取り組みが、我々に必要となるであろう。

結論を出す前に、規範の変化（パラダイム・シフト）という言葉は、軽い意味で使ってよい表現ではないことを注意されたい。トーマス・クーンは『科学革命の構造』（*The Structure of Scientific Revolutions*）（Kuhn 1962）によって、プトレマイオスによる天動説からコペルニクス、ケプラー、ガリレオによる地動説への変化に匹敵するほど極めて重要な変化に関する描写として、その表現が世に広まった。この意味では、規範の変化は、世界の知覚、体系化、理解に我々が活用する、正にその範疇における変化を余儀なくさせる語根（ラテン語で根を意味するradisから派生した本来の意味）および基礎転置に言及している。しかし、この表現は広く一般化してしまったため、その有効性の大半を消失してしまった。今日におけるこの用語の頻繁な乱用という理由に加えて、長い間教育分野に応用されてきた素晴らしい知性の恩恵を我々は受けてきたという理由から、新しい規範の要請に懐疑的な人は必ず現れる。なぜいまだ新しい規範が出現していないのか。二〇世紀の変わり目に、空を飛ぶという人類の可能性がいまだ夢であった頃に、七〇年後に人類が月へ到達することを受け入れさせることは、実際に現実的な予想であったことを、懐疑派に思い出させるだろう。懐疑派は、未来を読み取る人々の謙虚さによって鎮静化されるべきである。今までの数十年にみられる急速なグローバル化の特徴の結果出現した、微かな兆候を理解し始めている教育と、教育指導体制における新しい規範の存在を、読者が確信したことを願う。したがって、これら微かな兆候が以前は見られなく、また、依然として推論の域を出ていないことは不思議ではない。

なかでも、先述した一九九六年のドロール報告書（ＵＮＥＳＣＯ二一世紀教育国際委員会、学習―秘められた宝）によって最も明確に示されているが、現在我々が置かれている状況への革新的かつ有望な対応がある。ドロール報告書が展望を示しているが、悪魔は細部に宿るという諺よりも、悪魔はその実現に宿っているのである。急進的な新政策の開発と実現における困難は、一般的な分配目的制度の慣性運動の威力を暗示するものであろう。我々に足りないのは新しい規範の展望ではなく、市場動向や富裕層と権力者たちが有する既得権益による影響が考慮されるべき要素であるという事実である。富裕層や権力者たちにも影響が及ぶときにだけ、貧困と不正が指摘される。幸いグローバル化が進んだ世界では、より裕福な社会が、現代の不公平さによる影響を受けずにいることはもはや難しくなっており、事実、この楽観には根拠がある。二〇〇一年九月一一日に起こったアメリカ同時多発テロからは多くのことが伺えるが、特に、アメリカが支援する独裁政権国家の市民らの不満が挙げられる。破綻国家の出現、そして特に、ヨーロッパ要塞のすぐ近くに、一見終わりのない難民の行列があることや、破綻国家がアル・カーイダといったテロリスト集団の温床となっていることといった諸問題に、病気が深く関わるという潜在力を受けて、発展途上国におけるＨＩＶ・エイズは、ついに先進国からも関心を払われるようになっている。マンハッタン南端部、ロンドン中心部、上海の大部分の水没、バヌアツ共和国の消滅、バングラデシュ大部分の壊滅などが含まれる影響から、地球温暖化による気候変化もまた、ついに関心を払われるようになっている。

序論で述べたいくつかの本書における目的に立ち返りたい。ノイバウアー、リズヴィ、メイソン、ハーショックが、グローバル化の進む世界での教育における系列的変化の文脈と規則を確立でき、ホーキンス、マー、タン、ファレルが、グローバル化の圧力に対応する教育変化と潜在的に新しい教育規範に関する事例研究における考察のなかで、アジアやより広範にまで歴史的かつ実験的に支配的教育規範を例証でき、ハーショック、オルドネス、ワン、ダルミヤが、グローバル化が進む世界情勢における教育指導体制の取り組みに影響を与える新しい視点を提示できた場合、グローバル化するアジア太平洋における指導体制、革新、発展に関する見解を提供していることから、本書は、変容する教育に即したものになるであろう。

参考文献

序　論

Gergen, K.J. (2000): 'The Self in the Age of Information', *Washington Quarterly*, Vol.23, Winter.
Harvey, D. (1996): *Justice, Nature and the Geography of Difference*. London: Blackwell Publishing.
Taylor, C. (1991): *The Ethics of Authenticity*. Cambridge, Mass.: Harvard University Press.

第1章

Altbach, P. (2005): 'India: A World-Class Country Without World-Class Education,' NAFSA: Association of International Educators, available at www.nafsa.org/_/File/_/InternationalEducator/AcrossCulturesNovDec05.pdf.
Amojelar, D.G. (2006): 'For emergencies, text more effective than voice calls'. *The Manila Times*, January 7.
Anderson, G.F. & Poullier, J.P. (1999): 'Health spending, access, and outcomes: Trends in industrial countries'. *Health Affairs*, Vol.18, No.3, pp.178-192.
Arndt, Sven W. & Keirzkowski, H. (2001): *Fragmentation: New Production Patterns in the World Economy*. Oxford: Oxford University Press.
Ashland. edu (2006): 'Course notes for just in time production,' www.ashland.edu/~rjacobs/m503jit.html.
Bales, K. (2004): *Disposable people: New Slavery in the Global Economy*. Berkley: University of California Press.
Bank for International Settlements (2005): 'Triennial Central Bank Survey of Foreign Exchange and Derivatives Market Activity'. www.bis.org/pub/rpfx05.htm.
Barber, R. (1996): *Jihad vs. McWorld: How Globalization and Tribalism Are Reshaping the* World. New York: Ballantine Books.
Barnet, R.J. & Mueller, R.E. (1976): *Global Reach: The Power of the Multinational Corporations*. New York: Simon & Schuster.
Bentley, J.H. & Ziegler, H.F. (2006): *Traditions and Encounters: A Global Perspective on the Past*. Boston: McGraw-Hill.
Blackmore, J. (2000): 'Globalization: A Useful Concept for Feminists Rethinking Theory and Strategies in Education?' in Burbules, N.C. & Torres, C.A. (eds.) *Globalization and Education: Critical Perspectives*. New York: Routledge, pp.133-155.
Bluestone, B. & Harrison, B. (1982): *The De-industrialization of America: Plant Closings, Community Abandonment, and the Dismantling of Basic* Industry. New York: Basic Books.
Blumenstyk, G. (2006): 'Why For-Profit Colleges Are Like Health Clubs'. *The Chronicle of Higher Education*, May 5, Vol.52, No.35, pp.A35-A36.
Brecher, J. & Costello, T. (1999): *Global Village or Global Pillage: Economic Reconstruction from the Bottom Up*. Cambridge, MA: South End Press.

Castells, M. (1996): *The Information Age: Economy, Society and Culture, Volume 1: The Rise of the Network Society*. Oxford: Blackwell Publishers.

Castronova, E. (2005): Synthetic *Worlds: The Business and Culture of Online Games*. Chicago: University of Chicago Press.

Cavallo, D. (2004): 'Models of Growth-Towards Fundamental Change in Learning Environments'. *BT Technology Journal*, Vol.22, No.4, pp.96-112.

City Population (2006): *The Principal Agglomerations of the World*, www.citypopulation.de/World.html.

China Daily (2006): 'Middle Class Becomes Rising Power in China' May 11, found at: www.chinadaily.com.cn/english/doc/2004-11/06/content.

Davis, M. (2004): 'A Planet of Slums: Urban Involution and the Informal Proletariat'. *New Left Review*, March-April, pp.6-34.

Drucker, P. (2005): 'Trading places,' in *The National Interest*, www.nationalinterest.org: posted March 17, 2005.

Farr, K. & Ehrenreich, B. (2005): *Sex Trafficking + Global Woman*. New York: Worth Publishers.

Friedman, T.L. (2005): *The World is Flat*. New York: Farrar, Straus and Giroux.

Garrett, L. (2000): *Betrayal of Trust: The Collapse of Global Public Health*. New York: Hyperion.

Giddens, A. (1999): 'Runaway world', BBC Reith Lectures, London. [Online]. Available: http://news.bbc.co.uk/english/static/events/reith_99/.

Green, B. (2003): *The Elegant Universe: Superstrings, Hidden Dimensions, and the Quest for the Ultimate Theory*. New York. W. W. Norton.

Greider, William (1997): *One World Ready or Not: The Manic Logic of Global Capitalism*. New York: Simon and Schuster.

Guttman, C. (2005): 'Defining Quality and Inequality in Education,' *UN Chronicle Online Edition*, www.un.org/Pubs/chronicle/2005/issue1/0105p49.html.

Harmonay, M. (1979): *The Arts, ACT's Guide to TV Programming for* Children. New York: Ballinger Publishing Company.

Henry, J. (1965): *Culture against Man*. New York: Vintage Books.

Harvey, D. (1989): *The Condition of Post Modernity: An Inquiry into to Origins of Cultural Change*. Oxford: Blackwell Publishers.

Held, D. (1991): *Political Theory Today*. Stanford: Stanford University Press.

Heylin, M. (2004): 'Science is becoming truly worldwide: Bulk of growth in scientific papers is in Europe and Asia; U. S. posts far more modest gains'. *Chemical and Engineering News*, Vol.82, No.4, pp.38-41.

International Development Association (2006) found at web. worldbank. org/WEBSITE/EXTERNAL/TOPICS/EXTPOVERTY/EXTPR.

International Institute for Labor Studies (1998): 'Global production and local jobs: new perspectives on enterprise networks, employment and local development policy'.

International Workshop: Export Processing Zones: The Cutting Edge of Globalization Geneva March 9-10.

Johnston, R.J., Taylor, P.J, & Watts, M.J. (eds.) (2002): *Geographies of Global Change: Remapping the World*. Oxford: Blackwell Publish-

ing.
Kim, J.Y., Millen, J.V., Irwin, A. & Gersman, J. (eds.) (2000): *Dying for Growth: Global Inequality and the Health of the Poor*. Monroe, ME: Common Courage Press.
Inayatullah, S. & Gidley, J. (eds.) (2000): *The University in Transition: Global Perspectives on the Futures of the University*. Westport, CT: Bergin and Garvey.
Lobe, J. (2003): The hazards of watching Fox News. '*Alternet*, www.alternet.org,October3'.
Lupton, D. (1999): *Risk*. New York: Routledge.
Martinez, E. & Barcia, A. (1997): 'What is Neo-liberalism? A Brief Definition for Activists'. Corp Watch, www.corpwatch.org/article.php?id=376.
McChesney, R.W. (2001): 'Global Media, neo-liberalism and imperialism', pp.1-16. www.monthlyreview.org/301rwm.htm.
McChesney, R.W. (2003): 'The Nine Firms that Dominate the World'. *Other Eyes*, www.globalpolicyforum.org.
Mulrooney, L.A. & Neubauer, D. (2006): 'Globalisation, Economic Justice, and Health'.
Australasian Journal of Human Security, Vol.2, No.1, pp.33-50.
Nautiyal, K.H. (2006): 'X-Rayted Careers'. *India Times Women*, www.women.indiatimes.com.
Neubauer, D. (1998): 'The incredible shrinking state'. *Social Alternatives*, Vol.17, No.3, pp.10-11.
Neubauer, D. (2000): 'Assaying globalization'. *American Studies*, Vol.41, No.2/3, pp.13-32.
Neubauer, D. (2005): 'Globalization and Emerging Governance Modalities'. *Environmental Health and Preventive Medicine*, Vol.10 No.5, pp.286-294.
National Library of Medicine (2006), *Telemedicine Information Exchange*, www.tie.telemed.org.
NUMMI (2006): "How we do it," www.nummi.com.
Outsource2India (2005): http://www.outsource2india.com.
Overland, M.A. (2006): 'A Political Education in the Philippines'. *The Chronicle of Higher Education*. April 21, Vol.52, No.33, pp.A-0-A52.
Peplinskie, K. (2005): 'Celebrities Join UN Envoy to Urge Action on Poverty'. *Vancouver Sun*, February 12.
Peterson, A. & Lupton, D. (1996): *The New Public Health: Health and Self in the Age of Risk*. London: Sage.
Reich, R. (1991): *The Work of Nations: Preparing for the 21st Century*. New York: Vintage Books.
Rodriguez, J.C. (2006): 'A Private Education for the Poor'. *The Spain Herald*, Libertad Digital, January 12. www.spainherald.com.
Sachs, J.D. & McArthur, J.W. (2005): 'The Millennium Project: A Plan for Meeting the Millennium Development Goals'. Lancet, Vol.365, No.9456, pp.347-353.
Shah, A. (2005): 'A Primer on Neo-liberalism'. www.globalisues.org/TradeRelated/FreeTrade/Neo-liberalism.asp#Neoliberalismis.
Skrobanek, S., Boonpakdi, N. & Janthakeero, C. (eds.) (1997): *The Traffic in Women: Human Realities of the International Sex Trade (Global Issues)*. New York/London: Zed Books.

Steger, M. (2002): *Globalism: The New Market Ideology*. Oxford: Rowman & Littlefield Publishers.

Stiglitz, J.E. (2003): *Globalization and Its Discontents*. New York: W.W. Norton & Company.

Sydney Morning Herald (2005): 'A Slice of the Action'. October 29.

Text. it (2006): The UK's Official Guide to Messaging, http://text.it.

Ulmer, J. (2005): 'Broadband rules in rapidly expanding global video game market' September 27, www.hollywoodreporter.com/chr/pwc/talking_display.jsp?vnu_content_id=1000642643

United Nations Conference on Trade and Development (2004): *Development and Globalization: Facts and Figures*, New York and Geneva.

Webopedia (2006): 'Moore's Law,' www.webopedia.com.

Yardley, J. (2004): 'The New Uprooted: In a Tidal Wave, China's Masses Pour From Farm to City'. *New York Times*, September 12.

第2章

APEC (2004): '3rd APEC Education Ministerial Meeting: Sub Theme Paper 1, Strategic Plan for English Language/Foreign Language Learning,' Santiago, Chile, http://biblioteca.mineduc.cl/documento/English_APEC_strategic_plan_final_21-4-04.pdf Retrieved: January 2006.

Appudarai, A. (1996): *Modernity at Large: Cultural Dimensions of Globalization*. Minneapolis: University of Minnesota Press.

Appadurai, A. (2001): 'Grassroots Globalization and the Research Imagination', in Appadurai, A. (ed.), *Globalization*. Durham NC: Duke University Press.

Becker, G. (1964): *Human Capital: A Theoretical and Empirical Analysis, with Special Reference to Education*. New York: Columbia University Press.

Castoriadis, C (1987): *The Imaginary Institution of Society*, translated by Kathleen Blamey. Cambridge: MIT Press.

Cohen, R. & P. Kennedy (2000): *Global Sociology*. New York: New York University Press.

Dewey, J. (1916): *Democracy and education*. London: Macmillan.

Durkheim, E. (1972): *Selected Writings*. Edited and translated by Anthony Giddens. Cambridge, England: Cambridge University Press.

Falk, R. (1992): *Explorations at the Edge of Time: The Prospects for World Order*. Philadelphia: Temple University Press.

Field, J. & Leicester, M. (2000): *Lifelong Learning: Education Across the Lifespan*. London: Routledge Falmer.

Foray, D & Lundvall B (1996) *Employment and Growth in the Knowledge-Based Economy*, Paris: OECD.

Friedman, T. (2000): *The Lexus and the Olive Tree*. New York: First Anchor Press. Gellner, E. (1983): *Nations and Nationalism*. Oxford: Blackwell.

Goankar, D. (2002): 'Toward New Imaginaries: An Introduction' *Public Culture*. Vol.4, No.1, pp.1-19.

Hall, S. (1996): *Stuart Hall: Critical Dialogues in Cultural Studies*. London; Routledge.

Harvey, D. (1989): *The Condition of Postmodernity*. Oxford: Blackwell Publishers.

Held, D. & A. McGrew (eds.) Second Edition (2000): *The Global Transformation Reader: An Introduction to the Globalization Debate.* Cambridge: Polity Press, pp.1-19.

Henry, M., Lingard, B., Rizvi, F. & Taylor, S. (2001): *The OECD, Globalization and Education Policy*. Oxford: Pergamon Press.

Hirst, P. & Peters, R. (1970): *The Logic of Education*, London: Routledge.

Labaree, D. (2003) *How to Succeed in School without really learning: The credential race in American education*, New Haven: Yale University Press.

Larner, W. (2000): 'Neo-liberalism: Policy, ideology and Governmentality' in *Studies in Political Economy*. No.63, pp.5-25.

Maffesoli, M. (1993): 'Introduction: The Social Imaginary' *Current Sociology*, 41(2), pp.1-7.

Mundy, K. (1998): 'Educational Multilateralism and World (Dis) order, in *Comparative Education Review*. Vol.42, No.4, 1998, pp.448-478.

Nodding, N. (1995): 'Response to Suppes', http://www.ed.uiuc.edu/EPS/PES-Yearbook/95_docs/noddings.html,Retrieved: January 2006.

OECD (1996a): *Globalization and Linkages to 2030: Challenges and Opportunities for OECD Countries*. Paris: OECD.

OECD (1996b): *Life-Long Learning for All*. Paris: OECD.

OECD (2004): *Innovation in the Knowledge Economy: Implications for Education and Learning*. produced by CERI, Paris: OECD.

Paul, J. (2002): 'University and the Knowledge-based Economy' in Enders, J. & Fulton, O. (eds.) *Higher Education in a Globalizing World*. Dordrecht: Kluwer Academic Publishers.

Peters, M. (2001) 'National education policy constructions of the 'knowledge economy': Towards a critique' in *Journal of Educational Enquiry*, Vol.2, No.1, pp.58-71.

Peck, P. & Tickell. A. (2002)'Neoliberalizing Space' in *Antipode: A Radical Journal of Geography*, Vol.34, No.3, pp.380-409.

Rizvi, F. (2004): 'Theorizing the Global Convergence of Restructuring Policies in Education' in S. Lindblad and T. Popkewitz (eds) *Educational Restructuring: International Perspectives on Traveling Policies*. Greenwich, CT: Information Age Publishing, pp.94-115.

Rizvi, F. (2005): 'Globalization and the Dilemmas of Internationalization in Australian Higher Education', in *Access: Critical Perspectives on Communication, Cultural and Policy Studies*. Vol.24, No.1, pp.86-101.

Schirato, T. & J. Webb (2003): *Understanding Globalization*. London: Sage.

Schugurensky, D. (1999): 'Higher Education Restructuring in the Era of Globalization: Toward a Heteronomous Model?' in Arnove, R & Torres, C. (eds) *Comparative Education: The Dialectic of the Global and the Local*. Lanham, MD: Rowman & Littlefield Publishers, pp.283-304.

Smith, M. P. (2001): *Transnational Urbanism: Locating Globalization*. Oxford: Blackwell Publishers.

Soros, G. (1998): *The Crisis of Global Capitalism*. Boston: Little, Brown.

Strange, S. (1996): *The Retreat of the State: The Diffusion of Power in the World Economy*. Cambridge England: Cambridge University Press.

Suppes, P (1995): 'The Aims of Education,' http://www/ed.uiuc.edu/EPS/PES-Yearbook/95_docs/suppes.html, Retrieved: January

2006.
Taylor, C. (2004): *Modern Social Imaginaries*. Durham: Duke University Press.
Thomson. P. (1999) Towards a Just Future: Schools working in Partnership with Neighborhoods made poor' paper presented at UNESCO conference on Reforming Learning, Bangkok Thailand, December.
Waters, M. (1995): Globalization. London: Routledge.
Whitehead, A.N. (1929): *The Aims of Education and Other Essays*. New York: Free Press.

第3章

Bauman, Zygmunt (1993): *Postmodern Ethics*. Oxford: Blackwell.
Bull, B., Fruehling, R & Chattergy, V. (1992): *The Ethics of Multicultural and Bilingual Education*. New York: Teachers College Press.
Delanty, Gerard (2000): *Citizenship in a Global Age: Society, Culture, Politics*. Buckingham: Open University Press.
Fullinwider, Robert K. (1996): 'Multicultural Education: Concepts, Policies, and Controversies', in Fullinwider, Robert K. (ed.), *Public Education in a Multicultural Society: Policy, Theory, Critique*. Cambridge: Cambridge University Press, pp.3-22.
Gutmann, Amy (1987): *Democratic Education*. Princeton: Princeton University Press.
Gutmann, Amy (1996): 'Challenges of Multiculturalism in Democratic Education', in Fullinwider, Robert K. (ed), *Public Education in a Multicultural Society: Policy, Theory, Critique*. Cambridge: Cambridge University Press, pp.156-180.
Giddens, Anthony (1998): *The Third Way: The Renewal of Social Democracy*. Cambridge: Polity Press.
Huntington, Samuel P. (1996): *The Clash of Civilizations and the Remaking of World Order*. New York: Simon & Schuster.
Johnson, Steven (2001): *Emergence: The Connected Lives of Ants, Cities, and Software*. New York: Scribner.
Lister, Ian (1996): 'Educating Beyond the Nation', in Lo, Leslie Nai-kwai & Man, Si-wai (eds.), *Research and Endeavours in Moral and Civic Education*. Hong Kong: Hong Kong Institute of Educational Research, pp.83-97.
Mason, Mark (2001): 'The Ethics of Integrity: Educational Values Beyond Postmodern Ethics'. *Journal of Philosophy of Education*, Vol.35, No.1, pp.47-69.
Mason, Mark (2005): 'A Justification, after the Postmodern Turn, of Universal Ethical Principles and Educational Ideals'. *Educational Philosophy and Theory*, Vol.37, No.6, pp.799-815.
Siegel, Harvey (2002): 'Multiculturalism and the Possibility of Transcultural Educational and Philosophical Ideals', in Malachowski, Alan (ed.), *Richard Rorty: Volume IV*. London: Sage Publications, pp.25-44.
Taylor, Charles (1992): *Multiculturalism and 'the Politics of Recognition'*, with commentary by Gutmann, A. (ed.), Rockefeller, S., Walzer, M. & Wolf, S. Princeton: Princeton University Press.
Waters, Malcolm (1995): *Globalization*. Cambridge: Polity Press.

第4章

Ames, R.T. & Hall, D.L. (2001): *Focusing the Familiar: A Translation and Philosophical Interpretation of the Zhongyong*, Honolulu, HI: University of Hawaii Press.

Beniger, J. (1986): *The Control Revolution, Technological and Economic Origins of the Information Age*, Cambridge, MA: Harvard University Press.

Doll, W.E. & Gough, N. (2002): *Curriculum Visions*, New York: Peter Lang Publishing.

Egan, K. (1997): *The Educated Mind*, Chicago: University of Chicago Press.

Fukuyama, F. (1992): *The End of History and the Last Man*, New York: The Free Press.

Harvey, D. (1989): *The Condition of Postmodernity: An Enguiry into the Origins of Cultural Change*, Cambridge, MA: Blackwell Publishing.

Harvey, D. (2000): *Spaces of Hope*, Berkeley: University of California Press.

Hershock, Peter D. (1999): *Reinventing the Wheel: A Buddhist Response to the Information Age*, Albany: SUNY Press.

Hershock, Peter D. (2004): 'Poverty Alleviation: A Buddhist Perspective,' *Journal of Bhutan Studies*, Vol.11, Winter 2004, pp.33-67. (available online at: http://www.bhutanstudies.org.bt/journal/vol11/v11-3.pdf).

Hershock, Peter D. (2006): *Buddhism in the Public Sphere: Reorienting Global Interdependence*, London: Routledge/Curzon.

Hoppers, C.A.O. (2005): *Culture, Indigenous Knowledge and Development: The Role of the University*, Johannesburg, South Africa: Center for Educational Policy Development (CEPD).

Illich, Ivan (1971): *Deschooling Society*, New York: Harper and Row.

Illich, Ivan (1973): *Tools for Conviviality*, New York: Harper and Row.

Macy, J. (1991): *Mutual Causality in Buddhism and General Systems Theory*, Albany, MY: State University of New York Press.

Mohanty, C.T. (2003): *Feminism Without Borders: Decolonizing Theory, Practicing Solidarity*, Durham, NC: Duke University Press.

Noddings, N. (2003): *Caring: A Feminine Approach to Ethics and Moral Education*, Berkeley, CA: University of California Press.

Sen, A. (2000): *Development as Freedom*, New York: Anchor Books.

Toulmin, S. (1990): *Cosmopolis: The Hidden Agenda of Modernity*, Chicago: University of Chicago Press.

第5章

UNESCO (1961): *The Needs of Asia in Primary Education: A Plan for the Provision of Compulsory Primary Education in the Region*. Paris: UNESCO.

UNESCO (1962): *Proceedings of the Meeting of the Ministers of Education of Asian Member States on the Development of Education in Asia*. Tokyo: UNESCO.

Adams, D. (1977): 'Developmental Education'. *Comparative Education Review*, Vol.21, No.2 & 3, pp.296-310.

Adams, D. & Bjork, R.M. (1969): *Education in Developing Areas*. New York: David Mckay & Co.

Appelbaum, R.P. (1970): *Theories of Social Change*. Chicago: Markham Publishing Company.
Aron, R. (1966): 'Social Structure and the Ruling Class', in Bendix, R. & Lipset, S.M. (eds.), *Class, Status and Power: A Reader in Social Stratification*. New York: Free Press.
Becker, G.S. (1964): *Human Capital: An Empirical and Theoretical Analysis With Special Reference to Education*. New York: Columbia University Press.
Bowles, S & Gintis, H. (1976): *Schooling in Capitalist America: Educational Reform and the Contradictions of Economic Life*. New York: Basic Books.
Brinton, C. (1952): *The Anatomy of Revolution*. New York: Vintage Books.
Carnoy, M. (2002): 'What Does Globalization Mean for Educational Change? A Comparative Approach'. *Comparative Education Review*, Vol.46, No.1, pp.1-9.
Coleman, J.S. (ed.) (1965): *Education and Political Development*. Princeton: Princeton University Press.
Collins, R. (1998): *The Sociology of Philosophies: A Global Theory of Intellectual Change*. Cambridge: Harvard University Press.
Coser, L. (1956): *The Functions off Social Conflict*. Glencoe, Il: Free Press.
Cummings, W.K. (2003). *The Institutions of Education*. Oxford: Symposium Books Cummings, W.K., Tatto, M.T. & Hawkins, J.N. (2001): *Values Education for Dynamic Societies: Individualism or Collectivism*. Hong Kong: Comparative Education Research Centre.
Dahrendorf, R. (1959): *Class and Class Conflict in Industrial Society*. Stanford: Stanford University Press.
Davis, K. (1949): *Human Society*. New York: Macmillan.
Denison, E. F. (1962): "Education, Economic Growth and Gaps in Information," *Journal of Political Economy*. LXX (October).
Dore, R. (1976): *The Diploma Disease*. London: Allen & Unwin.
Fagerlind I. & Saha, L. (1989): *Education and National Development: A Comparative Perspective*. New York: Pergamon Press.
Homans, G. (1950): *The Human Group*. New York: Harcourt, Brace & World.
Illich, I. (1970): *Deschooling Society*. New York: Harper and Row.
Inkeles, A. & Smith, D.H. (1974): *Becoming Modern*. London: Heinemann Education Books.
Kerr, C. (1954): 'Industrial Conflict and Its Mediation'. *American Journal of Sociology* (40), pp.36-51.
Levy, M.J. (1967): 'Social Patterns (Structures) and Problems of Modernization', in Cook, E.R. (ed.) *Readings on Social Change*. Englewood Cliffs, NJ: Prentice-Hall.
McClelland, D. (1961): *The Achieving Society*. New York: The Free Press.
Mountjoy, A.B. (ed.) (1971): *Developing the Underdeveloped Countries*. London: Macmillan.
Myrdal, G. (1957): *Economic Theory and Underdeveloped Regions*. London: Duckworth.
Oakes, J. (1985): *Keeping Track: How Schools Structure InEquality*. New Haven: Yale University Press.
Ogburn, W. (1922): *Social Change: With Respect to Culture and Original Nature*. New York: B.W. Heubsch.

Parsons, T. (1951): *The Social System*. New York: Free Press.
Parsons, T. (1966): *Societies: Evolutionary and Comparative Perspectives*. Englewood Cliffs, NJ: Prentice-Hall.
Resnick, L. (1987): 'Learning in School and Out'. *Educational Researcher*, Vol.16, No.9, pp.13-20.
Rostow, W.W. (1960): *The Stages of Economic Growth: A Non Communist Manifesto*. Cambridge: The University Press.
Schugurensky, D. (2003): 'Higher Education Restructuring in the Era of Globalization', in Arnove, R.F. & Torres, C.A. (eds.) *Comparative Education: The Dialectic of the Global and the Local*. New York: Rowman and Littlefield.
Schultz, T. (1961): "Investment in Human Capital". *American Economic Review*, Vol.51 (March), pp.1-17.
Sen, A. (1999): *Development as Freedom*. New York: Anchor.
Sen, S.R. (1959): *The Strategy for Agricultural Development*. All Indian Agricultural Economic Conference: New Delhi.
Sorokin, P.A. (1947): *Society, Culture and Personality*. New York: Harper & Row.
Spengler, O. (1964): 'The Life Cycle of Cultures' in Etzioni, A. & Etzioni, E. (eds.) *Social Change*. New York: Basic Books.
Stromquist, N.P. (2002): 'Globalization, the I, and the Other'. *Current Issues in Comparative Education*, Vol.42, No.2, pp.1-7.
Tuqan, M.I. (1975): *Education, Society and Development in Underdeveloped Countries*. Den Haag: CESO.
Tyack, D. & Cuban, L. (1995): *Tinkering Towards Utopia: A Century of Public School Reform*. Cambridge: Harvard University Press.
UNESCO-ECA (1961): Conference of African States on the Development of Education in Africa, Addis Ababa. Paris: UNESCO.
Weber, M. (1964): *The Theory of Social and Economic Organization*. New York: Free Press.
Weiler, H. (1978): 'Education and Development: From the Age of Innocence to the Age of Skepticism'. *Comparative Education*, Vol.14, No.3, pp.179-198.

第6章

Altbach P. (2002): 'Perspectives on Internationalizing Higher Education', *International Higher Education*, The Boston College Center for International Higher Education, No.27 (Spring). http://www.bc.edu/bc_org/avp/soe/cihe/newsletter/News27/text004.htm.
Hawkins, J. (2000): 'Centralization, Decentralization, Recentralization: Educational Reform in China'. *Journal of Educational Administration*, Vol.38, No.5, pp.442-454.
Kellner, D. (2000): 'Globalization and New Social Movements: Lessons for Critical Theory and Pedagogy' in Burbules, N.C. & Torres, C.A. (eds.) *Globalization and Education: Critical Perspectives*. New York: Routledge, pp.299-321.
Marginson, S & Rhoades, G. (2002): 'Beyond national states, markets and systems of higher education: a glonacal agency heuristic'. *Higher Education: an International Journal of Higher Education and Educational Planning*, Vol.43, pp.281-309.
Mason, M. (2004): 'Complexity theory and educational change'. Paper presented at the International Forum for Education 2020 at the East-West Center, Honolulu HI, 21st September.
The Task Force on Higher and Society, World Bank and UNESCO (2000): *Higher Education in Developing Countries: Peril and Promise*. New York: UNESO.

Trow M. (1973): *Problems in the Transition from Elite to Mass Higher Education* Berkeley: Carnegie Commission on Higher Education.

Yang Yinfu (2005): *Chinese-foreign Cooperation in Running Schools*. Beijing: National Center for Education Development Research. Document no. 20050919.

第7章

Chew, J.O.A. (1997): 'Schooling for Singaporeans: This interaction of Singapore culture and values in the school', in Tan, J., Gopinathan, S. & Ho, W.K. (eds.), *Education in Singapore: A book of readings*. Singapore: Prentice Hall, pp.75-91.

Goh, C.T. (1996): 'Narrowing the income gap'. Speeches, Vol.20, No.3, pp.1-4.

Goh, C.T. (1997a): 'Prepare our children for the new century: Teach them well', in Tan, J., Gopinathan, S. & Ho, W.K. (eds.), *Education in Singapore: A book of readings*. Singapore: Prentice Hall, pp.423-491.

Goh, C.T. (1997b): 'Singapore and the East Asian "miracle."'*Speeches*, Vol.21, No.1, pp.13-19.

Government of Singapore. (1999): *Singapore 21: Together, we make the difference*. Singapore: Singapore 21 Committee.

Hussin, M. (2002): 'The socio-economic dilemma in Singapore's quest for security and stability'. *Pacific Affairs*, Vol.75, pp.39-56.

Kang, T. (2004): 'Schools and post-secondary aspirations among female Chinese, Malay and Indian Normal Stream students', in Lai, A.E. (ed.), *Beyond rituals and riots: Ethnic pluralism and social cohesion in Singapore. Singapore*: Eastern Universities Press, pp.146-171.

Kluver, R., & Weber, I. (2003): 'Patriotism and the limits of globalization: Renegotiating citizenship in Singapore'. *Journal of Communication Inquiry*, Vol.27, pp.371-388.

Lee, C., Cherian, M., Rahil, I., Ng, M., Sim, J., & Chee, M. F. (2004): 'Children's experiences of multiracial relationships in informal primary school settings', in Lai, A.E. (ed.), *Beyond rituals and riots: Ethnic pluralism and social cohesion in Singapore*. Singapore: Eastern Universities Press, pp.114-145.

Lee, H.L. (1997): *The launch of National Education*. Retrieved February 8, 2005, from http://www1.moe.edu.sg/ne/KeySpeeches/May17-97.html.

Lee, K.Y. (1966): *New bearings in our education system*. Singapore: Ministry of Culture.

Lee, K.Y. (1996): 'Picking up the gauntlet: Will Singapore survive Lee Kuan Yew?' *Speeches*, Vol.20, No.3, pp.23-33.

Leow, B.G. (2001): *Census of population 2000 statistical release 2: Education, language and religion*. Singapore: Department of Statistics.

Ministry of Education. (1991): *Civics and moral education syllabus: Secondary 1-5*. Singapore: Curriculum Planning Division, Ministry of Education.

Ministry of Education. (1997a): *About NE*. Retrieved February 8, 2005, from http://www1.moe.edu.sg/ne/AboutNE/SixMSGs.html.

Ministry of Education. (1997b): *Launch of National Education*. Ministry of Education press release no. 017/97.

Ministry of Education. (2000): *Report of the committee on compulsory education in Singapore*. Singapore: Author.
Ministry of Education. (2004): *Performance by ethnic group 1994-2003*. Retrieved February 8, 2005, from http://www.moe.gov.sg/press/2004/pr20041122a.htm.
Mok, K.H., & Tan, J. (2004): *Globalization and marketization of education: A comparative analysis of Hong Kong and Singapore*. Cheltenham: Edward Elgar.
Quek, T. (2005, February 13): 'China whiz kids: S'pore feels the heat.' *The Straits Times*, pp.3-4.
Rodan, G. (1996): 'State-society relations and political opposition in Singapore', in Rodan, G. (ed.), *Political oppositions in industrializing Asia*. London: Routledge, pp.95-127.
Singh, S. (2005, February 15): 'But Montfort principal says: We are improving local standards.' *The New Paper*, pp.2-3.
Tan, J. (2000): 'The politics of religious knowledge in Singapore secondary schools', in Cornbleth, C. (ed.), *Curriculum politics, policy, practice: Cases in comparative context*. Albany: State University of New York Press, pp.77-102.
Tan, J., & Ho, B.T. (2001): "A'Levels or a polytechnic diploma? Malay students' choices of post-secondary options', in Tan, J., Gopinathan, S. & Ho, W.K. (eds.), *Challenges facing the Singapore education system today*. Singapore: Prentice Hall, pp.207-223.
Tan, K.P. (2001): '"Civic society" and the "new economy" in patriarchal Singapore: Emasculating the political, feminizing the public.'*Crossroads: An interdisciplinary journal of Southeast Asian studies*, Vol.15, pp.95-124.
Tan, S.H. (2005, February 13): 'No vision? Youths need role models.' *The Sunday Times*, p. 26.
Tharman, S. (2006): *Address by My Tharman Shanmugaratnam, Minister for Education and Second Minister for Finance, at the Ministry of Education National Education forum for principals 2006, on Thursday 24 August 2006 at 8.30am at the Ministry of Education edutorium*. Retrieved August 28, 2006 from http://www.moe.gov.sg/speeches/2006/sp20060824_print.htm.
'Teach students to live with S'pore's constraints: PM.' (1995, March 5). *The Straits Times*, p.1.

第8章

Armstrong, T. (1998): *Awakening Genius in the Classroom*. ASCD.
Bernstein, B. (1975): *Class and Pedagogies: Visible and Invisible*. Paris: OECD.
Bernstein, B. (1990): *The Structuring of Pedagogic Discourse*. London: Routledge.
Bernstein, B. (1996): *Pedagogy, Symbolic Control and Identity*. London: Taylor and Francis.
Bransford, J.D. (2000): *Brain, Mind, Experience and Schooling*. Washington, D.D.: Commission on Behavioral and Social Sciences, National Research Council, National Academy Press.
Caine, R, & Caine, G. (1997): *Education on the Edge of Possibility*. ASCD.
Clandinin, J. & Connelly, F.M. (1998): 'Stories to Live By: Narrative Understanding of School Reform'. *Curriculum Inquiry*, Vol.28, No.2, pp.149-264.
Farrell, J.P. (1989): 'International Lessons for School Effectiveness: the View from the Third World' in M. Holmes, (et. al, eds.) *Policy*

for Effective Schools, New York and Toronto: Teachers College Press and OISE Press.

Farrell, J.P. (1990): 'And the Boys took It Up for Themselves: A Preliminary History of Scouting as an Alternative Non-formal Educational Movement'. Paper presented at the annual meeting of the Comparative and International Education Society Los Angeles, CA.

Farrell, J.P. (1997): 'A Retrospective on Educational Planning in Comparative Education.' *Comparative Education Review*, Vol.41, No.3, pp.270-313.

Farrell, J.P. (1998): 'Improving Learning: Perspectives for Primary Education in Rural Africa'. Core Comparative Background Paper prepared for the World Bank/UNESCO regional seminar on Improving Primary Education in Rural Africa. Lusake, Zambia.

Farrell, J.P. (2000): Why is Educational Reform So Difficult? Similar Descriptions, Different Prescriptions, Failed Explanations'. *Curriculum Inquiry*, Vol.30, No.1, pp.83-103.

Farrell, J.P. (2001): "Can We Really Change the Forms of Formal Schooling, and Would It Make a Difference if We Could?'. *Curriculum Inquiry*, Vol.31, No.4, pp.289-308.

Farrell, J.P. (2004a): "Alternative Pedagogies and Learning in Alternative Schooling Systems in Developing Nations: A Comparative Analysis'. Paper presented at the annual meeting of the Comparative and International Education Society, Salt Lake City, UH.

Farrell, J.P. (2004b): 'The Egyptian Community Schools Program: A Case Study'. Case Study Paper prepared for the Academy for Educational Davelopment/USAID.

Fowler, F. & Poetter, T. (2004): 'Framing French Success in Elementary Mathematics: Policy, Curriculum and Pedagogy'. *Curriculum Inquiry*, Vol.34, No.3, pp.283-314.

Fullan, M. & Watson, N. (1999): 'School-based Management: Reconceptualizing to Improve Learning Outcomes'. Paper prepared for the World Bank Seminar: Improving Learning Outcomes in the Caribbean.

Gatto, J.T. (2003): 'Against School: How Public Education Cripples Our Kids, and Why', *Harpers Magazine*, Vol.307, No.184, pp.33-40.

Haiplik, B. (2004a): 'BRAC's Non-formal Primary Education (NFPE) Program'. Case Study prepared for the Academy of Educational Development/USAID.

Haiplik, B. (2004b): *An Educational Success Story from Bangladesh: Exploring BRAC's NFPE Model and Teacher Training and Development System*. Unpublished PhD thesis. (Toronto: Ontario Institute for Studies in Education/University of Toronto).

Jeal, T. (1991): *Baden Powell*, London: Pimlico.

Olson, D. (2003): *Psychological theory and Educational Reform: How School Remakes Mind and Society*, U.K: Cambridge University Press.

Pitt, J. (2004): *Case Study for Escuela Nueva Program* Case study prepared for the Academy for Educational Development/USAID.

Ravitch, D. & Vinovskis, M. (1995): *Learning from the Past: What History Teaches Us About School Reform*. Baltimore: Johns Hopkins University Press.

Sizer, T. (2001): 'Forum' in *Harpers Magazine*, September, pp.44-51.

Tyack, D. & Cuban, L. (1995): *Tinkering Toward Utopia: A Century of Public School Reform*. Cambridge, MA: Harvard University Press.

第10章

Cross, R.L. & Parker, A. (2005): *The Hidden Power of Social Networks: Understanding How Work Really Gets Done in Organizations*, Boston: Harvard Business School Publication.

Stephenson, K. (2005): *Quantum Theory of Trust: The Secret of Mapping and Managing Human Relationships*, Zurich: Pearson Education.

Warren, Risk. (2002): *The Purpose Driven Life: What on Earth am I Here For?*, Grand Rapids, MI; Zondervan.

第11章

The Analects (1992): In *The four books* (Yang Bojun's translation into modern Chinese; Liu Chongde and Luo Zhiye's editing of James Legge's translation in the 19th century). Changsha: Hunan Publishing House.

Allan, S. (1997): *The way of water and sprouts of virtue*. New York: State University of New York Press.

Ames, R.T. & Rosemont, H. (1998): *The Analects of Confucius: A Philosophical Translation*. New York: Ballantine Books.

Aoki, T.T. (2005): *Curriculum in a new key: The collected works of Ted T. Aoki* (William F. Pinar & Rita L. Irwin (eds.) Mahwah, NJ: Lawrence Erlbaum.

The doctrine of the mean (1992). In *The four books* (Yang Bojun's translation into modern Chinese; Liu Chongde and Luo Zhiye's editing of James Legge's translation in the 19th century). Changsha: Human Publishing House.

Goldring, E. & Greenfield, W. (2002): 'Understanding the evolving concept of leadership in education', in Murphy, J. (ed.) *The educational leadership challenge*, pp.1-19. Chicago, IL: The University of Chicago Press.

Goodson, Ivor F. (2001). Social histories of educational change. *Journal of Educational Change*, Vol.2, No.1, pp.45-63.

The great learning (1992). In *The four books* (Yang Bojun's translation into modern Chinese; Liu Chongde and Luo Zhiye's editing of James Legge's translation in the 19th century). Changsha: Hunan Publishing House.

Hall, D.L. & Ames, R.T. (1999): *The Democracy of the Dead: Dewey, Confucius and the Hope for Democracy in China*. Peru, IL: Open Court Press.

Hallinger, P. & Kantamara, P. (2000): 'Educational change in Thailand: Opening a window onto leadership as cultural process.'*School leadership & Management*, Vol.20, No.2, pp.189-205.

Hanson, E. (2005): 'Guanxi: China's Common Currency.' *The Journal for Convergence*, Vol.6, No.4. Retrieved September 22, 2006 from http://www.axius.co.za/axius/Publications/Convergence/CurrentJFC.jsp

Laozi (1994) (Chen Guying's translation into modern Chinese; Fu Huisheng's editing of Arthur Waley's English translation in 1934). Changsha: Hunan Press.

Li W. & Xing Y. (2004). *WTO rushi beijing xia zhongguo jiaoyu wenti yanjiu* [Studies on Chinese education at the frontier under the context of joining WTO]. Taiyuan, China: Shanxi Educational Press.
Liu X. (2005): 'Laozi zhi renwen ziran lungang.' Zhongguo zhexue [Chinese Philosophy], No.2, 37-45.
Mencius (1992), In *The four books* (Yang Bojun's translation into modern Chinese; Liu Chongde and Luo Zhiye's Editing of James Legge's translation in the 19th century). Changsha: Hunan Publishing House.
Mou Z. (2001): *Ruxue jiazhi de xin tansou* [New understandings about the value of Confucianism]. Jinan: Qilu Press.
Murphy, J. (2002): 'Reculturaling the profession of educational leadership: New blueprints', In Murphy, J (ed.) *The educational leadership challenge: Redefining leadership for the 21st century*, pp.65-82. Chicago, IL: The University of Chicago Press.
Pinar, W.F. (2003a): 'Introduction' in Trueit, D., Doll, W.E., Wang, H. & Pinar, W.F. (eds.) *The internationalization of curriculum studies*, pp.1-13. New York: Peter Lang.
Pinar, W.F. (ed.) (2003b): *International handbook of curriculum research*. Mahwah, NJ: Lawrence Erlbaum.
Pinar, W.F. (2004): *What is curriculum theory?* Mahwah, NJ: Lawrence Erlbaum.
Sackney, L. & Mitchell, C. (2002): 'Postmodern expressions of educational leadership'. In Leithwood, K. & Hallinger, P. (eds.) *Second International Handbook of Educational Leadership and Administration*, pp.881-914. Dordrecht: Kluwer Academic Publishers.
Smith, D.G. (2003): 'Curriculum and teaching facing globalization', in Pinar, W.F. (ed.) *International handbook of curriculum research*, pp.35-51. Mahwah, NJ: Lawrence Erlbaum.
Sun Y., Lu J. & Liu, M. (2004): *Daojia yu zhongguo zhexue* [Daoism and Chinese philosophy]. Beijing: People's Press.
Tu W. (1985): *Confucian thought: Selfhood as creative transformation*. Albany: State University of New York.
Wang H. (2004): *The call from the stranger on a journey home: Curriculum in a third space*. New York: Peter Lang.
Wang X. (2002): *Quanqiuhua yu zhongguo jiaoyu* [Globalization and Chinese education]. Chengdu: Sichuan People's Press.
Ye L. (2004): *Quanqiuhua xinxihua beijing xia de zhongguo jichu jiaoyu gaige yanjiu baogaoji* [Studies on Chinese educational reform in the context of globalization and information society]. Shanghai: East China Normal University Press.
Zhuangzi (1990) (Zhang Yuliang ed.). Xian: Sanqin Press.

第12章

Alcoff, L. & Dalmiya, V. (1993): 'Are ,Old Wives' Tales' Justified?', in Alcoff, L. & Potter, E. (eds.), *Feminist Epistemologies*, London: Routledge.
Alexander, M.J. & Mohanty C.T. (1997): *Feminist Genealogies, Colonial Legacies, Democratic Futures*. New York: Routledge.
Ben-Ze'ev, A. (1993): 'The Virtue of Modesty'. *American Philosophical Quarterly*, Vol.30, No.3, pp.235-246.
Blackmore, J. (1999): *Troubling Women*. Buckingham, UK: Open University Press.
Cambron-MaCabe, N. & McCarthy, M. (2005): 'Educating School Leaders for Social Justice'. *Educational Policy*, Vol.19, No.1, pp.201-222.

Driver, J.L. (1989): 'The Virtues of Ignorance'. The *Journal of Philosophy*, Vol.86, No.7, pp.373-384.
James, S. (2003): 'Passion and Politics', in Hatzimoysis, A. (ed.), *Philosophy and the Emotions*. London: Cambridge University Press.
Koggel, C. (2003): 'Equality Analysis in a Global Context: A Relational Approach', in Brennan, S. (ed.), *Feminist Moral Philosophy*, Calgary: University of Calgary Press.
Mohanty, C.T. (2003): *Feminism Without Borders: Decolonizing Theory, Practicing Solidarity*. Durham: Duke University Press.
Noddings, N. (1984): *Caring: A Feminine Approach to Ethics & Moral Education*. Berkeley: University of California Press.
Noddings, N. (1999): 'Care, Justice and Equity', in Katz, M.S., Noddings, N. & Strike, K.A. (eds.), *Justice and Caring: The Search for Common Ground in Education*. New York: Teachers College Press.
Noddings, N. (2002): *Starting at Home: Caring and Social Policy*. Berkeley: University of California Press.
Nuyen, A.T. (1998): 'Just Modesty', *American Philosophical Quarterly*, Vol.35, No.1, pp.101-109.
Rawls, J. (1971): *A Theory of Justice*. Cambridge, MA: Belknap Press of Harvard University.
Richards, N. (1988): 'Is Humility a Virtue?', *American Philosophical Quarterly*, Vol.25, No.3, pp.253-259.
Statman, D. (1992): 'Modesty, Pride and Realistic Self-Assessment', *The Philosophical Quarterly*, Vol.42, No.169, pp.420-438.
van Buitenen, J.A.B. (1975). *The Mahābhārata* (trans & ed.). Chicago: University of Chicago Press.

結　論

Carnoy, M. (ed.) (1975): *Schooling in a Corporate Society: The Political Economy of Education in America*. New York: David McKay.
Delors, J., International Commission on Education for the Twenty-first Century (1996): *Learning: the Treasure Within*. Paris: UNESCO Publishing.
Hattie, J. (1999): *Influences on Student Learning. Inaugural Lecture*. University of Auckland.
Kuhn, T. (1962): *The Structure of Scientific Revolutions*. Chicago: The University of Chicago Press.
LeVine, R. (2003): *Childhood Socialization: Comparative Studies of Parenting, Learning and Educational Change*. Hong Kong: Comparative Education Research Centre.
Mason, J.H. (2003): *The Value of Creativity: The Origins and Emergence of a Modern Belief*. London: Ashgate Press.

訳者あとがき

教育改革は、今までも、多くの国で、さまざまな形で展開されてきたものである。そして、それらは、それぞれの国の状況に応じた形で実践されてきた。しかし、今回本書が取り上げる教育改革とは、世界的規模での価値観や教育観における転換という枠組みのなかでのものである。これまでの認識を覆すような教育改革が、今まさに多くの国・地域で求められつつある。本書は、そういった取り組みを紹介するなかで、世界的な転換期における教育改革の姿に肉薄している。

教育改革という言葉は、非常に魅力的な響きを持っている。ただし、本書が指摘するように、既存の教育システムを既存の価値観に基づいて改善する取り組みは、一概に上手くいっているとはいえない。その理由は既に本書内で言及されているので、改めてここで俎上に載せることは避ける。しかし、改革という言葉に惑わされたため、その本質を見失うようでは、国々が相互に依存しあう時代の価値観・教育観が転換する速度に対応できないという点だけは、改めて強調する必要があろう。

教育とその改革を推進するリーダーたちには、今一度、国や地域で取り組まれている教育改革の在り方を再検証することが求められるであろう。これは、日本においても同様である。日本の教育システムは、今、改革の必要性に直面している。日本の教育システムは、どの方向へと改革を進めるのか。この問いに対する答えは、本書のなかにも明示されてはいない。しかし、この問いを考察するにあたり有益とされる情報は、本書で多くふれられている。

各国で教育の国際化が進められているように、我が国における教育も、国際化のための一歩を踏み出す努力を続けてきてはいる。そして、その歩みを、今後より一層円滑に進めるためには、国内の問題にだけ目を向けるのではなく、国外の問題をも検証することが重要となろう。

日本で教育に従事または関係する仕事に就く方々に、本書は活用していただけるものと考える。世界が目覚ましい速度で相互の結び付きを強化するという時流に、日本も乗り遅れてはならない。そのために必要とされる数多の示唆が、本書には込められていると考える。今後、日本での教育改革が、さらなる進展を迎えることを、強く願っている。

なお、本書の翻訳は、原書の編著者の一人であるジョン・ホーキンス教授（カリフォルニア大学ロサンゼルス校大学院教育・情報研究科教授）から、直接依頼されたものである。彼は、私が同大学院の博士課程に在籍していたときの指導教官であった。大学院生として彼の授業「Asian Education（アジアにおける教育）」を受講したこともあるが、ホーキンス教授とは、課程修了後も、翻訳や通訳の仕事をとおしてお世話になっている。今回の翻訳作業は、恩師からの直接の依頼ではあったものの、作業に長い時間を要してしまった。しかし、作業の完成にあたっては、多大なご支援を賜れたことに対して、この場を借りて、心よりお礼申し上げたい。

また、本書の翻訳作業は、立教女学院短期大学の大倉健太郎先生、玉川大学の小田眞幸先生、ダグラス・トレルファ先生、鈴木彩子先生の助けをお借りして進められた。監訳者からの指摘に丁寧なご対応をいただいた翻訳分担者の方々に、改めて、深謝申し上げたい。また、小田先生と鈴木先生には、翻訳の仕上げの段階でもお手伝いをいただき、重ねてお礼を申し上げたい。

最後に、本書の訳出においては、各章の担当者がそれぞれ訳出したものに監訳者が目を通し、さらなる修正作業を行っていただいたうえで、最終稿の確認は監訳者が行った。したがって、最終的な翻訳の責任は監訳者にある。また、翻訳にあたっては、原書の内容を正確に伝えることに注力したが、同時に、日本語としてできるだけ自然な文章になるよう心掛けたつもりである。ただし、思わぬ誤りなどが依然散見されることと思うため、それらについて読者諸賢よりご指摘をしていただければ、幸いである。

二〇一一年三月

小原　一仁

執筆者（＊編者）
ブリンダ・ダルミヤ（Vrinda DALMIYA）
ハワイ大学マノア校哲学科准教授
ジョセフ・ファレル（Joseph P. FARRELL）
トロント大学教育学部（OISE）比較国際教育名誉教授
＊ジョン・ホーキンス（John N. HAWKINS）
カリフォルニア大学ロサンゼルス校大学院教育・情報研究科教授
＊ピーター・ハーショック（Peter D. HERSHOCK）
ハワイ・ホノルル・イースト・ウェスト・センター、アジア研究開発プログラム・コーディネーター
マー・ワンファ（MA Wan-hua）
北京大学大学院教育学研究科教授
＊マーク・メイソン（Mark MASON）
香港大学教育学部哲学・教育専攻准教授
ディーン・ノイバウアー（Deane NEUBAUER）
ハワイ大学マノア校政治学科名誉教授
ヴィクター・オルドネツ（Victor ORDONEZ）
ハワイ・ホノルル・イースト・ウェスト・センター上級研究員
フェイザル・リズヴィ（Fazal RIZVI）
イリノイ大学教育政策学科教授
ジェイソン・タン（Jason TAN）
シンガポール国立教育研究所政策・リーダーシップ専攻准教授
ワン・ホンユィ（WANG Hongyu）
オクラホマ州立大学カリキュラム専攻准教授

訳者（＊監訳者）　翻訳分担
大倉健太郎（おおくら・けんたろう）　2章
立教女学院短期大学幼児教育科准教授
小田眞幸（おだ・まさき）　6・7章
玉川大学文学部比較文化学科教授
＊小原一仁（おばら・かずひと）　序論　1・3・4・5・8・11章　結論
玉川大学学術研究所助教
ダグラス・トレルファ（Douglas TRELFA）　4章
玉川大学教育学部教育学科准教授
＊島川聖一郎（しまかわ・せいいちろう）　まえがき　10章
玉川大学芸術学部メディア・アーツ学科教授
鈴木彩子（すずき・あやこ）　12章
玉川大学文学部比較文化学科助教
＊高橋貞雄（たかはし・さだお）　9章
玉川大学文学部比較文化学科教授

転換期《てんかんき》の教育改革《きょういくかいかく》
グローバル時代《じだい》のリーダーシップ

2011年7月1日　初版第1刷発行

編著者――――ピーター・D・ハーショック
マーク・メイソン
ジョン・N・ホーキンス
監訳者――――島川聖一郎
高橋貞雄
小原一仁
発行者――――小原芳明
発行所――――玉川大学出版部
〒194-8610　東京都町田市玉川学園6-1-1
TEL 042-739-8935　FAX 042-739-8940
http://www.tamagawa.jp/introduction/press/
振替　00180-7-26665
装　幀――――渡邊澪子
印刷・製本――株式会社　三秀舎

ISBN978-4-472-40430-6 C3037 / NDC371